Josef Schiepek

Der Satzbau der Egerländer Mundart

Josef Schlepek

Der Satzbau der Egerländer Mundart

ISBN/EAN: 9783743643321

Hergestellt in Europa, USA, Kanada, Australien, Japan

Cover: Foto © Andreas Hilbeck / pixelio.de

Weitere Bücher finden Sie auf www.hansebooks.com

BEITRÄGE

ZUR

KENNTNIS

DEUTSCH-BÖHMISCHER MUNDARTEN

IM AUFTRAGE DES

VEREINES FÜR GESCHICHTE DER DEUTSCHEN IN BÖHMEN

HERAUSGEGEBEN VON

HANS LAMBEL

I

DER SATZBAU DER EGERLÄNDER MUNDART

VON

JOSEF SCHIEPEK

ERSTER THEIL

PRAG

VERLAG DES VEREINES FÜR GESCHICHTE DER DEUTSCHEN IN BÖHMEN

1893

DER SATZBAU

DER

EGERLÄNDER MUNDART

VON

JOSEF SCHIEPEK

K. K. PROFESSOR AM STAATSGYMNASIUM IN SAAZ

ERSTER THEIL

PRAG

VERLAG DES VEREINES FÜR GESCHICHTE DER DEUTSCHEN IN BÖHMEN

1899

»Die Herrlichkeit unserer Muttersprache spiegelt sich auf jedem Boden wieder anders, frischer, eigenartiger.«

    H. Wunderlich Das Sprachleben
    in der Mundart S. 33.

»Im täglichen Leben nimmt die Mundart an Geltung ab, in der Wissenschaft nimmt sie umsomehr zu. Und es ist keine Frage, dass von der dort geläuterten Kenntnis aus neues Leben in die Mundart selbst zurückströmt.«

    Ders. a. a. O. S. 69.

Der Verein für Geschichte der Deutschen in Böhmen hat seinen alten bis in den Anfang seines Bestehens zurückreichenden Plan der Erforschung der deutschen Mundarten Böhmens vor kurzem wieder aufgenommen. Die Sammlung des mundartlichen Sprachschatzes, der später in einem Wörterbuch wissenschaftlich bearbeitet werden soll, ist bereits im Zuge. Um aber für anderweitige mundartliche Forschungen, die ihres Inhalts und Umfangs wegen nicht wohl in die Vereinszeitschrift aufgenommen werden können, eine Sammelstätte zu schaffen, hat sich der Verein zur Herausgabe der hiemit eröffneten Beiträge entschlossen. Sie sollen zwanglos erscheinen, so oft eine geeignete Arbeit vorliegt. Geplant sind dabei nicht sowohl blosse Materialsammlungen als vielmehr wirkliche Bearbeitungen, und nur ausnahmsweise könnte etwa besonders wertvolles und an sich interessantes Material mitgetheilt werden, soweit dieses nicht in anderen Unternehmungen des Vereines seine passende Stelle finden kann. In erster Reihe ist an grammatische Arbeiten gedacht, und es ist zu wünschen und zu hoffen, dass das neue Unternehmen die Lust und Freude an solcher Forschung wecke und die dazu tauglichen Kräfte vereinige. Auch leichte Popularisierung ist natürlich ausgeschlossen, und die Volksthümlichkeit, die das Unternehmen gleichwohl beanspruchen darf, liegt tiefer. Aus der Liebe zur Heimat, an der wir festhalten wollen, ist es entsprungen, und richtig verstanden wird die wissenschaftliche Forschung auch in ihrer strengen Form diese Liebe nur vertiefen und stärken können.

Prag, 3. Juli 1899.

H. Lambel.

VORWORT.

Den Ausgangspunkt der folgenden Darstellung[1]) bildet die Mundart meines Heimatsortes Plan (Bezirk Plan), eine der Untermundarten des nordgauischen Dialektes in Böhmen. Die nordgauische oder oberpfälzische Mundart,[2]) zur oberdeutschen Gruppe gehörig,[3]) nimmt ungefähr ⅔ des gesammten deutsch-böhmischen Gebietes ein und erstreckt sich[4]) durch Westböhmen vom nördlichen Böhmerwalde (Linie Schüttenhofen-Eisenstein) bis an den Fuß des Erzgebirges (Linie Jechnitz-Kolleschowitz, Lubenz-Rudig, Waltsch-Pomeisl, Duppau-Maschau, Warta-Klösterle, Schlackenwerth-Joachimsthal, Lichtenstadt-Abertham, Neudeck-Bärringen, Schönlind-Frühbuß, Schönbach-Graslitz zur Reichsgrenze) sowie über den angrenzenden Theil Mittelbayerns (von Nürnberg gegen Regensburg). Unsere Mundart steht der im Westen und Süden angrenzenden bayrisch-österreichischen wohl nahe, hebt sich jedoch durch eigene, charakteristische Laut-, namentlich Vocal-Gestaltung von derselben entschieden ab. Der Hauptrepräsentant des Nordgauischen in Böhmen ist der Egerländer Dialekt. In Bezug auf Lautlehre und Wortschatz gehört diese Mundart wohl zu den besterforschten Böhmens. H. Gradl hat die Lautlehre in grundlegender und trotz kleinerer Mängel erschöpfender Weise in seinem schon (Anm. 3) erwähnten Buche (Sonderabdruck aus Brenner-Hartmann BM I 81—111. 401—444. II 95—117. 207—242. 344—383) dargestellt.[5]) Um die Sammlung und Erklärung des Wortschatzes haben

---

[1]) In diese sind meine beiden Aufsätze im XXII. und XXIII. Programm des k. k. Staatsgymnasiums in Saaz (1895 und 1896) in größtentheils umgearbeiteter und erweiterter Gestalt aufgenommen worden.

[2]) Vgl. K. Weinhold Bayr. Gr. § 3.

[3]) Gegen H. Gradl (Die Mundarten Westböhmens. München 1895. S. 4—7 = Brenner-Hartmann BM I 84—87), der das Nordgauische dem Mitteldeutschen zuweisen wollte, vgl. H. Lambel Mitth. XXXV Beil. S. 19.

[4]) Über die Abgrenzung vgl. H. Gradls in der vorigen Anmerkung angeführtes Buch S. 2. 17 ff. (= BM I 81 ff. 97 ff.) und von demselben Verf. Die Dialekte der Deutschen (in Böhmen), Österr.-ungar. Monarchie in Wort und Bild, Böhmen, 1. Abth. (Wien 1894) S. 604—618, außerdem Ad. Hauffen Die vier deutschen Volksstämme in Böhmen, Mittheil. XXXIV 187.

[5]) Daselbst sind auch eine Reihe früherer Arbeiten desselben Verfassers in Kuhns Zeitschr. XVII—XX sowie die weitere auf das Egerl. bezügliche Literatur zusammengestellt. Vgl. jetzt die Bibliographie bei A. Hauffen Einführung in die deutsch-böhmische Volkskunde. Prag 1896 (Beiträge zur deutsch-böhmischen Volkskunde. Herausg. von der Gesellschaft zur Förderung deutscher Wissenschaft, Kunst und Literatur in Böhmen. Geleitet von A. Hauffen. 1. Bd. 1. Heft). N. 369—372. 374. 375. 378.

sich Gradl,[1] J. Neubauer[2] und J. Trötscher[3] verdient gemacht. Allein der Satzbau unserer Mundart hat bisher noch keine Darstellung gefunden. Was z. B. Frommann seinerzeit zu Grübel (Gramm. Abriss zu Grs Werken N. 100 ff.) beigebracht hat, ist nur eine kurze Übersicht über einige bei diesem Schriftsteller hervortretende syntaktische Eigenheiten der Mundart.

Meine Belege habe ich theils aus der reichen Dialekt-Literatur des Egerlandes[4] geschöpft, soweit sie mir zur Verfügung stand (in erster Linie aus den Erzählungen von Lorenz[5] und aus dem Volksliede), theils aus dem mündlichen Verkehr meiner heimatlichen Planer Mundart. Aus der letzteren Quelle stammen alle Belege, die ohne Literaturangabe angeführt werden.[6]

An älteren schriftlichen Denkmälern ist der Egerländer Dialekt nicht eben reich. Vor allem käme hier das Egerer Fronleichnamsspiel in Betracht, das in Eger gefunden wurde und nach Gradls Ausführungen (Mitth. XXXIII 232) aller Wahrscheinlichkeit nach auch in Eger niedergeschrieben worden ist.[7] Die Sprache des Spieles zeigt im Lautstand, in der Flexion und der Wortbildung dialektische Eigenthümlichkeiten, aber es ist, auch in Bezug auf den Satzbau, weit davon entfernt, ein rein mundartliches Denkmal zu sein. Unter den von Gradl herausgegebenen Chroniken der Stadt Eger nimmt für unsere Zwecke die Manualchronik des Andreas Baier (1558—1594) einen hervorragenden Platz ein[8] Zwar ist auch Baiers Sprache, wie Gradl[9] darlegt, nicht die reine Mundart, sondern von der Schriftsprache beeinflusst; aber selbst da, »wo er mit Bewusstsein über den Dialekt hinausgehen möchte, bleibt er unbeholfen stecken und gibt ein Halbes, das nicht schriftdeutsch, nicht mundartlich ist, doch nur aus der Mundart erklärt werden kann«. Gradl begründet dieses Urtheil zunächst durch Beobachtungen über die Lautform[10] und kommt zu dem Schlusse, »dass die Egerländer Mundart

---

[1] Hauffens Bibliogr. N. 328. 381—385. 400.
[2] Ebend. N. 388—390. 392—396. 417. 578. 579. Vgl. F. Mentz Bibliographie der deutschen Mundartenforschung (Sammlung kurzer Grammatiken deutscher Mundarten hrg. v. O. Brenner. Bd. II. Leipzig 1892) N. 670—672 u. dens. in Nagls DM I. Bd. 2. H. S. 103 N. 222—226 a.
[3] Hauffen N. 387.
[4] Ebda N. 401—412. Vgl. das Verzeichnis der Abkürzungen.
[5] Der Herausgeber H. Gradl sagt im Vorworte dieser Erzählungen von Lorenz: »Wie keiner sonst fasst er den Geist seines Volkes in der natürlichsten Form, und seine Sprache enthält sich jeder Wendung, die dem Landmann fremd wäre, ist also das treueste Spiegelbild des Charakters, des Denkens und Fühlens der Egerländer.« Auch einzelne mundartliche Erzählungen und Gedichte von H. N. Krauß, G. N. Dümml, M. Urban u. a. im Egerer Jahrbuch, in Böhmens deutscher Poesie u. Kunst, in der Erzgebirgs-Zeitung wurden benützt. Die Gedichte des Grafen Cl. Zedtwitz wären für unsere Zwecke ergiebiger, wenn nicht in vielen derselben der Dialekt lediglich das bäurische Kleid eines schriftdeutsch gedachten Inhaltes wäre.
[6] Sie sind auch in der besonderen Lautform der Planer Untermundart gegeben. Über die literar. Quellen vgl. die Abkürzungen.
[7] Handschrift des 15. Jahrh., jetzt als *ludus de creacione mundi no* 7060 im Germanischen Museum zu Nürnberg aufbewahrt.
[8] Egerer Chron. S. XXXV f.
[9] A. a. O. S. 424.
[10] A. a. O. S. 424—434.

damals denselben Lautstand hatte wie heute«. Auch in Bezug auf die Wortlehre [1]) sowie im Satzbau zeigt die Sprache Baiers vielfach die noch heutzutage üblichen Formen und Gebrauchsweisen. Sprachlich weniger ergiebig erweist sich die Chronik der Stadt Elbogen.[2]) Das während des Druckes erschienene Planer Passionsspiel (veröffentlicht von M. Urban Mitth. XXXVI 48—108) sowie die Rechtsquellen des Egerlandes, so die Stadtgesetze von Eger aus den Jahren 1352—1460 (herausg. v. F. Khull im XII. Jahresbericht des II. Staatsgymnasiums in Graz und Separatabdruck Graz 1881), die Verordnungsbücher der Stadt Eger (1352—1482) (vgl. F. M. Mayer Arch. f. öst. Gesch. LX. Bd. 1. Hälfte u. daraus bes. abgedr. Wien 1880), das Stadtbuch von Falkenau (1483—1528) (herausg. v. K. F. Rietsch, Prag 1895) wurden mir z. Th. zu spät zugänglich; indes dürfte aus ihnen sowie aus anderen bei Hauffen N. 493—509 verzeichneten Quellen des Volksrechtes für die mundartliche Syntax schwerlich viel zu gewinnen sein; was sich etwa noch ergibt, wird im zweiten Theil nachgetragen werden.

Bei der angedeuteten Beschaffenheit der Literatur ist an eine historische Darstellung unserer mundartlichen Syntax nicht wohl zu denken, und so musste ich mich auf eine Vergleichung mit den älteren Sprachstufen einerseits und mit der neuhochdeutschen Schriftsprache anderseits sowie mit anderen Mundarten beschränken. Für viele Erscheinungen der gesprochenen Rede dürften überhaupt in der Literatur, der älteren wie der neueren, vergebens Belege gesucht werden; selbst die Dialektliteratur gibt nur in ihren besten Vertretern einzelne sozusagen photographisch getreue Momentbilder aus der Welt der wirklich gesprochenen Volkssprache.[3]) Daher befindet sich die mundartliche Syntax den schriftlichen Quellen gegenüber in einer eigenthümlichen Lage, da es ihr doch um die Darstellung jener Sprache zu thun sein muss, welche die mundartliche Sprachgesellschaft im Verkehr unter sich selbst anwendet.[4]) Nur diese Sprache ist die wirklich gesprochene Volksmundart, nicht jene vom Landmann im Verkehr mit Gebildeten oft unwillkürlich hervorgesuchte Sprache, die von der neuhochdeutschen Schriftsprache lautlich oder syntaktisch mehr oder weniger angekränkelt erscheint. Wie hier die Mundart durch die Scheu des Volkes vor dem Scheine mangelnder Schulbildung verfälscht wird, so wird sie bei dem gebildeten Dialektschriftsteller nur zu häufig von der Bildung selbst gemodelt. Es gelingt ihm viel leichter, die Mundart nach ihrer lautlichen Seite festzuhalten als nach der inneren Form des Denkens, die eben im Satzbau ausgeprägt ist. Man muss sich daher hüten, alle Einzelheiten im Satzbau eines Dialektschriftstellers schlechtweg als syntaktische Besonderheiten des betreffenden Volksdialektes anzusprechen.[5]) Das Volkslied könnte man

---

[1]) A. a. O. S. 434—437.

[2]) A. Hruschka bezeichnet Elbogner Chron. S. 178 den Dialekt der Chronik als eine Mischung ober- und mitteldeutscher Elemente.

[3]) In jüngster Zeit hat auch der dramatische Dialog der naturalistischen Schule dergleichen versucht.

[4]) Ph. Wegener Pauls Grundriss I 944.

[5]) Vgl. R. v. Raumer DM IV 392 = Gesammelte sprachwissensch. Schr. S. 365: Gerade vom Satzbau der wirklich gesprochenen Mundarten würde man eine ganz falsche

für eine verlässlichere Grundlage halten, wenn nicht gerade in diesem
Erscheinungen aufträten, von denen man bei dem Mangel an rein
mundartlichen Quellen älterer Zeit schwerlich wird entscheiden können,
ob sie einen älteren Sprachzustand darstellen oder auf den Einfluss der
Schriftsprache zurückzuführen sind. Die Sammlungen von Wolf, Hruschka-
Toischer und Urban enthalten z. B. für unseren Dialekt Indicative von
starken Präteritis in nicht geringer Zahl (Wolf Volkslieder S. 50 XXXIV
stand, kam, S. 51 XXXV *zerstieß, ließ*; HTV S. 226 N. 222 *groß*;
Urban As d. H. S. 42 *flog*, S. 53 *pfiff*, S. 60 *zerspraugen* u. s. w.); es
findet sich der Conjunctiv Präsentis *sei* (nicht als Imperativ, z. B. Wolf
S. 80 Str. 17, Urban S. 60), Formen, die unserem Volksdialekte längst
verloren gegangen sind. Manche Volkslieder zeigen ein Gemisch von
hochdeutschen und dialektischen Formen, z. B. HTV S. 30 N. 49 *Schlauf,
schlauf, schlafe ein, Du herzis, schänas Kindelein*.

Endlich bieten sich als Grundlage einer syntaktischen Untersuchung
die dem mündlichen Verkehr des Volkes abgelauschten Beispiele und
das eigene Sprachgefühl. Das letztere sollte nun, so scheint es, von
einem vorsichtigen Beobachter, mag demselben seine dialektische Muttersprache auch noch so vertraut geblieben sein, doch lieber zur Bestätigung einer anderweitig beobachteten als zur Entscheidung einer zweifel-
haften Thatsache herangezogen werden. Allein dieser methodische Grundsatz ist undurchführbar. So gut wie dem Gebildeten begegnet es dem
Mann aus dem Volke, dass er z. B. in Verlegenheits-Constructionen die
Grenze dessen, was als Sprachgebrauch bezeichnet werden kann, über-
schreitet. Es ist nun keine Frage, dass auch solche Bildungen höchst
belehrend sein können und unter Umständen ihre Stelle in der Darstellung des Organismus einer lebendigen Sprache beanspruchen dürfen;
aber ob man es mit einer Ausnahme oder mit einer normalen Erscheinung
zu thun hat, darüber kann bei dem geringen Umfang und der eigenthümlichen Beschaffenheit der verlässlichen dialektischen Literatur vielfach nur das eigene Sprachgefühl sowie dasjenige anderer Dialektkenner
zur Entscheidung angerufen werden.[1]) So ist das Sprachgefühl doch
gewissermaßen der letzte Rückhalt der Untersuchung. Wo meine Erfah-

---

Vorstellung bekommen, wenn man sich an manche sogenannte Dialektproben hielte, und neuerdings A. Holder in Birlinger-Pfaffs Alemannia XIX 105, der von der schwäbischen Dialektliteratur sagt: *Der Buchdialekt mancher Autoren hat sogar schon die ganze Syntax des Neuhochdeutschen sich zu eigen gemacht*, weshalb viele derartige Dichtungen nur als ein *schwä-
belndes Hochdeutsch* bezeichnet werden können. Andererseits hält Johannes Proelß (Vom
»echten« Dialekt in der Dichtung, Gartenlaube 1897 S. 515) Compromisse zwischen Dialekt
und Schriftdeutsch für unumgänglich nöthig. Erschöpfend stellt J. W. Nagl (Österr. Literatur-
blatt v. 15. Oct. 1896 Sp. 620 f.) das Verhältnis der Dialektschriftsteller zur Schriftsprache
dar, indem er vier Gruppen derselben unterscheidet: 1. solche, die den Dialekt nicht einmal
nach seiner lautlichen Seite richtig wiedergeben, 2. solche, die dem Dialekt bei richtiger
Lautgebung den hochdeutschen Satzbau aufdrängen, 3. solche, deren Werke, obwohl sie
sprachlich tadellos sind, durch ihren ironischen oder sentimentalen Charakter verrathen, dass
sie für ein nicht-bäuerliches Publicum berechnet sind, und 4. die echten Volksdichter, die
ohne Seitenblick auf das gebildete Publicum aus der Sprache und dem Geiste des Volkes
heraus ein Kunstwerk zu schaffen vermögen.

[1]) So hörte ich einmal den Satz: *So hout ə r ä* (auch) *niet oś mål, dä r ə sį beklagt
häit*. Hier liegt offenbar eine vereinzelte anakoluthische Mischung der beiden Fügungen *So
hat er sich auch nicht einmal beklagt* und *So ist es auch nicht einmal vorgekommen, dass
u. s. w.*, aber keine Erscheinung von allgemeinerer Bedeutung vor.

rung und mein Sprachgefühl mit den schriftlichen Quellen nicht im Einklang steht, wurde dies ausdrücklich bemerkt.

Wie weit die hier behandelten Erscheinungen wirklich specifische Eigenthümlichkeiten der Egerländer Mundart sind, oder welche anderen Dialekte an denselben theilnehmen, lässt sich nach dem gegenwärtigen Stande der Dialektforschung nicht überall feststellen. An zusammenhängenden syntaktischen Darstellungen anderer Mundarten [1]) sind die Arbeiten von G. Binz und H. Reis zu nennen. Für das Niederösterreichische bot mir J. W. Nagl reiche Belehrung. Auch den oberösterreichischen Dialekt konnte ich Dank der reichhaltigen Bemerkungen, welche mir Herr Professor Dr. H. Lambel in Prag auf die liebenswürdigste Weise zur Verfügung stellte, in größerem Umfange zur Vergleichung heranziehen. Von ihm rühren alle Angaben über die oberösterreichische Mundart her, soweit nicht ausdrücklich eine bestimmte Quellenangabe beigefügt ist; [2]) doch verdanke ich ihm auch die meisten Belege aus der mundartlichen Literatur Oberösterreichs. Für die Vergleichung mit den nächstverwandten Dialekten, dem Bayrischen und dem Fränkischen, sowie mit den übrigen deutsch-böhmischen Mundarten, der obersächsischen, schlesischen und südböhmischen boten die lexikalischen Arbeiten von Schmeller, Weinhold, Schröer, Lexer, Peters, Schöpf, Hintner, Knothe manche syntaktische Einzelheit.

Im übrigen musste ich mich auf das beschränken, was ich aus einer Durchsicht der betreffenden mundartlichen Literatur (ohne eigene Beherrschung dieser Mundarten) gewinnen konnte. Dass bei diesem vergleichenden Umblick vor der Hand leider keine gleichmäßige Berücksichtigung der einzelnen Mundarten zu erzielen war, verschulden, abgesehen davon, dass mir jene Literatur nichts weniger als lückenlos zugänglich war, auch noch einerseits die geringen Vorarbeiten auf diesem Gebiete, anderseits die Bedenken, die sich gegen die Zuverlässigkeit der mundartlichen Literatur auf Schritt und Tritt erheben, wenn sich die Beobachtung nicht mehr, wie bei der Muttersprache, auf das eigene Sprachgefühl stützen kann. Die Vergleichung mit der gemeindeutschen Umgangsprache endlich, wie sie Ries im A. f. d. A. XVIII 340 fordert, ist durch H. Wunderlichs Buch »Unsere Umgangsprache« wesentlich erleichtert. Allein die Abgrenzung einer bestimmten Mundart gegen die Umgangsprache des betreffenden Sprachgebietes ist deshalb eine missliche Sache, weil diese »gemeindeutsche Umgangsprache« zweifellos in jeder Landschaft mit mundartlichen Elementen durchsetzt ist. Wie die Lautform, so erhält auch die Satzform dieser Sprache aus dem Nährboden des Dialektes einen mehr oder weniger ausgesprochenen mundartlichen Beigeschmack.

---

[1]) Vgl. das Verzeichnis der Abkürzungen.

[2]) Einzelne Erscheinungen, die mir sei's aus eigener Beobachtung oder durch zuverlässige Mittheilung auch als niederösterreichisch bekannt waren, habe ich schlechtweg als österreichisch bezeichnet. Ich hätte das gewiss noch öfter thun dürfen. Aber auf eine erschöpfende Vergleichung auch nur des Oberösterreichischen konnte es bei diesen ganz gelegentlichen Angaben von vornherein schon aus äußeren Gründen nicht abgesehen sein, und wo nicht ausdrücklich gesagt ist, dass eine Spracherscheinung der oberösterreichischen Mundart mangelt (oder wenigstens mir nicht geläufig ist, und in den meisten Fällen wurde mir das dann auch durch meinen Freund und Landsmann Dr. Hans Zötl in Eferding bestätigt; vgl. zu S. 141 Anm. 4), ist dies aus dem bloßen Schweigen nicht ohne weiters zu schließen. L.]

Der Anordnung des Stoffes, wenigstens nach den Hauptabschnitten, liegt im großen und ganzen das Miklosich-Behaghel'sche System zugrunde, an welches sich auch die Dissertationen von Reis und Binz anlehnen. Dass es jedoch schwer ist, die fast unerschöpfliche Gestaltenfülle eines lebenden Dialektes in die Fächer eines consequent festgehaltenen Systems einzuordnen, bedarf keines Beweises.[1]

Die hauptsächlichste Abweichung der folgenden Darstellung von dem genannten System besteht in der Hinzufügung eines eigenen Abschnittes über die Formen des mundartlichen Satzes. Denn die interjectionale, die fragmentarische und die vollständige Form des einfachen Satzes, die Arten des zusammengesetzten Satzes, die wichtigen Übergangsformen zwischen Bei- und Unterordnung, die freie Anknüpfung und den elliptischen Gebrauch des Nebensatzes, die Vertauschung einer Satzart mit der anderen und den Übergang aus einer Satzart in die andere — kurz alles, was zur umfassenderen Charakterisierung der mundartlichen Satzbildung dienen kann, übersichtlich zusammenzustellen, will mir zweckentsprechender erscheinen, als diesen Stoff unter die Abtheilungen über die Ersparung, über die Conjunctionen, oder im Nothfalle über die Modi im unselbständigen Satze zu verstreuen, wobei immer noch ein erklecklicher Rest unaufgetheilt bliebe. Freilich lässt es sich im Interesse der erschöpfenden Darstellung dieses Stoffes nicht umgehen, dass schon hier die satzeinleitende Function der Pronomina und Adverbia und namentlich der Conjunctionen behandelt wird. In dem späteren Abschnitte über diese Wortgattungen wird daher bezüglich ihrer satzeinleitenden Function bloß auf den Abschnitt III zu verweisen sein.

Die zweite Abweichung betrifft nur eine äußerliche Umstellung: Die Abschnitte über die Formen des Verbums und des Nomens werden an die entsprechenden Abschnitte über die Bedeutung dieser Wortclassen unmittelbar angeschlossen, so dass sowohl das Verbum als auch das Nomen (wie alle anderen Wortgattungen) nur eine einmalige, zusammenhängende Behandlung erfährt.

Von einer strengeren phonetischen Gestaltung der mundartlichen Orthographie wurde abgesehen,[2] weil ich eine solche bei den vielfachen Lautunterschieden innerhalb des egerländischen Dialektgebietes (Gradl zählt nicht weniger als 45 Untermundarten des Nordgauischen) nur für einen geringen Bruchtheil der Beispiele mit Sicherheit hätte geben können. Die Beispiele aus den übrigen Dialekten hätten von vornherein nur in der Orthographie der Quellen geboten werden können. Für meine heimische Planer Mundart wählte ich der Gleichmäßigkeit halber ebenfalls

---

[1] Vgl. H. Pauls Vorrede zur Mhd. Gramm. S. VI f. K. Tomanetz über Erdmanns Grundz. der Syntax im A. f. d. A. XIV 2, der geradezu sagt: »Ein bestimmtes System streng und völlig consequent durchzuführen, ist in der Syntax nach meinem Dafürhalten unmöglich.« Über die synt. Forschung der Gegenwart und ihre Aufgaben vgl. jetzt Behaghel Der Gebrauch der Zeitformen im conjunctivischen Nebensatz des Deutschen. Mit Bemerkungen zur lat. Zeitfolge u. zur griech. Modusverschiebung (Paderborn 1899) § 1 u. 2 (konnte nur noch in der Correctur gelegentlich berücksichtigt werden). Ebda ist auch die 1893 erschienene Schrift von J. Ries Was ist Syntax? erwähnt.

[2] In diesem Falle, wo es sich um eine syntaktische Arbeit handelt, glaubte ich dem Herrn Verf. aus den von ihm dargelegten Gründen ohne erheblichen Nachtheil ein Zugeständnis machen zu dürfen; in der Folge aber, namentlich bei Darstellungen mundartlicher Lautverhältnisse, wird selbstverständlich eine einheitliche phonetische Schreibung durchgeführt werden. L.]

eine populäre Orthographie, die im ganzen mit der in der Egerländer Dialektliteratur üblichen übereinstimmt. Doch war ich immerhin betreffs aller Egerländischen Wörter bestrebt, der phonetischen Genauigkeit soweit als möglich Rechnung zu tragen. Da in der Mundart die getrübten Übergangslaute vorherrschen, dürfte es angezeigt sein, mindestens den reinen, entschiedenen *a*- und *e*-Laut durch den Acut auszuzeichnen (*á*, *é* in *Same*, *eben*); *à* ist der dumpfe Übergangslaut zwischen *a* und *o*. Die übrigen unbezeichneten Vocale entsprechen ungefähr den nhd. Lauten: *e* (offenes *e* wie in nhd. *Fenster*), *i*, *o*, *u*, *ä*, *ö*, *ü*. Die zwei letzteren Umlaute werden bald mit energischerer, bald mit geringerer Lippenrundung gesprochen, so dass sie sich (wie in der neuhochdeutschen Umgangssprache) *é* und *i* nähern (*gröiß Gott* und *greiß G.*, *wöi* und *wei* u. s. w.). Der unbestimmte Vocallaut (z. B. in *Vŏdə* = Vater) wird durch umgekehrtes *e* (*ə*) wiedergegeben; er liegt aber in unserem Dialekt dem *a* näher als dem *e*. Diphthonge sind *ái* (nie *ei* geschrieben), *ài*, *ei*, *oi*, *ui*; für *ei* mit offenem *e* und *ei* mit getrübtem *e* wird das deutlichere und phonetisch nicht geradezu fehlerhafte *äi* und *öi* gesetzt; ferner *áu*, *àu*, *ou*, *öu*; endlich *iə*, *eə*, *oə*, *uə*.[1]) Vocalkürze bleibt unbezeichnet. Vocallänge wird durch ¯ (*ā*), Nasalierung durch ˜ (*ã*) bezeichnet; *e* und *h* als bloße Dehnungszeichen entfallen. Bei den Consonanten haben *b*, *g*, *d*, wie in der süddeutschen Umgangssprache allgemein im An- und z. Th. im Auslaut, die Geltung stimmloser Explosivae (Lenes).[2]) Von den Fortes *p*, *t*, *k* ist nur *k* im Anlaut aspiriert (= *k* + *h*). In der Klammer gesetztes *u* vor *l* (z. B. *S(u)lwə*) bedeutet, dass nicht der Vocal, sondern das sonantische *l* silbenbildend auftritt, und dass der Klang dieses Sonanten dem *u* verwandt ist. In die Klammer gesetzte Consonanten, z. B. *Mài(d)l*, erscheinen in der Aussprache stark reduciert. Consonantenverdopplung bedeutet Schärfung.

Zum Schlusse habe ich dem Verein für Geschichte der Deutschen in Böhmen für die Opferwilligkeit, mit der er die kostspielige Drucklegung übernahm, sowie für Büchersendungen, Herrn Professor Dr. H. Lambel in Prag, der mich abgesehen von seinen brieflichen Bemerkungen über die oberösterreichische Mundart und von seiner Recension meiner beiden Programmaufsätze (Mitth. XXXV Beil. S. 66—70) auch sonst mit methodischen und sachlichen Belehrungen und Anregungen sowie bei der Revision der Citate und der Correctur der Druckbogen unterstützte, für die bereitwillige Förderung meiner Arbeit den wärmsten Dank abzustatten. Auch Herrn Professor J. Neubauer in Elbogen, der mir Bücher zur Verfügung stellte, fühle ich mich zum Danke verpflichtet.

---

[1]) *l* und *u* als zweiter Bestandtheil des Diphthongs klingt in Wirklichkeit (wie übrigens auch in der nhd. Umgangssprache) wie *é*, *o*, also *ái*, *áo* u. s. w.

[2]) Lambels Vermuthung (Mitth. XXXV Beil. S. 19) über die Natur des egerl. *b*, *g*, *d* (gegenüber einigen nicht ganz klaren Angaben Gradls) ist also richtig.

ABKÜRZUNGEN.

A. f. d. A. = Anzeiger für deutsches Alterthum, Berlin 1876 ff.

Alemannia = Alemannia. Zeitschrift für Sprache, Litteratur und Volkskunde des Elsasses, Oberrheins und Schwabens. Herausgegeben von A. Birlinger und Fr. Pfaff. Bonn 1873 ff.

Andresen Sprachgebrauch = K. A. Andresen Sprachgebrauch und Sprachrichtigkeit. 4. Aufl. Heilbronn 1886. (Hier die Citate daraus nach der letzten 8. Aufl.: S. 35 des Textes: S. 75^4 = S. 111^8; S. 43; S. 220^4 = S. 322^8 ff.; S. 53; S. 215^1 = S. 317^8; S. 54; S. 215^4 = S. 315 f^4.; S. 55; S. 219^4 = S. 322^8; S. 145; S. 83^4 = S. 143^8.)

Aus dá Hoamát (oder A. d. H.) I^2 = Aus dá Hoamát. Volksausgabe ausgewählter oberösterreichischer Dialektdichtungen. Herausg. v. H. Zötl, A. Matosch und H. Commenda. 2. Aufl. Wien 1888. (Der 1. Bd. der unter dem gleichen Gesammttitel erscheinenden Sammlung; er enthält eine reiche Auswahl von Lindemayr [1723—1783] bis auf die Gegenwart.)

Baiers Chronik oder Baier = Manualchronik Andreas Baiers. S. Egerer Chron. S. 73—177.

Binz = G. Binz Zur Syntax der Baselstädtischen Mundart. Stuttgart 1888.

B. d. P. u. K. = Böhmens deutsche Poesie und Kunst. Herausg. v. F. Kastner. 6 Bde Eichwald. Wien 1891 ff.

Brenner-Hartmann BM = Bayerns Mundarten. Beiträge zur deutschen Sprach- und Volkskunde. Herausg. v. O. Brenner und A. Hartmann. 2 Bde. München 1892. 1895.

Cimbr. WB s. Schmeller.

DM = Die deutschen Mundarten. Herausg. v. G. K. Frommann. 7 Bde. Nürnberg. Nördlingen. Halle. 1854—1877.

Nagls DM = Deutsche Mundarten. Zeitschrift für Bearbeitung des mundartlichen Materials. Herausg. v. J. W. Nagl. Wien I. 1. Heft 1896. 2. Heft 1897.

DWB = Grimm Deutsches Wörterbuch.

Egerer Chron. = Die Chroniken der Stadt Eger. Bearb. v. H. Gradl. (Deutsche Chroniken aus Böhmen. Herausg. v. L. Schlesinger im Auftrage des Vereines für Geschichte der Deutschen in Böhmen. III. Bd.) Prag 1884 (darin besonders Baiers Chronik).

Egerer Fronl. = Egerer Fronleichnamsspiel. Herausg. v. G. Milchsack. (Bibliothek des litterarischen Vereins in Stuttgart. CLVI.) Tübingen 1881.

E. J. = Egerer Jahrbuch. Kalender für das Egerland und seine Freunde. Eger 1871 ff.

Elbogner Chron. = Die Chronik der Stadt Elbogen (1471—1504). Bearb. v. L. Schlesinger. (Deutsche Chroniken aus Böhmen. Herausg. v. L. Schlesinger im Auftrage des Vereines für Geschichte der Deutschen in Böhmen. 1. Bd.) Prag 1879.

Erdmann Grundz. = O. Erdmann Grundzüge der deutschen Syntax: I. Abtheilung Stuttgart 1886. (Diese ist durchweg gemeint und nur in wenigen Fällen ausdrücklich bezeichnet. Die II., bearbeitet von O. Mensing, erschien 1898.)

Abkürzungen.

Erzgeb. Ztg. = Erzgebirgs-Zeitung. Herausg. v. Verbande der Gebirgs- und Touristen-Vereine des Erz- und Mittelgebirges. Geleitet von Ed. Wenisch, M. Urban. Komotau-Teplitz 1880 ff.

Firmenich oder Firm. = J. M. Firmenich Germaniens Völkerstimmen. 3 Bde. Berlin I. o. J. II. 1846. III. 1854.

Franke = C. Franke Die Unterschiede des ostfränkisch-oberpfälzischen und obersächsischen Dialektes, sowie die von den vogtländischen und erzgebirgischen Mundarten dazu eingenommene Stellung (Brenner-Hartmann BM I 19 ff. 261 ff. 374 ff. II 73 ff. 317 ff.).

Frey Temporalconjunctionen = E. Frey Die Temporalconjunctionen der deutschen Sprache in der Übergangszeit vom Mhd. zum Nhd., besprochen im Anschlusse an Peter Suchenwirt und Hugo v. Montfort (Berliner Beiträge zur germ. und rom. Phil., veröffentl. v. E. Ebering, germ. Abth. 4, 1893.)

Frommann zu Grübel = Grammatikalischer Abriss Frommanns in Grübels sämmtlichen Werken. Nürnberg 1857. III 227—268. (S. Grübel.)

Germ. = Germania. Vierteljahrsschrift für deutsche Alterthumskunde. Herausg. v. Fr. Pfeiffer, K. Bartsch und O. Behaghel. Stuttgart. Wien 1856 ff.

Grimm Gr. = J. Grimm Deutsche Grammatik.

J. Grimm Kl. Schr. = Jacob Grimm Kleinere Schriften. 8 Bde. Berlin 1864—1890.

Grübel = Grübels sämmtliche Werke. Neu herausgegeben und mit einem grammatikalischen Abriss und Glossar versehen von G. K. Frommann. 3 Bde. Nürnberg 1857.

Hartmann Volksschauspiele = A. Hartmann Volksschauspiele. In Bayern und Österreich-Ungarn gesammelt. Leipzig 1880.

Hauffen Sprachinsel G. = Ad. Hauffen Die deutsche Sprachinsel Gottschee (Quellen und Forschungen zur Geschichte, Literatur u. Sprache Österreichs u. seiner Kronländer. III.). Graz 1895.

Heilig Beiträge = O. Heilig Beiträge zu einem Wörterbuch der ostfränkischen Mundart des Taubergrundes. (Programm der Großherz. Bad. Realschule zu Heidelberg.) Leipzig 1894.

Hintner = V. Hintner Beiträge zur tirolischen Dialektforschung. Der Deferegger Dialekt. Wien 1878.

HTV = Deutsche Volkslieder aus Böhmen. Herausg. vom Deutschen Vereine zur Verbreitung gemeinnütziger Kenntnisse in Prag. Redigiert von A. Hruschka u. W. Toischer. Prag 1891.

Kauffmann = Frdr. Kauffmann Geschichte der schwäbischen Mundart im Mittelalter und in der Neuzeit. Mit Textproben und einer Geschichte der Schriftsprache in Schwaben. Strassburg 1890.

Kehrein Nhd. Gr. II. = Grammatik der nhd. Sprache nach J. Grimms Deutscher Grammatik bearbeitet von J. Kehrein. II. Theil (in 2 Abtheilungen) Syntax. Leipzig 1852.

Kehrein Gr. d. 15.—17. Jahrh. III. = J. Kehrein Grammatik der deutschen Sprache des 15.—17. Jahrh. III. Bd. Syntax. Leipzig 1856.

Keinz Ergänzungen = F. Keinz Ergänzungen zum bayrischen Wörterbuch. (Sitzungsberichte d. k. b. Akad. d. W. zu München. Philos.-philol. u. hist. Cl. Jahrg. 1887. II. Bd. München 1888.)

Knothe WB = Fr. Knothe Wörterbuch der schlesischen Mundart in Nordböhmen. Hohenelbe 1888.

Knothe Markersd. Ma. = Fr. Knothe Die Markersdorfer Mundart. Ein Beitrag zur Dialektkunde Nordböhmens. B.-Leipa (1895).

Kuhns Ztschr. = Zeitschrift für vergleichende Sprachforschung. Herausg. v. A. Kuhn etc. Berlin 1852 ff.

Langer Aus d. Adlergeb. = E. Langer Aus dem Adlergebirge. Erinnerungen und Bilder aus dem östlichen Deutsch-Böhmen. I. u. III. Bd. Prag 1891. 1898.

Lexer = M. Lexer Mittelhochdeutsches Handwörterbuch.

Lexer Kärnt. WB = M. Lexer Kärntisches Wörterbuch. Leipzig 1862.

Lorenz = Dr. J. J. Lorenz Erzählungen und Gedichte in Egerländer Mundart. Herausg. v. H. Gradl. 2. Aufl. Eger 1888.

Lutterotti = C. v. Lutterotti Gedichte in Tiroler Dialekten. 3. Aufl. bearb. v. L. v. Hörmann. Innsbruck 1896.

Mareta Proben = H. Mareta Proben eines Wörterbuches der österreichischen Volkssprache (Jahresber. des Obergymn. zu den Schotten u. Sonderabdruck) Wien 1865.

Matthias Sprachleben = A. Th. Matthias Sprachleben und Sprachschäden. Leipzig 1892.

Mitth. = Mittheilungen des Vereines für Geschichte der Deutschen in Böhmen. Prag. Beil. hinter der (röm.) Ziffer des Jahrganges bedeutet die zu dem betreffenden Jahrgang der Mitth. gehörige Literarische Beilage.

Ma. = Mundart.

Nagl Roanad = J. W. Nagl Grammatische Analyse des niederösterreichischen Dialektes im Anschluss an den als Probestück der Übersetzung abgedruckten VI. Gesang des Roanad. Wien 1886.

Neubauer Idiotism. (oder Id.) = J. Neubauer Altdeutsche Idiotismen der Egerländer Mundart Mit einer kurzen Darstellung der Lautverhältnisse dieser Mundart. Wien 1887.

oöst., nöst. = ober-, niederösterreichisch.

öst. = (ober- und nieder-) österreichisch.

PBB = Beiträge zur Geschichte der deutschen Sprache und Literatur. Herausgegeben von H. Paul und W. Braune, vom XVI. Bd. (1892) an unter deren Mitwirkung v. E. Sievers. Halle 1874 ff.

Paul Mhd. Gr. = H. Paul Mittelhochdeutsche Grammatik. 4. Aufl. Halle 1894.

Paul Principien = H. Paul Principien der Sprachgeschichte. 2. Aufl. Halle 1886.

Paul Grundriss = H. Paul Grundriss der germanischen Philologie. Strassburg 1891 ff. 2. Aufl. 1897 ff.

Rank Aus d. Böhmerw. = J. Rank Aus dem Böhmerwald. Leipzig 1843. (Nach dieser Ausg. ist durchwegs citiert; wo ausnahmsweise die dreibändige vom J. 1851 benutzt werden musste, ist dies ausdrücklich ersichtlich gemacht.)

Reichel Studien = W. Reichel Sprachpsychologische Studien. Vier Abhandlungen über Wortstellung und Betonung des Deutschen in der Gegenwart, Sparsamkeit, Begründung einer Normalsprache. Halle 1897.

Reis I = H. Reis Beiträge zur Syntax der Mainzer Mundart. Mainz 1891.

Reis II = H. Reis Syntaktische Studien im Anschluss an die Mundart von Mainz. PBB XVIII 475 ff.

Sanders Hauptschwierigkeiten = D. Sanders Wörterbuch der Hauptschwierigkeiten in der deutschen Sprache. 20. Aufl Berlin 1890.

Sanders Zeitschr. (oder Z.) f. d. Spr. = D. Sanders Zeitschrift für deutsche Sprache. Hamburg 1887 ff.

Schmeller oder Schm. MB = J. A. Schmeller Die Mundarten Bayerns, grammatisch dargestellt. München 1821 (citiert nach den N. der §§, sofern nicht ausdrücklich S. vor der Zahl steht).

Schmeller (oder Schm. BW) I. II. = J. A. Schmeller Bayerisches Wörterbuch. 2. Aufl. bearb. v. G. K. Frommann. 2 Bde. München 1872. 1877.

Schmeller Cimbr. WB = J. A. Schmellers sogenanntes Cimbrisches Wörterbuch, das ist deutsches Idiotikon der VII und XIII communi in den Venetianischen Alpen. Herausgegeben v. J. Bergmann. Wien 1855.

Schöpf Tir. Id. = Tirolisches Idiotikon von J. B. Schöpf, nach dessen Tode vollendet von A. J. Hofer. Innsbruck 1866.

Schröer WB = K. J. Schröer Beitrag zu einem Wörterbuch der deutschen Mundarten des ungrischen Berglandes. (Sitzungsber. d. phil. hist. Cl. d. k. Akad. d. W. in Wien XXV. Bd.) Wien 1858.

Schröer Nachtrag = K. J. Schröer Nachtrag zum Wörterbuche der deutschen Mundarten des ungrischen Berglandes. (Sitzungsber. d. phil. hist. Cl d. k Akad. d W. in Wien. XXXI. Bd.) Wien 1859.

Schröer Versuch = K. J. Schröer Versuch einer Darstellung der deutschen Mundarten des ungrischen Berglandes. Mit Sprachproben und Erläuterungen. (Sitzungsber. d. phil. hist. Cl. d. k. Akad. d. W. in Wien. XLIV. Bd.) Wien 1864.

Schröer Maa. d. ungr. Bergl. = K. J Schröer Die Laute der deutschen Mundarten des ungrischen Berglandes. (Sitzungsber. d. phil. hist. Cl. d. k. Akad. d. W. in Wien. XLV. Bd.) Wien 1864.

Schröer WBG = K. J. Schröer Wörterbuch der Mundart von Gottschee (Sitzungsber. d. phil. hist. Cl. d. k. Akad. d. W. in Wien. LX. u. LXV. Bd.) Wien 1869. 1870.

Schweiz. Id. = Schweizerisches Idiotikon. Wörterbuch der schweizerdeutschen Sprache. Herausg. von Fr. Staub, L. Tobler, R. Schoch, A. Bachmann und H. Bruppacher. Frauenfeld 1881 ff.

Stelzhamer Ma. D. = Franz Stelzhamers mundartliche Dichtungen. Bearb. v. N Hanrieder u. G. Weitzenböck. I. Bd. (Aus dä Hoamät [s. d.] VII. Bd.) Linz 1897. II. Bd. (A. d. H. VIII. Bd.) unter der Presse, erscheint demnächst; der bereits vollständig gedruckte Text konnte Dank der Güte des Mitherausgebers der ganzen Sammlung, Herrn Landesgerichtsraths Dr. H. Zotl in Eferding, nach den Aushängebogen citiert werden, so dass es nicht nothwendig war, auf die z. Th. bereits seltenen Originalausgaben zurückzugreifen (einzige Ausnahme S. 79 Anm. 1 Ged. III = Gedichte in oberennsischer Volksmundart. III. Theil: Neue Gedichte in o. V. Regensburg 1846.) Nach dieser Ausgabe (II 79—162) ist in der Regel auch die epische Dichtung D' Ämi citiert u. zw. nach den Verszahlen. Roseggers Auswahl bedeutet »Fr. Stelzhamers Ausgewählte Dichtungen. Herausg. von P. K. Rosegger.« 4 Bde. Wien, Pest. Leipzig 1884. (Im IV. Bd. ein Idiotikon, zusammengestellt von A. Matosch.)

Sütterlin Exspir. Betonung = L. Sütterlin Die exspiratorische Betonung in der Heidelberger Volksmundart. (Aus der Festschrift zur 350jährigen Jubelfeier des Gymn. zu Heidelberg.)

Tieze Hejmt = Fr. Tieze Unse liebe Hejmt. Humoristische Vorträge, Gedichte und Erzählungen in allen nordböhmischen Mundarten, mit einem Anhang ernster Dialektdichtungen. Verfasst und gesammelt unter Mitwirkung zahlreicher Freunde gesunden Volkshumors. Warnsdorf 1892 ff. 3 Bde.

Urban Fr. Kl. = M. Urban Frohe Klänge aus der Rockenstube und a Sträußl Hånabutta-Räisla. Tachau 1890.

Urban As d. H. = M. Urban As da Häimat. Sammlung deutscher Volkslieder aus dem ostfränkischen Sprachgebiete. Falkenau 1894.

Weinhold Weihnachtsspiele = K. Weinhold Weihnachtsspiele und Lieder aus Süddeutschland und Schlesien, mit Einleitungen und Erläuterungen. Graz 1853.

Weinhold Schles. WB = K. Weinhold Beiträge zu einem schlesischen Wörterbuche. Anhang zum XIV. u. XVI. Bd. d. Sitzungsber. d. k Akad. d. W. phil. hist. Cl. Wien 1855.

Weinhold Bayr. Gr. = K. Weinhold Bayrische Grammatik. Berlin 1867.

Weinhold Mhd. Gr. = K. Weinhold Mittelhochdeutsche Grammatik. 2. Aufl. 1883.

Winteler Kerenzer Ma. = J. Winteler Die Kerenzer Mundart des Cantons Glarus in ihren Grundzügen dargestellt. Leipzig u. Heidelberg 1876.

Wolf Volkslieder = A. Wolf Volkslieder aus dem Egerlande. Eger 1869.

Wunderlich Satzbau = H. Wunderlich Der deutsche Satzbau. Stuttgart 1892.

Wunderlich Umgangspr. = H. Wunderlich Unsere Umgangsprache in der Eigenart ihrer Satzfügung. Weimar u. Berlin 1894.

Wunderlich Mundart = H. Wunderlich Das Sprachleben in der Mundart. (Wissenschaftliche Beihefte zur Zeitschrift des allgem. deutschen Sprachvereins. Heft XII/XIII. 1897. S. 33—70.)

Zedtwitz Wos Funkelnoglnais = Graf Clemens Zedtwitz-Liebenstein Wos Funkelnoglnais. Gedichte in Egerländer Mundart. Prag 1880.

Zedtwitz Aladahand = Graf Cl. Zedtwitz-Liebenstein Aladahand. Gedichte in Egerländer Mundart. Eger 1882.

Z. f. d. A. = Zeitschrift für deutsches Alterthum. Leipzig u. Berlin 1841 ff.

Z. f. d. Ph. = Zeitschrift für deutsche Philologie. Halle 1869 ff.

Z. f. d. U. = Zeitschrift für den deutschen Unterricht. Leipzig 1887 ff.

INHALTSVERZEICHNIS.

	Seite
Vorwort	VII—XIII
Verzeichnis der Abkürzungen	XV
Inhaltsverzeichnis	XXI

I. Tempo der Rede. §§ 1—3 1
    Bestimmende Momente § 1 S. 1; Rede-Tempo 1. der Mundart § 2 S. 1 f., 2. des einzelnen Individuums S. 2, 3. der einzelnen Rede S. 2 f.; Stelle der Pausen und Dauer des Wortes § 3 S. 3.

II. Betonung. §§ 4—25 3
    A. *Musikalische Betonung.* §§ 4—20 3
        Bestimmende Momente § 4 S. 3; Tonstelle § 5 S. 4; absolute mittlere Stimmlage § 6 S. 4; relative mittlere Stimmlage § 7 S. 4; Stimmumfang § 8 S. 4; Beweglichkeit des Stimmtones § 9 S. 4; Art und Tempo der Ausweichung § 10. 11 S. 4 f.; Beziehungen der einzelnen Momente zum Gefühlscharakter der Rede § 12 S. 5 f.; Rede höheren Stiles § 13 S. 6 f.; neuhochdeutsche Rede § 14 S. 7.
        Auf- und absteigende Tonbewegung
        a) im einfachen Satz §§ 15—17;
            die einzelnen Arten der Rede § 15 (mit Schema) S. 7 ff.
            Besondere Bemerkungen über die Frage § 16 S. 10, über die Intervallenweite § 17 S. 10;
        b) im zusammengesetzten Satze § 18 S. 10 f.
        c) Satztakte § 19 S. 11
            Tonstelle § 20 S. 11.
    B. *Dynamische Betonung.* §§ 21—25 11
        1. Satzaccent §§ 21—24 11
            Allgemeines § 21 S. 11; Unterschiede von anderen Mundarten: (Personalpronomen nach dem Vorwort) § 22 S. 11 f., (Genitiv) § 23 S. 12, (Verbindungen zweier Worte durch *und*) § 24 S. 12.
        2. Wortaccent § 25 12
            a) Einfache Wörter (α) Vocativ, β) Fremdwörter) S. 13;
            b) Zusammensetzungen (α) mit Partikeln S. 13, β) copulative Verbindungen S. 13 f., γ) echte und δ) unechte Zusammensetzung S. 14 f.

III. Satzformen. §§ 26—119 15
    1. *Einfacher Satz* §§ 26—46 15
        Allgemeines § 26 S. 15.
        Interjection § 27 S. 15.
        A. Unvollständiger Satz §§ 28—44 16
            a) eingliedriger Satz §§ 28—35 16
                α) bloßes Prädicat § 29 S. 16 f.; Impersonalia (1. stets unpersönlich, 2. unpersönlich und persönlich gebrauchte Verba, 3. *sein* mit einem Nomen) § 30 S 17 ff.;

β) bloßes Subject § 31 S. 20.
Erweiterter Satz § 32 S. 20;
γ) bloßes Object § 33 S. 20 f.;
δ) bloßes Attribut § 34 S. 21;
ε) bloße adverbiale Bestimmung § 35 S. 21.
b) Combination verschiedener Satzelemente § 36 S. 21 f.
§ 37 Sätze α) ohne Object: wechselnde u. stehende objective Determination bei trans. Verben; 1. das Object ist im Verbum enthalten S. 22 f., 2. es wird durch ein Attribut oder durch *es* angedeutet S. 23 f.;
β) ohne Prädicatsnomen § 38 S. 24;
γ) ohne Prädicatsverbum (Indicativ und Imperativ) § 39 S. 24 f. Ersparung von Nominalformen des Verbums;
δ) des Infinitivs § 40 S. 25 f.;
ε) des Particips: neben einem Infinitiv § 41 S. 26, neben einem Accusativ und einer adverbialen Bestimmung § 42 S. 26; Ersatz der Nominalformen durch Pronomina § 43 S. 26 f. Sprachliche Unvollständigkeit, die aus anderen Quellen fließt: Unterbrechung, Verlegenheit § 44 S 27.
B. Vollständiger Satz §§ 45. 46 27
a) Nebeneinanderstellung von Subject und Prädicat § 45 S. 27 f.;
b) attributive Verbindung von Subject und Prädicat § 45 S. 28.
Auffordernder und fragender Sinn § 46 S. 28.

2. *Zusammengesetzter Satz* §§ 47—115 29
Allgemeines § 47 S. 29.
A. Beiordnung §§ 48—53 29
a) Asyndeton § 48 S. 29.
b) Beiordnung durch Conjunctionen §§ 49—52 29
α) copulative § 49 (1. *und* S. 29 f. 2. andere Conjunctionen S. 31 f.);
β) adversative und concessive § 50 S. 32 ff.;
γ) causale § 51 S. 34;
δ) consecutive § 52 S. 34 f.
c) Zusammenziehung § 53 S. 35 f.
B. Unterordnung §§ 54—115 36
Verhältnis zur Nebenordnung § 54 S. 36. Beiordnung statt Unterordnung § 55: von Hauptsätzen 1. regelmäßige S. 36 f., 2. häufige S. 37 ff., 3. Beiordnung von Nebensätzen S. 40; Fälle, in denen die Unterordnung bevorzugt wird § 56 S. 40 f.; Übergangs- und Mischformen zwischen Bei- und Unterordnung § 57 S. 41 ff.; Herausfallen aus der Unterordnung § 58 S. 43 f.; Interjection in indirecter Rede § 59 S. 44; Nebensätze zweiter und dritter Ordnung § 60 S. 44.
Arten der Nebensätze §§ 61—112 44
a) Indirecte Fragesätze §§ 61—65 44
Wortfragen § 61 S. 44 ff.; Satzfragen § 62 S. 46 f., unterstützende Partikeln (1. *denn*, 2. *als*, 3. *dass*) § 63 S. 47 f.; elliptischer Gebrauch § 64 S. 49; freie Anknüpfung § 65 S. 49.
b) Relativsätze §§ 66—82 49
Relativpronomen §§ 66. 67 S. 49 ff.
1. Attributive Relativsätze §§ 68—72 S. 51 ff.
2. Substantivische Relativsätze § 73 S. 53 f.; Relativstütze *wes* § 74 S. 54; *wo* § 75 S. 54 f.; Verbindung des Relativs mit Präpositionen § 76 S. 55; correlative Demonstrativpron. § 77 S. 55 f.; Attraction § 78 S. 56; Verhältnis des Relativsatzes zu anderen coordinierten Relativsätzen § 79 S. 56; Verschlingung zwischen Relativ- und Conjunctionalsatz § 80 S. 56; elliptischer Gebrauch und freiere Anknüpfung § 81 S. 56 f.; formelhafte Relativsätze § 82 S. 57.
c) Nebensätze, von Conjunctionen eingeleitet §§ 83—112 . 57
α) Temporalsätze §§ 83. 84 57
Conjunctionen § 83 S. 57 ff. Nachsatz § 84 S 59.

XXIII

Seite

β) Causalsätze §§ 85—87 59
    Conjunctionen § 85 S. 59 f.; elliptischer Gebrauch § 86 S. 60; Stellung des Nebensatzes § 87 S. 60.
γ) Absichtssätze §§ 88—90 60
    Conjunctionen § 88 S. 60 f.; lockerer Anschluss § 89 S. 61; Ersatz des Absichtssatzes durch andere Fügungen § 90 S. 61.
δ) Heischesätze § 91 61
ε) Folgesätze § 92 62
ζ) Exceptivsätze § 93 62
η) Vergleichungssätze §§ 94—97 62
    Conjunctionen § 94 S. 62 ff.; elliptischer Gebrauch § 95 S. 64 f.; Vorliebe für diese Sätze § 96 S. 65 f.; Zusammenziehung von Haupt- und Nebensatz § 97 S. 66.
ϑ) Bedingungssätze §§ 98—101 66
    Conjunctionen § 98 S. 66 f.; elliptischer Gebrauch § 99 S. 67 f.; freie Anknüpfung § 100 S. 68 f.; Nachsatz § 101 S. 69.
ι) Einräumungssätze §§ 102. 103 69
    Conjunctionen § 102 S. 69 f.; elliptischer Gebrauch § 103 S. 70.
κ) Adversativsätze § 104 70
λ) Subject-, Object- und Attributsätze §§ 105—112 . . . 70
    Subjectsatz § 105 S. 70 f.; Objectsatz § 106 S. 71 f.; Attributsatz § 107 S. 72; dass-Satz im allgemeinen §§ 108. 109 S. 72 f.; elliptischer Gebrauch § 110 S. 73; dass- und wenn-Satz § 111 S. 73 f.; correlatives Demonstrativ zum dass-Satz § 112 S. 74.
Lockere Stellung des Nebensatzes § 113 74
Satzverschlingung § 114 74
Anakoluthie § 115 75
Wechsel zwischen gleichbedeutenden Fügungen § 115 . . 75
Überordnende Partikeln § 116 75
Ausfall des Nebensatzes § 117 76
Stellung des Nebensatzes § 118 76
Conjugation des Bindewortes § 119 76

IV. **Wortclassen.** §§ 120—237 77
1. *Interjectionen* §§ 120—148 77
  a) Primäre Interjectionen §§ 121—146 77
    α) Naturlaute: Einfache Vocale § 121 S. 77 ff.; Diphthonge § 123 S. 79 ff.; unbestimmte Übergangslaute § 124 S. 81 f.; Interjectionsvocale mit vorgeschlagenem h § 125 S. 82 ff.; mit anlautendem j § 126 S. 85 f.; andere Interjectionen § 127 (1. ach S. 86, 2. husch S. 86, 3. hm S. 86 f, 4. hitsch S. 87, 5. pšt, bšt S. 87).
    Individuelle Gebrauchsweisen § 128 S. 87.
    Rection der Interj. § 129 S. 87; Interjectionslaute von schwankender Färbung und Bedeutung § 130 S. 87 f.
    Schallnachahmende Interjectionen §§ 131—133 S. 88 ff.; allgemeine § 131 S. 88 f.; Nachahmungen von Musikinstrumenten § 132 S. 89; von Thierstimmen § 133 S. 89; Lock-, Scheuch-, Hetz-, Beschwichtigungs- und Befehlsrufe im Verkehr mit Thieren § 133 S. 89 ff.; Wiegelaute § 134 S. 92 f.; Textsurrogate des Liedes oder Jodlers § 135 S. 93 f.
    Ja und nein §§ 136—142 94
    Lautliche Formen § 136 S. 94 f.; Functionen § 137 S. 95 ff.; ironischer Gebrauch § 138 S. 98; Verdopplung § 139 S. 98 f.; doppelgipfliger Accent § 140 S. 99; Verbreiterungen durch andere Interjectionen und Partikeln § 141 S. 99 ff.; breitere Umschreibungen der Bejahung und der Verneinung § 142 S. 101 f.
  β) Ursprünglich aus anderen Wortclassen stammende Interjectionen §§ 143—146.
    § 143 (ewo S. 102 f.; nō I. = nun S. 103 f., II. = nur S. 104; sitzs, alsdänn, so, fiii, scho S. 104 f.). Vocativ § 144 S. 105 f.; Glimpfformen S. 106 ff.; Befehlsformen α) Imperativ § 145 S. 108 ff., β) imperativischer Indicativ S. 111, γ) imperativischer Infinitiv S. 111; mōch § 146 S. 112.

INHALTSVERZEICHNIS.

                                                                                    Seite

Vorwort . . . . VII—XIII
Verzeichnis der Abkürzungen XV
Inhaltsverzeichnis XXI

   I. **Tempo der Rede.** §§ 1—3 1
      Bestimmende Momente § 1 S. 1; Rede-Tempo 1. der Mundart § 2 S. 1 f., 2. des einzelnen Individuums S. 2, 3. der einzelnen Rede S. 2 f.; Stelle der Pausen und Dauer des Wortes § 3 S. 3.

  II. **Betonung.** §§ 4—25 3
    A. *Musikalische Betonung.* §§ 4—20 3
      Bestimmende Momente § 4 S. 3; Tonstelle § 5 S. 4; absolute mittlere Stimmlage § 6 S. 4; relative mittlere Stimmlage § 7 S. 4; Stimmumfang § 8 S. 4; Beweglichkeit des Stimmtones § 9 S. 4; Art und Tempo der Ausweichung § 10. 11 S. 4 f.; Beziehungen der einzelnen Momente zum Gefühlscharakter der Rede § 12 S. 5 f.; Rede höheren Stiles § 13 S. 6 f.; neuhochdeutsche Rede § 14 S. 7.
      Auf- und absteigende Tonbewegung
        a) im einfachen Satz §§ 15—17:
          die einzelnen Arten der Rede § 15 (mit Schema) S. 7 ff.
          Besondere Bemerkungen über die Frage § 16 S. 10, über die Intervallenweite § 17 S. 10;
        b) im zusammengesetzten Satze § 18 S. 10 f.
        c) Satztakte § 19 S. 11
        Tonstelle § 20 S. 11.
    B. *Dynamische Betonung.* §§ 21—25 11
      1. S a t z a c c e n t §§ 21. 24 11
        Allgemeines § 21 S. 11; Unterschiede von anderen Mundarten: (Personalpronomen nach dem Vorwort) § 22 S. 11 f., (Genitiv) § 23 S. 12, (Verbindungen zweier Worte durch *und*) § 24 S. 12.
      2. W o r t a c c e n t § 25 12
        a) Einfache Wörter (α) Vocativ, β) Fremdwörter) S. 13;
        b) Zusammensetzungen (α) mit Partikeln S. 13, β) copulative Verbindungen S. 13 f., γ) echte und δ) unechte Zusammensetzung S. 14 f

 III. **Satzformen.** §§ 26—119 15
    1. *Einfacher Satz* §§ 26—46 15
      Allgemeines § 26 S. 15.
      Interjection § 27 S. 15.
        A. U n v o l l s t ä n d i g e r Satz §§ 28—44 16
          a) e i n g l i e d r i g e r Satz §§ 28—35 16
            α) bloßes Prädicat § 29 S. 16 f.; Impersonalia (1. stets unpersönlich, 2. unpersönlich und persönlich gebrauchte Verba, 3. *sein* mit einem Nomen) § 30 S. 17 ff.;

β) bloßes Subject § 31 S. 20.
Erweiterter Satz § 32 S. 20;
γ) bloßes Object § 33 S. 20 f.;
δ) bloßes Attribut § 34 S. 21;
ε) bloße adverbiale Bestimmung § 35 S. 21.
b) Combination verschiedener Satzelemente § 36 S. 21 f.
§ 37 Sätze α) ohne Object: wechselnde u. stehende objective Determination bei trans Verben; 1. das Object ist im Verbum enthalten S. 22 f., 2. es wird durch ein Attribut oder durch *es* angedeutet S. 23 f;
β) ohne Prädicatsnomen § 38 S. 24;
γ) ohne Prädicatsverbum (Indicativ und Imperativ) § 39 S. 24 f. Ersparung von Nominalformen des Verbums:
δ) des Infinitivs § 40 S. 25 f.;
ε) des Particips: neben einem Infinitiv § 41 S. 26, neben einem Accusativ und einer adverbialen Bestimmung § 42 S. 26; Ersatz der Nominalformen durch Pronomina § 43 S. 26 f. Sprachliche Unvollständigkeit, die aus anderen Quellen fließt: Unterbrechung, Verlegenheit § 44 S. 27.
B. Vollständiger Satz §§ 45, 46 27
a) Nebeneinanderstellung von Subject und Prädicat § 45 S. 27 f.;
b) attributive Verbindung von Subject und Prädicat § 45 S. 28.
Auffordernder und fragender Sinn § 46 S. 28.
2. *Zusammengesetzter Satz* §§ 47—115 29
Allgemeines § 47 S. 29.
A. Beiordnung §§ 48—53 29
a) Asyndeton § 48 S. 29.
b) Beiordnung durch Conjunctionen §§ 49—52 29
α) copulative § 49 (1. *und* S. 29 f. 2. an lere Conjunctionen S. 31 f.);
β) adversative und concessive § 50 S. 32 ff.;
γ) causale § 51 S. 34;
δ) consecutive § 52 S. 34 f.
c) Zusammenziehung § 53 S. 35 f
B. Unterordnung §§ 54—115 36
Verhältnis zur Nebenordnung § 54 S. 36. Beiordnung statt Unterordnung § 55: von Hauptsätzen 1. regelmäßige S. 36 f., 2. häufige S. 37 ff., 3. Beiordnung von Nebensätzen S. 40; Fälle, in denen die Unterordnung bevorzugt wird § 56 S. 40 f.; Übergangs- und Mischformen zwischen Bei- und Unterordnung § 57 S. 41 ff.; Herausfallen aus der Unterordnung § 58 S. 43 f.; Interjection in indirecter Rede § 59 S. 44; Nebensätze zweiter und dritter Ordnung § 60 S. 44.
Arten der Nebensätze §§ 61—112 44
a) Indirecte Fragesätze §§ 61—65 44
Wortfragen § 61 S. 44 ff.; Satzfragen § 62 S. 46 f.; unterstützende Partikeln (1. *denn*, 2. *als*, 3. *dass*) § 63 S. 47 f.; elliptischer Gebrauch § 64 S 49; freie Anknüpfung § 65 S. 49.
b) Relativsätze §§ 66—82 49
Relativpronomen §§ 66, 67 S. 49 ff.
1. Attributive Relativsätze §§ 68—72 S. 51 ff.
2. Substantivische Relativsätze § 73 S. 53 f.; Relativstütze *των* § 74 S. 54; *τοῦ* § 75 S. 54 f.; Verbindung des Relativs mit Präpositionen § 76 S. 55; correlative Demonstrativpron. § 77 S. 55 f.; Attraction § 78 S. 56; Verhältnis des Relativsatzes zu anderen coordinierten Relativsätzen § 79 S. 56; Verschlingung zwischen Relativ- und Conjunctionalsatz § 80 S. 56; elliptischer Gebrauch und freiere Anknüpfung § 81 S. 56 f.; formelhafte Relativsätze § 82 S. 57.
c) Nebensätze, von Conjunctionen eingeleitet §§ 83—112 . 57
α) Temporalsätze §§ 83, 84 57
Conjunctionen § 83 S. 57 ff. Nachsatz § 84 S 59.

	Seite
β) Causalsätze §§ 85—87	59
Conjunctionen § 85 S. 59 f.; elliptischer Gebrauch § 86 S. 60; Stellung des Nebensatzes § 87 S. 60.	
γ) Absichtssätze §§ 88—90	60
Conjunctionen § 88 S. 60 f.; lockerer Anschluss § 89 S. 61; Ersatz des Absichtssatzes durch andere Fügungen § 90 S. 61.	
δ) Heischesätze § 91	61
ε) Folgesätze § 92	62
ζ) Exceptivsätze § 93	62
η) Vergleichungssätze §§ 94. 97	62
Conjunctionen § 94 S. 62 ff.; elliptischer Gebrauch § 95 S. 64 f.; Vorliebe für diese Sätze § 96 S. 65 f.; Zusammenziehung von Haupt- und Nebensatz § 97 S. 66.	
ϑ) Bedingungssätze §§ 98—101	66
Conjunctionen § 98 S. 66 f.; elliptischer Gebrauch § 99 S. 67 f.; freie Anknüpfung § 100 S. 68 f.; Nachsatz § 101 S. 69.	
ι) Einräumungssätze §§ 102. 103	69
Conjunctionen § 102 S. 69 f.; elliptischer Gebrauch § 103 S. 70.	
κ) Adversativsätze § 104	70
λ) Subject-, Object- und Attributsätze §§ 105—112	70
Subjectsatz § 105 S. 70 f.; Objectsatz § 106 S. 71 f.; Attributsatz § 107 S. 72; *dass*-Satz im allgemeinen §§ 108. 109 S. 72 f.; elliptischer Gebrauch § 110 S. 73; *dass*- und *wenn*-Satz § 111 S. 73 f.; correlatives Demonstrativ zum *dass*-Satz § 112 S. 74.	
Lockere Stellung des Nebensatzes § 113	74
Satzverschlingung § 114	74
Anakoluthie § 115	75
Wechsel zwischen gleichbedeutenden Fügungen § 115	75
Überordnende Partikeln § 116	75
Ausfall des Nebensatzes § 117	76
Stellung des Nebensatzes § 118	76
Conjugation des Bindewortes § 119	76

IV. **Wortclassen.** §§ 120—237 77

1. *Interjectionen* §§ 120—148 77

   a) Primäre Interjectionen §§ 121—146 77

     α) Naturlaute: Einfache Vocale § 121 S. 77 ff.; Diphthonge § 123 S. 79 f.; unbestimmte Übergangslaute § 124 S. 81 f.; Interjectionsvocale mit vorgeschlagenem *h* § 125 S. 82 ff.; mit anlautendem *j* § 126 S. 85 f.; andere Interjectionen § 127 (1. *āch* S. 86, 2. *husch* S. 86, 3. *hm* S. 86 f, 4. *hitsch* S. 87, 5. *pāt, bī* S. 87).
     Individuelle Gebrauchsweisen § 128 S. 87.
     Rection der Interj. § 129 S. 87; Interjectionslaute von schwankender Färbung und Bedeutung § 130 S. 87 f.
     Schallnachahmende Interjectionen §§ 131—133 S. 88 ff.; allgemeine § 131 S. 88 f.; Nachahmungen von Musikinstrumenten § 132 S. 89; von Thierstimmen § 133 S. 89; Lock-, Scheuch-, Hetz-, Beschwichtigungs- und Befehlsrufe im Verkehr mit Thieren § 133 S. 89 ff.; Wiegelaute § 134 S. 92 f.; Textsurrogate des Liedes oder Jodlers § 135 S. 93 f.
     Ja und nein §§ 136—142 94
     Lautliche Formen § 136 S. 94 f.; Functionen § 137 S. 95 ff.; ironischer Gebrauch § 138 S. 98; Verdopplung § 139 S. 98 f.; doppelgipfliger Accent § 140 S. 99; Verbreiterungen durch andere Interjectionen und Partikeln § 141 S. 99 ff.; breitere Umschreibungen der Bejahung und der Verneinung § 142 S. 101 f.

    β) Ursprünglich aus anderen Wortclassen stammende Interjectionen §§ 143—146.
     § 143 (*oweɩ* S. 102 f.; *nō* I. = *nun* S. 103 f., II. = *nur* S. 104; *vitzɩ, ālsdann, sɩ, fūi, scho* S. 104 f.). Vocativ § 144 S. 105 f.; Glimpfformen S. 106 ff.; Befehlsformen α) Imperativ § 145 S. 108 ff., β) imperativischer Indicativ S. 111, γ) imperativischer Infinitiv S. 111; *mōch* § 146 S. 112.

XXIV   Inhaltsverzeichnis.

                                                                        Seite
    b) Secundäre Interjectionen § 147 112
       Mäi und *gelt* § 148 114
 2. *Verbum* §§ 149—237 116
    A. Bedeutung des Verbums §§ 149—155.
       § 149: 1. Verba mit besonderen Bedeutungen, vertreten a) durch das allgemeine *sein* S. 116, b) durch *werden* S. 116, c) durch *sagen* S. 116 f., d) durch *denken* S. 117, e) durch *thun (machen)* S. 117 ff.; 2. statt des einfachen Verbums tritt eine Umschreibung durch *sein, haben, werden, thun (machen)* mit Substantiven, Adjectiven und Adverbien ein S. 119.
          Hilfszeitwörter § 150 120
          1. *sein* S. 120 f.; 2. *haben* S. 121 ff.; 3. *sein* und *haben* im umschriebenen Perfect S. 123 f ; 4. *werden* S. 124 f.; 5. *mögen* S. 125 f.; 6. *können* S. 126; 7. *sollen* S. 126; 8. *dürfen* S. 126 f.; 9. *müssen* S. 127; 10. *wollen* S 127 f.; 11. *thun* S. 128 ff.; 12. *machen* S. 130 f.; 13. *stehen, sitzen, liegen, hangen, laufen, gehen, kommen* S. 131.
          Vollverba §§ 151—155 131
          Eintheilung § 151 S. 131.
          Übergang zwischen absoluten und relativen Verben § 152 S 131 f.; zwischen transitiven und intransitiven Verben § 153 S. 132 f.; reflexive Verba § 154 (a) ausschließlich reflexiv gebrauchte S. 133 f., b) nicht bloß reflexiv gebrauchte S. 134 f., c) mit *er-* und *ab-* zusammenges. Verba S. 135, d) persönliche reflex. Verba neben pronominalem Object und modalem Adverb S. 135 f., e) reflex. neben entsprechenden intrans. Verben S. 136.
          Imperfective und perfective Actionsart § 155 (1. *dr-* S. 136 f., 2. *ge-* S. 137).

    B. Formen des Verbums §§ 156—237 138
       a) Genera §§ 156—161 138
          1. Activum §§ 156. 157 138
             Umschreibung § 156 1. durch das Part. Präs. mit *sein* S. 138; 2. durch *in* mit dem subst. Infinitiv und *sein* S. 138; 3. durch das Part. Präs. mit *werden* S. 138 f.; 4. durch das Part. Prät. mit *kommen* S. 139; 5 durch *thun* mit einem Infinitiv oder Nomen S. 139; 6. durch ein Nomen actionis mit *sein* und *haben* S. 139; 7. durch den Infinitiv mit *sein* und *haben* S 139 Bevorzugung des Activs § 157 S. 139 f.
          2. Passivum §§ 158. 159 140
             Umschreibung § 158 1. mit *werden* S. 140 f.; 2. mit *kriegn* S. 141; 3. mit *haben* S. 141. Verba mit passivem Sinn S. 141. Bevorzugung des Passivs § 159 S. 141.
          3. Medium § 160 142
          4. Besonderheiten des Infinitivs und des Particips § 161 . 142
             a) des Infinitivs S. 142; b) u. c) der Participia S. 142 f.
       b) Tempora §§ 162—177 143
          Erhaltene Tempora § 162 S. 143.
          1. Präsens § 163 143
             Allgemeines S. 143;
             a) historisches S. 144 ff., b) futurisches S. 147 f., c) imperativisches S. 148; d) Präs. in abhängigen Fragen S. 148.
          2. Futurum § 164 148
             a) Temporale Bedeutung S. 148 f.; b) modale Bedeutung (1. potentiale S. 149 f.; 2. optativische S. 150; 3. imperativische S. 150). Umschreibung durch Hilfszeitwörter (außer durch *werden*) § 165 S. 150 f.
             Futurum exactum § 166 S. 151.
          3. Präteritum §§ 167—177 151
             Erhaltene Präterita § 167 S. 151; Erklärung des dial. umschriebenen Perfects § 168 S. 152 ff.; Bildung des Perfects bei Hilfsverben

§ 169 S. 154; Häufungen des Infinitivs S. 154; Plusquamperfect § 170 S. 154 f.; passives Perfect und Plusq. § 171 S. 155; Häufungen der Hilfszeitwörter § 172 S. 155
Gebrauch des Präteritums §§ 173—177.
Erzählung § 174 1 im hist Präs. und Perfect S. 156;
    2. im Conj. Prät. S. 156;
    3. im Particip Prät. S. 156.
»Abschwächendes« Perfect der Aussage § 175 S. 156 f.
Assimilation des Tempus § 176 S. 157
Wiederholung und Dauer der vergangenen Handlung § 177 S. 157.

c) Modi §§ 178—224 158
  Modi in Hauptsätzen §§ 178—196 158
    1. Indicativ § 178 158
      1. in irrealen hypothet. Perioden S. 158; 2. in zweifelnden Fragen S. 158; 3 in potentialem Sinne (mit Umstandswörtern) S. 158 f.; 4. erstarrte Formeln zur Erzeugung des potentialen Sinnes S. 159; 5. in imperativischem Sinne S. 159 f.
    2. Imperativ § 179—186 160
      Formen § 179 S. 160; Imp. mit und ohne Personalpronomen § 180 S. 160 f.; formeller Imp. statt Conj. Präs. § 181 S. 161; Bestimmungen des Imp. § 182 S. 161 f.; ironischer Gebrauch § 183 S. 162 f.; Imp. zu Interjectionen abgeschliffen § 184 S. 163; Umschreibung mit Hilfszeitwörtern § 185 S. 163 f ; Verhältnis der Befehlsformen untereinander § 186 S. 164; Befehle in Nebensatzform (mit *dass* und *ob*) S. 164.
    3. Conjunctiv §§ 187—196 165
    Erhaltene Conjunctive § 187 S. 165.
      a) Optativischer Conjunctiv § 188—191 165
      Conj. Präs. § 188 S. 165 ff. Umschreibung mit Hilfszei'wörtern § 189 S. 167 f ;
      Conj. Prät. und Plusqu. § 190 S. 168 f. Einleitende Conjunctionen § 191 S. 169 f.
      b) Potentialer Conjunctiv §§ 192—196 170
      Conj. Präs. § 192 S. 170;
      Conj. Prät. § 193 S. 170 f.; in Aussagen § 194 S. 171 f.; Conj. der bescheidenen Aussage § 195 S. 172; Umschreibung des Condicionals mit Hilfszeitwörtern § 196 S. 173 f.
  Modi in Nebensätzen §§ 197—218 174
  Allgemeines § 197 S. 174; Conj. und Indic. § 198 S. 174; Conj. Präs. § 199 S. 174; Conj. Prät. § 200 S. 174; Vordringen des Indicativs § 200 S. 174 f.; Assimilation des Modus § 201 S. 175; Umschreibung des Conj. durch Hilfszeitwörter im Nebensatze § 202 S 175.
  Modi in den einzelnen Arten der Nebensätze § 203—218 . 176
  Absichts- und Heischesätze §§ 203—205 S. 176 f. (Formen § 203 S. 176, Umschreibungen durch *sollen* und *mögen* § 204 S. 176; vordringende Ersatz-Constructionen § 205 S. 176 f.)
Finale Relativ- und Temporalsätze § 206 S. 177.
Bedingungssätze §§ 207. 208 S. 177 ff. (Formen § 207 S. 177 f.; Umschreibung des Conj. S. 178; irrealer Indicativ § 208 S. 179).
Concessivsätze § 209 S. 179 f.
Exceptivsätze § 210 S. 180 f.
Vergleichungssätze § 211 S. 181.
Nach negiertem Hauptsatz § 212 S. 181.
Nach Verben mit prohibitiver oder negativer Bedeutung § 213 S. 182; über die Negation in solchen Nebensätzen § 214 S. 182.
Nach fragendem Hauptsatz § 215 S. 182.

Einbeziehung des Nebensatzes in die im Hauptsatz enthaltene Willensäußerung § 216 S. 183
Nebensätze nach optativischem, concessivem, finalem, condicionalem Conjunctiv § 217 S. 183.
Modus im verallgemeinernden Relativsatz § 218 S. 183.

Indirecte Rede §§ 219—224 184
  I. Mittel zur Bezeichnung des indirecten Sinnes §§ 219—221 S. 184 ff.
    1. Unverbundene Fügung § 220 S. 184 ff.
      a) sag' ich u. ä. S. 184, gläu u. herich S. 185 f.; b) Personenverschiebung S. 186; c) besondere Eigenthümlichkeiten α) freier Anschluss S. 186, β) indir. Sinn ohne Anschluss an ein regierendes Verbum (sollen, müssen, gwis S. 186); d) verkürzte Form S. 187.
    2. Einleitung durch als § 221 S. 187.
  II. Mittel, um das Verhältnis des Sprechenden zur wiedergegebenen Meinung auszudrücken § 222 S. 187 f.
Nebensätze der indirecten Rede § 223 S. 189.
Übergang der indirecten Rede in die directe § 224 S. 189.

d) Nominalformen des Verbums §§ 225—237 189
  α) Infinitiv §§ 225—231 189
    Gebräuchliche Infinitive § 225 S. 189.
    Infinitiv ohne zu § 226 S. 190 f.; Infinitiv mit zu und zum § 227 S. 191 f.; Einschränkung der Infinitiv-Construction mit zu in der Mundart § 228 S. 192 ff.; Infin. m. um zu, m. ohne zu § 229 S. 194; Infinitiv als Verkürzung eines Nebensatzes § 230 S. 194.
    Absoluter Gebrauch des Infinitivs § 231 S. 194 f. (1. als Frage und Ausruf S. 194 f.; 2. als historischer Inf S. 195; 3 als imperativischer Inf. S. 195).
  β) Particip §§ 232—237 . . . . , . . . 195
    1. Particip Präs. §§ 232. 233 195
      Bildung § 232 S. 195 f.; Gebrauch § 233 (a) attributiv, b) prädicativ) S. 197.
    2. Particip Prät. §§ 234—237 197
      Bildung § 234 S. 197 ff.; Gebrauch § 235 S. 199 f. (a) als Subject und Prädicat S. 199; b) als Attribut S. 199 f.)
      Absoluter Gebrauch § 236 S. 200 f.:
        a) im Ausruf und in der Frage S. 200;
        b) imperativisches Part. S. 200;
        c) condicionaler (concessiver) Gebrauch S. 200;
        d) absolute Participia transitiver Verba ohne condicionalen Sinn S. 200;
        e) Part. Prät. zur Bezeichnung der vorzeitigen Handlung S. 201;
        f) ohne mit Part. Prät. S. 201;
        g) das erzählende Part. Prät. S. 201.
      Part. Prät. als Verkürzung eines Nebensatzes § 237 S. 201.

Berichtigungen und Zusätze 203

I. Tempo der Rede.

§ 1. Das Tempo der Rede ist einerseits von der Zahl und der Dauer der Pausen zwischen den Satztakten, anderseits von der Dauer der einzelnen Wörter abhängig.[1]) Diese beiden Momente stehen zu einander für gewöhnlich im geraden Verhältnisse, d. h. je langsamer die Worte gesprochen werden, desto größer sind zugleich die Pausen zwischen den Satztakten und Sätzen. Der Affect stört jedoch vielfach dieses einfache Verhältnis, indem er bald langsam gesprochene Worte fast lückenlos aneinander reiht, bald schnell hervorgestoßene Worte durch bedeutende Pausen trennt. Das erste ist in unserer Mundart z. B. bei gewissen Arten affectvoller, eindringlicher Drohungen oder Warnungen der Fall, bei denen die langsam gesprochenen Wortsilben alle mit gleich nachdrücklicher Betonung fast ohne Pausen aneinander gereiht werden: *Wenn du mir nu oɔ mål sus wos toust åffɔ schau zou* u. s. w. (wobei der warnend erhobene Finger jede Silbe mit einer schlagartigen Bewegung markiert). Das zweite ist z. B. bei dem athemlosen, stockenden Gestammel der Angst der Fall.

§ 2. Die Sprechschnelligkeit kann in dreifacher Hinsicht betrachtet werden, nämlich insofern sie das unterscheidende Merkmal 1. ganzer Sprachen und Mundarten, oder 2. einzelner Individuen, oder 3. einzelner Reden bildet.

1. Die absolute Sprechschnelligkeit der Mundart. Sieht man von gewissen rein physiologischen, d. i. im Bau der Sprachorgane begründeten und von den in letzter Linie damit zusammenhängenden lautlichen Eigenthümlichkeiten der Mundart selbst ab, so ist ihr Tempo (wie das des einzelnen) im wesentlichen ein Ausfluss des vorherrschenden Temperamentes.[2]) Für unsere Mundart und zwar für die einfach darstellende Rede dürfte die Durchschnittszahl der in der Zeiteinheit einer Minute gesprochenen Wörter nach meinen Beobachtungen und Versuchen nicht viel unter 120 herabsinken und nicht bedeutend über

---

[1]) Behaghels Darstellung des Tempo in Pauls Grundriss I 548 f. (§ 16)[1] = 680 ff. (§ 26)[1] berücksichtigt nur die Pausen; die Bedeutung der Wortdauer für die Sprechschnelligkeit hebt W. Reichel Studien S. 115 ff., hervor. Mit Ausnahme von Reichels Ausführungen (für das Sächsische) und einigen Angaben F. Kauffmanns (für das Schwäbisc'e) fehlen auf diesem Gebiete für die Mundarten alle Vorarbeiten.

[2]) Im Temperament der Egerländer vereinigen sich auf dem Untergrunde eines gutmüthig-ernsten Phlegmas einzelne entgegengesetzte Züge cholerischer Gemüthsart und sanguinischer Lebensfreude. Der Reichthum an Vocallängen und breiten Diphthongen wird aus Gradls Darstellung (s. Einl.) ersichtlich.

200 steigen, so dass sich im Mittel eine Sprechschnelligkeit von 160 Wörtern in der Minute ergäbe¹). Innerhalb der angegebenen Grenzen dürften für Frauen im allgemeinen höhere Ziffern anzusetzen sein als für Männer. Diese Durchschnittsziffern gelten jedoch nur für die normale Sprechweise; die unnatürlich schleppende Rede Blödsinniger sowie die überstürzt hastige gewisser Stotterer ist dabei außeracht gelassen; sie gelten ferner nur für das mittlere Lebensalter, mit Ausschluss der ersten Kindheit und des hohen Greisenalters, und endlich nur für die eigentlichen Landleute. Bei Stadtbewohnern, namentlich aber bei Gebildeten, wenn sie sich, ohne die Sprechweise des Landvolkes nachahmen zu wollen, in unbefangener Weise des heimatlichen Dialektes bedienen, ergeben sich höhere Durchschnittsziffern.²)

Was die relative Sprechschnelligkeit unserer Mundart betrifft, so klingt dieselbe getragener als der obersächsische Dialekt,³) während sie mit dem Bayerischen im ganzen übereinstimmen dürfte. Zu genauerer Vergleichung fehlen die Vorarbeiten.⁴)

2. Die zwischen den angegebenen ungefähren Grenzwerten liegenden Abstufungen der Sprechschnelligkeit bei einzelnen Individuen kommen für die hier beabsichtigte allgemeine Charakterisierung der Mundart nicht weiter in Betracht.

3. Das Tempo der einzelnen Rede. Die unerschöpfliche Mannigfaltigkeit der Sinnes-Unterschiede, die durch Verlangsamung oder Beschleunigung der Rede (zumal im Verein mit der musikalischen und dynamischen Betonung) erzeugt werden können, lässt sich auf drei Hauptquellen zurückführen. Das Tempo der Rede wird bestimmt:

a) durch den subjectiven Grad des Affectes,
b) durch die subjective Bedeutung, welche den einzelnen Theilen der Rede beigelegt wird (Wichtiges wird langsamer, Unwichtiges flüchtiger gesprochen);
c) durch die objective Schnelligkeit des wirklichen Geschehnisses, das in der Rede dargestellt wird.

In allen drei Fällen spiegelt sich im Tempo der Rede das Tempo des Ablaufes der Vorstellungen; doch ist die regulierende Kraft dieser parallel laufenden Bewegungen im ersten Falle die blinde Triebkraft des Affectes, im zweiten Falle sozusagen das stabile Beharrungsvermögen der einzelnen Vorstellung, das von ihrer Bedeutsamkeit abhängt, im dritten Falle die Erinnerung an das darzustellende Geschehnis.

Unter den ersten Fall ließe sich auch die künstliche Erhöhung der Spannung des Zuhörers durch Verlangsamung der Erzählung einbeziehen,

---

¹) Die Sprechschnelligkeit der Mundart an den Beispielen einzelner Sätze zu erläutern, deren Sprechdauer in Secunden angegeben wird, wie dies Kauffmann S. 23 für das Schwäbische unternimmt, will mir doch für unsere Mundart etwas bedenklich erscheinen.

²) Dass der Grad der geistigen Regsamkeit sowie der thatsächlichen geistigen Ausbildung überhaupt sowohl beim einzelnen als beim ganzen Volke nicht ohne Einfluss auf das Redetempo bleibt, ist begreiflich. Doch sind Beobachtungen dieses Einflusses schwierig, weil er von der Wirkung des Temperamentes vielfach beherrscht und durchkreuzt wird.

³) Gelegenheit zur Vergleichung beider Mundarten bietet sich besonders in Saaz, woselbst man die zahlreichen »Oberländer« (d. i. Egerländer) im täglichen sprachlichen Verkehr mit der einheimischen Saazer Bevölkerung beobachten kann.

⁴) Nach Behaghel (die deutsche Sprache S. 31) ist die Sprechschnelligkeit der Norddeutschen größer als die der Süddeutschen.

insofern das Tempo der Rede auch hier durch den Affect — aber durch den im Zuhörer hervorzurufenden Affect drängender Neugier — bestimmt wird.

Der zweite Fall spielt in der Mundart eine geringere Rolle als in der Umgangsprache Gebildeter; die eintönige Rede der Landleute lässt hier feinere Unterschiede oft vermissen. Das an dritter Stelle genannte Princip der Nachahmung durch das Tempo, gewissermaßen eine Tempomalerei, die neben der Klangmalerei vom Declamator wie auch vom Componisten als bewusstes Kunstprincip angewendet wird, ist der naiven Rede des Volkes durchaus geläufig und empfängt wohl aus diesem breiten Untergrunde des volksthümlichen Bewusstseins seine zwingende plastische Kraft. Ja der Mann aus dem Volke pflegt auch solche Sätze in das nachahmende Tempo einzubeziehen, in denen nicht das darzustellende Geschehnis selbst (Rede oder Handlung eines anderen), sondern eine eigene, referierende Bemerkung über dasselbe gegeben wird. So erzählt A von B, der von ungeduldigen Nachbarn vergeblich zur Eile gemahnt wurde (mit träger, schleppender Aussprache der Worte schon am Anfang der Rede): *Mĭ͞ Matz hàut sĕ niət ir machn laus — s Ris'd'n hàut neks gnutzt — es hàut schöi͞ städ sä͞ Pfáifm d͞-gstopft* u. s. w.

§ 3. Bezüglich der **Stellen**, an denen die Pausen eintreten, d. h. bezüglich der Gliederung in Satztakte, sowie bezüglich der **gewöhnlichen** (durchschnittlichen) und der **gelegentlichen Dauer des Wortes im Satze** gelten die Ausführungen Behaghels in Pauls Grundriss I 548—549 (§ 16)[1] = 680—682 (§ 26)[2] und W. Reichels Studien S. 115 auch für unsere Mundart.

II. Betonung.

A. Die musikalische Betonung.

§ 4. Der musikalische Charakter einer Mundart hängt ab: 1. von der Höhe der mittleren Stimmlage, 2. vom Stimmumfange, d. i. von der Größe (dem Intervall) der Ausweichungen von dieser Mittellage nach oben und unten, 3. von der Beweglichkeit des musikalischen Tones, d. h. von der Häufigkeit dieser Ausweichungen, 4. von der Art dieser Ausweichungen, nämlich davon, ob die Stimme vorherrschend von Intervall zu Intervall springt oder sich vorwiegend allmählich, continuierlich hebt und senkt (Tonsprung — Toncurve), 5. von dem Tempo dieser Ausweichungen, d. i. davon, ob im letzteren Falle die continuierlichen Hebungen und Senkungen vorwiegend langsam oder schnell ausgeführt werden, ob also die Toncurven gewissermaßen steiler oder sanfter anund absteigen. Die drei letzteren Gesichtspunkte hat Behaghel in Pauls Grundriss I 550 (§ 17)[1] = 682 (§ 27)[2] nicht berücksichtigt; sie sind aber für die musikalische Eigenart einer Mundart mindestens von ebenso großer Wichtigkeit wie die beiden ersten.

§ 5. Außer diesen Bestimmungen ist für die musikalische Betonung, wenn auch nicht einer einzelnen Mundart, die **Tonstelle** wichtig, d. i. jenes Wort, mit dem die Hauptänderung der Betonung im Satze einsetzt.[1]

§ 6. Was 1. die **absolute mittlere Stimmlage** der Egerländer betrifft, so begegnet man bei erwachsenen Männern am häufigsten kräftigen Baritonstimmen von ziemlich heller Färbung, während tiefe, dröhnende Bässe und hohe Tenorstimmen an Häufigkeit bedeutend zurückstehen. Doch dürfte diese vorherrschende Mittellage im Durchschnitt die Tonlage der hellstimmigen Bewohner des Saazer Flachlandes nicht erreichen.[2]

§ 7. Ferner hat — auch bei demselben Individuum — jede Art der Rede nach ihrem Gefühls- oder Stimmungscharakter ihre eigene Mittellage. Diese **relative mittlere Stimmlage** sinkt am tiefsten in ruhigen, affectlosen Einzelbemerkungen und steigt im allgemeinen nach dem Grade des Affectes. Doch zeichnet sich z. B. auch der wohlgemeinte ernste, aber milde Vorwurf in der Umgangssprache wie in der Mundart durch eine relativ tiefe Stimmlage aus, von welcher aus der Ton kaum mehr sinkt, sondern nur immer von neuem, aber mäßig, ansteigt.

§ 8. Was 2. den **Stimmumfang** betrifft, so scheint sich die einfach berichtende oder darlegende Rede im Neuhochdeutschen nach Behaghel (a. a. O.) innerhalb eines musikalischen Intervalles von einer Quarte bis zu einer Quinte zu bewegen. Unsere Mundart dürfte das Intervall einer Quinte im ruhigen Gesprächston im Durchschnitt nicht erreichen.[3]

§ 9. In Bezug auf 3. die Häufigkeit der Ausweichungen oder die **Beweglichkeit** des Stimmtones, dürfte unsere Mundart, wie wahrscheinlich die meisten Mundarten, soweit sie von den unteren Schichten des Volkes gesprochen werden, hinter der reicheren und feineren musikalischen Modulationsfähigkeit der Sprache der Gebildeten merklich zurückstehen. Dieser Unterschied macht sich zumeist auch dann geltend, wenn höher Gebildete in der Mundart sprechen.

§ 10. Was 4. und 5. die **Art** und das **Tempo** der Ausweichung betrifft, so kann in unserer Mundart von einem absoluten Vorherrschen der sprungweise ausgeführten oder der continuierlichen Hebung und Senkung und — im letzteren Falle — der steileren oder der sanfter geschwungenen Toncurve nicht wohl gesprochen werden. Nur soviel lässt sich sagen, dass zwischen den engeren Intervallen der in normaler Stimmlage gesprochenen Rede, z. B. in ruhiger Erzählung oder Darlegung,

---

[1] Vgl. W. Reichel Studien S. 99. 104 ff.
[2] Nach F. Kauffmann S. 21 § 40 Anm. 2 erscheint infolge der Tieftonigkeit der Ictussilbe im Schwäbischen die ganze Stimmlage dieser Mundart tiefer als die der norddeutschen Mundarten.
[3] Nach Kauffmann S. 22 bewegt sich das Schwäbische in ruhiger Erzählung höchstens in dem Intervalle einer Terz; dem Mittel-Schwäbischen im besondern schreibt er (S. 21 § 40 Anm. 3) eine kaum bemerkbare Modulation zu. Dagegen findet er die Modulation je weiter nach Süden, nach der Schweiz hin, desto »lebhafter und kecker«, d. h. doch wohl auch desto umfangreicher in Bezug auf die Intervalle. Es würde dies zu der Beobachtung Behaghels (die deutsche Sprache S. 31) stimmen, dass die Intervalle der norddeutschen Mundarten überhaupt enger sind als die der süddeutschen.

die continuierliche Toncurve öfter erscheinen dürfte als zwischen den weiteren Intervallen der affectvollen Rede. Auszunehmen sind von dieser Regel die einsilbigen Ausrufe wie *ei? was? so?!*, falls sie länger gedehnt werden; denn diese beschreiben zwischen weiten Intervallen ihrem oft doppelgipfligen Silbenaccent entsprechend sehr umständliche Toncurven.[1])

Allerdings können auch die Art und das Tempo der Ausweichungen neben der Häufigkeit derselben zur musikalischen Charakteristik einer Mundart insofern beitragen, als auch sie den mehr oder weniger »singenden« Ton der Rede mitbestimmen. Am ausgeprägtesten ist dieser Ton, wenn die Ausweichungen selten sind und nur kleine Intervalle langsam durchlaufen. Herrscht dabei die Bewegung nach abwärts vor, so gewinnt die Rede leicht einen klagenden Charakter. Dieser singende oder klagende Ton kann nun zwar gelegentlich auch unter unserer Landbevölkerung, besonders beim weiblichen Geschlechte, beobachtet werden, und in einzelnen Ortschaften tritt er überhaupt stärker hervor. Ein Charakterzug der ganzen Mundart kann er jedoch nicht genannt werden.[2])

§ 11. Tragen sonach die unter 4 und 5 angeführten Gesichtspunkte zur Charakterisierung speciell unserer Mundart weniger bei, so sind sie dagegen von größter Wichtigkeit für die Unterscheidung der einzelnen Arten der Rede (der Aussage, Frage, Aufforderung u. s. w.) und feinerer Sinnesunterschiede innerhalb dieser Arten.[3]) Da jedoch für diese Redearten auch die Richtung der Tonbewegung (nach aufwärts oder nach abwärts) von Bedeutung ist, so sollen dieselben später nach diesen drei Beziehungen, der Richtung, der Art und dem Tempo der Tonbewegung, im Zusammenhange untersucht und dargestellt werden.[4])

§ 12. Aber auch die drei ersten der oben genannten variablen Eigenschaften, die relative mittlere Stimmlage, die Größe der Intervalle und die Beweglichkeit des musikalischen Tones, stehen zum Gefühlscharakter der Rede in einem bestimmten Verhältnisse. Außerhalb der zusammenhängenden Erzählung, in den ruhigen dialogischen Einzelbemerkungen, die z. B. Familienmitglieder über alltägliche Gegenstände mit einander wechseln, ist die Stimmlage verhältnismäßig tief, der Tonfall dürfte den Umfang einer Quarte im allgemeinen nicht überschreiten. Die Beweglichkeit, und zwar die doppelseitige, nach oben und nach unten,

---

[1]) Über den doppelgipfligen Silbenton der aus einer Silbe bestehenden Sätze vgl. Sütterlin Exspir. Betonung S. 2.

[2]) Wohl aber kennzeichnet nach Behaghel (die deutsche Sprache S. 31) ein singender Ton das Thüringische, das Sächsische und die Sprache der Deutsch-Russen; den nördlichen Übergangsgebieten vom Mittel-Schwäbischen zum Rheinpfälzischen ist eine weiche, wiegende Modulation mit sanften Übergängen eigen (Kauffmann S. 21 § 40 Anm. 3). Ebenso klingt die Elsässer Mundart nach Reichel Studien S. 99 überhaupt weinerlich, weil der Stimmton langsam kleine Zwischenräume durchläuft.

[3]) W. Reichel leugnet dies Studien S. 99, indem er sagt, die Schnelligkeit, mit der die Stimme von der Höhe zur Tiefe fällt, sei zwar charakteristisch für die einzelnen Mundarten, für den Sinn jedoch gleichgiltig.

[4]) Aus der Richtung der Tonbewegung lässt sich bisweilen ebenfalls ein für die ganze Mundart charakteristisches Moment gewinnen. Dies geht aus der Bemerkung Reichels a. a. O. hervor, dass die Braunschweiger am Ende des Satzes mit der Stimme noch einmal in die Höhe gehen. Auch das Schwäbische schließt infolge des Vorherrschens der musikalischen Aufwärtsbewegung im Wortaccent die ruhige Aussage mit einer Hebung der Stimme. Vgl. die Notenbeispiele bei F. Kauffmann S. 22 § 41.

ist verhältnismäßig bedeutend. In zusammenhängender Erzählung, die sich in der Regel schon lebhafter gestaltet, in nachdrücklicher Darlegung, in Klagereden u. dgl. steigt die relative Mittellage der Stimme um ein weniges; allein dabei nehmen die Intervallen-Weite der musikalischen Ausweichung sowie die Beweglichkeit des Tones nicht, wie man erwarten sollte, ebenfalls zu, sondern beide werden zunächst merklich beschränkt: die herrschenden Intervalle verengen sich zur Terz, ja (namentlich bei Frauen) oft genug zur Secund, und die Ausweichungen von der höheren Stimmlage sind minder häufig.

Erhebt sich hingegen die Stimmung des Redenden zum eigentlichen Affect, namentlich zu den höheren Graden desselben, so ändert sich das tonische Bild der Rede nach allen drei Beziehungen wiederum wesentlich: die relative Stimmlage ist bedeutend, oft bis an die äußerste Grenze, erhöht, der Umfang der Ausweichungen erweitert sich beträchtlich — Octavensprünge sind hier nichts Seltenes — und die Beweglichkeit des musikalischen Tones nimmt, wenn überhaupt, nur einseitig nach abwärts zu; denn nach oben wird der Raum zur Bewegung durch die ohnehin hohe Stimmlage naturgemäß sehr eingeengt, ja sie kann so gut wie ganz aufhören, wenn die Stimme immer in der höchsten Lage einsetzt, wie z. B. bei Hilferufen. Affectvolle Rede ist daher musikalisch hauptsächlich durch die von höheren und höchsten Stimm-Einsätzen immer von neuem nach abwärts gehenden größeren oder kleineren Intervallengänge charakterisiert. Temperamentsunterschiede greifen in dieses im großen und ganzen giltige Schema allerdings verändernd ein. Mit der Tonerhöhung geht normaler Weise immer auch eine Tonverstärkung Hand in Hand; aus der stärkeren Anspannung des Sprachorganes, die beide mit sich bringen, erklärt sich physiologisch die geringere Beweglichkeit dieses Organes und damit des musikalischen Stimmtones.

§ 13. Das Gesagte gilt von der unstilisierten, gewöhnlichen Rede. Alle Rede höheren Stiles, also alles, was der volksthümlichen Rhetorik und der Volkspoesie zugerechnet werden kann, wird durch den musikalischen Tonfall merklich von der gewöhnlichen Rede unterschieden u. zw. im allgemeinen durch geringere Beweglichkeit des musikalischen Tones. Volksthümliche »Rede« im engeren Sinn, wie sie z. B. noch in den ernsten Ansprachen des Hochzeits-Redners, des *Prokorátys* (Procurators) im Egerland, des *Warmôns* (Werbemannes) in Nordböhmen, des *Plampač* in der Iglauer Gegend, beobachtet werden kann, hebt sich von gewöhnlichem Gespräch, abgesehen von der Hebung der relativen Stimmlage, durch einen salbungsvollen, oft geradezu halb singenden Redeton mit geringer Auf- und Abwärtsbewegung ab. Heitere Ansprachen verfallen eher in den natürlichen Sprechton. Ähnliches gilt von den eingelernten Gratulationsreden der Kinder. Was von der Volkspoesie hier in Betracht kommen kann, sind die Reden des Volksschauspieles, die Sprüche mancher Volks- und Kinderspiele, soweit sie nicht gesungen werden, ferner Zaubersprüche, Segensformeln u. dgl. Über das Volksschauspiel stehen mir aus meiner Heimat keine Erfahrungen zugebote. Was aber z. B. Ammann in den Mitth. d. V. f. Gesch. d. D. i. B. XXX (1892) 202 über die ursprünglichen Aufführungen des Hörtizer Passionsspieles durch ungeschulte Spielgesellschaften aus dem Volke bemerkt, lässt vermuthen, dass auch der dramatische Vortrag des Volkes durch eine merkliche einseitige Beschränkung der natürlichen musikalischen Betonung gekennzeichnet war. Er sagt: »Auf einförmigen Tonfall in der Stimme und linkische Handbewegungen muss man sich stets gefasst machen,« und »der Erzengel und der Schäfer wird von einem Knaben gespielt, der gewöhnlich seine Rede im Volksschultone herabsagt«. Bei Beschwörungs-, Spielformeln u. dgl. pflegt, soweit sie rhythmisch und gereimt sind, die musikalische Betonung unter dem Banne des Rhythmus zu stehen, der die natürliche Beweglichkeit der Stimme auf 1—2 typisch wiederkehrende, vom Vers-Ictus dictierte Hebungen und Senkungen einschränkt. Vgl. den Auszählreim aus Plan:

Eins zwei drei,
In der Dechantei
Steht ein Teller auf dem Tisch,
Kommt die Katze, holt den Fisch,
Kommt die Köchin mit der Gabel,
Sticht die Katze in den Schnabel,
Lauft die Katz' hinaus,
Du bist dràuß!   HTV S. 433 N. 331a.

Die Schriftunterschiede bezeichnen die musikalischen Höhepunkte der Rede; der eine der beiden Gipfel (hier durch gesperrte Fettschrift unterschieden) ist gewöhnlich höher als der andere (nur gesperrt gedruckte).

Eine ähnliche wenn auch minder ausgeprägte Betonung hört man in Beschwörungs-Sprüchen, z. B.: (gegen die »Fraisen« der Kinder, aus Plan):

»S Fraisl, s Fraisl gieng üwas Länd,
Da begegnet ihm Christus der Heiland.
Er spricht:
Fraisl, Fraisl, weiche! (Darauf das Kreuzeszeichen.)

Unrhythmische und reimlose Sprüche, in unserer Gegend wohl überhaupt seltener, nähern sich eher der natürlichen musikalischen Betonung.

§ 14. Schließlich ist noch ein Blick auf die musikalische **Wiedergabe neuhochdeutscher Rede** zu werfen. Das todte, geschriebene Wort wird im Munde des vorlesenden Mannes aus dem Volke gewöhnlich ebenso wenig lebendig wie im Munde eines anderen gewöhnlichen Vorlesers. Beim lauten Beten feststehender Gebetformeln (die gleich den vorerwähnten Segenssprüchen zwar meistens mehr oder weniger mundartlich gefärbt, aber selten rein dialektisch sind) scheint die hohe Würde des Inhaltes den beweglichen Ton von selbst in gewissen Schranken zu halten. Beim gemeinschaftlichen lauten Gebet der Familie und namentlich der Gemeinde in der Kirche kommt wohl auch in Betracht, dass eine größere Zahl von ungefähr gleichschwebenden Menschenstimmen eine mächtigere, sangartige Klangwirkung erzielen.

§ 15. **Auf- und absteigende Tonbewegung**, *a*) im einfachen Satze. Hier ergeben sich in der mundartlichen Praxis einige Abweichungen von den allgemeinen Gesetzen, die Behaghel in Pauls Grundriss I 550 (§ 17)[1] = 682 (§ 27)[2] aufgestellt hat. Auch lassen sich durch die Einführung der Gesichtspunkte 4 und 5 (§ 10) eine

Reihe feinerer Unterschiede¹) gewinnen. (Siehe nachstehende Tabelle.)

Beispiel	Art der Rede	Richtung der Tonbewegung gegen das Ende des Satzes	Art und Tempo der Ton-Ausweichung	Charakter (Sinn)
Ein Knabe sagt: *Jitzə wird's bäll wiedr Wintr wer'n.*	I. Aussage	absteigend	α) Sprung, oder continuierliche rasche Senkung	einfach constatierend, auch fröhlich.
Ein Schwerkranker sagt:			β) continuierliche allmähliche Senkung, namentlich zu einem geringeren Intervall	wehmüthig, resigniert, klagend.
Mǎch s Fenzə zou!	II. Aufforderung	a) absteigend	α) Sprung, oder continuierliche rasche Senkung	mindestens energisch Widerspruch ausschließend, — bei größeren Intervallen, auch barsch, herrisch, gereizt
			β) continuierliche allmähliche Senkung	sanft, mehr bittend oder wohlmeinend, auch klagend.
Làu mé in Rouh!		b) ansteigend	α) Sprung, oder continuierliche rasche Hebung	drohend.
Làu nən (ihn) denns (doch) in Rouh!			β) continuierliche allmähliche Hebung (namentlich aus größerer Tiefe)	vorwurfsvoll.

¹) Alle diese Unterschiede graphisch darzustellen, ist meines Wissens noch nicht versucht worden. Die Noten der Musik zu diesem Behufe zu verwenden, geht deshalb nicht an, weil für die continuierliche Hebung und Senkung der Stimme die chromatische Tonleiter ein ebenso umständliches als wenig zutreffendes Bild ergäbe. F. Kauffmanns Notenbilder für einzelne Sätze zeigen überhaupt bloß Sprünge von Ton zu Ton. (S. 22) Am einfachsten dürfte man sich hiezu wie bei der Darstellung der Temperatur-, Luftdruckschwankungen u. dgl. entsprechender Curvenlinien bedienen, die, über und unter einer horizontalen Geraden (der absoluten mittleren Stimmlage), bezw. mehrerer übereinander liegender Geraden (den relativen Mittellagen) verlaufend, das Verhältnis der Stimm-Schwankungen zu gewissen Normallagen veranschaulichen. Die größere oder geringere Steilheit der Curven würde passend das Tempo der Tonbewegung versinnbildlichen, gleichschwebende Töne könnten durch gerade Strecken, Intervallen-Sprünge durch bloß punktierte Senkrechte zwischen zwei Punkten wiedergegeben werden. Diese Curven in ein Netz von musikalischen Höhengraden (von der Second bis zur Octav, event. darüber, einzuzeichnen, dürfte deshalb wenig Wert haben, weil die verschiedenen, für die Frage, die Aufforderung, den Ausruf, die Aussage typischen Tonbewegungen je nach dem Grade des Affectes sozusagen mit verschiedener Elongation der zwischen Höhen- und Tiefenpunkten hin- und hergehenden Schwingung ausgeführt werden können, so dass nur der Typus der Ton-Arabeske, nicht ihre Dimension nach oben und unten feststeht.

Dasselbe Princip vertritt W. Reichel, wenn er am liebsten die Worte im Drucke selbst in die Höhe steigen und fallen lassen möchte (Studien S. 102). Die technische Undurchführbarkeit dieses Gedankens hat er sich wohl selbst nicht verhehlt.

Tonbewegung a) im einfachen Satz.

Beispiel	Art der Rede	Richtung der Tonbewegung gegen das Ende des Satzes	Art und Tempo der Ton-Ausweichung	Charakter (Sinn)
Wés (wer) hāut də wos thoũ? oder: *wos?*	III. Frage A. Wortfrage	a) ansteigend	α) Sprung, sowie continuierliche rasche Hebung	schlicht, einfach, je nach dem größeren oder geringeren Intervall mehr oder weniger lebhaft und dringend.
			β) continuierliche langsame Hebung	nachdrücklich, — bei größerer Verlangsamung der Hebung auch lauernd und, wenn gleichzeitig ein größeres Intervall durchlaufen wird, drohend.
		b) absteigend	α) Sprung, sowie continuierliche rasche Senkung, (mit starker Betonung des Fragewortes)	barsch, ungeduldig, gereizt.
			β) continuierliche langsame Senkung	sanft, theilnehmend, bedauernd.
Brǟnchst əppə r ə Göld? oder: *suə?*	B. Satzfrage	ansteigend	α) Sprung, sowie continuierliche rasche Hebung	= III A a α) und b α) (wie bei der Wortfrage). Vgl. § 16.
			β) continuierliche langsame Hebung	= III A a β) und b β) Vgl. § 16.
Nō du máin-Gott! oder: *Nō suə wos!*	IV. Ausruf (abgesehen vom fragenden Ausruf)	a) absteigend	α) Sprung, sowie continuierliche rasche Senkung	freudige, oder — bei tieferem Intervallensprung — auch ärgerliche Überraschung
			β) continuierliche langsame Senkung	bedauernd, — klagend (namentlich bei engerem Intervall)
		b) ansteigend	α) Sprung, sowie continuierliche rasche Hebung	heitere, oder — bei tieferem Intervallensprung — auch ärgerliche Verwunderung
			β) continuierliche langsame Hebung	nachdenklich, ernst, bedenklich, vorwurfsvoll

§ 16. Wortfragen mit *wer, was* u. s. w. können, schon durch diese Fragewörter als Fragen gekennzeichnet, des aufsteigenden Tones entbehren; sie werden mit stärkerer Betonung des Fragewortes auch als Aufforderungen (absteigend) betont, und so enthalten sie eigentlich sowohl die Frage, als auch eine stark hervorgehobene Aufforderung zur Antwort. In dem oben gegebenen Beispiel: *Wer hàut də wos thàu͞*? gibt die ansteigende Betonung lediglich den Sinn: Ich frage dich: wer hat dir etwas (zuleide) gethan? — die absteigende Betonung aber: Wer hat dir etwas gethan? Das sage mir! Heraus damit! Die Satzfrage, nur durch den ansteigenden Ton als Frage gekennzeichnet, umfasst in ihren verschiedenen Schattierungen die Bedeutungen der an- und der absteigenden Wortfrage.

§ 17. Die größere oder geringere Weite der Intervalle variiert die aufgestellten Unterschiede noch weiter. Beim Durchlaufen eines engeren Intervalles macht eine Tonfigur, wo nicht bereits eine besondere Bedeutung angegeben ist, meist (ausgenommen, wo im Schema schon besondere Sinnesverschiedenheiten bemerkt sind) den Eindruck einer Abschwächung der intervallweiteren Figur. So kann z. B. der barsche Ton der Wortfrage im Falle III A *b* α) des Schemas, oder der vorwurfsvolle Ton des Ausrufes in IV *b* β) durch ein geringes Intervall (namentlich in der Stimmlage der gewöhnlichen Rede) bedeutend verringert werden. Noch feinere Unterschiede werden durch das Zusammenwirken des Redetones mit der Miene und Geberde erzeugt. Die letztere kann den Sinn mildern oder verstärken, auch verschieben, ja sie kann Wort und Ton geradezu Lügen strafen, wodurch sich sonderbare ironische Mischfarben der Rede ergeben.

§ 18. *b*) **Auf- und absteigende Tonbewegung im zusammengesetzten Satze.** Die allgemeine Regel, dass in zwei Sätzen, die im Verhältnis der Bei- oder Unterordnung stehen, der Ton am Ende des ersten Satzes ansteigt, gleichviel ob dieser im zweiten Falle der Haupt- oder der Nebensatz ist, gilt auch für die Mundart. In einer ganzen Reihe inhaltlich zusammenhängender Aussagen, aber auch Fragen und Aufforderungen werden alle Glieder, ausgenommen das Schlussglied bei Aussagen und Aufforderungen, ansteigend betont, so z. B. in einer Reihe von Aufforderungen, mit denen jemand die Zerlegung eines Gegenstandes leitet: *Stöll' (stelle) dè dàuhes!* (als erstes vorbereitendes Glied vielleicht noch absteigend betont) — *öitzə pàck mit də rechtn Händ dàu vorn o͞* (steigender Schluss) — *mit də ùnnən Hánd druck döi Fédən zoué* (steigender Schluss) — *öitzə nimm döi Schrä͡(b)m* (Schraube) *àssé* (steigender Schluss) u. s. w. Hier kommt jedem einzelnen Satze vermöge des ihm anhaftenden Charakters der Unabgeschlossenheit, Ergänzungsbedürftigkeit der ansteigende Ton zu. Für Aussagen und Fragen bedarf es keiner Beispiele. Ausnahmen von diesen Regeln werden nur durch das Princip des nachträglichen Zusatzes geschaffen, welches die mündliche Rede so vielfältig beherrscht. So kommt es, dass Sätze absteigend, also abschließend betont werden, obwohl ihnen ein zugehöriger Neben- oder Hauptsatz als Ergänzung nachgeschickt wird.

Im vorangestellten Nebensatz ist ansteigende Betonung auch in der Mundart die Regel. Eine Ausnahmsstellung nehmen nur die Einräumungssätze, namentlich die mit bloßem (stark betonten) *wenn*, aber auch die mit *wenn ā͞*, *wenn glài* u. s. w. ein, insoferne sie auch stark absteigende Melodie haben können: *U wenn ə 's thäü häut, sə möcht dös neks.* Bei elliptischen Nebensätzen wird durch ansteigende oder schwebende Betonung auf den fehlenden Hauptsatz-Gedanken hingewiesen: *Jä, weə 's suə schäi˜ häut wöi du ...* (sc. der mag froh sein oder ähnlich) oder der elliptische Nebensatz entlehnt von dem fehlenden Nachsatz die absteigende Melodie: *Sə wenn é* (ich) *owə niət möch* (mag) (so betont wie: so lass mich in Ruhe!).

§ 19. *c)* Behaghels Beobachtung, dass auch im einfachen, aber in Satztakte zerfallenden Satze die Neigung bestehe, »am Abschluss der Takte den Ton in die Höhe gehen zu lassen«, kann in der Mundart vielfach bestätigt werden. Hier werden die Satztakte genau so behandelt, wie im zusammengesetzten Satz die einzelnen Sätze (vgl. auch oben § 18 die Reihe der Aufforderungen, Aussagen u. s. w.). So wenn jemand erzählt (die Taktstriche bezeichnen eine kleine Pause, vor welcher der Ton ansteigt): *Häi˜t* (heute) *nächt | ümmə zwölfə | siəh r é* (ich) *də hintn in Stöl* (Stall) *ə Löicht | ålzwä´l hin-ə-widə-gåih˜ | u gläi diä´f balt* (bellt) *də Hund ...*[1]

Andere Einzelheiten, z. B. über die musikalische Betonung gewisser Interjectionen, werden besser im Zusammenhange mit der Bedeutungslehre dieser Redetheile behandelt werden können.

§ 20. Die Tonstelle richtet sich nach der Bedeutung, welche die einzelnen Satztheile für den besonderen Zusammenhang des Satzes haben. Vgl. Reichel Studien S. 104 ff., der hiebei Erläuterungen und Erweiterungen der Aussage unterscheidet. Sind derartige Bestandtheile, welche die Tonstelle in wechselnder Weise beeinflussen, im Satze überhaupt nicht vorhanden, so entscheidet über dieselbe das feststehende Rangsverhältnis zwischen den einzelnen Wortclassen, also dasselbe Kräfteverhältnis der Worte, welches auch den feststehenden dynamischen Accent im Satze bestimmt. Die von W. Reichel a. a. O. (vgl. Behaghel in Pauls Grundriss I 550 ff. § 18[1] = 682 ff. § 28[2] aufgestellten Grundsätze gelten auch für unsere Mundart.

B. Die dynamische Betonung.

§ 21. 1. Bezüglich des **dynamischen Satzaccentes** wurde schon oben § 20 auf Behaghels Darstellung verwiesen. Was ferner Sütterlin Betonung S. 4—7 über den Satzton der Heidelberger Volksmundart ermittelt hat, gilt bis ins einzelne auch von unserer Mundart.

§ 22. Ein Hauptunterschied besteht jedoch darin, dass das persönliche Fürwort hinter dem Vorwort nicht enklitisch ist wie im Heidelbergischen, wo es daher gewöhnlich in abgeschwächter Form erscheint: *mit mə, vor en, an en, geche·n en, bai er(e)* Sütterlin a. a. O. S. 6. Egerl. nur: *mit miə, vor iu, oə·r-in, gécheə·r-in, bə·r-ir* u. s. w. Starke Betonung des Vorwortes setzt wie in der Umgangsprache stets einen

---

[1] Diese ansteigende Betonung von Satztakten ist besonders häufig, wenn der Satz durch Züge aus der Tabakpfeife in Theile zerhackt wird.

vorschwebenden oder ausgesprochenen Gegensatz voraus: *unt∂r-uns,
üw∂-r-uns*.¹)

§ 23. Ferner hat der vorgesetzte Genitiv zwar in der Regel den
Nebenton: *iu'g‚ Gotts Nám∂*²), *d∂ ál∂-ältst*; allein auch *s ál∂-schänst*
neben *s ál∂-schäust*.³) Die erstere Betonung hebt naturgemäß den Begriff der höchsten Steigerung stärker hervor, aber nicht gerade immer
mit spöttischer Nebenbedeutung wie im Heidelbergischen. (Sütterlin a. a. O.
S. 7.) Die zweite Betonung *s ál∂-schäust* lenkt die Aufmerksamkeit
auf den Eigenschaftsbegriff als solchen, weshalb *u s ál∂-schänst wå∂*
denselben Sinn annehmen kann wie der einfache Superlativ in: *u s
schänst d∂bā́ wå∂*, also nicht viel mehr zu bedeuten braucht als: »und
das Schöne dabei war«, insofern an eine Vergleichung nicht gedacht
wird (absoluter Superlativ). Stets betont man, wie im Heidelbergischen,
unn∂-r-oís (unsereins)⁴); auch: *Mánns gnouch*⁵), *um Hímmls w(ü)lu*
(neben der umgekehrten Betonung).⁶)

§ 24. Bei den Verbindungen zweier Worte mit *und* wird auch im
Egerländischen im ganzen das zweite Glied betont; nur bei den Zahlwörtern wie *fímf-∂-zwänzg, séks-∂-dräiʼg* ist die Betonung des ersten
Gliedes häufiger als die des zweiten.⁷)

Wie *Kä́s-∂-Bräut* = Käse und Brot (von Sütterlin auch aus dem
Handschuhsheimer Dialekt angeführt) kann noch *Búttr-∂-Bräut* (Butter und
Brot, also nur dem Sinn, nicht dem Wortlaut nach = *Bútt∂bräut*, Butterbrot) betont werden. So lautet ein gesungener Kinderspielreim in Plan:

Táif∂l, ráuth, wes s Hölz∂l hát,   (Teufelchen, rathe, wers Hölzchen hat,
üm ∂n Kráiz∂ Búttr-∂-Bräut.   um einen Kreuzer Butterbrot.)

Ähnlich *He∂ng-∂-Bräut*, Honig und Brot (Honigbrot). Hingegen: *Semml-∂-M(ü)lch* = Semmel und Milch (Speise am Allerheiligen-Abend).⁸)

§ 25. 2. **Wortaccent**. Die stärkste Silbe des Wortes trägt in
einfach darlegender Rede zugleich den musikalischen Hochton. Die Tonsilbe ist ihrem Silbenaccent nach überwiegend stark geschnitten;⁹) nur
in den im § 15 (Schema) bezeichneten Fällen der continuierlichen langsamen Senkung des Satztones ist die Wirkung dieser sanften Tonbewe-

---

¹) Sonst *unt∂-r-uns*, das wie im Heidelberg. auch »in unserem Kreise« heißen
kann. Das Egerl. stellt sich also mit diesem Betonungsverhältnis an die Seite des Bayr.-
Österreichischen.
²) Ebenso oöst. *in Gotts Nam*, aber auch *in Gotts Nam*: jenes drückt mehr Ergebung, dieses Erregtheit aus.
³) Ebenso oöst., je nachdem mehr die Eigenschaft oder deren Grad hervorgehoben wird.
⁴) Ebenso oöst.
⁵) Oöst. auch *Manns gnua*.
⁶) Oöst. nur *ums Himels wöln*.
⁷) Im Heidelberg. nur *fünf-∂-zwanzig*. Sütterlin S. 7; oöst. umgekehrt nur *fímf-ä-zwoanzk*.
⁸) Oöst. ist in diesen Fällen Betonung des zweiten Wortes das Gewöhnlichere.
⁹) So bildet die Betonung des Egerländischen einen scharfen Gegensatz zu der des
Schwäbisch-Alemannischen, welchem gerade die regelmäßige musikalische Tieftonigkeit
der schwach geschnittenen Ictussilbe das charakteristische Gepräge gibt. Kauffmann
S. 20 § 40.

gung natürlich bis in den Silbenaccent hinein zu verspüren, so dass derselbe vielfach schwach geschnitten erscheint. Über die Größe des Intervalles zwischen der stark betonten und den schwächer betonten Silben vergl. § 8. Der gesetzmäßige Wortaccent, bezüglich dessen unsere Mundart mit der gemeindeutschen Aussprache übereinstimmt (Behaghel in Pauls Grundriss I 554 ff.[1] § 19 = 686 ff.[2] § 30), erleidet wie in anderen Dialekten im einzelnen gewisse Verrückungen.[1]

a) Einfache Wörter. Von der regelmäßigen Betonung der ersten Silbe weichen ab:

α) Mehrsilbige Eigennamen und Appellativa wie *Mutter*, *Vater*, *Meister* u. a., welche, im lauten Anruf aus größerer Ferne, aber auch im drohenden, klagenden oder ungeduldigen Anruf aus der Nähe gebraucht, die letzte Silbe betonen, selbst wenn diese nur aus einer stimmhaften Liquida bestehen sollte: *Michl!* *Kåschɔ!* *Vådɔ!* *Moudɔ*, *Måistɔ*, neben regelrechtem *Míchl!* u. s. w.[2]) Diese Verschiebung des Tones, mit der gewöhnlich auch eine starke musikalische Erhöhung sowie eine Dehnung der letzten Silbe verbunden ist,[3]) erklärt sich aus dem Bedürfnis des Rufes nach kräftigerem Ausklingen, als es eine tonlose Endsilbe zu bieten vermag.

β) Die letzte Silbe betonen auch Fremdwörter (wie im Nhd.): *Glåsúr, Dechɔtái*[4]), *Schkåndä́'l, Káffé* = Café und Kaffee, (nie: *Káffé*) *Sålát, Spenút, Tschokláʼt* (Chokolade) u. a.[5])

b) Zusammensetzungen u. zw.:

α) Mit Partikeln. Tonlose Partikeln wie *ver-*, *zer-* u. ä. können nie die Träger einer gegensätzlichen Betonung werden, wie dies im Nhd. und (nach Reichel Studien S. 113) auch im Sächsischen möglich ist. Also niemals: *Án-* und *Vérkauf*.[6])

β) Rein copulative Verbindungen wie *vɔbái, grodä́'s, vorós* (voran), *usʼbʼmä́'f* (obenauf, auch = im ersten Stocke) betonen wie im Nhd. das zweite Glied. Eine Ausnahme machen die Verbindungen von *hin* mit *aus, auf, ab, unter, über* u. s. w., das in unserer Mundart, wie vielfach im Bayerisch-Österreichischen, an die zweite Stelle tritt. Die Betonung des ersten Gliedes: *áb-hin, áuf-hin, áus-hin* (= hinab u. s. w.) führt zur Abschleifung des zweiten Gliedes: *àé, áffé, ássé* und so *ṹré, unté, ṹwé*. Vgl. auch *Hérr-Gott* neben *Herr-Gótt* (besonders im Ausruf: *Herr-Gótt nu ɔmål!*) und *Hérr-Gott*.[7])

Bloße Verdopplungen, so von Interjectionen, sind vorwiegend auf der zweiten Silbe betont:[8]) *ä-ä́, áj-äí* (Ausruf der Verwunderung,

---

¹) Vgl. für das Heidelberg. Sütterlin Betonung S. 2—4, für das Sächsische Reichel Studien S. 113—115.
²) Beides auch im Oöst. und im Heidelberg. (*Grẽtɔle* und *Grẽtɔle*: Sütterlin Betonung S. 2.)
³) Ebenso oöst.
⁴) Ebenso im Heidelberg. Sütterlin Betonung S. 2.
⁵) Alles dies ebenso oöst. Im Sächs. *Café* und *Kaffee, Spinat, Salat*. Reichel Studien 114.
⁶) Ebensowenig oöst.
⁷) Diese Doppel-Betonung zeigen im Heidelbergischen ähnliche Zusammensetzungen wie *der Lumbɔ-Krans* = »der verdammte Fasshahnen« im unwilligen Ausruf. Sütterlin S. 3.
⁸) Ebenso im Oöst. und Heidelberg. (Sütterlin S 4.)

aj-ái mehr Ausruf beim liebkosenden Streicheln der Wangen, und dieses selbst. Vgl. den Abschnitt über die Interjectionen § 122: *ho-ho, hā̀-hā̀, hm-hm, jà-jà, nā̀-nā̀, nṑ-nṑ, bum-bum, guck-guck (dá-dá), meck-meck, wē-wē* (Schmerz oder Wunde in der Kindersprache: Neubauer Idiotismen S. 107).

γ) Die echte Zusammensetzung hat den Hauptton der Regel entsprechend auf dem ersten Bestandtheil. Schwankend ist nur die Betonung der sogenannten verstärkenden Zusammensetzungen: *schnai-wais, kul-schwārz, fáis-ráut, stuak-fremm* (stockfremd); wirkliche Vergleichung erfordert die Betonung des ersten Gliedes (schneeweiß — kalkweiß). Bei bloß verstärkendem Sinn kann das erste Glied die Betonung entbehren (schneeweiß); der Affect betont wohl auch beide Glieder.[1]

δ) Die unechten Zusammensetzungen, aus der Angliederung des flectierten Adjectivs (Zahlwortes) oder des vorgesetzten Genitivs entstanden, bewahren zum Theil die diesem Ursprung entsprechende Betonung des zweiten Gliedes: *Làngawā'l*, aber *Làugwā'l; Blindakou*;[2] Ortsnamen wie *Hālingkráiz*, Heiligenkreuz,[3] (ähnlich *Dürre-Ziech* = Dürre Ziege, Ort bei Saaz, aber *Dürrwā'l* = Durrmaul, bei Marienbad); *àlədings* = unter allen Umständen, in jeder Hinsicht. — *Dráihàckn* (Ort im Planer Bezirke), *Si(b)mbárch* (die Siebenberge).[4]

Hingegen wird trotz des flectierten Adjectivs *Náiətàich* betont. Neuer Teich, Name eines Teiches bei Plan, oder wohl besser = Neuenteich, vgl. Neuenburg, Altenburg, und wie diese aus der Fügung *àm (bən) nàiə Tàich* herübergenommen.) Anderseits — trotz fehlender Flexion — *zən Nàijàuə* (im Stadtdialekt, auf dem Lande nur: *zən nàiə Gàuə*) wie zum Theil auch in der Umgangssprache. *Burchəmàistə* (der bürge meister),[5] *Fráuəbárch* (Pfraumberg, als Frauenberg gedeutet);[6] *Gàuchsláuh*, Name eines Waldes bei Plan = Jakobs- (egerl. *Gàugl-*) Lohe. Hingegen, trotz des Genitivs: Kàrlsbod.[7]

Die aus der Angliederung von Präpositionen an Substantiva oder Pronomina entstandenen Verbindungen beharren ebenfalls gerne auf der ursprungsgemäßen Betonung: *iəwəhápt, üwərál* (im Zusammenhang der

---

[1]) Das Oöst. betont bei bloßer Verstärkung das zweite Glied. Im Heidelberg. herrscht abgesehen von der gegensätzlichen Betonung des ersten Gliedes die doppelte Betonung vor. Sütterlin a. a. O. S. 3.

[2]) Ebenso oöst. Reichel führt S. 114 an: *Langeweile*, aber *Blindekuh*. In der Betonung von *Blindekuh* sieht H. Schrader Der Bilderschmuck der deutschen Sprache³ S. 36 eine Bestätigung seiner Zurückführung des unverständlichen »Kuh« auf franz. *coup* (also »Blindenschlag«, Schlag eines Blinden). Das Egerl. hat mit seiner entgegengesetzten Betonung, falls die angegebene Erklärung richtig ist, auch die Consequenzen der volksetymologischen Umdeutung des Wortes gezogen.

[3]) Bei Reichel: *Heiligenkreuz*, aber *Heiligenstein*. Nöst. *Heiligenkreuz*, aber *Heiligenstadt.* — *Ober-* (*Hohen-*) *Unter-* vor Ortsnamen werden im Egerland. z. Th. noch durch das flectierte Adjectiv gegeben: in *Hohen-, Unter-Zedlitsch* = *àm* (= auf dem) *hàugn, üntən Ziə'litsch.* Aber auch *Cəwə-, Untə-Godrisch*.

[4]) Vgl. *Fünfhunden, Dreimachl* in der Saazer Gegend.

[5]) Von Reichel Studien S. 114 als bayerische Aussprache bezeichnet; auch pfälzisch *Borchemeeschta*. Sütterlin a. a. O. S. 7.

[6]) Ähnlich Reichshofen, Reichel Studien S. 114, Grafenort, Herrerüti, Pfaffenwand, Laubersgrat in der Schweiz, Sütterlin Betonung S. 3 Anm. 1.

[7]) Wie Karlsruhe (in Baden), neben Karlsruhe (außerhalb Badens). Reichel Stud. S. 114. Vgl. Sütterlin a. a. O. S. 3.

Rede; hingegen *üwràl* bei nachdrucksvoller Setzung, besonders in der Wiederholung: *üwràl! üwràl!*); *mäĭ(s)twḗgen* oder *mainətwḗgn*, und *mäĭ(s)t-(mäinət-) hàl(b)m* in der isolierten Bedeutung: gesetzt den Fall, nehmen wir an, auch = ich erlaube es. Hingegen *mainətwḗgn* und *wḗchə máinə (dáinə* u. s. w.) = um meinetwillen.[1] Vgl. auch *im Himmlsw(ü)ln; ā́sədem* und *äsedem*.[2]

III. Satzformen.

1. Einfacher Satz.

§ 26. Bei der Betrachtung der außerordentlich mannigfaltig gestalteten mundartlichen Satzformen ist zunächst daran zu erinnern, dass das gesprochene Wort, oder vielmehr, da alles Sprechen ein Sätzebilden ist, die gesprochene Rede vermöge alles dessen, was sie vor der geschriebenen Sprache voraus hat, also vermöge der Modulationen der Tonstärke und Tonhöhe sowie des Tempo, dem ursprünglichen Charakter aller Sprache als einer sinnlichen Lautgeberde unvergleichlich näher geblieben ist als das geschriebene Wort. Tempo, musikalischer und dynamischer Accent, weiterhin noch die stumme Sprache der Mienen und Geberden[3] sowie der Zusammenhang der Rede mit einer bestimmten vorliegenden Situation und mit der vorausgehenden Rede des andern unterstützen das Verständnis des gesprochenen Wortes in außerordentlicher Weise. Mit dieser Fülle von Sinneshilfen ausgerüstet, braucht die Mundart auf die Vollständigkeit des sprachlichen Ausdruckes nicht dasselbe Gewicht zu legen wie die Schriftsprache. Daher das vielfach Fragmentarische der mundartlichen Sätze, dessen Umfang nur in dem Bedürfnis des augenblicklichen Erfassens der rasch vorübergleitenden Worte seine Schranken findet.

§ 27. So kann eine einfache Interjection unter dem Zusammenwirken aller der angeführten Sinneshilfen einen complicierten Satzgedanken ersetzen. Somit ist schon die einfache Interjection (*á! o!*), so wenig sie auch einen Satz von bestimmter Form vertritt, als eine, und zwar als die primitivste Satzform zu betrachten.[4]

---

[1] Ähnlich im Oöst.: *meintswegn* (bittend) und *meintswegn* (gleichgiltig zustimmend).

[2] Das nhd. *wahrhaftig* kennt der Dialekt nicht.

[3] Das Geberdenspiel unseres Stammes ist seinem Naturell entsprechend etwas gemessen, aber ziemlich nüancenreich. Eine anschauliche Schilderung des Geberdenspieles, die durchwegs auch auf unseren Stamm anwendbar ist, findet sich in E. Langers mundartlicher Erzählung »Das Nachtwächterhorn« (Aus dem Adlergebirge I. 1891, S. 50 ff.). Über Geberdensprache und ihren Zusammenhang mit der Umgangsprache vgl. Wunderlich Umgangsprache S. 7, 65, 66, 67.
Auch das laute Selbstgespräch als die dem Geberdenspiel am nächsten stehende Form des Sprechens kennt das Volk in Zuständen des Affectes und als lautes Denken des geschwätzigen Alters, das dem Zwange der gefestigten Verbindung zwischen Vorstellung und Laut erliegt.

[4] Es kommt ihr das entscheidende Merkmal des Satzes, die Geschlossenheit, zu. In den Abschluss der Vorstellungsreihe setzt Wunderlich Satzbau S. 110 das Charakteri-

A. Unvollständiger Satz.

§ 28. *a*) Die normal entwickelte Form des Satzgedankens, die, von der psychischen Seite betrachtet, stets zweigliedrig ist,[1]) kann sprachlich sehr wohl nur einen **eingliedrigen** Ausdruck finden. Das fehlende Glied bildet eine Wahrnehmung oder eine aus vorhergehender Wahrnehmung fortwirkende Vorstellung. Die Mannigfaltigkeit der hier möglichen Formen ist unerschöpflich. Es sollen daher zur Charakteristik unserer Mundart die häufigsten, typischen oder geradezu formelhaft gewordenen Beispiele angeführt werden; denn nur in diesen dürften, da es sich um Eigenschaften aller gesprochenen Sprache handelt, die einzelnen Mundarten individuelle Verschiedenheiten aufweisen.

§ 29. α) Sehr häufig ist vor allem die Beschränkung auf das **sprachliche Prädicat**, wenn das psychologische Subject hiezu für den Sprechenden in der Wahrnehmung der vorliegenden Situation gegeben ist. *Ălǝwál fláißich!* ruft man einem Arbeitenden zu. Ein beifälliges *niǝt üwl!* bezieht sich auf wahrgenommene Gegenstände oder Vorgänge. Ähnlich: *Dummhäiten!* (als Ausruf eines Zuschauers) *schä͞ zw(ü llkummǝ; vǝ wā̆ dǝnn suǝ dásich* (gedrückt)? Ferner Schreckensrufe wie *Fáiǝ!* (vom Standpunkt des Rufenden.) Seltener erscheint das Prädicat als alleiniges Satzwort in dem Falle, wenn eine vorhergehende, bisweilen auch eine nachfolgende Aussage das Subject dazu bildet. Vgl. im Nhd.: Possen! Lügen! Seltsam! Merkwürdig! Getroffen! Nicht möglich! Zugestanden![2]) Allgemein im Gebrauch ist in der Mundart das auch in der Umgangssprache so häufige *gout* (gut), auf die Aussage eines anderen bezogen, wohl auch als Flickwort in die eigene Rede eingeschaltet und auf dieselbe bezogen: *J bin ålsdånn doǝgångǝ. Gout. Wöi é doǝkumm*, u. s. w. Verneinend und abwehrend: *Dummǝ Zäich, lárǝ Krǎm* (doch wird hier die volle Satzform *dös is ǝ lárǝ Krǎm!* wohl öfter gehört). Außerdem etwa noch *niǝt üwl!* in dem isolierten Sinne einer Interjection des Erstaunens, hie und da: *curios!* sowie *nátürlé*, welches dem das Subject bildenden Satze zwar auch folgen kann, öfter aber, nach individueller Vorliebe bisweilen bis zum Übermaße, vorangesetzt wird. Die anderen der oben angeführten Satzworte müssten in unserer Mundart durchwegs durch volle Satzformen ersetzt werden. Etwa: *Dǝ möcht sé ǝn Gschpás ás oin* (= Possen!). *Dös is scho* (oder, stark betont, já) *niǝt wåuǝ* (= Lügen!). *Dåu håust odǝ reǝt* (= getroffen!). *Dös is à* (= ja) *dennǝ niǝt müglé* oder *dös wiǝd à dennǝ niǝt sā̆* (= unmöglich!), oder es treten elliptische Formen anderer Art ein: *Möch* (mag das auch so sein), *nö̆ suǝ wos!* (= seltsam, merkwürdig!). In letzterer Hinsicht ist also für unsere Mundart eher eine gewisse behäbige Breite als lakonische Kürze charakteristisch.

Zu Partikeln abgeschliffen sind einige als Einschiebsel verwendete, sprachlich subjectlose Formeln. *Wäiß wos* = »Gott« (oder »wer«) »weiß

---

sticum des Prädicates, und Tomanetz begrüßt A. f. d. A. XX 4 diese Erklärung als das »lösende Wort«, das endlich in der Frage nach dem Wesen des Satzes gefallen sei. Vgl. auch Erdmann Grundzüge S. 80.
[1]) Vgl. Paul Principien S. 105 f. gegen Miklosich, Marty und Brentano
[2]) Paul Principien S. 104 ff.

was«. Beide Ergänzungen finden sich im Egerländischen wie im Fränkischen (DM V 104, 18) auch wirklich neben der subjectlosen Formel: *Des denkt, es hàut (wes) wàiß wos gmàcht.* So gelangt *wàiß wos* zur Bedeutung: etwas Besonderes, Bedeutendes.[1]) *Glàu*, abgeschliffen aus *glàuwé* (-*i*) glaub' ich, das daneben — mehr in der Stadt — ebenfalls gehört wird, jedoch in verschiedener Bedeutung: *glàuwé* = glaube, meine ich, *glàu* = *dicitur*: *Es r is glàu gsturbm*, man sagt, er sei gestorben.[2]) (Ähnlich *hör-ich*.[3]) Vgl. die indirecte Rede.) — Ob das in allen oberdeutschen Mundarten gebräuchliche *halt*, egerländisch *hàlt* = *opinor*, dann »nun eben, wohl« (Grimm Gr. III 240. Schmeller I 1097) hieher gezogen werden kann, mag dahingestellt bleiben, da seine Ableitung vom Verbum *halten* (ahd. *haltan* = *tenere*, *custodire* aber nicht *opinari*) Schwierigkeiten begegnet.[4]) Prädicativ zu fassen ist auch die eingeschobene Formel *wunns wos*: Lorenz S. 18 *owa — wunna wos — dös wàs kàã Bràut* (Brot) *màia!*

§ 30. Zu den subjectlosen Sätzen gehören auch die Impersonalia. Das formelle Subject *es* (auch *dös* oder *dös Ding*) wird bei den Impersonalien, die keinen Casus obliquus zu sich nehmen, stets gesetzt; neben einem Casus obliquus kann *es* bisweilen fehlen, wenn derselbe vorangeht, so in der Regel *mi fröist* (friert),[5]) *durscht*[6]) u. ä., gewöhnlich jedoch muss auch in diesem Falle *es* nachgesetzt werden (*mi gfràit's*), wenn nicht ein Subject-Satz mit *dass* darauf folgt: *mi gfràit nes* (neben *mi*

---

[1]) Alem. *næßa*, bayr.-öst. *woaß wos* DM III 217, 8. V 104, 18. (Vgl. das mhd. aus *niweis was* entstandene *neweiz, neis (was). Ihr stellet euch, als wäret jhr weiß was für Heidge* Schmeller II 1034. Auch *wahr* in *weiß Gott wohr* (dass es wahr ist) gehört hieher (Erzgebirge); vgl. E. Mahner Erzgeb. Ztg. XIV 228. Im Egerl. genügt *waiß Gott*: *i ho waiß Gott nist dros denkt. Weiß was* = *wie* im Tirol. (Lans, Sistrans): *I gfreu mi schoan woaß wos.* Vgl. Lutterotti Gedichte in Tir. Dial. Innsbruck 1896 S. 98. Egerl. hier nur *i gfrài me scho wos* — oder *wes wàiß wos*.

[2]) Vgl. DM VI 172. Schles. *glei, gloi, glè* Weinhold Über deutsche Dialektforschung S. 72. Knothe Markersd. Mundart S. 43; deutsch-ungar. *glà* Schröer Nachtrag S. 29 [271]; in Saaz *må̃* = mein ich. Vgl. § 220. Subjectlos (wie schon mhd. *wænn*) ist auch schles. *dåcht, deicht, dejch* = dachte ich, hätte ich gedacht. (Schwerlich gehört bayr. *decht* Schmeller I 1486 hieher, das sonst wohl richtiger als »dennoch« gedeutet wird.) Doch begegnet in diesen und ähnlichen Formeln auch das pronominale Subject (wie im egerl. *glàuwè*): Schles.-Nordböhm., *glèbich*, *glèch*, *glèich*, *glèich*, *glechen* Weinhold, Knothe a. a. O. Peters DM II 31; sächs. *gläubch, glèch*; deutsch-ungar. *glàubet* = glaube ich, Schröer a. a. O. thüring. *mè ch* (mein' ich), im deutsch-ung. Berglande *mänt, mät* Schröer Nachtrag S. 40 [282]; ähnl. *schäts' i'* DM III 532, 74, *rôu'* DM III 215, 3, 10. IV 251, 23.

[3]) Auffällig ist die hochdeutsche Form, sonst egerl. *hàis r i* = hör' ich.

[4]) Egerl. nur einfaches *hàlt*, fränk.-henneberg. auch *halter* (letzteres auch nordd. [öst. ist *halter, holter* (DM III 224, 8) so wenig als bayr.; vgl. Schmeller I 1098, 3. Schröer DM VI 250, 7. L.]), *halterig*, *haltich* DM VII 288. III 224, 8. Andere Belege DM I 274, 9. 292, 36. II 186, 20 (vgl. 184, 18). 189, 1. 338, 3. 432, 104 (nicht 105; vgl. Z. 92. 97. 120. 135) 515. IV 285, 152. VI 250, 7. Schröer WB 57 [267] f. Toblers Vermuthung (PBB V 368), dass das erklärende (oft entschuldigende) *halt* verbaler Natur (=*halt ich*) und nur zufällig mit einem adverbiellen *halt* (= got, *haldis*, auf das die comparative Form *haiter* zurückweise) zusammengefallen sei, gewinnt durch die unzweifelhaft verbale Form *haltich* an Wahrscheinlichkeit. Vgl. noch Schmeller I¹ 1097—1099. Weinhold Über deutsche Dialektforschung S. 72, Peters DM II 31 (s. v. *glechen*) und Schröer Nachtr. S. 29 [271] (s. v. *glà*) stellen es dem vorerwähnten *glè, glèch* zur Seite und erklären es = *halt ich*.

[5]) Ööst. in der Regel *mi froist*, kaum *es froist mi*.

[6]) Mhd. und Nhd. *mich hungert* gegenüber *es hungert mich* Paul Mhd. Gr. § 197.

gfráits nes), dá(s).[1] Bei vorangehendem Subject-Satz können Impersonalia mit einem Casus obliquus *es* zwar entbehren, gewöhnlich wird jedoch mit *dös* auf den Satz zurückgewiesen: *dá(s) . . . ., dös ráit mé.* Die zumeist enklitische Form *'s* wird, wenn sie bei reflexiven Verben vor *sé (si)* = *sich* zu stehen kommt, durch angehängtes *a (ə)* hörbar von *sé* abgetrennt: *'s gitt sé* (es gibt sich, bessert sich), aber *dǎu gitt sə sé.*[2] Unpersönlich werden ungefähr dieselben Verba gebraucht wie im Mhd. und Nhd. An dialektischen Besonderheiten ist wenig anzuführen. Wie in der älteren Sprache wird vom Verbum substantivum *es sind* = *es gibt* gebraucht. *'S sánn ā', wos . . .* »es gibt auch, (Leute) die . . .«. Das gleichbedeutende und häufigere *'s gitt* ist daneben ganz in demselben Sinne wie in der nhd. Schriftsprache gebräuchlich,[3] ebenso *'s hàut* = es gibt, es ist:[4] *dǎu hàut 's ə Gsurm, dǎu hàut 's ərə* (= ihrer, besonders Schwierigkeiten u. dgl.), *wos hàut 's ənn?* = was gibt es denn? *ai hàut sé* (sich) *wūl!* = weit entfernt!

Hervorzuheben sind noch 1. die stets unpersönlich gebrauchten Verba: *Mi durscht* (nie *i durscht;* daneben *i ho Durschŧ)* HTV S. 67 N. 101 Str. 1; *mi fröist* (nie *i fröis,* friere);[5] *dean gnöit 's* (mhd. *genieten)* = den freut es, der thut sich etwas zu gute: Neubauer Idiotism. S. 64; *'s hápprt* (mit etwas) = es fehlt an etwas, stockt;[6] *'s hàut mi g'moət* (gemahnt) = ich habe es geahnt; *wöi schláunt 's* = wie geht es? Neubauer Idiotism. S. 94;[7] *'s sètzt wos (ō),* es setzt etwas ab, gewöhnlich Schläge;[8] *miə trámt* (nie *i tràm),* auch vom träumerischen Sinnen im Wachen; *miə schàint diə trámt* = du träumst wohl?, auch als Abweisung gebraucht = was dir nicht einfällt!);[9] *vaschmáhn,* wenn es = kränken, nahetreten: Lorenz S. 6 *Wenns enk niət vaschmahrat* (mhd. *versmâhen,* gering, verächtlich sein oder dunken, Neubauer Idiotism. S. 56. Vgl. auch Kehrein Gr. d. 15.—17. Jahrh. III § 76, 8); *'s wiəd ā's* (mit etwas) = es geht an, es ist der Mühe wert. Erzgeb. Ztg. XIV 175.

Wettererscheinungen: *'S newl-ráißt* (mhd. *rîsen),* der Nebel geht in seinen Regen über: Neubauer Idiotism. S. 90;[10] *'s rengt, 's sifrt,*

---

[1] Ebenso baselstädtisch Binz § 113; hier jedoch abweichend vom Egerländischen ausschließlich *mi friert, mi gaustets, mir tramts, mir grusts.* Im Mainzischen ist die Setzung unerlässlich außer in passiven Constructionen, wenn dem Verbum eine nähere Bestimmung vorangeht: *dort werd ferchterlich druff gehaue* Reis II § 10.
[2] Ebenso oöst., nur ist die Redensart *'s gibt se* oder *da g. sá se* überhaupt selten, gewöhnlich *'s macht se* oder *da macht sá se.*
[3] Kehrein Nhd. Grammatik II § 123 bezweifelt, dass es in heutigen Mundarten ganz in dieser Bedeutung zu finden sei.
[4] Nordböhmisch (schlesisch) ist nur *es hot* (= es gibt) gebräuchlich, Knothe WB 40.
[5] Beides auch öst.; trans. *friesen: Der kalte Thau der frieset mi* HTV S. 167 N. 116
[6] Ebenso nordböhmisch (schlesisch) Knothe WB 286, tirolisch DM V 448. Schöpf Tir. Id. 243 f.
[7] Auch in Nordböhmen (schlesisch) Knothe WB 474, im Erzgebirge Erzgeb. Ztg. XIV 53, im kärnt. Lesachthal Lexer DM VI 202. Kärntn. WB 219, im ungrischen Bergland Schröer Versuch 140 [390]. Im Erzgebirge und in Nordböhmen auch *'s schleimt (schleint)* Peters DM II 237; im ungr. Bergland auch *'s schlaumt* Schröer Nachtrag 45 [287]. Die alte Bedeutung, mhd. *sliunen, slinnen,* ist nicht bei uns, aber im Oöst. DM I 290, 5, im Niederbayrischen DM II 185, 1 erhalten (*'s schláut* = es eilt, geht rasch vorwärts); vgl. Schmeller II 525.
[8] Ebenso bayr.-öst. Schmeller II 343.
[9] Ebenso öst.; nordböhmisch: Tieze Hejmt I 76 *Dir träjmt wull?*
[10] Vgl. Schmeller II 143 (oöst. gewöhnlich *es tuat N. r.).*

regnet fein: Neubauer Zeitschr. für österr. Volkskunde I (1895) 233, *'s tröpflt, 's göißt, 's pléscht åi~; 's gráppmt* = es wirft Graupen, *'s gráißt* (Neubauer Idiotism. S. 65) es hagelt (auch *'s schlëgt, 's schlossnt ; 's ráimelt* = es bildet sich starker, flockiger Reif: *Dös Ding hàut heint greimelt* (Urban Fr. Kl. S. 23 N. 12. Vgl. Neubauer Idiotism. S. 90): *'s gliráisnt* = es regnet bei großer Kälte, so dass sofort Glatteis entsteht (HTV S. 295 N. 205); *'s schnáit* oder *wäht; 's zöigt o*~ = es gefriert (auch *'s gfröist), 's gäiht ā'f* oder *'s lài~t (ā'f, ō)* = es thaut (Neubauer Idiotism. S. 81); *'s ráißt sè ā~* = es reißt sich ein, d. i. der Himmel unwölkt sich, *'s ráißt sè ā's* = es hellt sich aus; *'s dos~t* = donnert, *'s wë'dəláicht*, auch bloß *'s láicht* = es blitzt, *'s wë'dəköllt* (wetterkühlt, von abendlichem Wetterleuchten ferner Gewitter, deren Donner nicht gehört wird); *'s zöigt* (vom Windzug); *'s männlt* = es dämmert: *wöi 's scho zan männeln ūūgfängt hàut* Dümml in B. d. P. und K. I 56.

Unpersönlich können ferner gebraucht werden (neben bestimmten Subjecten): *bráuchen: dös bráucht 's nist* = das ist nicht nöthig; *'s fleckt* = es geht vom Flecke, rasch (DM VI 171);[1]) *umgehen: 's gäiht üm* = es spukt;[2]) *'s steckt mè* (vgl. *Stecking, Steckn* = Stickhusten: Neubauer Idiotism. S. 99) = es benimmt mir den Athem, reizt mich zu Stickhusten.[3])

2. Von reflexiven Impersonalien sind hervorzuheben (nur unpersönliche): *'s àignt sè* (auch *'s à. sè wos*) = es gibt ein geheimnisvolles, übernatürliches Zeichen;[4]) eigenartig sind unpersönliche Verba wie *'s ràlt sè*, das aus der letzten Silbe eines Wortes auf —*ral* (General u. dgl.) gebildet ist, = es geht auf —*ral* aus: *I wäiß niət, is ə* (er) *r ə* (ein) *Genərāl ōwə r ə Kàppəràl* — *ràln tout sə sè*.[5])

Unpersönliche Fügung (neben bestimmten Subjecten) ist möglich bei *freuen: 's hàut mànchn drā'f gfráit* Egerländisches Kirchweihlied bei Firm. III 613; *'s gitt* (gibt) *sè* = es wird besser (z. B. eine Krankheit nimmt ab); *'s möcht (tout) sè* = es macht sich, es geht an, ist im ganzen zufriedenstellend, so bei der gewöhnlichen »Nachfrage«: *Wöi gäiht 's? — — No (Dànk də Nàuchfràugh) 's möcht sè;*[6]) *'s schickt sè* = es trifft sich, aber auch es trifft sich, passt (vgl. Egerer Fronl. 4869); *'s zölt sè ā's* = es zahlt sich aus, rentiert sich, steht dafür: über die in allen Personen möglichen, aber auch unpersönlichen reflexiven Fügungen wie *dàu sitzt sə sè gout, dàu àrwət sə sè láicht* u. ä. beim Verbum § 154 c.

---

[1]) Vgl. Schmeller I 786. Erzgebirgisch Erzg. Ztg. XIV 53, Hennebergisch DM VII 263.

[2]) Auch öst.; nordböhmisch (schlesisch) *'s aftt* Knothe WB 55. Markersd. Ma. S. 20.

[3]) Vgl. Schmeller II 728 s. v. *sticken b*).

[4]) Belege für »es eignet sich« — es zeigt an, es warnt, zu Goethes Faust 11417 (= II 5, 359) in Loepers Ausgabe² II 350. Auch hennebergisch *es eigt s*. DM VII 172.

[5]) Ebenso im Fränkisch-Hennebergischen, wo überdies *'s hauāt sich* — der Ortsname geht auf *-hausen* aus — gebraucht wird, DM V 454. Vereinzelt werden auch von ganzen Substantiven unpersönliche, reflexive Verba gebildet (auch scherzhaft). So erwiderte ein Landmann auf die Behauptung eines anderen, er hätte sich in einer in Rede stehenden Lage mit dem Stuhlbeine zu vertheidigen gewusst: *Mā~ Löiwəl, dàu is ās~-gstöllbäi~t* und: *dàu ställbäi~t sè néks*.

[6]) Diese Wendungen *es gibt, mach't se* u. s. w. auch öst. (vgl. S. 18,). Im Gottscheew. ist *es macht sich* — es geschieht: Schröer WBG 163 [429]; ebenso im ungrischen Berglande; Schröer Nachtrag 40 [282].

3. Von unpersönlichen Wendungen, die aus *sein* (*werden, geschehen, kommen*) und einem Substantiv oder Adjectiv gebildet sind, verdienen Erwähnung: *miǝ r is ånd* oder *miǝ tout 's ånd* [1] (wie mhd. *ande* und im älteren Nhd. Kehrein Gr. d. 15.—17. Jahrh. III § 81, 1), *miǝ r is* (oder *gschieht*) *wäih*; [2] *'s is mǝ* (mir, oder ein anderer Dativ) *neǝ* (nur) *üm* ... (um jemanden oder etwas) = ich strebe nach, habe es abgesehen auf, bin besorgt um. [3]

§ 31. β) Nicht minder häufig ist die **Beschränkung auf das sprachliche Subject**, wie sie durchwegs im Vocativ und — vom Standpunkt des Hörers — in allen Rufen vorliegt, durch welche man auf einen Gegenstand oder Vorgang erst aufmerksam gemacht wird: *Fåiǝ!* (Feuer!) als Allarmruf; *ǝ Hös!* (ein Hase!); *s Göld!* als Aufforderung, etwa in Gedanken liegen gelassenes Geld mitzunehmen; *dǝ Lērǝ!* als Ruf, mit welchem Kinder einander auf das Nahen des Lehrers aufmerksam machen. Hieher gehört wohl auch der unvollständige Ausdruck eines Gegensatzes, nachdem er durch *odǝ* eingeleitet worden ist: *Diats håuts leicht riadn, ǝwa mia!* E. J. XIV 123 (aber wir ...); [4] ferner die stark abgeschliffene Verneinung *odǝ wos! Wos* ist hier Indefin.: oder etwas (anderes) ist richtig. Eine scherzhafte Ergänzung dieser Wendung ist *odǝ wos båißt mǝ!* [5] Über das drohende *ödǝ ...!* in Sätzen wie *Rouh öde ...!* vgl. § 50.

§ 32. Auch der **erweiterte Satzgedanke**, dem die näheren Bestimmungen des Verbums (Object, adverbiale Bestimmung) und des Nomens (Attribut) angegliedert sind, wie nicht minder das zusammengesetzte Satzgebilde kann sich in seiner sprachlichen Erscheinung lückenhaft, fragmentarisch darstellen. Auch hier fallen keineswegs bloß an sich minder wichtige Satztheile oder ganze Sätze aus, sondern das, was nach dem jedesmaligen Bedürfnis des Augenblicks für das Verständnis entbehrlich ist, vom Affect beiseite gedrängt oder aus Scheu unterdrückt wird, [6] unter Umständen gerade das entscheidende, wichtigste Wort, besonders dann, wenn der andeutenden Rede der Zusammenhang mit der Situation, mit der Gegenrede entgegenkommt, oder wenn die eingangs genannten übrigen sinnlichen Verständigungsmittel eine ausgiebige Ergänzung besorgen.

§ 33. γ) Wie Subject oder Prädicat allein zu Satzwörtern in diesem Sinne werden können, so auch das bloße **Object**: *ǝn schäin Gruß vǝn Vettǝ*. Auch das formelhafte, in die Rede eingestreute *wos?* (*wöi?*) =

---

[1] Vgl. Schmeller I 98.
[2] Vgl. Schmeller II 823.
[3] Alle drei Wendungen (*es tuat má and, gschiacht má weh* oder *hart, 's is má ... um ...*) auch öst.
[4] Vgl. *Hüt* (Haut) *und hår waxǝt all-tåg, abǝr t-hos&, t-hos&!* (die wachsen nicht) Winteler Kerenzer Ma. S. 200, XVI 3.
[5] Beide Formen dieser verneinenden Wendung auch öst.
[6] So in vielen elliptischen Fluchformeln. Eine Reihe Formeln dieser Art aus Ulm und Umgebung sind DM VII 470 gesammelt: 4. *Ei so schlåg!* 6. *Du käst mǝ!* 3. *Wenn nǝ' schö! Wenn nǝ' schö ǝ siadigǝ's! Wenn nǝ' schö ǝ siadigǝs brennigǝs! Wenn dǝ nǝ' gleǝ' — i hätt bald ebbǝs gǝsait!* Ähnlich im Egerländischen, woselbst jedoch wie österr. auch die bloße Formel *ditǝ häit ǝ bål woǝ gǝgǝt* als starke Abweisungs- oder Verneinungsform begegnet.

nicht wahr? ist, gegen die vollständige Phrase *was (wie) sagst du dazu?* gehalten, hieher zu stellen.[1]) Als Gegenfrage klingt einfaches *wos?* wie in der Umgangsprache (Wunderlich Umgangsprache S. 36) minder höflich als ein vollständiger Satz: *wos hàust g·sàgt?* Die Verbreiterung wirkt also auch hier abschwächend, wie bei der Bejahung und Verneinung (vgl. diese), bei der Umschreibung des Imperativs durch *thun*.

§ 34. δ) Das bloße **Attribut**: *Koɔ̃ sètts gràußrs!* = kein so großes (sc. Stück Brot), ruft jemand, der zusieht, wie ihm ein anderer ein Stück Brot abschneidet.

§ 35. ε) Die bloße **adverbiale Bestimmung**: *Wàu s· wos dawischt, in d· Gaps* (Tasche) sc. steckt sie es. Urban As da H. S. 48 N. 44. Ähnlich steht *wie* in formelhaften Verkürzungen, so in *wöi dənn, wenn*... (vgl. der Form nach mhd. *waz ob* und unten § 63, 3 Schluss), wie wäre es denn, wenn (z. B. wenn ich hingienge); *àls wöi*, das sich geradezu zur Bedeutung »sehr« entwickelt hat: *eɔ schràit àls wöi.*[2]) *Mi Alta dòi is ma sua zwida als wöi.* Zedtwitz Wos Funkelnogeln. S. 117 N. 3.

§ 36. b) Die Satzfragmente können aber auch die verschiedenartigsten Combinationen zwischen allen syntaktischen Grundbestandtheilen darstellen. Es treten eben oft nur die nothwendigsten Bestandtheile des Satzgedankens in die sprachliche Erscheinung: *Jà, ən gànzn Tòch Pfáifm (=b· Pf. =d· Pf.) in Mà'l u d· Hànd in dɔ Huɔsntùschn, dàu koɔ̃ r ɔ* (er) *'s fràlɛ ɔi nɛks bringɔ* = er hat ja den ganzen Tag die Pfeife im Mund und die Hände in den Hosentaschen; da... (oder: wenn er... hat, da...); vgl. mhd. Gottfr. Trist. 85 f. *bî sînedem leide müezekeit* (wo, wenn bei Liebeskummer Mangel an Beschäftigung ist), *dâ wehset iemer sînede leit.* Paul Mhd. Gr. § 393. Auch — dem mhd. Sprachgebrauch ebenfalls entsprechend — der bloße Infinitiv; also im früheren Beispiele: *jà ən gànzn Tòch ümgäik̀ u d· Hànd in (d·) Tùschn stèckn, dàu koɔ̃* u. s. w.

Besonders entbehrt die weitaus überwiegende Zahl der kurzen Befehle des Verbums; diese setzen sich zumeist aus nominalen und adverbialen Elementen zusammen. So allgemein in der Umgangsprache (Wunderlich S. 90 f.: »Das Pulver in die Gruben!«). Es interessiert mehr der Gegenstand und die Richtung, als der Verlauf der Thätigkeit, welche zum Ziele führt.

Am wenigsten bedarf die Mundart das Verbum der Bewegung neben adverbialen Bestimmungen (*i mou in d· Stòd*: darüber später beim adverbialen Prädicat); aber auch andere Verba werden vernachlässigt. So in fast typischer Weise in den Eingangsversen gewisser »Vierzeiligen«:

---

[1]) Statt *wos?* hört man ebenfalls als Flickwort der Rede ein Beistimmung oder Einwilligung heischendes *nist?*, das wieder aus dem gleichbedeutenden *nist wàus?* (nicht wahr?) oder aus Sätzen wie *is 's nist ɔwos?* oder *how i rext odɔ nist?* stammt. Die letzteren breiten Phrasen hört man daneben wirklich. Alles dies (au-genommen *wie*) auch öst. Über Wunschformeln wie *ɣou(d)n ·Aum(b)d* bei den Interjectionen § 147 β.

[2]) Ebenso bayr. Schmeller II 827 f., oöst. Reischl Aus dá Hoamát (Linz 1893) S. 40 (Dá Ähnl); vgl. DM II 91, 37; nöst. Nagl Roanad S. 100 V. 122. Es wird auch vor Adjectiven und Adverben = *ziemlich*, *sehr* verwendet: *ɔi wie lang* (egerländisch nur *wöi lang* = ziemlich l.), was als Überrest der Form *Gott weiß wie* gedeutet worden ist. Schmeller II 1034. DM III 217, 8. VI 265, 13.

*Dra Ack'rla Kraut,
In da Mitt' a Haipl drinna —
Wea(r) ma(n) Böiwl hobm w ü̂l,
Mou schmeich'ln künna.*   (Plan) HTV S. 291 N. 165.

§ 37. α) Das **Object** ist neben Subject und Prädicat oft entbehrlich: *nimm!* (das Object wird durch eine Handbewegung gekennzeichnet); *hält äf!* (je nach der Situation und der angeredeten Person: die Hände, die Schürze, z. B. um Obst hineinzulegen; ein anderes Object gibt die Situation an die Hand, wenn jemand hinter einem fliehenden Dieb herlaufend *äfhältn!* ruft.) In dem Satze eines Volksliedes (Wolf Volkslieder S. 15 VII 4) *wie schön hast du mir heut gflochtn* ergibt der Zusammenhang »die Haare« als Object des Verbums. Wie hier eine vorübergehende Situation dem Verbum eine wechselnde Determination nach dem Objecte der Thätigkeit beilegen kann, so legt eine constante Situation, wie sie namentlich für die Thätigkeiten der einzelnen Berufsarten innerhalb ihres abgeschlossenen Berufskreises geschaffen ist, den einfachen Verben, welche diese Thätigkeiten ausdrücken, eine entsprechend constante objective Determination bei. Wir begegnen daher auch innerhalb aller Berufs- und Lebenskreise absolut (ohne Object) gebrauchten Verben, welche das nhd. Sprachgefühl im allgemeinen noch durch ein Object ergänzen muss, wenn es den Bedeutungsgehalt des dialektischen Verbums erschöpfen will.[1])

1. So bedeutet *schlåchtn*,[2]) ohne Object gebraucht, regelmäßig: ein Schwein schlachten. Der Viehwirtschaft gehören an: *ā̇ spånnə* und *åsspånnə* (das Zugvieh), *höi(d̂)n* (huten),[3] *ā̇sträi b̂ m* und *ā̇ trai b̂ m*, sc. das Vieh vgl. HTV S. 37 N. 56 a): auch einfaches *träi b̂ m*, sc. das Vieh auf die Weide: HTV 175 N. 131 *Fröih wöi da Höida haut triebm*;[3] *ā̇strä̂n* (einstreuen), sc. Stroh dem Vieh, auch bloß *strä̂n*: *Wea(r) wiad da denn strahn*, sagt das scheidende Mädchen im Volksliede zur Kuh HTV S. 184 N. 148 (Plan); *stäußn*, sc. Futterrüben; *fŏuttən*,[4]) *vüəgē(b̂)m*, sc. das Futter den Thieren: HTV S. 42 *Bou ... gihn* (gib den) *Oksen vüa r)*; *ō-nemmə*, sc. den Rahm der Milch: Neubauer Zeitschrift für öst. Volksk. I 231.) Auf die Feldwirtschaft beziehen sich: *sā̇n* (säen); *ōrainə* (abrainen) und *å̄sfångə*, beides besondere Arbeiten beim Ackern: durch das »Abrainen« wird das Ackerbeet neu getheilt, durch das »Ausfangen« wird wiederum ein Beet hergestellt (HTV S. 300 N. 250); *wendn*, sc. Heu, Getreide: *ā̇ legn*, sc. die Getreidegarben in die Strohbänder: HTV S. 300 N. 251 *Du kåast neat schäi͂ åckən, Du legst neat schäi͂ ā̇*

---

[1]) Von einem »Abstreifen« weiterer Ergänzungen (Wunderlich Mundart S. 67) möchte ich wegen der Zweideutigkeit dieses Ausdruckes nicht reden.

[2]) In der Metzgersprache wird wohl auch *stechen* für das Schlachten von Schweinen und sonstigem Stechvieh, *schlogn* (von Rindern) gebraucht. Ebenso oöst., wo auch noch eine Reihe anderer Verba wie *ei*- und *au̇spånnå, strahn, stessn, fuadern, fürschüttn* (Futter), *fürlegn* (Speise), *anemå* (Rahm), *mähn, dreschn* u. a. in gleicher Weise gebraucht werden.

[3]) *Treiben, hüten* in derselben Bedeutung auch im Schwäbischen. In Oberschwaben auch einfaches *halten* = Kühe hüten: Wunderlich Mundart S. 67.

[4]) Im Erzgebirge auch *beschickn* Erzgeb. Ztg. XIV 251.

[5]) Im kärnt. Lesachthal heißt *bringen* »das Kalb werfen«: *hät die kuo schånn prācht?* DM IV 496. Lexer Kärnt. WB 42.

b) Combin. verschied. Satzelemente *α*) ohne oder mit bloß anged. Object (*es*).   23

(Plan); *āföiən* (einführen), sc. Heu, Getreide; *sàmmə* = ernten (mhd. *samenen*); *brechn* (schw. V.), sc. Flachs; *dreschn* u. s. w. Der Haus- und Küchenwirtschaft gehören an: *ā͗màchn*, sc. den Teig; *bàchn*, (meist:) Brot; *äsnemmə*, sc. das Brot aus dem Backofen; *äftrogn*, sc. das Essen; *wäschn*, *blàichn*, *stürkn* (mit Stärke steif machen), *büglu*, sc. Wäsche; *äfwäschn*, sc. die Stube oder Esszeug,[1]) ebenso *öspölln* (Geschirr); *fign*, sc. die Diele; *östàu(b)n*, sc. die Gegenstände der Wohnung, u. ä. Auch außerhalb des Handwerks bekannte Handwerksausdrücke sind z. B. *zouschnäi(d)n*, sc. (je nach dem Handwerk) Leinwand, Leder, Tuch, Bretter; *hiə(b)m* (heben), sc. den Dachstuhl. Andere sind gleich den Fachausdrücken des Bergbaues[2]) nur in Fachkreisen bekannt. Allgemein gebräuchlich ist noch im Zusammenhang bestimmter Vorstellungskreise die absolute Verwendung von *mischn*, *ōhiə(b)m*, *gḕ(b)m*, *stechn* = Karten mischen, abheben u. s. w.; (*sich*) *ōˊlẹgn*, sc. die Kleider; *äfsogn*, sc. die Liebe; (*əmàl*) *ā͗stopfm*, sc. die Pfeife; *ā͗gḕ(b)m* und *ā͗nemmə*, sc. die Medicin; *ümschmäiʃn*, sc. den Wagen (auch im übertragenen Sinn: ein Geschäft = fallieren); *lărnə*, sc. ein Handwerk; *wäu hàut ə* (er) *r əun g·lärnt?*; (*sich*) *hàißn* oder *schàffm* (beides = befehlen) *làuə*; *Làuts enk niət hàißn* oder *schàffm*, lasst euch nicht zugreifen heißen, zum Zugreifen (bei Tische) nöthigen;[3]) *roufm* (rufen), sc. das Mädchen beim »Fensterln«: HTV S. 300 N. 251 *du kàast neat schäi roufm* (hier geradezu = fensterln)[4]); *äsröufm* auch *vəkünniŋ'gə*, sc. ein Brautpaar von der Kanzel.[5]) Manche dieser Verba können allerdings auch mit anderen Objecten verbunden werden (*ə Kou*, *ə Hennl schlàchtn*, *Pùpiə zouschnäi(d)n*), haben aber daneben im absoluten Gebrauch stets ihren beschränkten Sinn. Bei einigen der zuletzt genannten Verba könnte es allerdings zweifelhaft erscheinen, ob der absolute Gebrauch sich nicht erst nachträglich durch Ellipse des Objectes herausgebildet hat.

2. Das Object kann auch durch ein Attribut angedeutet sein: *ə pàə äūàuə* = (jemandem) »eins« auf den Pelz brennen,[6]) schwächer durch *es*; so in Fügungen mit *lassen*: *Deə làsst's stàu(b)m* = er läuft oder lässt die Pferde laufen, oder (wie mhd. und nhd. Grimm Gr. IV 333 ff. Paul Mhd. Gr. § 220) *es tráĭ(b)m*; *es treffm*; *Deə hàut ·s troffm* = den richtigen Zeitpunkt erfasst, getroffen; *es äsmàchn* = sterben. E. J.

---

[1]) Schlesisch ebenso *ofwaschen*: *Stieht se bei der Ufnbank on wäscht vom Mettichassn of* Tieze Hejmt I 89.

[2]) Im Volkslied des Erzgebirges begegnen auch solche Verba z. B. *auslängen* HTV S. 244 N. 256 (Joachimsthal), *schrämmen*, *sünden* ebend. S. 246 N 259. Vgl. die zum Theil ähnlichen Ausdrücke aus dem ungrischen Berglande bei Schröer Versuch S. 54—80 [304—330].

[3]) Ebenso nordböhmisch (Windischkamnitz): Tieze Hejmt I 32 *Ne wie ihr eich heßßn loßt waƶn an Schalckl Kaffej*. Im Erzgebirgischen: *Lonƶ su, lonƶ su, nimm naus, thu fei net fremm un loss dich fei net haßn* E. Heger in der Erzgeb. Ztg. I 188.

[4]) In der südlichen Übergangs-Mundart (Neuern) *schreien*: vgl. J. Rank Aus dem Böhmerwald S. 54 *s Schrā*.

[5]) Im Tirolischen (Deferegger Ma.) *vəkünn*: *er* (der Geistliche) *tuət heunt fein lange vəkünn* Hintner S. 269. Im Schwäbischen *aßschreiƞ* in derselben Bedeutung, aber mit Object DM IV 104, 20, wie übrigens auch im Egerl. neben dem absoluten Gebrauche.

[6]) *Oiə* ist ebenfalls als inneres Object gebräuchlich: *oiə singə*, *tànzn*, *rǎuchn*: (jemandem) *oiə gḕ(b)m* = einen Schlag versetzen. Ebenso öst. DM III 187, 23, vgl. eine (Ohrfeige) *fangə* oder *fassen* (geben, erhalten) Schmeller I 727. Schöpf Tir. Id. 123 (= DM V 226).

IX 155¹); *es* (einem) *a͡gsáiə* (einseihen, vgl. nhd. eintränken); *es* (einem) *gē(b)m*: *Wárt, i wiə də ˙s gē(b)m, mit Stoīnən z˙schmáißn*! Drohung: Wart, ich werde dich lehren!; ²) ähnlich *es záign (waisn)*; anderseits *es kröign*, Schläge oder Schelte erhalten: *Deə háut ˙s* (oder *sáin Tal*) *kröigt*!³); *es können*: *Deə koš ˙s mit in*, der weiß ihn zu behandeln; *es táu͞* (jemandem): *Deə háut nən ˙s táu͞* = er hat ihm in geheimnisvoller Weise etwas angethan, ihn verhext; es einer th. = schwängern, vgl. § 149, 1 e; die verschiedenen Bedeutungen von *es haben*: *öitzə háuss!* (= *háustˑs*), wie nhd.: jetzt hast du es = nun hast du durch eigene Schuld ein unangenehmes Ereignis heraufbeschworen; ⁴) mit näheren Bestimmungen *i ho ˙s schärf äf* (jemanden) bin ihm aufsässig oder stelle ihm (feindlich oder in leidenschaftlicher Liebe) nach; ⁵) *i ho ˙s náutwendé* = ich habe es eilig⁶) (oder nöthig); *i ho ˙s in Kráiz, in Fóußən*, ich habe Schmerzen (leide) im Rücken;⁷) ˑendlich wie im Nhd. es aushalten, es zu thun haben, es aufnehmen (mit jemand) ⁸) u. s. w.

§ 38. β) Das Prädicatsnomen scheint neben der Copula und der adverbialen Bestimmung ausgeblieben zu sein in formelhaften Wendungen wie *dòs wā͞ mə r əsuə*⁹) und *dàu wā͞ mə* = da wäre mir. Beide Formeln sind energische Abweisungen. In der ersteren ließe sich etwa »recht«, »noch lieber« (ironisch) oder *ə Gschicht*' (prägnant: eine »saubere« Geschichte) ergänzen; *dòs wā͞ mə r əsuə ə Gschicht*' wird auch wirklich daneben gebraucht. Die zweite Phrase begegnet auch mit der Ergänzung *wäih* (wehe): *dàu wā͞ mə wäih*.

§ 39. γ) Eine große Gruppe von Sätzen entbehrt des Prädicatsverbums (Indicativ und Imperativ).¹⁰) Indicativ: *Vəwā͞ r ənn dòs?* Warum denn das? *Zə wos ə sòchs* (sètts) *Gschroə? Niat làng, sa hàut a r an Wegh vəfahlt* (Weg verfehlt) E. J. X 162. *Die Burger wöi die Satan ahf* Weikert (Nürnberg) bei Firm. II 389. *Öitz raff˙ns ihri Flintn äf und hintern Wögn dreik* ebend. Ellipsen wie das der directen Rede nachgesetzte »so der König« kommen im Dialekte kaum

---

¹) Unpersönlicher Gebrauch desselben Verbums, im Egerländischen nicht üblich, begegnet in einem Volksliede aus Nordböhmen (Gabel) HTV S. 164 N. 107: *Es wird nicht mehr machen lang* = es wird nicht lange mehr mit meinem Leben dauern; dagegen egerländisch und öst. *er wirds nimmer lang machen*, wird bald sterben; andere Bedeutungen bei Schmeller I 1556. Allerdings ist *es ä˙smachen* auch = *vəendendn* in anderen Bedeutungen, so: der Sache ein Ende machen. Elbogner Chronik S. 135 Z. 13 v. u. *ey, ey, staht su und machts auss*.
²) Ebenso nordböhmisch (böhmische Schweiz): Tieze Hejmt III 3 *ich wattəs ˑlei çan*, auch öst.
³) Ebenso öst.; tirolisch auch *es fassen; der wirds fáßˑn* DM V 226.
⁴) Auch öst.; nordböhmisch (Mergthal) *do hottersch!* Tieze Hejmt II 68. Tirol. *es h*, bereit, in Ordnung sein, Schöpf Tir. Jd. 227.
⁵) Ebenso öst. (vgl. auch Hintner 247 s. v. *nanˌərn*).
⁶) Ebenso bayr.-öst., tirol. *es nédi˙, gnédi˙* (*gneatig, ginostik*), d. h. dringende Arbeit haben Schmeller I 1773. Schöpf Tir. Id. 473. Hintner 175 (s. v. *nost*).
⁷) Ebenso öst.; nordböhmisch: Tieze Hejmt III 15 (»Niederland«) *do hott ˙s ene Fro an Kroiəz*. Über die verschiedenen Bedeutungen von *werden* weiter unten § 150, 4.
⁸) Ähnliche Verba im Baselstädt. Binz § 115.
⁹) Ebenso nordböhmisch (Ossegg-Schönlinde): HTV S. 253 N. 274 *Dos wär mir ok e so*.
¹⁰) Wie in der Umgangsprache. Vgl. Wunderlich Umgangsprache S. 92 f., der drei Stufen des Verwitterungsprocesses des Verbums aufstellt.

vor; das ankündigende *inquit* hingegen ist durch den Affect unterdrückt in Beispielen wie *öitzə deə* (fuhr auf und sagte). *Der Mühlknecht af sein Herren* Wolf Volkslieder S. 48 XXXII 3.[1]) In der Kürze der Wendungen wie *ih doə* (ich dorthin) oder *ih gláì aï⁻ in (n) Táich* (sc. um einen Ertrinkenden zu retten), *ih z 'gláichə Föuβən án* (= aus dem) *Bétt*[2]) malt sich der mit der lebendigen Erinnerung wieder auflebende Affect. Das Verbum finitum fehlt auch in der Formel *nō⁻ wos dənn deə!* = was beweist denn dieser! (= der Hinweis auf diesen), womit man den Hinweis auf einen anderen abweist (z. B. ja, der kann so etwas freilich leicht thun — aber ich!); ferner in den mit *nō⁻* (nur) eingeleiteten Phrasen von der Form *Nō⁻ dos aiwəs Grássl* = nur das ewige Gerassel! Damit deutet z. B. jemand den Grund an, warum ihm der Aufenthalt in einer Großstadt so bald verleidet wurde. Das *nō⁻* weist fragmentarisch auf einen Gedanken hin wie: Ich erwähne nur, ich führe nur das Wagengerassel an, oder: nur das Wagengerassel könnte ich nicht vertragen u. s. w.

Ein **Imperativ** (im Sinne eines condicionalen Vordersatzes) kann ergänzt werden in Fügungen wie *nu (nuch) ə sochs Wort, u miə sánn* (sind) *fírtə mit ənánnə.* Über *heə dàu! heráin!* später bei den Interjectionen § 147 α. Dass der Befehl das Verbum mit Vorliebe vernachlässigt und sich sprachlich auf das Object, die Richtung der Handlung als die wichtigeren Bestandtheile beschränkt (*Wassə! ən Hàəms heə!*), wurde schon oben § 36 bemerkt. Bei Toasten wird »lebe« (»soll leben«) nicht ausgelassen, wie dies in der Umgangsprache möglich ist. Ein Imperativ oder ein optativischer Conjunctiv würde auch den Sinn der Phrase: *néks fər ungout* (auch öst. *niks f. u.* und in der Umgangsprache) verdeutlichen.

§ 40. δ) Die neuhochd. Ellipse des **Infinitivs** bei *sollen* mit dem Dativ und einem substantivischen Pronomen (*was soll mir das?*) ist der Mundart unbekannt. Neben *sein* und *werden* spart die Mundart den Infinitiv in Wendungen wie *miə* (mir) *is 's no üm...* (z. B. *üm s Kránzrl* HTV S. 337 N. 623 Plan) neben nhd. »mir ist es um etwas zu thun«.

Ein Infinitiv mit *zu* oder ein entsprechendes Adjectiv ergänzt das nhd. Sprachgefühl in der Formel *wā⁻ kámm* (wäre kaum) mit folgendem logisch abhängigen Satz. So beschwichtigt man etwa den Schmerz eines Scheidenden mit den Worten: *Sə tou no niət əsuə* (= geberde dich nicht so sc. traurig, verzweifelt); *wā kámm, du möußt ás də Welt* = (dein Schmerz) wäre kaum (zu begreifen, begreiflich), wenn du aus der Welt müsstest.

Einen ergänzenden zweiten Infinitiv neben futur. *werden* verlangen die Phrasen *I wiə* (werde) *diə* (oder enkl. *də) suə láng ümláffm! Wárt*

---

[1]) Lambel vermuthet wohl mit Recht, dass hier literarischer Einfluss mit im Spiele sei. Doch macht der verschiedene Ton, durch welchen in mündlicher Rede Worte eines anderen, Citate u. dgl. ausgezeichnet werden können, einleitendes und verbindendes *sag' ich, sagt er* auch sonst entbehrlich. So gibt jemand ein Wortgefecht zwischen zwei anderen etwa so wieder: *Öitəə r is ('s) ofgángə* (berichtet der Erzähler): »*Wos kaust du a'f máinə Wisn s'souchn?*« (sc.: sagte A) — »»*Dös gäiht di néks o*««« (sc. entgegnete B) — »*Dös wiə r i sêòh*, ob (wos) mi dös néks ofgäihə (sc.: sagte A) u. s. w. Vgl. auch die sprichwörtliche Redensart aus Breslau *'S is gráde wi: kum hār und tù mər nischte* = als ob er sagte (gesagt hätte), komm her .... DM III 411 N. 425.

²) Nordböhmisch (Gabel): *Ich 'runter vu dar grußen Fichte* HTV S. 403 N. 131.

i wiə diə (də) stölln (stehlen)*!*, die als Androhung einer Strafe für das Herumlaufen, Stehlen zu nehmen sind. Zu ergänzen ist wohl *geben* oder *lehren, helfen, weisen*, die alle wirklich daneben gebraucht werden: *I wiə də 's gëb'n (wäisn)* oder *i wiə də lårnə (helfm)* ¹) *suə lång ümläffm* (oder *ümzläffm*), *i wiə diə stölln lårnə!* (iron. als Drohung: ich werde dich stehlen lehren!)

§ 41. ε) Besondere Beachtung verdient die Auslassung des Particips, wenn neben demselben ein Infinitiv (in finalem Sinne) steht: *Wåu* (wo) *is ənn d' Moudə? Doi is ä̂käffm. Də Broudə? Deə r is häuə, wendn* (Getreide mähen, Heu wenden) sc.: gegangen. Ähnlich *doi sånu scho schläufm*, oder im Futurum *bis Vater und Mutter werden schlafen sein* HTV 174 N. 129, vgl. ebend. S. 189 N. 159 a und 159 b. Hier ist der lebendige finale Sinn des Infinitivs (*ä̂käffm, häuə*) ein Kriterium für die elliptische Natur der Fügung, die sonst ohneweiters neben die mhd. Verbindung von *sin* mit dem Infinitiv (als Correlat von *werden* mit dem Infinitiv = beginnen, darangehen) gestellt werden könnte (*du bist dich ruomen* Orendel 561 u. ä. Weinhold Mhd. Gr.¹ § 411.² § 428).³) Auch die Verwunderungsformel (*ai*) *schöllt doi!* = ei, sollte dadurch! (*doi* instrum. = mhd. *diu*, vgl. *doi suə* = deshalb) ist wohl ellipt. Ursprunges.

§ 42. Die erst in neuerer Zeit gebräuchlich gewordene ³) Weglassung eines Particips in Wendungen wie *den Degen in der Faust* kennt auch unsere Mundart. Doch begnügt sie sich öfters mit der bloßen Präposition, wo die Schriftsprache einen ganzen Präpositional-Ausdruck setzt: sie sagt also statt »er trat herein« den Hut auf dem Kopfe« bloß: *ən Hout åf* (daneben *ám Kuəpf*),⁴) *ən schöin Ruək oə*, oder: *a Mannl mit aran drispitzatn Hoi'd)la, a schwarzs Mantell ümm* (um die Schultern) Lorenz S. 18. Das Sprachgefühl der Mundart ergänzt hier nicht das Part. Präs. (habend, haltend), sondern das Part. Prät. Pass. und setzt es nicht selten wirklich hinzu: *ən Hout åfgsëtzt*. Auch die Formel *və miə r əs* (= meinetwegen) bedarf als Überrest einer ganzen Prämisse ⁵) mindestens der Ergänzung durch ein Part.: *Və miə r əs tou, wos d' wö̀lst. Va uia r as wiəd si gröis ma Wei* E. J. XIII 92.

§ 43. Ersatz des Particips Präteriti ⁶) sowie des Infinitivs der zusammengesetzten Zeiten durch *das, dasselbe, es, was* (*dös, (s)sell, 's, wos*) in Antworten, falls die gleiche Zeitform unmittelbar vorhergeht, gehört mehr der Umgangsprache der Städter als der Sprache des Landvolkes an, das hier lieber die entsprechende Form von thun (*tåu*) hinzufügt: *Eə håut 's dennə vəsprochn*. Antw.: *Dös (s)sell håut ə*

---

¹) Diese Wendungen kommen auch ohne abhängigen Infinitiv als Drohungen vor. Auch öst. sind alle oben angeführten Wendungen (nur nicht mit *weisen*) möglich. Nordböhmisch statt *werden* auch *wollen*: Tieze Hejmt III 56 (Schönau) *Ihr Spitzbuben, ihr wollt mer's Schwein stahln; ich wil 's oich zahm* (geben)!

²) Die übrigen Fälle der Ersparung des Infinitivs und des Particips Prät. neben *tein, dürfen, können, müssen* u. s. w. (ich bin fort, ich darf fort u. s. w.) sind vom adverbialen Prädicat nicht sicher zu trennen und werden daher am besten bei diesem behandelt.

³) Erdmann Grundzüge § 105 c.

⁴) Ausnahmsweise treten auch Mischconstructionen auf wie *mi(d)n Hout ä̂f*.

⁵) Wunderlich Umgangsprache S. 108.

⁶) Wie im Mhd. Paul Mhd. Gr. § 387.

scho (oder *hànt ə tàu*). — *Des wiəd mə r ā* (auch) *niət helfm*. Antw.: *Des wiəd 's* (oder *wiəd 's tàu*). — *I wiə di vəklōgn*. Antw.: *Wos wiəst dn (d')?*[1]) Auch *und das* (*u dōs*) (schon mhd.) = *und zwar* gehört hieher: *du wiəst heien* (heiraten) *u dōs bàl*. Urban (Erzählung) in der Erzg. Ztg. XVI 69.

§ 44. Aus ganz anderen Quellen als in allen bisher besprochenen Erscheinungen fließt die Unvollständigkeit des sprachlichen Ausdruckes, wenn dem Redenden durch die einfallende Gegenrede das Wort abgeschnitten wird, oder wenn die Gedankenentwicklung selbst durch ein Versagen des Gedächtnisses, durch Verlegenheit u. dgl. gehemmt wird. Im ersteren Falle braucht dem fehlenden sprachlichen Theile nicht gerade auch ein fehlendes Gedankenglied zu entsprechen; im zweiten Falle aber bezeichnet die sprachliche Lücke auch eine Lücke im Gedanken.[2]) Dieselbe wird auch in unserem Dialekte entweder durch den leeren, hinschleifenden Stimmton (*ich—ə* . . .) oder durch Flickwörter wie *Ding* ersetzt. *Ding* erscheint übrigens auch in unbestimmter Antwort: *no Ding* (Neubauer Zeitschr. f. öst. Volksk. I 228); ähnlich auch *no suə* oder *gern*, z. B. *və wā w(ü)lst ənn* (denn *niət miggäih"?* (= mitgehen Antw.: *No suə*.[3]) *Gern* hat auch den Sinn von »absichtlich« (*des hànt 's gern tàu*).[4])

Damit sei die Übersicht über die wichtigsten in unserer Mundart typisch oder formelhaft gewordenen Gestalten des fragmentarisch in die sprachliche Erscheinung getretenen Satzgedankens, bezw. die nach der Zertrümmerung und Abschleifung vollständigerer Satzgebilde übrig gebliebenen Satzreste (denn welches von beiden vorliegt, wird nicht immer entschieden werden können) geschlossen. So weit solche Ansätze und Reste von Sätzen Sonderbedeutungen interjectioneller Art entwickelt haben, werden sie auch bei den Interjectionen berücksichtigt werden.

B. Der vollständige Satz.

§ 45. *a*) **Der vollständige Satz** begegnet wie in der Kindersprache vielfach noch in der Form der unvermittelten Nebeneinanderstellung der beiden Hauptbegriffe, mag die Beziehung zwischen ihnen wie immer geartet sein.[5]) So namentlich im Sprichwort: *G'schenkt — bfàltn* (behalten), *g·funnə — widəgə(b)m*; *làng Hànə* (Haare) — *kurzə Vəstànd*; *v(ü)l Schwàmmə — v(ü)l Gàmmə* (etwa = nasses Jahr, trauriges Jahr); *ə kloi"s Göi(d)l* (Gütchen) — *ə frauchs* (frohes) *G·möi(d)l*

---

[1]) Beispiele aus neueren Schriftstellern hat Ipsen in Sanders Zeitschr. f. d. Spr. VI 259 ff. gesammelt.
[2]) Über Aposiopese vgl. Wunderlich Umgangsprache S. 12. 85 und namentlich 113.
[3]) Schlesisch *asu*, *asu gerne* werden von Weinhold Schles. WB S. 7 als echt schlesisch bezeichnet: »Schwatzhaftigkeit, Eigensinn und »»so gerne«« hat Rübezahl jedem der Seinen in die Wiege gelegt,« sagt Theodor Fontane von den Schlesiern im »Cécile.« Aber diese Wendung ist keineswegs auf das Schlesische und Egerländische beschränkt: Im deutsch-ungarischen Berglande *séu gérn* = nur so = was weiß ich! Schröer Versuch S. 35 (285). Nachtrag S. 28 (273), wo auch schon des öst. *á so* in der gleichen Bedeutung gedacht ist. In Gottschee *lai ahō* in derselben Bedeutung Schröer WBG 151 (417).
[4]) Ebenso öst. Im ungrischen Berglande ist *séu gérn* auch = im Scherze: Schröer Versuch a. a. O.
[5]) Paul Principien S. 99.

(Gemütchen); *lângs G·strāih — weng Kɘɘrn* (langes Stroh, wenig Kern); *láng Áiszàpfm — lâng Flâss* (Plur. von *Flɘɘs* Flachs) u. a. Hieher gehört auch *i ɘn Árwɘt oɔ́packn?* Dass hier mit der Ergänzung von *soll* für das mundartliche Sprachgefühl nichts gethan ist, geht aus der häufigen Einschiebung von *und* hervor: *I u ɘn Árwɘt oɔ́packn! Dɘɔ r u schenkn!* (gewissermaßen: diese beiden Dinge kommen wohl nie zusammen!). Dieselbe Nebeneinanderstellung von Subject und Prädicat liegt wie in der Schriftsprache vor in: *gout, dá(s̀); schȫd, dá(s̀); mügle, dá(s̀); scha͞i gʹnouch, dá(s̀).*[1] Analog auch *kâmm* (kaum) *dá(s̀);*[2] *grȫd, dá(s̀); v(ü)lláicht, dá(s̀); niɔt, dá(s̀).*[3]

b) Als vollständige Sätze sind auch jene zu fassen, in welchen die beiden Hauptbegriffe in attributiver Verbindung erscheinen. Der Ton der Rede gibt hier in Verbindung mit der Situation oder dem Zusammenhang der Rede das Merkmal des Abschlusses der Gedankenverbindung, dessen der Satz nicht ermangeln darf. Die Worte »schönes Wetter«, auf einem Spaziergange einem anderen zugerufen, sind durchaus gleichwertig dem Satze »das Wetter ist schön«. Hier könnten, von der psychologischen Seite betrachtet, die Worte »schönes Wetter« allerdings auch als Prädicat zur Sinnesanschauung als dem psychologischen Subjecte gefasst werden. Allein die gleiche Form wird (wie in der Literatursprache) auch in der Erzählung verwendet, wo eine solche Beziehung höchstens zu dem Reproductionsbild der früheren sinnlichen Wahrnehmung hergestellt werden könnte: *I hȫ mɔ* 'mir' *àls* (alles) *gout oɔ́gsɘɔh* (erzählt jemand): *ɔ schȫinɔ Huɔf — goutɔ Fellɔ; dàu fält eppɔ nɘ́ks.* Die Verwendung von *welch* in solchen Sätzen, wenn sie (in der Umgang- wie der Schriftsprache) als Ausruf verwendet werden: *Welche Unvorsichtigkeit! Welch ein glücklicher Tag!* (Wunderlich Umgangspr. S. 86) kennt die Mundart nicht.

§ 46. Die syntaktischen Grundverhältnisse des Satzes bieten in der Mundart keine Besonderheiten. Die große Ausdehnung des adverbialen Prädicates wurde schon (§ 36 Schluss) angedeutet. Die einfache Copula vertritt vielfach besondere im Dialekt ungebräuchliche Verba wie *ragen, sich erheben, sich erstrecken* u. dgl. Darüber beim Verbum *sein* § 149. 1 *a*.

In Bezug auf den (fragenden, auffordernden u. s. w.) Sinn des Satzes ist zu bemerken, dass die Frage (wie in der Umgangssprache: Wunderlich S. 235) einerseits in den Befehl übergeht: *Gàihst heɔ?! Wiɔst heɔgàih͞?!* — in der Doppelfrage mit drohendem Sinne: *Wiɔst heɔgàih͞ odɔ niɔt?!* — anderseits sich in gewissen Einleitungsformeln der bloßen Aussage nähert; hieher gehören die beim Zusammentreffen zweier Bekannten aus verschiedenen Ortschaften fast unvermeidlichen Formeln *no bist* (*sâds, sânn Ś*) *à* (auch) *r ɔ weng dàu?* oder *no grüɔß Gott, lebst du à nu?,*[4] beide auch mit sinkender Satzmelodie, also als Aussage, betont.

---

[1] Alles auch öst. *Gɘcháiɔ)* mit folgendem bloß logisch abhängigen Satz ist im Egerl. ebenfalls bekannt *„schàiɔ, du gàihst.* Ebenso o.- und nöst.: Nagl Roanad S. 221 zu V. 265. Im N.-Öst. auch *sicher* mit derselben Fügung: Nagl a. a. O. S. 73 zu V. 77.
[2] Ebenso nöst. Nagl Roanad S. 76 zu V. 80.
[3] Nagl Roanad S. 91 zu V. 104. Alles auch oöst.
[4] In Gottschee ebenso: *Grüeß dich Gott, labɘʃt du à noch?* Schröer WBG 96; auch dem Öst. nicht fremd.

2. Zusammengesetzter Satz.

§ 47. In Bezug auf die Fülle fein abgetönter Verbindungswörter bleibt die Mundart hinter der Literatursprache zurück, einerseits infolge der geringeren logisch-grammatischen Schulung der Sprechenden, anderseits weil in der mündlichen Rede überhaupt der lebendige Ton in Verbindung mit dem Satzinhalte schon vielfach unzweideutig über die Satzverbindung entscheidet und daher die Verbindungspartikel entbehrlich wird (Asyndeton) oder doch unbestimmter sein darf. In der Beiordnung vertritt *und*, in der Unterordnung *wöi, da(s)* (im Saazer Dialekt das häufige *wenn*, im Bayr.-öst. *wann*) mehrere bestimmtere Partikeln.

A. Beiordnung.

§ 48. *a)* Das Asyndeton ist nicht auf den logisch untergeordneten Objectsatz (*i waiß, es kunnt*), auf Causalsätze (*gäih no zoué, də Hund bäißt niət*,[1]) auf erläuternde Attributivsätze beschränkt, wie Reis für das Mainzische ausführt (II § 59), sondern auch sonst statthaft, z. B. *i gäih* (hist. Präs.) *doə, schau mə dəs Ding oJ*; im Mainzischen wird eine Verbindung wie *ich bin komme, habs gesehe* als unzulässig bezeichnet (Reis a. a. O.).[2]

§ 49. *b)* Beiordnung durch Conjunctionen. *a)* Copulative Conjunctionen 1. *Und* (egerl. *u*) ist die Verbindungspartikel κατ' ἐξοχήν. Als satzverbindende Conjunction nimmt *u* kaum jemals jenen höheren Ton an, den es zur Hervorhebung einer wichtigen Verbindung zweier Begriffe erhält; z. B. *die ganz Kost u* (oder *u nu = und obendrein*) *zeə* (10) *G(ü)ld'n monətlə*; es verliert den Ton aber auch niemals soweit wie zwischen zwei eng verbundenen Begriffen, wo es so häufig zu *ə* abgeschwächt erscheint: *Töch ə Nacht, Lait ə Kinnə* u. s. w. Es verbindet wie im O.- und N.-Öst. Gleichzeitiges (= *und zugleich*) oder Aufeinanderfolgendes (= *und nun, und dann*; Nagl Roanad S. 491 § 228 »prägnante« Bedeutung); Gleichwertiges (= *und ebenso*) oder Ungleichwertiges (= *und sogar*; Nagl Roanad a. a. O. »steigernde« B.). Es kann aber auch gegensätzliche Glieder (= *aber, adversativ*), sowie Grund und Folge (= *deshalb*, consecutiv, auch = *trotzdem*, concessiv verknüpfen[3] (Beispiele sind hier unnöthig), ja im Volksliede selbst die Ankündigung und das Angekündigte: *Ih woiß wos fang mir* (wir) *an* (ich weiß, was wir thun): *Und hintn schneidn mir a Trum assa, Und vorn stück'ln mir's dran* HTV S. 193 N. 167 (Egerland); im Egerer Fronl. die Einleitung der directen Frage und diese selbst, z. B. 445 *Nun sag*

---

[1]) Hier auch in unserem Dialekt besonders häufig; die Part. *denn* für sich allein ist selten, lieber tritt Unterordnung mit *wål* ein.

[2]) Die im Ahd. und Mhd. so weit verbreitete asyndetische Parataxe mit einem ἀπὸ κοινοῦ gebrauchten Bestandtheil (Behaghel Germ. XXIV 170) ist unserer Ma. fremd.

[3]) Ebenso in der Umgangsprache: Wunderlich S. 250 f. Seltener tritt es zwischen Folge und Grund (= *denn*): *'S gəc'iat 'n sekə reat a wos gäit a sua stät* HTV S. 313 N. 377a (Eger). Über die adversative und einige andere im Fg. zur Sprache kommende Gebrauchsweisen (pleonastisch, vor Fragen) von *und* vgl. Tobler Germ. XIII 92 ff.

mir das, du thummer man, Und wer hat dir das kündt gethan? 599 ff. *Abel, ich müs dich etwas frugen, Das soltu mir die warheit sagen, Und warumb got dein opfer sei Angenemmer*; im Volksliede sogar die Frage und die Antwort: *: Mächt ih wissn, wöi da Baua :' sein Howan Hafer as-sāt?* |: *U sua* (mit nachahmender Armbewegung) *sōt da Baua: sein Howan schāi" sīat*¹) u. s. w. Kinderlied aus Westböhmen HTV S. 243 N. 254; die Interjection und den zugehörigen Satz im Egerer Fronl. 6039 *O we und wer er noch nit todt!* Es tritt endlich zwischen die bloßen der Verstärkung dienenden Wiederholungen eines Satzes: *Sɔ* (so) *haut ɔ niət grouht u hàut niət grouht, bis i·u ·s* ich ihm es *gɛbm ho.* Besonders beliebt ist diese Wiederholung im Volkslied: HTV S. 148 N. 67a Plan Str. 2, 3 f. *Schönster Schatz, du bleibst mir unverloren, Und schönster Schatz, du bleibst mir unverloren* in den folgenden Strophen ohne verbindendes *und*. Ebendaselbst S. 184 N. 149b Westböhmen *Ei, allerliebst's Schätzerl Wie gäiht denn dan Mühl? Und wie gäiht denn dan) Mühl?* und so fort jedesmal bei der Wiederholung der zweiten Zeile. Ähnlich ebend. S. 186 N. 151 Eger-Plan, S. 351 N. 737 Plan.²) Der schon in der älteren Sprache mhd. ³) hervortretenden Farblosigkeit des *und* entspricht es auch, dass es einerseits in den Übergangsformen zwischen Beiordnung und Unterordnung eine Rolle spielt und andererseits so gerne noch vor andere bei- und unterordnende Conjunctionen tritt. Bezüglich der Übergangsformen und des Vortrittes vor die unterordnenden Conjunctionen *u wäil, u dai's* u. s. w.) vgl. § 57. Von den beiordnenden Conjunctionen lieben namentlich *deshalb* und *aber* ein vorgeschlagenes *und*: *U eɔ r is owɔ bräv*; selbst *u owɔ r ā'* (auch wird verbunden: *u eɔ r is owɔ ā' bräv*.⁴) Ebenso *u destwegen, u denn dennoch, u dan* und *da, u sɔ* und *so* wie im Nhd. Es ist, als ob bei *und aber, und deshalb* die beiordnende Function von der adversativen bezw. folgernden abgezweigt worden wäre. Im Bereich der Unterordnung wäre die Abzweigung der unterordnenden Function durch *dass* z. B. von der fragenden (in *wöi dā's, warum daɔs* damit zu vergleichen § 63, 3. Vorgesetzt kann dem *und*, namentlich in der Erzählung, ein *no"* nun) werden; so besonders nach einer Unterbrechung der erzählenden Darstellung durch eine Zwischenbemerkung, Frage u. dgl.: *Oitzɔ howɛ* hab ich *udin Boubm zɔn Beckn* Bäcker *in d' Läiɔ* Lehre) *gɛbm — wüißt, mit deɔn sämmɔ* sind wir *ɔ weng fräind* verwandt) — *no" u dōnɔ* (dort) *is ɔ zwoɔ Gauɔ bliɔbm* u. s. w.⁵)

---

¹) Im Volkslied (wie in dem oben gegebenen Beispiele) mag sich *und* bei seiner unbestimmten Bedeutung wohl auch als bloßes bequemes Füllsel des Rythmus (der Melodie) eingedrängt haben.

²) Über solche Wiederholungen vgl. H. Palm in DM VI 185 f.

³) Erdmann Grundzüge § 126.

⁴) Ebenso im Nordböhmischen (Schönlinde): Tieze Hejmt I 46. Im Erzgebirge: E. Heger Erzgeb. Zsg. I 186 *Und wos ich oder* (= *aber* vgl. weiter unten *aber*) *olls ho mitgemocht.*

⁵) Ebenso schlesisch. Bei E. Langer Aus dem Adlergebirge I 54 (»Das Nachtwächterhorn«) erzählt der Wirt dem Handschuhmacher: ‚*Du worscht ju ne eimal* (nicht bloß einmal) *med a* (mit ihnen sc. den Studenten) *beisommɔ*‘. »*Hundertmol*«, rief, schon etwas besser aufgelegt, der Handschuhmacher dazwischen. ‚*No on die hon gestarn wieder amol orntlɔćɛ's gebeċɛ'l*' (Gelage gehalten), fährt der Wirt fort. Auch öst. begegnet diese Verbindung.

2. Andere copulative Conjunctionen: *ā́* (auch); in eigenthümlicher Weise wird es in *gwĩs ā́*, *wãuə* (wahr) *r ā́* zur Bekräftigung einer Aussage mitverwendet. A erzählt z. B. dem B: *Máin* (meinem) *Broudə hàut də Háupmàn* (Bezirkshauptmann) *gsàgt, dá* (dass) *r ə von Mŭletar zäitlich bəfräit weə'n mou*. (Da er bemerkt, dass B eine zweifelnde Miene macht:) *Wãuə r ā́!* Oder: A: *Dös kröigst máletts* (mein Lebtag *nimmə zruck*. B: *Wá niət schleət!* (das wäre nicht übel = das wollen wir doch sehen!. A: *No gwĩs ā́ nu* = nun, gewiss auch noch. Hier wird die Gewissheit als eine Steigerung der Wahrheit betrachtet nicht nur wahr, sondern »auch noch« gewiss wahr, im ersteren Falle liegt etwa der Gedanke zugrunde: ich erzähle das nicht nur so ins Blaue hinein, sondern es ist auch wahr.[1]

Öitzə wie südböhm., o.- und n.-öst. *h(j)iətzt* DM V 10, 7 wird oft im Übermaße zur Anknüpfung und Weiterführung der Rede, besonders der Erzählung, verwendet, vertritt aber auch bestimmte, z. B. consecutive Partikeln, z. B.: Zufällig lief ihm der Hund entgegen: *öitzə* infolgedessen *hàut ə denkt, 's hètzt weə* (= jemand *ən Hund ā́f in*. Es entspricht also ungefähr dem ahd. mhd. *nu* (Scholten PBB XXII 397 f.) nhd. *nun*, oder ahd. *tho*, mhd. *dô*, nhd. *da*; letzteres (egerl. *dáu*) ist in gleicher Verwendung ebenfalls nicht unbekannt. Bei *öitzə* kommt die lebendige Vergegenwärtigung des Vergangenen, die in dem bezeichneten Gebrauche wohl ursprünglich gelegen ist, bei gewohnheitsmäßiger Verwendung ebensowenig mehr zum Bewusstsein wie der Begriff des zeitlichen Nachfolgens (oder der Folgerung) bei dem ähnlich verwendeten *àlsdànn* (*àlsdànn*, das sich wie auch *àlso* gelegentlich als Flickwort selbst zwischen die Theile der Rede eindrängt: *àlsdànn i gàih* (hist. Präs.) *üf də Stöll zen Nàuchbən ümmə. Sə hàut ə gsàgt, àlsdànn eə wü'l sā́ Göld zruckhö bm* u. s. w. Auch einfaches tonloses (proklitisches) *sə* wird außer in folgerndem Sinne gleich *öitzə* zur Fortführung der Rede verwendet. Eher kommt die zeitliche Aufeinanderfolge in der Anknüpfung mit *àffə*, Schmeller I 42 = dann, ferner, hierauf, oder *nàchə* (= *nachher* wie im Bayrischen) zur Geltung; zur Anknüpfung dient ferner *dəbá* (dabei), zur Steigerung *ə deəm àlnzoué* = zu dem allen hinzu, überdies. Endlich wird *owə* aber wie mhd. und in hoch- und niederdeutschen Mundarten (Schmeller I 12. DM II 178, 3. DWB I 31), außer zur Entgegenstellung auch zur bloßen Verknüpfung verwendet (ein Seitenstück zur adversativen Bedeutung des *und*).

Unter den doppelgliedrigen Conjunctionen fehlen die mit *sondern* und *noch* gebildeten (letztere auch im Nöst. Nagl Roanad S. 491 § 228; ebenso oöst.), da diese beiden Partikeln als Conj. ungebräuchlich sind; dem Dialekte gehören an: *ài˜stàls — ài˜stàls*, einestheils, andterntheils; *üf də àin Sàitn — üf də ànnən Sàitn*, einerseits, anderseits; *wédə — wédə*, weder noch, gewöhnlicher jedoch *niət (kos˜*, kein) — *niət (kos˜*): Baier

---

[1] Hingegen wird *auch* im Egerländischen nicht wie im Deferegg. (Tirol) der Erwiderung des Grußes vorangeschickt: *Gust'n Morg'n! — à gust'n Morg'n!* Hintner S. 269. Höchstens hört man bei gewissen Grüßen mehr scherzhaft *ā́ sus v(ü)i!* Ebensowenig wird *auch — doch* gebraucht wie im Baselstädtischen: *mach au emol, dass Binz § 139, 2, oder — denn* wie in derselben Mundart: *was gits au die ganze Zit z gulzge?* Binz a. a. O. — In Fällen wie *wos hàut deə r owə r ā́ durtn z' souchn ghätt* (wie nhd.: was hatte der aber auch dort zu suchen!) ist *auch* anreihend, fortsetzend, aber nicht einfach = denn.

Egerer Chron. 548 ein Kind *welchs kheine ermlein und keine fuß hat gehabt*, oder »das kann man weder schneiden noch brechen«: *Düs kõ͡ ms ni*͡*t schnäi d'n u ni*͡*t brechn*; *ni*͡*t no — ā* (ohne *sondern*); *bàl — bàl*; *oft — oft*. Ordnend: *fü*͡*s s äi*͡*scht* (erste), *àff*͡*s . . . äf d' letzt* (das gleich *ám End* außer dem zeitlich anreihenden Sinn auch einen Übergang in die modale Bedeutung zeigt. Vgl. § 178, 3. Ungebräuchlich sind also *desgleichen, zudem, überdies, außerdem* *äsodem* neben *äso* vereinzelt vor exceptiven Nebensätzen: *äsodem i bin kro*͡*k* = außer ich bin krank, ferner, *hierauf, schließlich, sowohl — als auch, theils — theils, einerseits — andererseits, nicht bloß* oder *nicht allein — sondern auch* *weder — noch*.[1])

§ 50. β Adversative Conjunctionen. *Und* (*u*) wurde schon (§ 49) erwähnt. Wo es sich um scharf ausgeprägte Gegensätze handelt, die auch ohne Verbindungspartikel als solche in die Augen springen, da ist nicht bloß von der Farblosigkeit der Partikel zu reden, sondern auch von ihrer besonderen Wirksamkeit, insofern durch einfache engste Aneinanderrückung und Verbindung von Gegensätzen diese umso schneidender hervortreten. Diese Wirkung verwendet auch die Schrift- und die Umgangsprache Wunderlich Umgangsprache S. 250. *U denn*͡*s* hat wie mhd. *und — doch* (Paul Mhd. Gr. § 330, 3 *wie selten ich dich prise und ich doch von dir wort kan unde wise*) den Sinn von nhd. *während doch*, wohl auch von *obwohl*.

Owes = aber, wie öst. (kann aber auch = *oder* sein); dafür in demselben Sinne vielfach *odo*, so dass also beide Partikeln in der Mundart die Bedeutungen wechseln können vgl. unten S. 33 *odo*): *Sie reden gar vil oder halten 's weng* Wolf Volkslieder S. 57, XXXVIII 7. *Oitz oda bricht a Theuring aus* Weikert (Nürnberg) »Die Ersparniß« Str. 2 bei Firm. II 388; vgl. ebend. S. 389 »Die alten Bürgersoldaten« Str. 8, und Seite 390 »Der Dieb und die Wache« Str. 15.[2]) Falls das letzte Wort eines Volksliedverses wiederholt wird, so wird die Wiederholung außer durch *und* (§ 49, 1 oder *ja, ja — ja, ju — ja* u. dgl. vgl. § 139) auch durch *aber* angefügt: *Was oben am hohlen Wege stehn, aber stehn* HTV S. 119 N. 28a Str. 1; ähnlich in Str. 2 *schöne Magd, aber Magd*; Str. 3 *Wein, aber Wein*; Str. 4 *Thau, aber Thau* u. s. w. Auch hier hat man es wohl mit der lediglich anknüpfenden Function des *aber* zu thun.[3]) Über die interjectionelle Function von *aber* *owe! owe!* bei den Interjectionen § 143. Was die Stellung betrifft, so kann *aber* wie im Mhd. (Paul Mhd. Gr. § 330, 1) auch zwischen das Verbum und ein daran sich

---

[1]) *Äff*͡*s* in Verbindung mit *äi*͡*scht* (erst) wird auch = *um wie viel mehr* gebraucht: Lorenz S. 9 *Oft samma daháim z'nachts in Bett d'Haus z'Bergh gelundn, sua hox a mi gfore'tn, — äff*͡*a äiascht wenn i ho möin z nachts va Se'ilada hin a woida gäih*". Der Gegensatz *um so weniger* lautet dialektisch *v(ü)l wenga*; Lorenz S. 14 *niat amäl lüighalat* (lau), *vül wenga hüaß* (geschweige denn).

[2]) *Oder* = *aber* auch im Erzgebirgischen: Erzg. Ztg. XIII 234 *hot odr dräu gabökt*; im Nordböhm. Peters, der es auch aus Sachsen (Annaberg) nachweist, DM II 235, und Schles. Knothe WB 429; in der Heanzen-Ma. DM VI 23; in Ofen und Umgebung Hartmann Volksschauspiele XLVII 174 (Glossar 558); im deutsch-ungar. Berglande Schröer WB 85 [194]. Ma. d. ungr. Bergl. 231 [225]. Vgl. Lexer I 21. Damköhler Germ. XXXIII 480 (u. S. 33 Anm. 3).

[3]) Lambel erinnert mich daran, dass die Verwendung von *aber* in der Wiederholung sich übrigens auch mit der Grundbedeutung des Wortes (»abermals«) vermitteln ließe.

anschließendes Pronomen gestellt werden: *Häit owə r i wos drā̀ ə̀' riə(d)n...* Ebenso im Ausruf: *bist owə du ə Mensch!*

Dəgégn oder *herengégn*;[1] *dəwál* = indessen, statt dessen;[2] *Mā Mouda haut g'sàgt Ih schöll ď Windl wäsch'n, Dawal ho ih vastånd'n Lau an Boubm eï'pàsch'n!* HTV S. 295 N. 210 (Plan), oft auch = *in Wahrheit jedoch; nəə* = nur (wie nhd. einschränkend).

Odə = oder; dafür auch *owə* in derselben Bedeutung;[3] Elbogner Chronik S. 6 Z. 8 ff. v. u. *was aber* (hier = aber) *dy k. mt.* (kaiserliche Majestät *weyter fur hat welle nemen, aber* (= oder) *ausz was ursachen sulche frage gescheen, ist verpurgen.* Vgl. ebend. S. 36 Z. 11 v. u. Baier Egerer Chronik 909 *er solle 4 wochen im feilthurn, aber solle 200 thaler alspalten strafgelt auflegen. da hat er und seine freund die geltstraf angenohmen.* Vgl. ebend. S. 105 Z. 2 v. u. Wolf Volkslieder S. 45 XXX 2 *schlafst ober wachst du?* HTV S. 192 N. 163 Eger) *Wie geht's mir ober dir?* Nach einem Imperativ hat *oder* häufig einen drohenden Sinn wie in der Umgangsprache (auch *entweder — oder*): *Rouh odə i rouf main Vödən!*[4]; auch bei Abbruch des Satzes nach *odə: Rouh, odə!* (mit starker Erhebung der Stimme). In unserer Mundart wird der mit *oder* eingeleitete Satz gegenwärtig wohl nie so weit logisch untergeordnet, dass *oder* geradezu die Bedeutung von »es sei denn, dass« erhielte, jedenfalls nicht so weit, dass er wie im Mhd. sogar vorangestellt werden könnte *oder ez wære gar ein nidere, sô truoc im dâ niemen haz*. Paul Mhd. Gr. § 350. Nur der nachgestellte Satz mit *oder* begegnet im Egerer Fronl. in ähnlicher Bedeutung: 350 *Das* (Weib sc. Eva) *wirt fort mein gmeinerin, oder mich triegen al mein sin*; streng genommen ist dies aber nur ein verkürzter Ausdruck; die beiden disjunctiven Glieder lauten eigentlich: entweder trugen mich meine Sinne, oder sie sprechen die Wahrheit, nämlich, dass das Weib u. s. w. In der heutigen Mundart würde der Satz mit *oder* lieber frageweise gegeben werden: *Ümmə àchtə, haut ə gsàgt, künnt kommt ə kes — odə how è mè éppə vəhäist?* (Statt

---

[1] Iglauisch *héringégn*; koburgisch *hèrngégn* DM V 126, 50; hennebergisch und bayr.-öst. *herentzegn* DM VII 298. Schmeller I 878. 1148.

[2] Auch oöst.

[3] Auch iglauisch *àwə'* = oder DM V 124, 46; vgl. 126, 42; ebenso fränk.-henneberg. DM VI 129; bayr. Schmeller I, 12; siebenb.-sächs. DM V 329, 226; im deutsch-ungrischen Berglande Schröer WB 30 [240], wo auch auf Weinhold Schles. WB 66 verwiesen ist; nach Tobler PBB V 362 und Schweiz. Id. I 40 ist *aber* = *oder* auch appenzellisch; hier wird an die auch schriftsprachliche Verbindung *oder aber* angeknüpft und an lat. *autem* und *aut* erinnert. Ob die Vermengung nur lautlich zu erklären sei, wie Tobler anzunehmen geneigt war (a. a. O. u. 373: er dachte an die md., aber auch schweiz. Mittelform *ader*; auch in der egerl. Mundart zeigen beide Wörter völlig gleichen Vocal: *owə, odə*), ist doch sehr fraglich (vgl. auch Schweiz. Id. I 97). [Vgl. noch Sievers Oxforder Benedictinerregel (Halle 1887) S. IX und John Meier Bruder Hermanns Leben der Gräfin Jolande v. Vianden (Germanistische Abhandlungen hg. v. K. Weinhold, 7. Heft, Breslau 1889) S. XVII f., woselbst auch umgekehrt Belege für *oder* = *aber* (oben S. 32 Anm. 2). Oöst. (und wohl überhaupt öst.) ist *aber* = *oder* und umgekehrt schwerlich, denn in Wendungen wie *iatzt hau-i dôs gsagt; o dä tuast äs nu ämal, so hau i di* braucht man *oder* nicht = *aber* zu verstehen; es ist ein Zwischengedanke verschwiegen: *und darnach wirst du es entweder fürderhin nicht mehr thun, oder* u. s. w. L.]

[4] Im Sinne eines condic. Gefüges: »wenn nicht, so . . . .« Vgl. § 55, 2 g. β S. 39.

dessen noch lieber *möußt ė mė v. hoˈbˈm.*)[1] Der disjunctiven Parallelisierung dient wie mhd. und nhd. *entwėdə (entswėdə) — odə.*

Concessive Bedeutung haben: *do (du* = doch,[2]) *dennə* = dennoch, ferner stark (auf der ersten Silbe) betontes *destwėgn*, auch *dəvoˈstwėgn*, *derəhálˈbˈm* = trotzdem, auch *trotzdem*: *Öitzə håit ə ən schäin Vədåiˈsi* (Verdienst *u destwėgn (derəwėgn, derəhálˈbˈm) håut ə nėks. Destwėgn, derəwėgn, derəhálˈbˈm* sind auch consecutiv. Im Vordersatze steht *zwåus*,[3] *wūl*,[4]) *frålė; ålədings* bedeutet gewöhnlich »in jeder Beziehung«, »ganz und gar« oder »schlechterdings«.

Ungebräuchlich sind *allein*,[5]) *hingegen, jedoch, indes, dessenungeachtet* (die Elbogner Chronik hat dafür *das unangesehen*, z. B. S. 71 Z. 11 v. u.), *nichtsdestoweniger, gleichwohl, sondern* (statt dessen wird mit Umkehrung des Satzverhältnisses *und nicht* verwendet), *nicht sowohl — als vielmehr.*[6]

§ 51. γ) Causale Nebenordnung wird in der eigentlichen Volksmundart selten durch einfaches *denn* gegeben,[7] sondern lieber durch asyndetische Verbindung (HTV S. 80 N. 14 aus Lobs bei Falkenau *Wer kauft mir mein Restl Franzosen gar o, Ich gib Euch 's recht wohlfeil, die letzten sind do*), soweit nicht dafür die Unterordnung mit *wål* oder, etwas umständlich, mit *denn wårum? wål* eintritt.[8] *Namlė* dient wie im Nhd. mehr zur Erläuterung.

§ 52. δ) Consecutive Nebenordnung bezeichnet die Mundart durch *ålso*,[9]) stärker *ålsdánn* (Nf. *ålsdənn, ålsənn*), schwächer durch ton-

---

[1]) Auch das baselstädt. Beispiel bei Binz § 139, 3 *er kunnt nie haim oder er bringt eppis mit* könnte unsere Mundart nicht nachahmen. Vgl. Reis II § 31. Tobler PBB V 372. Tomanetz A. f. d. A. XIV 26.

[2]) *Doch* bei Nürnberger Dialektdichtern häufig, so bei C. Weiss »Der reiche Mann« DM V 119 Z. 8. 25. 32; in der Mundart von Hersbruck wird *doch ober* auch pleon. verbunden: *Doch ober wöi maˈn kroing thout* Firm. III 306. Im Egerl. wird es als einfache adversative Partikel = *aber* wohl nicht gehört; eher in erklärendem, begründendem Sinne wie seit dem Ahd. bis ins Nhd.: er hat doch Zeit: *er håut du Zåit gnouch* (auch *es håut ja* oder *dennə* Z. g.). *Dennə* = *dennoch* ist auch in Aufforderungen und Wünschen sehr beliebt (= nhd. *doch*): *ə kumm dennə; wenn ə nő dennə kåm* (käme)! Über begründendes *ja* § 137, 6.

[3]) Adverbiales *zwar* ohne folgendes *aber* = *allerdings*, unserem wie dem österr. Dialekt fremd, kennt das Baselst. Binz § 139, 10.

[4]) Nordböhm., nicht Egerl. ist die Verdopplung *wullwull* = *freilich wohl*: Tieze Heimt I 95 (Zwickau).

[5]) Öfter jedoch bei Weikert (Nürnberg.): Firm. II 389 (»Die alten Bürger-Soldaten« Str. 10); S. 395 (»Der erfüllte Wunsch« Str. 3); S. 396 (»Die Geliebte« Str. 6).

[6]) Auch dem Oöst. sind diese Conjunctionen sämmtlich ungeläufig.

[7]) Das Nöst. kennt es, aber es »klingt etwas *hörisch*« (Nagl Roanad S. 204 zu V. 241 *dain*) und ist in diesem Sinne (aber nicht als Verstärkung eines Frage-Pronomens oder -Adverbs) »wenig volksthümlich« (ebend. S. 242 zu V. 280 *låichå*). Dasselbe gilt für das Oöst.

[8]) In der directen Frage überhaupt, keineswegs bloß in der ungeduldigen, ist *denn* (meist enklit. abgeschliffen zu *ənn*) fast unentbehrlich; vgl. lat. *nam* und § 63, 1. Sonst steht es weder in Aufforderungen wie im Nhd. (*so geh denn!*) und im Baselstädt. (Binz § 139, 6) noch in folgender Bedeutung wie im Nhd.: *so hat er denn endlich auch daran glauben müssen!* Dafür im ersten Falle *nő* oder *nås* = *nur*: *ə gäih nő*, im zweiten Falle *ålso*, stärker *richtė* (richtig), auch *ålso richtė*: *ə hảut ə ålso (richtė) ā drəoˈglå(ˈbˈm moˈn*. Bei starker Betonung des *denn* in *wer denn* = *wer dann, wer sonst, wer anders* schlägt die alte temporale Bedeutung von *denn* durch. Vgl. Nagl Roanad S. 242 zu V. 280.

[9]) *Also* ist im Mainz. ungebräuchlich, dafür *do*: Reis II § 31.

loses *so* (*sə*):[1]) Lorenz S. 8 *Diəz* (Ihr) *hats* (seid) *du* (doch) *dåu afgwåks'n, sa* (also, folglich) *möits* (müsst ihr) *du nu gout wiss'n, wöi 's såimål* (damals) *dåu ... asg·sääh håut; suənåu = sonach* (mit dem Ton auf *suə*), also prägnant: unter solchen Umständen, wenn das wahr ist); *folglich* (Einfluss der Schule?); *desthål·b)m, der·shål·b)m, destwögn, der·zwögn =* deshalb, deswegen;[2]) *drüm, êbmdrüm*.[3]) Die beiden letzteren werden häufig als Antwort gebraucht, zunächst dann, wenn der andere sich so ausgesprochen hat, wie erwartet wurde: A. *Koš r ənn də Voəståiə* (Vorsteher) *dåu wos tåu?* — B. *Də Voəståiə håut dåu nëks drä·z·riə)d)n*. — A. *Nŏ êbmdrüm!* = das habe ich mir wohl gedacht, darum habe ich auch gefragt, oder falls keine Frage, sondern eine Behauptung vorhergegangen ist, der B zugestimmt hat): drum habe ich das Vorausgehende gesagt. Oft wird in derselben Bedeutung auch wirklich der ganze Satz gehört: *nŏ drüm fräich ê*, oder *nŏ drüm sŏch ê jå*, oder *drüm måin ê êbm*. Gelegentlich wird jedoch *no êbmdrüm* auch ohne Beziehung auf eine vorausgegangene Äußerung im Sinne der Zustimmung gebraucht. Über *öitə?* in folgerndem Sinne § 49 S. 31.

Ungebräuchlich sind[4]) *demnach, somit, mithin, daher*, wohl auch *infolge dessen*.

§ 53. *c)* Zusammenziehung beigeordneter Sätze. Die Ergänzung des Subjectes im zweiten Satze aus dem gleichen Subjecte des ersten Satzes kann wie im Mainzischen (Reis II § 62) und gelegentlich in der nhd. Schriftsprache auch dann eintreten, wenn das Subject im ersten Satze hinter dem Prädicate steht: *Dös dəsiəht də Hans u reant åssê*. Aus einem obliquen Casus des ersten Satzes kann wie im Mhd. Paul Mhd. Gr. § 381) und bisweilen in der nhd. Schriftsprache Tomanetz A. f. d. A. XX 5. Andresen Sprachgebrauch S. 75) das Subject des folgenden Satzes ergänzt werden; unbedenklich geschieht dies besonders nach einem Accusativ des ersten Satzes, mit dem der Nominativ der Form nach übereinstimmt:[5] *Stååkuln, döi d' Menschn åäbriənad måchn künna r u* (die) *å in da 'lan gfunna wiən* Lorenz S. 13. Weit über das gegenwärtig zulässige Maß der Freiheit in solchen Fügungen geht Baiers Chronik hinaus: 234 *hat man dem Merta Prunner ... und noch einem die köpf abgeschlagen und* (sind sie) *bey dem galgen ... begraben worden*;

---

[1]) Über bloß anknüpfendes *also, alsdann, sə* oben § 49, 2. Über *sə* vor dem Hauptsatz der temp. und hypoth. Perioden unten § 84 und 101. Über *sə* als »überordnende« Conjunction § 116.

[2]) Im Mainz. (Reis II § 31) sind *dessentwehe* und *darum* nur demonstr. (deikt.) Adverbia, die auf einen folgenden Causalsatz hinweisen. Über das eingeschobene *t* bei *destwögn* (ebenso *drwoiš·stwögn*) vgl. Schmeller I 546. II 875 und MB § 680. Auch im Schles. (Nordböhm.) *dasterhalben, dastwagen* Knothe WB 153. — Über den concessiven Sinn von *destwögn = trotzdem* § 50 S. 34.

[3]) Fremd ist unserer Mundart wie dem Öst. der von Binz § 139, 8 als gemein-oberdeutsch bezeichnete Gebrauch von *drum = halt* (erläuternd): *Dä hei e besseri Stell als du; drum isch er flissiger gsi*. [Vgl. Hebels Erzählung »Ein Wort gibt das andere«, Schatzkästlein, Kürschners D. Nat. Lit. Bd. 142, 2. Abth. S. 137, worin Hans seinem jungen Herrn allmählich die ganze zusammenhängende Kette häuslicher Unglücksfälle beibringt, indem er mit dem jüngsten und kleinsten anfängt und dann auf dessen Fragen immer den ursächlich vorangehenden mit *drum* (= weil) anknüpft; hier mit offenbar vom Erzähler beabsichtigter humoristischer Wirkung. L.] Zur Auffassung vgl. J. Ries A. f. d. A. XVIII 342.

[4]) Ebenso oöst.

[5]) Im Mainz. ist die Ergänzung aus einem obliquen Casus nicht möglich: Reis a. a. O.

868 *ist im sonst ein grosser schaden an allen haußradt gescheen und aller Hausrat zu schanden worden*; oder in zwei Nebensätzen: Elbogner Chronik S. 58 Z. 12 f. v. u. *dasz dem also sey und* (wir es) *nicht anders wissen*. Baier 418 *des Caspar Herolts weib, welcher im schrot sitzet, und* (welche) *des Michel Müllners tochter geweßen*. Bezüglich der Ergänzung anderer Satztheile aus dem vorhergehenden Satze, so des Prädicates (*dǝ oĩ* (eine) *hàut gschwign u dǝ r ànnǝ r ä*) oder eines Infinitivs u. s. w., stimmt unsere Mundart wie das Mainzische (Reis a. a. O.) mit dem Mhd. und der nhd. Schriftsprache überein.

B. Unterordnung.

§ 54. Paul möchte Principien S. 122 die Thatsache, dass die Sätze auch bei der Beiordnung nicht gänzlich unabhängig von einander sind, sondern sich untereinander bestimmen, dadurch verdeutlichen, dass er sich z. B. in einer Erzählung die Beiordnung durch eine umständlichere Ausdrucksweise ersetzt*denkt, in welcher der Satz immer zweimal gesetzt wird, einmal in selbständiger und einmal in abhängiger Gestalt; also nach seinem Beispiel: Um 12 Uhr kam ich in N. an; als ich dort angekommen war, gieng ich in das nächste Hôtel; als ich dorthin gegangen war, sagte man mir, es sei alles besetzt u. s. w. In der Schriftsprache kommt eine solche Wiederholung nur ausnahmsweise wirklich vor, in der Regel wird sie durch hinweisende Pronomina oder Adverbia (dort, darauf) ersetzt; dies gilt im allgemeinen wohl auch von der Mundart. Allein diese kennt namentlich in breiterer, behaglicher Erzählung auch jene umständlichere Ausdrucksweise sehr wohl, wenn es auch nicht gerade häufig vorkommen dürfte, dass eine ganze Reihe von Sätzen in dieser Weise doppelt gesetzt wird: *Ummǝ zwölfǝ bin e dǝskummǝ. Wòi e dǝskummǝ bin* u. s. w. *I bin in d'Stumm* (Stube) *aĩ gàngǝ, u wòi e aĩ gäih, sǝ siǝh r e* u. s. w. Hieher gehört die Wiederaufnahme der directen Frage vor der Antwort in indirecter Form, z. B. Lorenz S. 7 *Wàu satt's denn hàa?* Antw. *Wàu ih hàa bin? Ih bin*... Über die primitive, schon im Mhd. beobachtete Vertretung eines voll ausgestalteten Nebensatzes durch einzelne Satzworte (besonders durch den Infinitiv) vgl. oben § 36.

§ 55. Die Nebenordnung wird auch in unserer, wie in anderen Mundarten [1]) in vielen Fällen bevorzugt, wo die Schriftsprache sich der Unterordnung bedient oder doch die Wahl zwischen Neben- und Unterordnung offen lässt, und zwar

1. so ziemlich ausschließlich

a) statt des rein erläuternden (nicht beschränkenden) attributiven Relativsatzes, z. B. eines solchen, welcher Namen, Herkunft u. s. w. enthält:[2]) *Dǝ Müllǝ vǝ X — eǝ schräibt sé Wáis* (oder *eǝ r is vǝ Sàndǝ*)

---

[1]) Vgl. Binz § 141 (Baselst.). Reis I § 20 (Mainz.). Nagl Roanad S. 501 § 271 (nöst.; auch oöst.).

[2]) Ebenso im Mainz. Reis I § 21.

u. s. w.;[1]) übrigens nicht selten auch statt des einschränkenden Relativsatzes; so schon in Baiers Chronik, z. B. 583 *Dem 20. martzi hat man zue Arckberg auch einem pedtler auf das rath gelegt, hat sechs mord gethan, ist das sein* (des früher genannten Jobst) *gesell geweßen*. HTV S. 68 N. 101 (Eger) *Haut Aigla, saun kuhlschwäa r'z.*[2]) Auch mit *und*: Baiers Chronik 333 *Dem 23. november hat man dem Enders Kun von Schönwalt bei Selb an dem neu gepauten galgen gehengt und ist gar ein armer elender dieb geweßen*.[3])

b) Regelmäßig statt eines Nebensatzes mit *als* nach *gröd, kámm kaum*: *Gröd how é hi˘gaíh˘ welln, is ɔ er kummɔ*. Lorenz S. 23 *Kamm wàa r a owa am neua Huaf āzuagn g'wes'n, wàa di Alt scho dàn*.

c) Fast immer statt eines *dass*-Satzes (oder eines Infinitivs) nach *es scheint*, das in der Form *miɔ schäint (schäi˘t* oder *miɔ schäint 's, schäint me*[4]) auch in den Hauptsatz eingeschoben wird: *Deɔ künnt miɔ schäint ā˘ nimmə r án* (aus den) *Schuldɔn ásse*. Das Beispiel bei Lorenz S. 15 *scheint ā, dass si g'wälti vil Schlaam in ihran Kestl einikröigt hobm* stellt hier nicht den herrschenden Sprachgebrauch — wenigstens der Planer Gegend — dar.

2. Häufig, aber nicht ausschließlich üblich[5]) ist die Nebenordnung

a) statt eines Subject- oder Objectsatzes mit *dass*. Bei Subjectsätzen besonders nach *'s is ám béstn, 's schänst is: 's is ám bésten gschäidstn, mɔ rédt niɔt v i˘l dɔvoɔ; 's schänst is, eɔ koɔ gàuɔ niɔt lésn*.[6]) Ebenso nach *dös möcht: dös* (Accusativ, z. B. den vorher erwähnten Misserfolg) *möcht* macht, bewirkt der Umstand): *eɔ haut sḛ 's z'láicht vuɔg'stöllt* neben *wäl*. In Objectsätzen besonders nach *meinɔn, denkɔn: i moi˘ denk', miɔ gengɔ r öitɔ*; auch in der Frage: *moi˘ st niɔt, miɔ gengɔ r öitɔ?*, wobei die logische Unterordnung des zweiten Satzes durch den Haupton, der auf dem ersten Satze ruht (auf *niɔt*), fühlbar wird; Egerer Fronl. 4398 *Meinstu nicht, pet ich den vatter mein, der sendt mir zwelff finsternuß der engel sein?* *Mɔ haut denkt* mit dem folgenden logisch abhängigen Satze umschreibt ungefähr den Begriff »beinahe« (egerl. *bál: mɔ haut denkt, eɔ wiɔd ɔ Nár* = er verlor beinahe den Verstand;[7]) ferner nach

---

[1]) Ebenso nordböhm. (Windisch-Kamnitz): Tieze Hejmt I 77 *a klenna Hoisla, Luhonns hieß a*.
[2]) In der Kerenzer Mundart (Glarus): Winteler S. 200 XVI 24 *Si het ɔs mūl, ɔs h&nt und ltixxt*.
[3]) Der im Baselst. formelhafte Relativsatz (*er grüesst mi frindlig*) *was me sage ha* (Binz § 133) wird im Egerl. durch die coordin. Formel *dös mou mɔ sogn* ersetzt.
[4]) Im Mainz. bloßes *scheints*: Reis II § 6.
[5]) Diese Fälle sind hier nur der Vollständigkeit halber angeführt; sie finden sich z. Th., wenn auch nicht immer in den vorgeführten Formen, auch in der Schriftsprache, besonders aber in der Umgangssprache, wo auch der Gebildete sich vielfach in parataktischen Wendungen ergeht.
[6]) Nordböhmisch (Dittersbach): *Wor 's am besten, 's kom a (ihr) niemond zu nounde* (nahe) Tieze Hejmt I 7; vgl. II 2 (Windisch-Kamnitz). Erzgebirge: *Und öss schönste wöir: Ich vour Schulinspecter vonn Dörf.* Erzgeb.-Ztg. XIII 39 (Erzählung von O. Grimm).
[7]) Vgl. Th. Storm »Die Nachtigall« Gesammelte Schriften I (1889) 14 Str. 1 3 *Das macht, es hat die Nachtigall Die ganze Nacht gesungen*.
[8]) *Mer haut scho˘ g'mänt, er v'bricht* C. Weiss DM VI 261, 34 (Nürnberg); Grübel II 23 *Vur Lach'n, haut ma denkt, er v'bricht* = er platzte beinahe vor Lachen. Schles. Bresl. Sprichw. DM III 243 N. 65 *A denkt, a is gŏr hān am kurbe* (ohne den Sinn von »beinahe«).

sehen und *hören* in Wendungen wie *i siəh (häis) scho, du mochst* (magst)
niət; nach *páss áf: páss úf, deə wȋ·l wos və diə*, wobei sich in dem
verbindenden Ton beider Sätze die logische Unterordnung des zweiten
ausdrückt: also nicht = »Merke auf! (denn) der will etwas von dir«,
sondern »Du wirst sehen, dass er etwas von dir will« (oder genauer
»Du wirst sehen, dass ich Recht habe, wenn ich sage, er will ...«);
nach *i bin instánd* (meist mit *und* : *i bin instánd u vəklōg nən* (ihn) *bən
Gricht.*¹ Auch der mit *und* angefügte Imperativ nach *untəstäih de,
sā· suə gout*, z. B. *u gäih doə!*², gehört hieher. Übrigens steht dieselbe
Construction auch nach dem Indicativ dieser beiden Wendungen: *deə
hàut sé untəstàndn wos suə gout, u is doəgàngə.*

b Statt eines Attribut-Satzes mit *dass* tritt die Nebenordnung gerne
ein nach *Einfall* (Idee : *Deə hàut deən gscháidn A·fàl g`hátt u hàut s
Bětt drấf* auf einen brennenden Gegenstand *g`schmíssn.*³

c Statt eines Folgesatzes mit *so dass*: Egerer Fronl. 7466 f. *Wir
wellen im geben ein sólchen lon, Er möcht vil lieber daússen stan.*
Dümml B. d. P. u. K. I 56 *Gwaht háuts, ·s wāa kāa Augh zan af-
máchn.*⁴ Besonders beliebt ist die Coordination, wenn ein wichtiger
Begriff sich an die Spitze des Satzes drängt: *Deə hàut g`schris, drá
Hausə wàit hàit mə ·s häisn künnə.* Hieher gehören auch die zahlreichen
mit *und* angefügten Sätze nach einem *so* wie schon oben nach *sei so
gut* : *D' Leut wāan... sua gottsfùrchti u hobm... a Kìrchn baua làua*
Lorenz S. 12.⁵

d Statt eines Vergleichungssatzes: *A hàimlicha Blick is grōd sa
vnl, àls du siahst mi tausendmàl!* HTV S. 191 N. 162 (Eger-Plan).⁶

e Statt eines Causalsatzes: *Diats hats du dàu afg`wàksn, sa möits
du nu gout wissn...* Lorenz S. 8. Auch die causale Bedeutung des mit
ja angefügten Hauptsatzes (vgl. § 137, 6) gehört hieher.

f Statt eines Finalsatzes, aber nicht regelmäßig wie etwa im
Niederdeutschen (Wegener in Pauls Grundriss I 944), und zwar durch eine
Umschreibung mit *wollen* oder *sollen*: *Dös tou i niət, ·s soll koinə sogn,*
(damit niemand sage ; *i bin nu əmàl ái˜, ho welln nu wos dərèttn* (um
etwas zu retten).

---

¹) Statt *i bin instánd* auch *i bin kápəwl.* Vgl. nordböhm. (Gabel): Tieze Hejml I 75
dar wer kumpabl und stoch mit zann Stecku. Südböhmisch (Strodenitz bei Budweis) HTV
S. 180 N. 141 *b Ih bin im Stand und heirath di* und *du bist im Stand du heirothst mi, ih
bi im Stand und pfeif af di.* Hier statt der Coordin. auch ein Relativsatz: *Is koana im
Stand, der an Strodanetza fangt* HTV S. 315 N. 396 (Strodenitz). Nach *i bin niət instánd*
steht im Egerl. weder ein coord. Satz noch der Infinitiv, sondern ein *dass*-Satz.

²) Matthias Sprachleben S. 322. Dieses *und* kennt auch das Oöst., wo auch der Satz
iər moant, er hat wer woass was (oder *woass Gott was* vgl. § 29) *than* auch lauten kann:
Der moant u n d er hat w. w. w. th.

³) Nordböhm. (Schönau): Tieze Hejml II 50 *Do kette doch der Kultusministr die schiene
Idee und heβn* (ihm) . . . *jufzich Gildn oweisn.*

⁴) Südl. Übergangsmundart (Neuern): Rank Aus dem Böhmerwalde S. 144 *Brad* (brächte)
is ached žamol so wād (weit): *gang ma dös wǟkopfat Dčanal mit!*

⁵) Im Schles. ist hier *möchte* sehr beliebt: Breslauische Sprichwörter DM III 245
N. 135 *A is su fett, a mecht uspłozen*; ebend. S. 408 N. 302 *Is a duch beschmert, a mechte
kläbən bleiben.* Vgl. N. 328. 363. 476. 588.

⁶) Im Schles. auch ohne *als*: *I, schlaft a doch, mechta doch a jingste tag verschläfm*
DM III 246 N. 154.

g) Statt eines Bedingungssatzes kann wie in der Schriftsprache ein Frage- oder Befehlsatz stehen. Wunderlich (Umgangsprache S. 256) bemerkt, dass in der neueren Umgangsprache das Bedingungsgefüge durch den Einfluss der beliebten Partikel *wenn* immer mehr in die ausschließliche Unterordnung hineinwachse. Auch für unsere Mundart gilt wohl Ähnliches.

α Wird die Frageform beibehalten, die der Mundart vollkommen geläufig ist, so tritt die Selbständigkeit des Satzes in ursprünglicher Weise durch den stark steigenden Ton hervor: *Wüʃlst mitfoən* (mitfahren)? *Àffə mouβt də fáiˉ tummln.*

β Ebenso behält der imperativische Vordersatz durch den Ton der Aufforderung (sinkend: *kumm mə no hàim!* = komm mir nur nach Hause!) den Charakter der selbständigen Aufforderung, die erst durch einen vorschwebenden oder wirklich ausgesprochenen Nachsatz (*àffə wiə r ə də scho d'Muckn ästräi b'm*) die Bedeutung einer Drohung gewinnt. Deutlicher und stärker wird diese Bedeutung durch vorgesetztes *wárt!* An Stelle des Imperativs erscheint hier der genau ebenso (sinkend) betonte, also als selbständige Aufforderung zu fassende Indicativ: *Kimmt ə mə no hàim!* »kommt (= er komme) mir nur nach Hause!«[1]) Auch *odə* nach dem Imperativ im Sinne eines condicionalen Vordersatzes vermittelt einen drohenden Sinn: *Rouh odə i schrái üm Hü(ü)lf!* Vgl. § 50 S. 33.

γ) Den Sinn eines condicionalen oder concessiven Vordersatzes gewinnen auch Umschreibungen mit *dürfen* und *sollen*: *Deən derf neə oinə schif oˉschäuə, sə is ə scho bəläidingt.*[2]) *S Häusl soll drátáusnd G'uld'n wést gwést säˉ* (»gesetzt«, oder »zugegeben, das Häuschen ...«), *sə kröigt ə öitzə niət mäiə ăls d'Hölft*. Der Conj. Prät. und Plusq. bei *sollen* erzeugt irrealen Sinn: *Dös sollt' (häit solln) ə tàu* sc. was ein anderer gethan hat, *dàu werst ə Lármə wəən säˉ!*[3]). Auch durch Einschiebung eines bloßen *mäiˉtweˊgn*[4] (oder *zən Báispʼuʼl* kann ein Aussagesatz zum condicionalen Vordersatz gestempelt werden: *Wói 's häiˉt bən Báuən is — 's háut oinə* (oder *oinə háut mäiˉtweˊgn (zən Báispʼuʼl) ə pəə Gàuə hintərəmánnə ə schlechtə Feksing* (Fechsung, Ernte) *ghátt, sə wäiβ ə sə nimmə z' helfm* = wie es heute beim Bauern steht (so ist Folgendes richtig — ich nehme an, setze den Fall, dass er ein paar Jahre u. s. w. Endlich vermittelt wie im Nhd. schon bloßes *sə* oder *àffə* (= dann) einen condicionalen Sinn des vorausgehenden Satzes (vgl. das vorhergehende Beispiel ohne *mäiˉtweˊgn* oder *z. B.*), entschiedener natürlich bei steigender Nebensatz-Betonung als bei sinkender.

h) Statt eines Modalsatzes mit *indem* oder *dadurch, dass*: *Öitzə záich əmäl dáin Moʃ* (zeige deinen Mann = zeige dich als Mann) *u làu niət nàu!* So namentlich nach einem Imperativ.

---

[1]) Wenn auf drohendes *wárt* ein Satz mit *wenn* folgt (*wárt, wenn i hàimkumm!*) ist *wárt* entweder selbst als Hauptsatz zu nehmen (= erwarte Schlimmes, mache dich auf Schlimmes gefasst), oder der Hauptsatz ist zu ergänzen. Ebenso nordböhm. (Schönlinde): Tieze Hejmt I 49 *Na wort ock, du alds Raaf du, wennchtr wor hejmkumm!*

[2]) Ähnlich im Schles. DM III 411 N. 428.

[3]) Nordböhm. (Leipa): *Dos hätt ich sülln man'n Voter sohn* (sagen), *dar hätt mich glei ufs Maul geschlohn* A. Jurisch im Spitzberg-Album von F. Hantschel und A. Paudler S. 405.

[4]) Über die Betonung des Wortes in dieser Bedeutung vgl. § 25 *b*, δ S. 15.

Endlich gehört hieher auch der Adversativsatz mit *und = während* (vgl. § 50) und der indirecte Fragesatz in der Form und Stellung des directen: *I frauch niət dənàu, is ə ráich owə* (= oder) *árm* oder *Weə waiß, helfts 's* (hilfts) *wos!*; eigentlich liegen hier zwei directe Fragesätze vor: wer weiß? hülfe (hilft) es etwas? aber durch rasches, verbindendes Zusammensprechen wird der zweite Satz schon als logisch untergeordnet empfunden.

3. Auch an die Stelle der Unterordnung der Nebensätze untereinander tritt gelegentlich die Beiordnung: *Wennst dös niət wissn schölltst, wennst nu sua gàua dumm sa" schölltst...* Urban Erzgeb. Ztg. XVI 69.

Im allgemeinen lässt sich also sagen, dass die Mundart in Bezug auf die Fähigkeit und die Neigung zur Unterordnung hinter der nhd. Schriftsprache nur auf einzelnen Gebieten merklich zurücksteht. Dies schließt jedoch große individuelle Unterschiede in Bezug auf diese Fähigkeit und Neigung nicht aus.

§ 56. Aus dem Verhältnis der Beiordnung zur Unterordnung allein könnte man übrigens leicht ein falsches Bild von der Entwicklung der Unterordnung in der Mundart überhaupt gewinnen. Dem untergeordneten Satz steht nicht bloß der beigeordnete gegenüber, sondern vor allem der einzelne Satztheil, den er im übergeordneten Satze vertritt. Und hier gibt es nun Fälle genug, in denen die Mundart die Bestimmung durch einen ganzen Nebensatz jener durch einen einzelnen Satztheil bei weitem vorzieht. So wird

1. Die Mehrzahl der nomina agentis auf -*er*, soweit sie nicht eine dem Volke bekannte Berufsclasse bezeichnen (Leser, Hörer, Spaziergänger), durch Relativsätze umschrieben: *Deə oinə, wos 's lêst, häist* u. s. w.[1]

2. die Apposition pflegt, soweit ihr nicht *als* vorgesetzt wird, durch einen Relativsatz mit *wos* ersetzt zu werden: *Eə haut ən Wirt, wos də áichəntlə Oāgebə* (Angeber) *woə, vəklàgt*.[2]

3. Statt einer Häufung adjectivischer oder substantivischer Attribute zieht die Mundart vielfach ganze Attributsätze vor und wechselt dabei gerne zwischen neben- und untergeordneten Sätzen ab, z. B. »Ein schönes, erst vor kurzem erbautes, in einem Garten liegendes Haus«: *ə schäi"s Háus, wos nu niət làng báuət woə'n is — 's staiht mittn in ərən Gártn* u. s. w.

4. Auch für gewisse adverbiale Bestimmungen treten vielfach lieber Adverbialsätze ein, so für Zeitbestimmungen: »nach Sonnenuntergang« heißt nur *wenn d' Sunnə untəgàngə r is* bezw. *wöi d' Sunnə untəgàngə woə*;[3] für Bestimmungen des Grundes: »wegen Armut« = *wail ə árm*

---

[1] So wendet sich auch Stelzhamer in seinen Ged. III. Ma. D. II 7 N. 1 nicht an den »Leser«, sondern *An den, ders lest*.

[2] Nordböhm. (Mertendorf): Tieze Heimt I 69 *kom Ruste, wos sei Weib woə*. Auch im Mainz. ist die Appos. nicht häufig, ohne dass jedoch hier ein Satz dafür einträte: Reis II § 13.

[3] Ebenso oöst.: Stelzhamer Ma. D. I 8, 37 f. *Wie má nöt waiß, wem má bəgögnt, wann mər ausraist* (»bei der Ausreise«).

is; für Bestimmungen der Art und Weise (oder ein entsprechendes Attribut) sind Consecutivsätze beliebt, in denen der Egerländer jene Bestimmung durch drastische Übertreibung der Folgen einer Handlung veranschaulicht: [1] »Er schrie aus Leibeskräften« = *eə hàut gəschriə, dá mə denkt hàut* (eine besonders beliebte Einleitung dieser Sätze), [2] *eə steckt oən Spis*. »Er rauchte in starken Zügen« = *eə hàut duəzolt, dá mə denkt hàut, d' Hoselnussstau d'n ludət* (lodert) Urban Erzgeb. Ztg. XIV 174. *D' Nosn tropft, dass a Muhl draht* HTV S. 329 N. 537 Plan. Vgl. *ə Pfànnl màchn, dàs ə pəə Spàuzn draf sitzn kùnnə* = ein Pfännchen machen (nämlich mit den beim Weinen stark vorgeschobenen Lippen), dass ein paar Spatzen u. s. w. Neubauer Zeitschr. f. öst. Volksk. II 323. *Deə r is suə dumm, dá nən Gäns* (= d' Gäns) *bàißn* Neubauer a. a. O. 325. [3] Fast formelhaft ist der Consecutivsatz *dáss ('s) ə Passion (ə Fràid) is* geworden, der an die verschiedensten Bestimmungen angehängt wird: *Dös Bàiməl wèkst* wächst, *dáss ('s) ə Passion (ə Fràid) is* (sc. es anzusehen). Ähnlich auch im Scherze und im Ernste *dáss ('s) ə Schànd is*.[4] Schon im Egerer Fronleichnamspiel ist eine gewisse Vorliebe für Folgesätze ähnlicher Art bemerkbar, wenn es auch nicht gerade auf drastische Übertreibung abgesehen ist: 1025 ff. *Den ersten* (Stein) *wierff ich dir an den kopff, Das du umbturckst als ain tropff. Den andern wierff ich hart daran, Das du die leng nit magst bestan. Den dritten wierff ich dir hart hin wieder, Das du nicht bewegest deine glider.*

Bei diesem Ersatz der adverbialen Bestimmungen fällt besonders ein Umstand ins Gewicht. Die im Schriftdeutschen so weit vorgeschrittene Bildung von abstracten Substantiven, deren Ausbreitung und Übergewicht auf die begriffliche Schulung des letzten Jahrhunderts zurückzuführen ist,[5] steckt in der Mundart noch in sehr bescheidenen Anfängen. Die mit solchen Substantiven gebildeten Wendungen *(bei der Aufhebung, Anhörung, durch die Verdrängung, Einleitung* u. a.) werden in der Mundart noch unverkürzt in Sätzen, vielfach in Nebensätzen, gegeben.

§ 57. Zwischen der Beiordnung und der Unterordnung erwachsen in der Mundart interessante Übergangs- und Mischformen.

---

[1]) Es geschieht dies auch durch Vergleiche (§ 96). Diesen Hang zur drastischen Übertreibung hat schon Habermann Aus dem Volksleben des Egerlandes (Eger 1886) S. 103 f. als hervorspringenden Charakterzug der Egerländer gekennzeichnet.

[2]) Auch Nürnberg.: C. Weiss DM II 81 *Si hàut sî gərgərt, daß r hàut denkt, ɔs is ihr Tàud*.

[3]) Ebenso im Fränk.: *Ár lüagt, àß* (dass) *en di Ágn tropfn* oder *àß sî di Balkn bidg'n.* DM VI 320, 265; vgl. VI 466, 100. Im Schles. hingegen scheint, nach zahlreichen Sprichwörtern zu urtheilen (Pfeiffer DM III 242 ff. und 408 ff.), die coordinierte Form beliebter zu sein als Consec.-Sätze dieser Art: S. 245 N. 113 *Ich hàən àusgemacht, 's hätte mich a hunt a stikel brüt vum genummən.* Vgl. S. 408 N. 380. 402 und oben S. 38 Anm. 5. Im Egerl. wird diese Form gewöhnlich nur gewählt, wenn ein Begriff besonders hervorgehoben werden soll: *I ho nən ā gəwàcht, kəə Hund hàit ə Stickl Bròut və r in g'nummə*. Vgl. § 55, 2 e S. 38. Ähnliche *dass*-Sätze auch im Nöst. Nagl Roanad S. 348, 4. Doch bricht hier der Satz nach *dass* gerne ab, im Egerl. nicht: ähnlich ist jedoch im Egerl. das Abbrechen des Satzes nach *als wöi* (§ 35) und *wenn à* (§ 103).

[4]) Ebenso Nordböhm. (Böhm. Schweiz.): Tieze Hejmt III 48 *don ging da Pfuckenhàndl, doß anne Passion woa*; Tirol. Schopf DM IV 216. Tir. Id. 489. Beides auch öst.

[5]) Matthias Sprachleben S. 152.

1. Im Übergangsstadium befinden sich die mit *warum* (in der Mundart auch mit *wos*) eingeleiteten Fragesätze, die eigentlich eine Begründung enthalten: *G‘schiəht nən scho reət, wos* (= warum) *rouht ə niət!* auch *denn wos* oder *u wos...: 's g‘schiat 'n scho reat u wos gäit a sua stät*. HTV S. 313 N. 377a (Eger). Die Betonung der beiden Sätze (die Art des Zusammensprechens mit sinkender Betonung des zweiten Satzes) lassen wie in *wos wäiß hilfts wos* § 55, 2 S. 40) die Unterordnung hervortreten. Auf dem Wege zur relativischen Unterordnung (mit Beziehung auf einen ganzen Satz) ist der Ausruf mit *wos* in der Formel *u wos (s) Unglück (s Mäləs) niət wẹül!... z. B. is grod ə Wogn dəheəkummə*). Die Negation kennzeichnet den Satz noch als selbständigen Ausruf (was das Unglück nicht will!), der Ton aber (steigende Melodie wie im Nebensatz als Vordersatz) lässt eine Art relativischer Beziehung des *wos* auf den folgenden Satz erkennen = was das Unglück wollte: es kam gerade u. s. w.).[1]

2. Es begegnen ferner Sätze mit einleitender unterordnender Conjunction und der Wortstellung des Hauptsatzes: *Bláí* (bleibe) *nō dàu, wāl* oft mit einer kleinen Pause) *i mou äffə suə wöi suə* ohnehin *in d’ Stōd*;[2] oder umgekehrt Sätze mit einleitender beiordnender Conjunction vor conjunctivischem Heischesatz: *Də Vŏdə lässt schäí bittn u Si mächtn 's niət vəriəəl nemmə*;[3] oder vor doppelgliedrigem Concessivsatz in der Frageform: *Dàu furcht ih mi neat, u is Togh oda is Nacht*. HTV S. 185 N. 150 Plan. Nagl Roanad S. 82 zu V. 90 unter *únd*) erklärt solche Fügungen im Hinblicke auf mhd. Verbindungen wie *an dem tac unde er geboren wart* aus der Erhaltung einer unterordnenden Kraft von *und*. Ries (A. f. d. A. XVIII 342) möchte bei den mit *und* eingeleiteten Heische- (*u Si mächtn*) und Fragesätzen an keine Ellipse (etwa: und er lässt bitten, fragen) denken. Wenn man erwägt, dass nicht nur Heische-, Relativ- s. weiter unten 3. S. 43) und im Niederösterreichischen auch Fragesätze *sō-mär* = sage mir ..., *und wāi bĭft dān* ... Nagl Roanad S. 176 zu V. 210 *und*[4] sowie der Imperativ, von dem im Dialekte sonst keine Spur im Nebensatze erhalten ist, durch *und* an einen Hauptsatz angefügt werden, sondern auch umgekehrt der Hauptsatz durch *und* an den Nebensatz angeschlossen wird Egerer Fronl. 626 f. *Wer mich des lebens mein beraübt, Und dem vergib ich es behendt*,[5] so ist es wohl besser, eine

---

[1] Nordböhm. (Mertendorf): Tieze Hejmt II 32 *Oba wos ı Malöa nej wi, ı Zickl broch e Ben*. Auch öst.

[2] Auch im Nost. tritt gerade nach *wall* die Hauptsatzstellung häufig ein: Nagl Roanad S. 153 zu V. 187.

[3] Dieses »pleonastische« *und* ist auch im Mainz. (Reis II § 67), im Baselstädt. (Binz § 139, 1 *d*) und Öst. heimisch. J. Ries (A. f. d. A. XVIII 342) bemerkt, dass diese Fügung der Umgangssprache, dem Dienstbotendeutsch, angehöre.

[4] Vgl. Stelzhamer Ma. D. I 129, 16 *ārwanns* (als wenn es) *waiß und was wär*. (§ 29 S. 16 f.) [Ein älteres Beispiel von *und waz* Meisterlieder der Kolmarer Handschrift (herausgegeben von K. Bartsch, Stuttgart. Lit. Ver. 68) LXXII 48 S. 381: *Wer weis und waz der frouwen hāt gebrochen* (was ihr fehlte)? L.]

[5] Schles. (Nordböhm.): *wenn se twella, und dŏ gi ich mit* Knothe WB 49. Vgl. auch Murickes schwäbische Gedichte DM I 291, 25: *Witt du 's et ander'st han, Schatz, und so scheid i' dann*. [Vgl. Mhd. WB III 183b, 13 ff. und Tobler Germ. XIII 92 f. (vgl. 94 f.), XVII 257. Ein Beispiel aus einem oöst. Ehaft (15. Jh. ungedruckt): *so ainer ain armbst fräfflich spannt und wollt sein nachtpern damit laidigen oder sein nagsten, und der ist verfallen 6 ß* ₰ L.] Über *und* zwischen Nebensatz und Hauptsatz bei *wöi — wöi* = je — desto vgl. § 94.

Vermengung der beiden Verbindungsarten anzunehmen. Im Hinblick auf den ausgedehnten Gebrauch dieser Partikel (vgl. § 49, 1, sowie unten 3) z. Th. in Fällen, wo von wirklicher Coordination nicht gesprochen werden kann, wird man nicht immer von beiordnender, sondern bisweilen lediglich von anknüpfender Kraft der Partikel sprechen dürfen, insofern das durch sie Eingeleitete nur als ein Verschiedenes von selbständiger Bedeutung angereiht wird.

3. *Und* tritt vor unterordnende Conjunctionen, besonders vor *dass*:[1] Egerer Fronl. 895 f. *ich wil fragen wie ich das folck sol furpas lerrn Und das si sich von im Gott nit kern*. Vgl. 1322. HTV S. 193 N. 167 (Egerland *Wos hàst dir denn thoun, Und daß dir hàlt da Kitt'l So kurz wird voran?*; ebendaselbst S. 27 N. 47 (Weihnachtslied aus Plan) *Daß s Bouxerl wia'r'd lachn U wenn ih 's ihm wia'r' geb'm, wos ih àls ho! Und* vor dem Relativpronomen habe ich in unserer Mundart nicht selbst beobachtet; doch ist es in Volksliedern bezeugt: HTV S. 290 N. 161 *Wos nutzt ma (r) a Ring'l U wenn ih 's niat trogh? Wos nutzt ma (r) a Maidl U döi ih niat mogh?* Auch schon im Egerer Fronl. 189 f. *O we meiner schönen klarheit Und die mein schœpfer an mich laidt*.[2]

4. Unbekannt ist der gegenwärtigen Mundart die umgekehrte Anfügung von *und* an Conjunctionen, an das Relativ-, Fragepronomen und -adverbium, wie sie die Elbogner Chronik liebt: Glossar S. 191 (u. *und*) *ehe und*; *nochdem und*; *wen* (Conj.) *und*; *was und*; *wie und*;[3] *so und*; *als und*; *dyweil und*. Vgl. die mhd. Vertretung des Relativpronomens und -adverbiums durch *unde*: *die wile und er daz leben hât* Paul Mhd. Gr. § 343 Anm. 2.

5. Auch *denn* und *wal* findet sich im Nürnbergischen (Frommann zu Grübel S. 108) verbunden. In unserer Mundart wird meist *wàrum?* dazwischen geschoben: *denn wàrum? wal*.

§ 58. Der Übergang aus der Unterordnung in die Nebenordnung findet sich nicht nur wie im Schriftdeutschen, wenn mehrere Relativ-,[4] Bedingungs- oder Vergleichungssätze aneinander gereiht werden

---

[1] Über diesen Gebrauch im Mhd. Tobler Germ. XIII 97 c.

[2] Ähnlich oberbayr. DM III 172, 16; im Kuhländchen Tobler Germ. XIII 97, der auch mhd. Beispiele als Ergänzung zum Mhd. WB verzeichnet (dazu noch ein älteres aus Hertrand von Wildonie I 144: *ez habe nie schœner wip gedolt mit solhen zühten keinen man und der als übel wær getân*. l..)].

[3] Über bayr. *wer, was, wie, wo und do wyll* Schmeller I 103; ein Beispiel von *wie und* aus einer Urkunde des 16. Jahrhunderts aus Schmeller führt auch Tobler Germ. XIII 96 an; desgleichen *nochdem und man es versteh't* Schröer WBG 223 [489] aus einem ital.-deutsch. Vocab. 1460. Eigenthümliche Fügungen erscheinen im Grulicher Dialekt (schles.): W. Oehl (bei E. Langer Aus dem Adlergebirge I 188) *Kamm doß eneer Vorstehr on soll wiedr — kaum saß unser V. w., und sogar zweimaliges und: Wenn daar, on dooß a amohl on mußt offs Gerechte — wenn der einmal aufs Gericht musste*. Wenn man hier nicht in einfachsten Mischung verschiedener Constructionen annehmen will, so bleibt nur die Erklärung übrig, dass *und* sich sogar zwischen die einzelnen Satzworte gedrängt und die Entwicklung des Satzgedankens (auch die Wortstellung) beeinflusst hat.

[4] Sanders Hauptschwierigkeiten S. 81, 7. Andresen Sprachgebrauch S. 220. Mhd. Beispiel bei Paul Mhd. Gr. § 346 Anm. 2. Bezüglich der Bedingungssätze im Mainz. Reis II § 55.

sollten (*Wemms ö-pläugt d'n Wold hoimkumms r is u du bist . . . áf mi zoukumms* Urban Erzgeb. Ztg. XVI 68. *Grod asua, àls wenn àins äi˜aring in aran Sumpf einigraud'n wä u schreiat üm Hülf* Lorenz S. 9), sondern auch bei *dass*-Sätzen: *Nèr, dass der iss der èiərst gwèst, Und er, er wa˙r der zweit* (Nürnberg.) C. Weiss DM IV 119, 22 f. Diese Erscheinung zeugt von einer gewissen Fahrlässigkeit, wo nicht von Unvermögen in Bezug auf sprachlich-logische Consequenz und möchte etwa so zu erklären sein, dass das Vermögen und das Bedürfnis dieser Consequenz durchkreuzt und in der Entwicklung gehemmt wird durch das unbewusste Bemühen, die Wichtigkeit des Gedankens in die ihm angemessene, natürliche Form des Hauptsatzes zu kleiden. Durch ein lässiges, mehr dem Inhalt als der Form zugewandtes sprachliches Gedächtnis, das anakoluthische Bildungen aller Art fördert, wird diesem Bemühen gewissermaßen die Bahn freigegeben.[1]

§ 59. Eine eigenthümliche Mischung der directen und der indirecten Darstellung ist es, wenn die Interjectionen der directen Rede sich auch neben der indirect gegebenen Rede behaupten: HTV 175 N. 131 *Sie haut mi glei g'scah u haut g'fräugt, Ei, wäu ih denn hi˜gàih af d˙ Nàcht* (dir. *Ei, wàu gàihst ṣun hi˜?*).[2]

§ 60. Nebensätze zweiter und dritter Ordnung, wie überhaupt compliciertere Satzgebilde sind in der Mundart nicht so selten, als man glauben möchte. Auch die Unbehilflichkeit im Ausdruck bringt oft höchst verzwickte Satzgefüge hervor, wie sie z. B. Rosegger mit feinem Humor nachbildet hat, wenn er den Holzknecht (Geschichtenbuch des Wanderers I 93) sagen lässt: *Will ihr nur wissen lassen, dass ich 's wissen mächt, ob sie 's weiß, dass ich sie alleweil noch gern hab'*. Aber auch in Fällen, wo von Unbehilflichkeit nicht die Rede sein kann: Lorenz S. 14 *sie* (die Zwerge) *selwa möin* (müssen) . . . *àcht gebm, da* (dass) *dean Wassalan niad eppa sünst nu wos g'schiat u daß sie schäi˜ furtlaffm immazou ba r uns dau u ba r àln dään Dörfan, daß G'sund u Kränk a Freud hobm kää r àä r ihnan u an Nutzn dazou.*

Arten der Nebensätze.

a) Indirecte Fragesätze.

§ 61. Die Frage-Pronomina und -Adverbia sind im allgemeinen dieselben wie im Neuhochdeutschen. Das Pronomen *welcher* muss entweder den Artikel zu sich nehmen: *də wéchə* (auch *də wöllə*) = welcher von zweien oder von mehreren, fem. *di wéchə*, neutr. *s* (nie *dös*)[3] *wéchə*;

---

[1] Der Affect baut allerdings auch beim Volke Perioden mit vielen gleichartigen Vorder- oder Nachsätzen.

[2] Vgl. Anzengruber Dorfgänge II (Gesammelte W. IV) 149 (Jemand kommt über den Steg gelaufen, der Simmerl Sephin entgegen:) *Ei, je, je, ei du mein, er hätt' nie die Simmerl Sephin erkannt u. s. w.* (sc. sagte er).

[3] Nordböhmisch auch *das w.*: *dos wech Mädl ena oda da andre hemgeschafft hotte* Tieze Hejmt II 56 (Rosendorf). Der Artikel auch im O.- u. Nöst.: Nagl Roanad S. 168, der franz. *lequel* vergleicht.

oder es setzt die Endung nochmals an: *welchərə* (= welcher-er).[1]) *Was* = *was für ein* (entsprechend älterem *was* mit' gen. part.) kommt in der heutigen Mundart nicht vor, wohl aber Egerer Fronl. 7628 *Vil lieben leut, secht mich an, Was angst und pein ich muß han.* Baiers Chronik 861 *Gott weiß, ... was end er genohmen.*[2]) Heute ist es, wie ebenfalls schon in der älteren Sprache, nur noch = *wie viele*: *no wos Láit!* (welche Menge Leute!) oder *dàu sánn wos Láit!*[3]) *Was* vor einem Adjectiv = *wie*: *Du wäißt nist, wos des Mensch bäis sǟ koš.*[4]) *Was* = *warum* ist weit häufiger als in der Schriftsprache.

Eine dialektische Besonderheit ist das Festhalten an den unverbundenen Präpositionalverbindungen *in wos, af wos, ás wos, üwə wos, wěchə wos, sə wos* u. ä., wobei *wos* wie im Nieder- (Nagl Roanad S. 486 § 204) und Oberösterreichischen unverändert bleibt. Die Formen *worin, worein, worauf, woraus* u. s. w. fehlen der eigentlichen Volkssprache gänzlich. (Die entsprechenden Demonstrativa *drin, droš, drás, drúf* sind neben *in dešn, oš dešn, ás dešn* u. s. w. gebräuchlich; oft verstärkt durch *dàu*: *dàudrin, dàudràs*[5]) u. s. w.) Neben *wàrum* wird besonders in finalem, aber auch in rein causalem Sinne die alte Instrumentalform *sə wǟ* oder *zə wǟ* (mhd. *von wiu*[6]) gebraucht, im Volkslied (namentlich bei Wolf) oft durch *von wen, sə wen* wiedergegeben: HTV S. 119 N. 28 a Str. 2 *s' wen bist du denn so grüne?* Str. 3 *von wen daß ih so schöne bin*. (Die Variante aus Nordböhmen S. 120 28 b hat an dieser Stelle das entsprechende *warum*.)[7])

Unter den Adverbien fehlt *wann*[8]) (und *von wannen*). Neben *wáuhi~* (wohin) = nach welchem Ziele? wird in gleicher Bedeutung *wàu zou* (wozu) gebraucht[9]) (nhd. finales *wozu* heißt dial. nur *zə wos*; *wohin* = in welcher Richtung? heißt *wöinàu ch* (wienach): *wöinàu daß da Wind gäiht* HTV S. 295 N. 205. *Wöi nàu ch* ist aber auch = *wie so?*: *Woinauch denn?* = wie so denn? Zedtwitz Wos Funkelnogln. S. 60 Str. 4.

---

[1]) Vgl. Schmeller § 831. BW II 895.
[2]) Im Steir. *was welker* (innerr.): Rosegger Die Älpler* S. 285 *Seit was Zeit bau'st Du keinen Rosmarin mehr in Deinem Garten?*
[3]) Ebenso in anderen Mundarten, z. B. plattd. (Lippstadter Mundart) DM III 552, N. II 4.
[4]) Auch in Ausrufen: *Wos dös Hulz härt is!* Niederd. *But dat holt harde es!* DM III 261, 53; schles. (»glätzisch«): *Die Biemtsche* (die Böhmischen) *goor die thun wos kerrsch!* Hieron. Brinke »Alte und neue Welt« bei E. Langer Aus dem Adlergebirge I S. 167. *Woi* vor Adjectiv und Adverb auch = ziemlich (*twöi oft*).
[5]) Ebenso in Aargauer Mundart DM IV 545 N. II 10 *dö demü*.
[6]) Vgl. bayr.-öst. *verwé, s(ə)wé, um wé ime*, dies auch in der Übergangsmundart des Böhmerwaldes) Schmeller II 826. Nagl Roanad S. 361 *zu* V. 372 *wěi*. DM VI 506, 66. 78 (Oberplan; vgl. S. 510); tir. *ver (für) -woi (wui), zwoi* Schöpf Tir. Id. 819 f.; kärnt. *verwö (-twoi), zwoi, (s)anawö* Lexer Kärnt. WB 259; im ung. Bergl. *üm wé, swé* Schröer Nachtr. 49 (n. *wer*). 50 [291. 292]; cimbr. u. gottsch. *zbeu* Schmeller Cimbr. WB III (u. *beü*). 181 [173. 243]. Schröer WBG 239 [505] u. 149 [415] in dem Kuckuckslied *zabeu*.
[7]) Demonstrativ zu *wiu* ist *diu*, erhalten in *von die*: HTV S. 119 N. 28 a *von die bin ih so schöne*. (In der Variante aus Nordböhm. 28 b *darum*). Heutzutage in *doi sus = deshalb*: *Die so derfst du nit sterben* HTV S. 108 N. 20 a Str. 10 (Eger).
[8]) Fränk.-henneberg. ist *bann* = *wann* und *wenn* (sowie *dann* = *dann* und *denn*): DM III 226 N. 3, 5. Egerl. fehlt sowohl *dann* (dafür *äffə, äffəd*) als auch *wann*.
[9]) Auch im Erzgebirgischen *wo treibst denn zu?* HTV S. 39 N. 59; *wo treib ich zu?* ebend. S. 452 N. 430 b (Kaaden). *Wo aus* = *wohin* ebend. S. 225 N. 221 a (Kessel) ist nicht Egerländisch.

Wöi steht auch attributiv neben *Zeit*: *wöi Zeit* (wie viel Uhr) *ma hobm* HTV S. 265 N. 294a Str. 7 (Eger).

§ 62. Indirecte Satzfragen werden außer durch *ob* auch durch *was* (= ob) eingeleitet:[1] *Jungfrau, hab ich enk nur versuchet, Wats ös* (= was, ob ihr) *nit scheltet oder fluchet* HTV S. 88 N. 1 a (Eger). *Schau mi ... um, Wos koī Mensch naucharə kummt* ebend. S. 172 N. 126c Plan). Beide Bedeutungen (»was« und »ob«) klingen an in dem Volksliedverse *Wea(r) waiß, wos dea Thola mäia gilt owa neat?* ebend. S. 361 N. 816 (Egerland).[2] Dagegen ist meines Wissens nie egerl. *wo* (< *was*) = *ob*.[3]

Bei der weit ausgedehnten Verwendung von *was* (= was, warum, wozu, wie) in der unabhängigen und z. Th. auch in der abhängigen Frage ist der Übergriff auf das Gebiet der indirecten Satzfrage schon an sich nicht verwunderlich. Dieser Übergriff könnte aber noch erleichtert worden sein durch den Process der Zusammenziehung verschiedener Fragen, die häufig mit einander verbunden erscheinen, nämlich einer allgemeinen Frage mit *was* und einer besonderen mit *ob* (*ob — oder*), z. B.: Ich fragte ihn, was er denn von mir denke; ob er denke, dass ich zu schwach sei, oder . . . u. s. w. Von diesen Sätzen sitzt der mit *ob* eingeleitete schon wegen des Charakters einer bloßen Wiederaufnahme des ersten Satzes am lockersten im Gefüge; er wird auch thatsächlich zumeist ausgeschaltet: Ich fragte ihn, was er . . . denke; dass ich zu schwach sei? Durch eine engere Verbindung der allgemeineren und der besonderen Frage konnte das Sprachgefühl angeleitet werden, die zweite Frage der ersten unmittelbar unterzuordnen und so die erste mit *was* selbst als Satzfrage zu nehmen (*was* = *ob*). Die Vielseitigkeit und darum Unbestimmtheit der Bedeutung von *was* legte einer solchen Wendung der Auffassung jedenfalls kein Hindernis in den Weg: *I ho nən g'fraugt, wos ə r ənn və miə denkt, dá r é* (ich) *z'schwōch bin* (= ob er . . . denke, dass ich zu schw. b.).

---

[1]) Dieser Gebrauch scheint gegen die Südgrenze unserer Mundart abzunehmen.
[2]) *Wos* ist auch im Böhmerwalde = *ob*: *Woaß ma goa(r) oftmol nöd, Wos eam koa Dearat* (Thorheit) *g'schiht!* HTV S. 335 N. 599 = Rank Aus dem Böhmerwalde S. 57. Vgl. Schmeller II 1016; nach MB § 761 ist dieses *was* besonders ostleichisch; ebenso das auch oöst. (nach Schröer WB 39 [249] u. *pass* überhaupt öst.) und der Mundart des Kuhländchens eigene vergleichende und einschränkende *was* nach Comp. (entsprechend älterem *dan*), nach Positiv (Stelzhamer Ma. D. I 205 N. 21, 19 *so scharf wos är is*, entspr. älterem *sō*, *als*) und Negat. (auch ohne diese, entspr. älterem *wan*), womit Schmeller auch das von ihm (gleichfalls aus dem Kuhländchen) verzeichnete *was* = *bis* in Zusammenhang bringen will (vgl. Schröer a. a. O.); auch concess. *ob* entspricht *was* bei Stelzhamer Ma. D. I 243 N. 33. 5 f. *Was Sturm und was Gstöbā, Was Riesel und Regn, Wir ham suali 'n Wodd Sā Gspui lassen mögn!*
[3]) Wohl aber ist *wo* im Sinne von *ob* bayr.-öst.: Pallinger Hirtenspiel bei Hartmann Volksschauspiele S. 159 Z. 298 (in der Doppelfrage) *Iā woaß nöd recht, wo i lieg oda steh* (wozu die Anmerkung Hartmanns *wo: wos* = *ob*). Schwazer Spiel ebend. S. 333 *sag mir . . ., wo man die tugend strafen oder belohnen kann?* Vgl. Schmeller II 828. Nagl Roanad S. 96 zu V. 111; ebenso oöst. (auch *wo — oder* = *sive* = *sive*: Stelzhamer Ma. D. I 160 Z. 63 f. *Und ās wurd ā not anərs, Wo ī's sud oüd briat*.) In Oberplan auch *wunn* (wann) = *ob*: *steig af ən bām und schāu, wunnst nit ə liachtal zegst*. DM VI 269 N. IV 8 f. (Z. 12 *ob*). Ähnlich oöst. *wann*: Purschka Bilder aus dem oöst. Dorfleben II (Aus dá Hoamát. Linz 1892. Stelzhamer-Bund) 52 *Na, wann denn do z'sammghern, dö drei mitänand!?* Dort hat wohl der dem Satze zugrunde liegende Sinn des Wunsches (wenn du doch ein Lichtchen zähest!), hier der des zweifelnden Staunens (Nun, wenn diese drei zusammengehören!?) die Einleitungspartikel bestimmt. Vgl. den Wunschsatz statt des Objectsatzes nach *bitten* (§ 91).

In der alten (mhd.) Bedeutung = *wenn* habe ich *ob* in unserer Gegend nicht beobachtet. Wenn in der Mundart von Hersbruck Firm. III 305 »Der Michelsberg bei H.«) ein Satz begegnet wie *ob dorten ober Engel sen, dös wär a b'sundrer Fal*, so kann man hier auch an freie Anknüpfung des Fragesatzes denken: ob dort Engel sind? Das wäre...

§ 63. 1. Während die directe Frage *ɔnn*, die enklitische Form von *denn*, nur ausnahmsweise entbehrt, ist sie in der indirecten Frage minder unentbehrlich, am wenigsten nach einem mit einer Präposition verbundenen Pronomen: *Fràug nɔn, áf wos ɔ nu wárť*.[1])

2. Zu einigen Fragepronominen und -adverbien tritt noch *àls* hinzu: *Dɔ wéchɔ r àls* (nie zu einfachem *wes, wos; fràug nɔn, wes r àls donɔ g'wést is* ist = wer alles dort gewesen ist);[2] *wöi (schäi* àls; *wàrum àls*.[3])

3. Der häufigste Zusatz ist jedoch wie in anderen Dialekten [4] die Conjunction *dass*, die schon im Spätmittelhochdeutschen öfter zu fragenden und relativen Adverbien trat (*wie daz, swenne daz* Paul Mhd. Gr. § 352, 3, Anm.), in unserem Dialekte besonders häufig nach einem Pronomen mit einer Präposition (nur ausnahmsweise nach *wes*, wohl nie nach *wos*), also: *in wos dá(s), zɔ wos dá s, wécho wos dá s*; auch *wos fɔr àinɔ dá(s), wàrum dá(s), vɔwɛ dá s), wöi ... dá s*,[5] in letzterem Falle gegenwärtig regelmäßig durch ein Wort getrennt: *wöi old da r ih bin?* Lorenz S. 7; in der Elbogner Chronik S. 60 f. noch nebeneinander: *do dy hern Slicken dy burger beschuldigt haben, wy das* = causalem *dass sy ... inwendig der stad ein gattern gemacht haben* und so noch zweimal (S. 61, 2. 8). Die Verbindung von *dass* mit dem Relativpronomen habe ich in unserer heutigen Mundart nicht selbst beobachtet; sie muss aber doch wohl nordgauisch sein, da sie sich nicht nur im Volksliede findet: *den allerliebsten Buhler, den daß ich ho* HTV. S. 212 N. 204 a (Lobs bei Falkenau), sondern auch im Nürnbergischen: DM II 428, 88, besonders häufig bei Grübel, z. B. III 109 *wüsst kan, dear dass doi Woar wegschenkt* (andere Beispiele bei Frommann zu Grübel N. 104. 108), bei Weikert: *an Fisch ..., den daß er höi häit wölfler* (wohlfeiler) *kaft* Firm. II 387 (»Das Dutzendteich-Fischen«).[6] Übrigens tritt, was hier gleich im Zusammenhang bemerkt werden mag, *dass* auch zu den Temporal-Conjunctionen: *äih, dɔsîdɔ (dɔsáidɔ), bis, suɔ làng*, sowie zu *àstɔ — àstɔ* (= *je — desto*) und zwar hier im ersten, ver-

---

[1]) Über betontes *denn* (*wes denn* = wer sonst, anders) vgl. oben S. 34 Anm. 8. Einen besonders dringenden Charakter wie im Mainz. (Reis II § 31) und Baselst. (Binz § 139, 6) erhält die Frage durch *denn* im Egerl. nicht immer.

[2]) Über *als* in solcher Verwendung Wunderlich Umgangsprache S. 187.

[3]) Ähnlich im Oberbayr. DM III 240, 3, 4. Oöst. DM II 92, 49. Saaner Mundart (Canton Bern) DM VI 414, 92 *wie ... as — wie — je — desto*.

[4]) Schmeller I 545. O.- und Nöst. Nagl Roanad S. 68 zu V. 69 *wià gūat* (wenn im tirolischen Unter-Innthal *aß* zum Fragewort hinzutritt, kann es zweifelhaft sein, ob *als* oder *dass* vorliegt: DM VI 38, 36 mit weiteren Belegen); Mainz. Reis II § 64; Baselst. Binz § 78; auch bei neueren Schriftstellern: Sanders Z. f. d. Spr. 1894 S. 14 ff.

[5]) Erläuterndes *dass* sieht wie schon im Mhd. (Paul Mhd. Gr. § 352, 2) auch nach den entsprechenden Demonstrativen: *zɔ dem dá(s), wéchɔ dem dá(s)*.

[6]) Ebenso im ungrischen Berglande Schröer Versuch 107 [357] u. Anm. 95 S. 115 [365].

einzelt aber auch im zweiten Gliede: *Ástɔ öftɔ dá mɔ 's úmwendt* (das Heu), *ástɔ schlechtɔ dáss* ('s is.¹)

Zur Erklärung des ersten Zusatzes (*àls*) wird man auf die alte Bedeutung von *so*, verstärkt *al-so* (mhd. *alsô, alse, als*) = nhd. *wie* zurückgreifen müssen. Vermöge dieser Bedeutung konnte *àls* u. a. auch in der Correlation *so — wie* an die Stelle des relativen Gliedes treten: *suɔ grauß wöi*, daneben *suɔ grauß àls* (am häufigsten *àls wöi*). Indem das vertraute Schema der Correlation äußerlich auch dann angewendet wurde, wenn *wie* in der Frage (ohne demonstratives Correlat) erschien, wurde nach *suɔ grauß àls* auch *wöi grauß àls* gebildet. Die anderen Verbindungen können als Producte fortwirkender Analogie angesehen werden.

Den zweiten Zusatz (*dass*) möchte Binz § 78 als Wirkung der Analogie erklären, die von den älteren Conjunctionen *bis dass, seit dass* u. s. w. ausgieng. Hier ist allerdings der Zusatz schon alt (mhd. *biz daz, sît daz, ê daz, die wîle daz*), und aus dem Ursprunge dieser Conjunctionen (als solcher Bestimmungen, die ursprünglich dem Hauptsatze angehörten,) verständlich. Wenn etwas gegen diese Annahme einzuwenden ist, so ist es die grundverschiedene Stellung der abhängigen Frage- und der Temporalsätze innerhalb des Satzgefüges (Subject oder Object dort — adverbiale Bestimmung hier), welche die Analogiewirkung zum mindesten nicht begünstigte. Dieselbe kann jedoch sehr wohl noch von einer anderen Seite her unterstützt worden sein: von Seite der Subject- und Objectsätze mit *dass*, welche mit den indirecten Fragesätzen die gleiche Stellung im Satze theilen.²) Verständlicher als durch Analogien würde der Zusatz zum Fragewort, wenn sich ein Bedürfnis zu seiner Setzung aufzeigen ließe. Und hier gibt eine wichtige Thatsache einen Fingerzeig. Der Zusatz stellt sich besonders dann gerne, ja fast regelmäßig ein, wenn auf dem Fragewort ein besonderer Ton liegt. Durch eine solche Betonung des Fragewortes in der indirecten Frage wird dessen fragende Function in den Vordergrund gerückt, die unterordnende Kraft aber wesentlich geschwächt und in den Hintergrund gedrängt; daher konnte sich das Bedürfnis geltend machen, die unterordnende Function durch ein eigenes Wort zu stützen, oder sie so zu sagen von der fragenden abzuzweigen.³) Von dieser Lage der Dinge bis zur Erhebung des stark betonten *wie* zum förmlichen (elliptischen) Satzwort (*wie?* = *wie kommt es* oder *wie wäre es . . .*), von welchem ein Satz mit *dass* (oder *wenn*) abhängig gemacht werden kann (auch in directer Frage), ist nur ein Schritt, und auch dieser ist gethan worden in Fügungen wie *wöi dɔnn, wenn ê dɔɔgáng?* (vgl. § 35) Elbogner Chronik S. 134 Z. 17 *Wy das* (wie kommt es doch, dass) *du her auf geest in das mein?*

---

¹) Ebenso oöst. *je . . . dass — je . . . dass* (oder u. zw. häufiger *wie*): *je öftá dást d' kimmst, je liebá dáss s' már is* (häufiger *wia liabá is it's má*). Stelzhamer Ma. D. I 191 N. 13. 13 ff. *Wia mehrá dást hast, Und wia mehr dást volangst, Um so greßá wird d' Last . . .!* Tir. (Unterinnthal): A. Pichler Der Anderl und 's Resei (Leipzig 1898) S. 9 *Je heacher der Kirchturn, Je schéaner das G'läut; Je weiter zum Diendl Je mehr daß mi freut.* Vgl. unten § 94. Schmeller II 828. Über diesen Zusatz im Fränk. (Koburg.) DM II 190, 5; im Bayr. DM III 175, 275. Mainz. *wo dass, weil dass, wann dass* (Reis II § 64) kennt unsere Ma. nicht.

²) Binz § 78 hat sich von der Annahme dieser Einwirkung wohl ohne Grund durch die Erwägung abhalten lassen, dass unser *dass* noch nicht so weit verbreitet ist (wie etwa französisches *que*), um zur Bezeichnung der Unterordnung nachgerade unentbehrlich zu werden.

³) Vgl. oben die Abzweigung der einfach verknüpfenden Function von der coordin. durch *und* § 49, 1.

§ 64. Abhängige Fragesätze stehen, wie schon mhd. (Paul Mhd. Gr. § 379), auch elliptisch; dabei wird das Fragewort im Dialekt gerne stark betont: *Deǝ r is sáletǝ* (sein Lebtag) *gout dráskummǝ — u wǝs deǝ ǎls* (alles) *oƨg·stöllt hàut!* (Absteigende Melodie.) Bei dieser starken Betonung tritt oft — allerdings nicht bei *wos* (vgl. § 63, 3) — ein *dass* hinzu: *Wöi oft dá r é dé* (ich dich) *in máin Ărwǝn* (Armen) *g·hätt ho!* Eine große Menge alleinstehender indirecter Fragesätze wird durch die früher (§ 54) erwähnte Gewohnheit erzeugt, die Frage vor der Antwort in indirecter Form wieder aufzunehmen: *Wöi old da r i bin?* Lorenz S. 7.[1]) Auch die vom Angeredeten überhörte oder mangelhaft verstandene Frage wird vom Fragenden selbst regelmäßig in indirecter Form wiederholt: *Wǎu gǎihst ǝnn hū̃?* — *Wos?* — *Waust hī̃ gǎihst!* (erg. habe ich gefragt.) Indirecte Fragesätze mit *ob* werden in drohendem Ton auch als Befehlsätze verwendet: *Obst heǝgǎihst!* (*owǝ niǝt!*)

§ 65. Die vielen **freien Anknüpfungen** der abhängigen Fragen mit *ob* (*gǎih ǝmàl zǝn Schnáidǝ doǝ, ob dǝ Ruǝk nu niǝt firté is*) theilt unsere Mundart mit der älteren Sprache (Paul Mhd. Gr. § 354, 1), mit anderen Mundarten (Binz § 140, 6), sowie mit der Umgangsprache.[2])

b) Relativsätze.

§ 66. Von der ältesten Form der relativen Verknüpfung (ohne Relativ) findet sich in unserer Mundart keine Spur mehr; denn Fügungen wie *Dǝ M(ü,)llǝ vǝ N. — eǝ schrǎibt sé Wáis* (vgl. oben § 55, 1 *a*) sind wegen des aufgenommenen Determinativpronomens nicht mit ahd. *funtun cinan man, mit namon Simeon hiez* (Erdmann Grundz. § 96) oder mhd. *ein küene, heizet Hernant* (Paul Mhd. Gr. § 385 Anm. 1) zusammenzustellen.

1. Von den aus den entsprechenden Demonstrativen entstandenen Relativ-Pronominen und -Adverbien sind in der Mundart nur *der* (*deǝ, döi, dös*)[3]) und *so* (*suǝ*, mit Adjectiv und Adverbium: *suǝ gout — suǝ gout*...) gebräuchlich. Bei den letzteren Verbindungen wird fast regelmäßig *àls* oder *dass* hinzugefügt (wie zu fragendem *wöi* (*oft*); vgl. § 63, 3): HTV S. 162 N. 100 (Lobs bei Falkenau) *Also viel daß Schindel sein afa den Dach ... so viel gute Nacht laß ich mein Schatzel ságʼn.*[4]) Bloßes *so* als Relativpartikel fehlt der gegenwärtigen Mundart (desgleichen

---

[1]) Ebenso öst. und Mainz. Reis II § 68. Statt des ganzen Satzes wird wohl auch wie im Baselst. (Binz § 6) der wichtigste Begriff der Frage, meist ein nominaler, wiederholt; *Wöi old?* — Die Formel *weǝ ʼs glǎibt* (wer es glaubt) ist auch unserem Dialekte geläufig. In einem Volksliede aus Nord- und Westböhmen HTV S. 146 N. 64 *a* und *b* ist diese Formel in eine Art freier Abhängigkeit zum vorausgehenden Satze gebracht (während sie sonst mehr allein als Ausruf begegnet): 64 *b An Gottes Segen ist alles gelegen, Werʼs glauben thut* und zum Schluss: *Drei feine Soldaten, Die habenʼs gesungen In finsterer Nacht, Werʼs glauben will.* Bisweilen wird die Formel ergänzt: *Dǝ wiǝd zöllich* (selig), wobei also *wer* relativisch erscheint.

[2]) Vgl. auch Grillparzer Abschied von Wien Str. 8 (Werke³ II 57): *Drum fort aus diesen Gründen! Ob von der Reiselast Beschwer Sich festre Bilder ründen.*

[3]) Fränk. (Koburg.) auch verkürzt *ʼeǝ, ʼǝǝ — deǝ, dǝǝ — aǝ* DM III 176, 28. Schmeller I 544 f. (MB § 751).

[4]) Nordböhm. (Niederland): Tieze Hejmt III 11 *ǝu weit oǝ ich sǝ kenne*. Über vergleichendes *wos* nach dem Posit. vgl. S. 46 Anm. 2.

so = wenn), erscheint aber in älteren Weihnachtsliedern Westböhmens: HTV S. 29 N. 48 *dem ... Kind, so ... thut liegen*; ebenso in Baiers Chronik an zahlreichen Stellen. Die im Mhd. üblichen, im Nhd. noch in poetisch gehobener Rede möglichen relativ gebrauchten Demonstrativa *da, darin, darum* fehlen der heutigen Mundart.¹)

2. Die aus den fragenden bezw. unbestimmten Pronominen und Adverbien entstandenen Relativa sind so ziemlich dieselben wie im Nhd.: *wea, wos*;²) Dativ und Accusativ masc. fem. (Dativ neutr. fehlt) lautet *wean*, womit wie sonst der ungebräuchliche Genitiv umschrieben zu werden pflegt: *wean sā*, wörtlich = wem sein; außerdem tritt besonders im Plural gerne *wo* für den Genitiv ein: *doi, wau s Heaz nu gung is* Urban Fr. Kl. S. 108 Str. 9. Das in erster Linie fragende *do wéchs (do wöls, wéchərə*; vgl. § 61) begegnet hie und da auch als Relativ, aber nur = *wea*: *Do wéchs ows dos tau haut, des vədei*t ...³) Das nhd. *welcher* in attributiven Relativsätzen begegnet zwar in der halb-dialektischen Sprache Baiers (z. B. Chronik 548) aber nie in der heutigen Volksmundart. Relativ-Adverbia sind *wau* (wo), *wenn* (waun fehlt wie als fragendes, so auch als relatives Adverbium), *wói*. Die zugehörigen Demonstrativ-Adverbia sind *dōnə, durt, åffə, suə*.⁴)

§ 67. Die Verallgemeinerung der Relativa geschieht nie (wie in der Schriftsprache) durch *immer (auch immer, nur immer)*, sondern entweder durch bloße stärkere Betonung: *I nimm, wos* (= alles was) *ə mə gitt*; oder durch *no* (verstärkt *no grod*): *Wos ə no (no grod) åfträibm koš*;⁵) natürlich auch durch *åls* (alles) *wos*, zu dem wieder *no (no grod)* hinzutreten kann. Die im Bayrisch-Österreichischen so verbreitete Verallgemeinerung durch *dawöll (wea dawöll, wia dawöll* u. s. w., niederösterreichisch auch *unt-dawöll, hölld* Nagl Roanad S. 486 § 203) entspricht den in unserem Dialekte üblichen Sätzen mit *wollen* (in allen Personen, am häufigsten in der 3. P. Sing.): *Is ə (is 's) wes r ə (wea 's) w(ü)l; toust, wost w(ü)lst, touts wots wellts* u. s. w.⁶) Auch die Verall-

---

¹) Wohl aber werden im Egerer Froul. *dardurch* 2805, *domit* 936, bei Baier *daran* 550 (S. 125), *darin* 777 (S. 149) relat. gebraucht.

²) Die schles. Nominativformen *wår-de, wos-de* (deikt. *da*: DM III 250, 13) fehlen. Deikt. -*da* tritt im Egerl. nur an dem. Adverb.: *dau-də*.

³) Vgl. ahd. *sō welihēr — der*, mhd. *swether — der*. Nöst. ist *wöllich* mit seinen Nebenformen stets fragend (Nagl Roanad S. 168 f.), desgleichen *wöller* im Tir. (Passeier DM III 329). Die nd. Krefelder Mundart besitzt *welcher* überhaupt nicht. Auch Reis I § 21 führt es unter den Rel.-Pron. nicht an. Die Umgangsprache liebt *welcher* nicht. Ausgedehnterer Gebrauch wurde von Minor (Allerhand Sprachgrobheiten Stuttgart 1892 S. 21) in der Wiener Umgangsprache bemerkt. Vgl. über *der* und *welcher* in Relativsätzen noch Minor PBB XVI 477—499 (mit statistischen Beobachtungen aus der Literatur von 1750—1850) und P. Pietsch PBB XVIII 270—273 (Zeugnis zu Gunsten von *welcher* aus Schopenhauer Über die, seit einigen Jahren, methodisch betriebene Verhunzung der deutschen Sprache § 4, Handschriftlicher Nachlass II 145 Reclam N. 2919—2920, demzufolge die Anfänge der neuerlichen Bevorzugung von *welcher* »jedenfalls nicht vor die 50er Jahre fallen«.)

⁴) Im Gottscheew. vertritt das Dem. die Partikel *lai (lich)*: *lai běter* (der welcher), *lai bū* (dort wo); Schröer WBG 151 [417].

⁵) Ebenso nöst. *na* (Nagl Roanad S. 245 f. zu V. 284 *nå*). oöst. *na* und *na grad*.

⁶) Gegen Nagls Erklärung (Roanad S. 46 zu V. 19) von *wödudawöll* = *wo der* (oder *dein*) *Wille (ist)* sprechen lautliche Schwierigkeiten, wie Nagl selbst S. 168 zu V. 204 *b* zugibt, Auch die Analogie von lateinischem *quis-quis* zu »wer-der welch« würde nur zu *wer*, nicht zu *we*, wie u. s. w. passen. Schmeller (II 886, I 531) erklärt *wiadåwöll, woddwöll*

Arten der Nebensätze: b) Relativsätze 1. attributive. 51

gemeinerung durch Wiederholung des Verbums (is 's àffə scho wöi 's is,[1]) ist zwar bekannt, aber außer beim Verbum sein doch nicht sehr verbreitet.

§ 68. Im besonderen ist über das Relativ-Pronomen noch Folgendes zu bemerken: 1. **Attributive** Relativsätze werden eingeleitet durch *deə, döi, dös*, und zwar allein,[2] oder weit häufiger mit *wos* (für alle Geschlechter und beide Numeri) gestützt,[3] oder endlich (wie im Bayrischen) durch indeclinables *wos* (oder *wo*)[4] allein. *Wer* im attributiven Relativsatz *ə Mensch, weən* (= dem) *nemməts wos gitt,* ist in unserer Gegend unbekannt.

Singular:

	Masc.	Fem.	Neutr.
N.	*deə wos* ⎫ oder	N. A. *döi wos* ⎫ oder	N. A. *dös wos* ⎫ oder
	wos	*wos*	*wos*
D. A.	*deən wos* ⎭ allein.	D. *dera wos* ⎭ allein.	D. *deən wos* ⎭ allein.

Plural:

N. *döi wos* oder *doi wo'n* (*wosn*), auch *wos* allein.
D. *deənen wos* ⎫ oder *wos* allein.
A. *döi wos* ⎭

Beispiele. *Wos: Sülzwa r u Gold, wos sünst va däan Heidan z' Opfa 'trogn woəm is* Lorenz S. 12. *Köslən . . ., was oben am hohlen Wege stehn* HTV S. 119 N. 28 *a* (Eger). *Vüa(r) Zeit, wost* (= *wos d'*)[5]) *mi g'löibt häust* ebend. S. 185 N. 149 *c* (Plan).[6]) — *Wo: 'S klāi Màidl wàiß niad, wo ma fahlt* (fehlt)*!* Lorenz S. 26. *Trauri des Bàus, wo əən Gràußən tout stäiľ* Urban Fr. Kl. S. 107 Str. 13. *Döi Spràuch, wo mia(r) riadn thoun* ebend. S. 168 Nr. 19 (besser wäre allerdings *wommiə* = *wosmiə* zu schreiben). *Dös Füua, wo' mia hoəm* Lorenz S. 13 (Ebenso). — *Deə wos: Mei Häusl . . ., dös wos dorten unten . . . steht* HTV

---

richtiger aus *wie der wolle* = wie auch immer. Vgl. Lexer Kärnt. WB 259. Tobler Germ. XIII 96 und DM III 194, 184. Über *wer, was, wo und de well* vgl. § 57, 4.
[1]) Ebenso oöst. (auch mit *wollen*) u. nöst. (Nagl Roanad S. 486 § 203.
[2]) Das Mainz. kennt das einfache Relativ nicht mehr (Reis I § 21); im Oöst. fehlt es nicht an Beispielen dafür: Stelzhamer Ma. D. I 8, 36 f. *für di Leut, di insä G'wäłschät* (Gewälsche, die Mundart) *nöt vostehn.* D' Ahnl 53 f. (Ma. D. II 85 f.) *di Juchatzi, der . . .* 80 (a. a. O. 87) *mahnt' ə Mensch, däs* (aber Wien 1851 S. 9 *dö* puella, quae) *eəhm d' Haar flecht*t.
[3]) Nagl Roanad S. 486 § 200 nennt dieses *wos* geradezu die Relativstütze. Über *dass* als Relativstütze vgl. § 63, 3 und Nagl Roanad S. 140 zu V. 171. Im Schles. wird relatives *der* durch deiktisches *da* gestützt: *derda* (*dārde*) DM III 416 N. 610.
[4]) Außer *wer, was* kennt die Baselstädt. Ma. bloß die Relativpartikel *wo*: Binz § 131; ähnlich die Kerenzer Ma. (Glarus): Winteler K. M. S. 188 § 3 *b*. Das Schwäbische verwandelt sonst dieses *wo* auch in *mo*: *Dui, mö-n-er nemmt* = die, welche er nimmt (Wunderlich Mundart S. 62). Der Mainzer Dialekt gebraucht *wo* (mit Ausnahme des Dativs) und *der, die, das wo*: Reis I § 21.
[5]) Unrichtig gedruckt *wo'st*; das wäre = *wo du,* und dieses müsste mundartlich *wàu'st* heißen.
[6]) Im ungrischen Berglande wird relativem *wos* noch *er, sie, es* nachgeschickt: *der mann, wås ich nen déu se* = der Mann, den ich (ihn) da sehe; *di frau, wås ich se déu se; es kēnd, wås ich 's déu se* Schröer Versuch S. 36 [286].

4*

S. 22 N. 38 (Eger). — Dəs: Van Knüttelwegh, däa selwa schö schläat (schlecht) g'nough wäa Lorenz S. 8. Vgl. 's Stääfeua, dös; Fölsn, doi; Läut, doi Lorenz S. 13. 10; Waiz, des E. J. XIV 121; Gàbm, doi HTV S. 215 N. 206 a (Plan-Eger).

§ 69. Nach diesen Beispielen zu urtheilen, wäre das einfache Relativ *des* ohne stützendes *wos* ziemlich häufig. Allein in der Planer Gegend wenigstens glaube ich es weit weniger häufig gehört zu haben als die Verbindung *des wos*. Im allgemeinen steht *des wos* und indeclinables *wos* in Bezug auf die Häufigkeit der Verwendung an erster, *des* an zweiter Stelle. Der Gebrauch des indeclinablen *wos* unterliegt allerdings gewissen Beschränkungen. Als unveränderliche Relativpartikel kann es den Unterschied der Casus nicht ausdrücken, und deshalb tritt es nie für einen Casus obliquus (= dem, der, denen) ein, falls das Beziehungswort nicht in dem gleichen Casus steht und so auch mit seiner Form auf das Relativ hinüberwirken kann. Also kann in dem Satze *» Mensch, wos nemməts ən Pfennich gitt* das Relativpronomen dem Beziehungsworte entsprechend nur als Subject (= der), nicht aber als Dativ (= dem) verstanden werden. Hingegen kann *ən* (= einem) *Menschn, wos nemməts ən Pf. gitt* heißen »dem niemand einen Pfennig gibt«. Nominativ und Accusativ hingegen zeigen mit Ausnahme des Masc. Sing. ohnehin auch beim Relativ-Pronomen *des* gleichlautende Formen (die, das), daher unterliegt in diesen beiden Fällen die Vertretung durch *wos* außer beim Masc. Sing. keiner Beschränkung: *Deən* (nicht *də*) *Bám, wos* (= den) *ə ö-g-sägt haut*.[1]) Auf *ich* bezieht sich das Relativpronomen im Egerlande überhaupt nicht leicht,[2]) eher auf *wir*: *mis, wos miə däu sánn* (»wir, die« oder »so viele wir hier sind«) neben *mis, wöi mə däu sánn*.

§ 70. Mit Beziehung auf einen ganzen Satz steht *wos* fast nur, wenn dieser Satz nachfolgt, z. B. in der Formel *Wos i sogn w(ü)l* (= *i bráuch ə Hulz*), oder wenn er eingeschaltet wird, so in der Formel *wos mə* (man) *suə sägt* = was (wie) man so sagt, sozusagen: *Dea hàut, wos ma sua sägt, a weng gean trunken*. B. d. P. u. K. I 127 (Erzählung von Krauß). In Fällen wie *däu sänn, wos no i wäiß, scho v(ü)l Stainə ássəbrochn wəs'n* liegt nicht mehr Beziehung auf den ganzen Satz vor, sondern *was* ist Accusativ der Zeit: »die Zeit her (hindurch), die ich weiß« oder »soweit ich mich erinnere«. Dasselbe gilt von *wos* in Verbindungen wie *dös haut ə g'mächt, wos* (= seitdem, auch *dəsidə wos*) *ə dau is*. Im übrigen ist *wos* schon wegen seiner weiteren Bedeutung (= der, die, das) zur Beziehung auf einen ganzen Satz ungeeignet. *Eə hàut ə Háus käfft, wos mə g'föllt* heißt im nhd. Sinne unzweideutig »was (sc. das Kaufen) mir gefällt«, im Dialekte aber zunächst »ein Haus, welches…« Deshalb tritt statt des Relativsatzes lieber die Coordination mit *u dös* (*u 's*) ein: *Eə r is ráich u i vəgünn nən 's* (was ich ihm v.).[3])

---

[1]) Auch im Nöst. genügt bei der Beziehung auf einen Substantivbegriff das bloße *wos*; doch kann hier *wos* ohne Ausnahme nur als Nominativ oder Accusativ gelten; in den Cas. obl. muss die entsprechende Form von *der* eintreten: Nagl Roanad S. 331 zu V. 353.

[2]) »Ich, der ich« heißt im ungrischen Berglande *ich wäs ich*: Schröer Versuch S. 36 [286].

[3]) Ebenso oöst.

§ 71. Es bleibt nur noch hinzuzufügen, dass vereinzelt, und zwar mit Beziehung auf unbestimmte substantivische Pronomina wie *niemand*, *jeder* auch *wer* im attributiven Relativsatze gebraucht werden kann, was von neueren Grammatikern zwar nicht gebilligt wird, aber selbst bei unseren nhd. Classikern gelegentlich vorkommt.[1])

§ 72. *Des wos* ist in allen attributiven Relativsätzen anwendbar. Der Gebrauch von *wos* als Relativstütze oder als indeclinables Relativ ist in der Volksmundart so tief eingewurzelt, dass der Mann aus dem Volke auch dann in diesen Gebrauch (*der was, die wassn*) zu verfallen pflegt, wenn er sich Mühe gibt, im übrigen schriftgemäß zu sprechen. Auf eine ähnliche Zähigkeit dieses Gebrauches in nordböhmischen Gegenden lässt es schließen, wenn O. Grimm in einer mundartlichen Erzählung (Erzg.-Zeitung XIII 41) den bäuerlichen Dorfschulinspector sagen lasst: *Ich ho na* (ihm, sc. dem Bezirksschulinspector) *da Hand gahm um ho gonz huchdeutsch zu na gasocht:* »*Ja ja, Herr College, mir müssen fest zusammenhalten für alle, die wassn noch klain sind.*«

§ 73. 2. Substantivische Relativsätze können durch *wes*,[2]) *wos*, oder durch *des wos* (*wo*), auch einfaches *des*, *ds wechs* eingeleitet werden; und zwar stehen hier *wes* und *des wos* in Bezug auf die Ausdehnung des Gebrauches obenan, einfaches *des* ist minder häufig, *ds wechs* begegnet nur vereinzelt.[3]) Endlich scheint auch einfaches *wos* = *wer* zu stehen. Hier sind jedoch zwei Fälle zu unterscheiden: Sätze mit Prädicatsnomen wie *wos ə rets* (rechter) *Bāns r is, des* . . . u. s. w., und Sätze mit Prädicatsverbum wie *wos no Hānd g·hātt haut, hant ospackt* (auch *als wos* = alles was). Der erste Fall ist mit der analogen Verwendung des neutralen Demonstrativs *dös* (das) als eines persönlichen Subjectes in eine Linie zu stellen: *dös is ə rets Bāns*. Im zweiten Fall braucht die Bedeutung nicht auf Personen eingeschränkt zu werden (*wos* = wer immer), da unter Umständen der Schein einer Einbeziehung anderer Subjecte beabsichtigt sein kann. In beiden Fällen ist es also nicht nöthig, das Neutrum *was* als »Neutrum der unbestimmten Person« zu erklären (nach Analogie von *āi·s — s ànna* = der eine — der andere, *ə jéds, ə Kranks, ə Grauß*). Am ehesten möglich aber ist diese Erklärung im zweiten Falle, wenn *wos* = *àls wos* (alles was) steht; denn *àls* selbst ist die fast regelmäßige Vertretung von *alle* (*Leute*): *àls hànt gsàgt*.[4]) Der erste Fall stellt eine Verbreiterung des einfachen substantivischen Artbegriffes dar: *Wos ə rets Bāns is* = *ə rets Bans*; oder im Plural: *Wos*

---

[1]) Bei Goethe, auch bei Jean Paul; Andresen Sprachgebrauch S. 215.
[2]) Fehlt im Mainz. Reis I § 21 S. 26.
[3]) *Welcher* = *wer* (im Egerer Fronl., z. B. 637 *Welcher nimpt dir das leben dem, Der müß sibenfeltig leiden pein*; ebenso im Kinderliede: HTV 443 N. 379 *b* (Plan) *Welche wird die Schönste sein, Diese wirst du küssen*) entspricht der früh-nhd. Verwendung bei Luther; vereinzelt aber auch bei Goethe (Schröder Vom papiernen Stil S. 31). Wenn nach Schröder (a. a. O.) die Verbindung *derjenige, welcher* zu den Blüten des echten »papiernen« Stiles gerechnet werden muss, so ist beachtenswert, dass in der Mundart die verwandte Verbindung *des wos* = *wer* so tief eingewurzelt ist.

[4]) Hingegen ist im Nöst. *dèis khiaviàdn géd* = wer (wenn einer) »kirchfahrten« geht (Nagl Roanad S. 330 unter *tôs, α*) *dèis* thatsächlich ein Pronomen der unbestimmten Person, da keine scheinbare oder wirkliche Verallgemeinerung über den Kreis persönlicher Subjecte hinaus beabsichtigt ist.

kláina Häusla san, hobm kláina Zimma = kleine Häuschen haben kl. Z. HTV S. 372 N. 916 (Plan). Die Auffassung ändert sich natürlich auch dann nicht, wenn der Satz mit *wos* die Verbreiterung eines substantivischen Individualbegriffes ist: *Wos dǝ r àlt A(d)l wos, deǝ hàut sèchǝ (sèttǝ) Dingǝ niǝt kennt* = der alte Adam hat u. s. w. (Vgl. *dös is dǝ r àlt A(d)l.*)[1]) Über die Verbreiterung der substantivischen Apposition zum attributiven Relativsatze vgl. § 56, 2.

§ 74. Zur Erklärung der Relativstütze *wos* (*wo*) bietet sich als Ausgangspunkt die neutrale Verbindung *dös wos*; anderseits die Beziehung auf ein bestimmtes sächliches Substantiv: *s Göld wos*;[2]) von hier aus ist *wos* ins Masculinum (*deǝ wos* und *dǝ Moǝ wos*), ins Femininum (*döi wos* und *d' Màǝd wos*) und in den Plural (*döi wos* und *d' Mánnǝ wos*) eingedrungen. Dieser Ausbreitung des Gebrauches kann ein anderer Umstand entgegengekommen sein. Das einfache *wos* tritt häufig geradezu an die Stelle eines bestimmten Substantivs sammt dem bestimmten Relativpronomen: *Die 100 Gulden, die ich dir geliehen habe,* dafür: *Was ich dir geliehen habe.* Das Nebeneinander dieser beiden Fügungen konnte leicht zu einer Verbindung derselben führen: *Döi hunnǝt G(ü)l(d)n, wos ǝ dǝ borgt (bárgt) ho.* Nachdem einmal *wos* ohne Unterschied des Geschlechtes und der Zahl zu *deǝ* und zu bestimmten Substantiven getreten war, konnte aus den Fügungen *dǝ Broudǝ deǝ* und *dǝ Broudǝ wos* unter der erleichternden Beeinflussung der gefestigten Verbindung *deǝ* (= derjenige) *wos* eine Verbindung von der Form *dǝ Broudǝ deǝ wos* entstehen.

§ 75. Wo im Relativsatze statt *wos* kurzes *wo* erscheint, liegt in unserer Mundart nicht das Ortsadverbium *wo* vor, das nur *wàu* lauten kann, sondern eine Abschwächung aus *wos*, die man auch sonst hören kann, z. B. als Gegenfrage auf einen Anruf (A. *Hons!* B. *Wŏ?*) oder auf eine unverstandene Äußerung (*wo?* = was hast du gesagt?) oder als Anhängsel an die Frage oder die Behauptung (*Bist eppǝ báis? Wŏ?* — *Dös is owǝ schät'! Wŏ?* Hier drängt es eigentlich zur Gegenäußerung: was meinst du? sprich!)[3]) Diese abgeschwächte Form erscheint denn auch, von solchen selbständigen Einzelrufen abgesehen, nie an der Spitze eines substantivischen Relativsatzes (= *wer, was*), wo sie zu wenig Gewicht hätte, sondern nur nach *deǝ* oder einem bestimmten Substantiv. In Sätzen wie *wommiǝ toun, koš r ǝ ànnǝrǝ ă tàu*, in denen auch nur *wo* gehört wird, die also der aufgestellten Regel zu widersprechen scheinen, macht die deutliche Verdopplung des *m* die Assimilation aus *wos miǝ* oder *wosn (wŏ'n) miǝ* (über die letzteren Formen § 119) unzweifelhaft. *Wo* fungiert übrigens in vielen oberdeutschen Dialekten als Relativ-

---

[1]) Mhd. *daz der zügel solde sin, daz wären borten guldin.* Paul Mhd. Gr. § 389 Anm. Ähnlich nöst. Nagl Roanad S. 330 *wŏs*, β.

[2]) Diese Beziehung ist in der Umgangsprache heimisch, begegnet aber auch in der Literatursprache bei J. Möser, Herder, Goethe, Fr. Schlegel, obwohl sie von der normierenden Grammatik verpönt wird: Schröder Vom papiernen Stil S. 32. Andresen Sprachgebrauch S. 215.

[3]) Abfall des -*s* ist auch sonst nichts Ungewöhnliches: *i mou* = muss. Vgl. oöst. *i mua*; *grǝ* (statt *grös*) = sehr: Nagl Roanad S. 130 zu V. 161 *miǝd*.

partikel¹) und wird sonst wirklich als ursprüngliches Ortsadverbium gedeutet. ²)

§ 76. In Verbindung mit einer Präposition findet sich *des* allein selten: eher *des wos* und *wos* allein: *s Hulz, ás dešn wos* oder *as wos* (selten *ás dešn) dós g'mácht is* (ebenso *áf wos, in wos*). Doch ist hier bei einfachem *wos* die Beziehung auf ein bestimmtes oder unbestimmtes Neutrum häufiger als auf ein Masculinum oder Femininum.³) Ersetzt wird die präpositionale Verbindung sowie der Genitiv (§ 66, 2) zum großen Theile durch *wàu* (= nhd. *wo*) ohne oder mit folgendem *dráf, dəfüə, dəbü, drinnə: Dos wos r ə Haus, wàu* (bezüglich dessen) *mə denkt hàut, 's is gout bàust. 'S sànn oft Leut, wàu mə denkt, si sánn erlè*.⁴) *Də Stoll, wàu ə dráf g'sessn is*.⁵) *Wohin, woher* (frag. *wàuhí, wàuhes*) sind als Relativadverbia, *worüber, woraus, worauf, worin, worein, worum, wornach, worunter* u. s. w. überhaupt unbekannt. Die beiden ersten werden bei relativem (und öfters auch bei fragendem) Gebrauche durch dazwischen geschobene Wörter getrennt; dabei wird *hin* leicht zum Verbum geschlagen und mit diesem verbunden: *Də Wold, wàu ə hī́g'fo'n is; s Dorf, wàu ə hes r is*.⁶) Ähnlich: *Də Gro(b)m, wàu ə ümmə-g'sprungə is*.

§ 77. Das correlative Demonstrativpronomen *des* wird fast regelmäßig, jedenfalls weit häufiger als in der heutigen Schriftsprache, gesetzt: *wes — des*, oft zweimal *des wos — des*.⁷) Demonstrative Präpositionalverbindungen werden entweder wiederholt oder durch *dàu* wieder aufgenommen: *Ba dáanan, döi za r uns dàu hàakumma sam, dàu hàut 's schṑ glei an Liz g'hàtt*. Lorenz S. 14.⁸) (Übrigens werden im Egerlande Substantiva auch

---

¹) Nürnberg.: DM V 120, 36 *Dēn. wàu du ā Herz hàust geb·m*; fränk.: DM VI 167, 103 *Der Gaul, wu 'n Höhr verdènt.* Vgl. DM VI 319, 245. 321, 288. 462, 5; fränk.-oberpfälz. (Hersbruck): DM I 70 *Der Floz, der wou am besten passt*; nordböhm.: *A groß Fest, dos wu kenna leichte vagassn werd* Tieze Hejmt I 31: Mainz. Reis I § 21; Strassburg. DM VI 260, 1, 6; alem. schweiz. DM V 406, 3. III 207, 22. VI 408, 29. In ähnlicher Weise kann die deutsch-ungarische Relativpartikel *ba* sowohl als *bas* (was) wie als *bǖ* (wo) gedeutet werden: Schröer Versuch S. 171 [421] Anm. 20.

²) Nach Reis I § 21 sind die Fügungen *das Haus, in dem er wohnt* und *das Haus, wo er wohnt* contaminiert worden (*in dem wo er wohnt*); *wo* und Demonstrativ + *wo* drangen in alle Casus des Relativs ein. So kam zu *das Haus, das er bewohnt* noch *das Haus, wo er bewohnt* und *das Haus, das wo er bewohnt*. Das einfache Relativ (und das einfache *wo* im Dativ) wurden beseitigt, ebenso die präpositionalen Verbindungen. Binz § 131 nimmt (nach Behaghels Vorgange, den Reis a. a. O. näher ausführl) eine Vermengung der mhd. Fügungen *er gie zem küuege, dâ er saz* und *der dâ saz* an. *Dâ* sei durch *wo* ersetzt worden.

³) Im Mainz. wird das Relativpronomen überhaupt nicht mit Präpositionen verbunden. Dafür tritt immer *wo* mit oder ohne *hin, dabei, drin* u. s. w. ein: Reis I § 21. II § 65.

⁴) Nordböhm.: *Broierporschn, wu enner* (von denen einer) Tieze Hejmt I 47 (Schönlinde). *Ann Zettel . . ., wu* (worin, worauf) *s'n mitgetheelt wurde* ebend. II 3 (Windischkamnitz); *Spaßhofftsches, wu* (worüber) ebend. III 64 (Böhm.-Kamnitz). Ein Beispiel der Verbindung *Leute, wo . . .* bei Goethe bringt Andresen Sprachgebrauch S. 219 bei.

⁵) Fränk. *wàu-druf* DM VI 329, 211. Demonstr. zu *wàu-dráf* u. s. w. ist *dàu-dráf,* fränk. *dódruf, dàdrou*. DM VI 329, 340.

⁶) Ebenso oöst.

⁷) Über *der — der* (relativ und demonstrativ) namentlich im Ahd. vgl. Koch Herrigs Archiv XIV 276.

⁸) Vgl. mhd. *an einem friunde min, den besten, den ich ie gewan, dâ habet ir mich beswæret an.* Paul Mhd. Gr. § 325.

ohne dazwischentretenden Relativsatz durch *da* wieder aufgenommen: *Spöigl, dàu brauch i kàin* HTV S. 264 N. 294 a.) Ebenso beliebt ist nach dem attributiven Relativsatz die Aufnahme des Beziehungswortes durch *des*: *'S Stààfena, dös in 'n feunspeiadn Berghan brinnt, dös kenna si nài z'goud*. Lorenz S. 13. In auffälliger Weise wird hingegen das zur genaueren Beziehung nöthige Demonstrativ unterdrückt in Wendungen wie *Grod s Gëgntäl is wàus, wos* (von dem, was) *o sàgt. Wenn i nes d' Hälft häit, wos* (von dem, was) *des häut*.

§ 78. Was die Erscheinungen der Attraction betrifft, so habe ich kein Beispiel der Attraction des Relativs an das Beziehungswort beobachtet (mhd. *prises, des erwarp sin hant*); wohl aber ist der umgekehrte Fall in der Dialektliteratur wie in der mündlichen Rede nicht selten: *Dis(r)n boubn dis r)n i' nist möch, des r' kinut ma r' àllə tôch* DM V 127 (Schlaggenwald).¹) Hieher gehören wohl auch Ausrufe wie *den Zorn, wos des g'hätt häut! = der Zorn, den er hatte!* Es macht den Eindruck, als ob hier das Beziehungswort den Accusativ deshalb angekommen hätte, weil er im Relativ *wos* nicht zum Ausdruck kommen kann (*den Zorn wos = welchen Z.*).

§ 79. Das Verhältnis des Relativsatzes zu anderen coordinierten Relativsätzen gestaltet sich in der Mundart ähnlich wie im Nhd. Über die Zusammenziehung zweier Relativsätze vgl. § 53. Statt mehrerer (besonders substantivischer) Relativsätze treten im Verlauf der Periode bisweilen andere Nebensatzarten ein, namentlich *wenn*- und *dass*-Sätze:²) *Wes dös G'schäft vəstäiht u wenn* (oder *u da r ə 's äshält, des* u. s. w.

§ 80. Die Verschlingung zwischen Relativ- und Conjunctionalsätzen ist wie im Mhd., in der Umgangsprache und in anderen Dialekten (Paul Mhd. Gr. § 390. Principien S. 254. Baselst. Binz § 135) häufig: *Da* (so dass) *dəvàà nəà nu dàa kláina Sàling üəri blihm is, ... wos gàua niad da Möih weat is, damma dəvàà redt* (wovon zu reden gar nicht der Mühe wert ist). Lorenz S. 15.³) Bezüglich des Überganges aus der Relativ- in die Hauptsatzconstruction vgl. § 58.

§ 81. Elliptischer Gebrauch und freiere Anknüpfung sind bei Relativsätzen nicht eben häufig. Am ehesten erscheinen Sätze mit *wer* und Ellipse des Hauptsatzes (*Ja, wer 's sus gout häut wöi du ...*, in denen der steigende oder gleichschwebende Satzton die Ellipse des Hauptsatzes durchschimmern lässt (während der Wunsch: Ja, wer es doch s. g. hätte! fallende Betonung verlangt).⁴) Freiere Anknüpfung liegt vielleicht in jenen Fällen vor, wo *wer* scheinbar beziehungslos gesetzt ist: *Wes r ən sechn settn' Stoə dəröim* (»errühren«, von der Stelle rücken) *wöi, dau ghäist scho wos dəzou*. Vgl. mhd. *swer = wenn jemand* (Paul Mhd. Gr. § 347, 2). Anakoluthische Durchkreuzung und Ablenkung des geradlinigen Gedankenverlaufes kann besonders nach der Correlation *sus*—

---

¹) Derselbe Vers ohne Attraction aus Leskau-Schlaggenwald HTV S. 331 N. 558 (*Den Schotz . . . den sich-r-ih . . .*). Vgl. J. Grimm Kl. Schr. III 323 ff., bes. 326 ff.
²) Über diese *daz* im Mhd. vgl. Paul Mhd. Gr. § 388.
³) Derselbe Satz wäre im Oöst. möglich.
⁴) Auch öst. möglich neben *ja, wann mə's so guat hat wia du*.

wöi häufig beobachtet werden: *Suə gåizieh wöi deə woə, dös koəst də gåuə niət viəstölln.* Hier scheint die Correlation in ungehöriger Weise an die Stelle der indirecten Frage (wie geizig . . .) gerückt.

§ 82. Manche Relativsätze sind formelhaft geworden und vertreten, meist als verstärkende Zusätze, einzelne adverbiale Ausdrücke; so *wos Plåtz håut, wos s Zåich* (das Zeug) *hält*[1]) = sehr stark, aus Leibeskräften; ähnliche Bedeutungen entwickeln *wos kråizmüglě is* (z. B. arbeiten), *wos no grod åi´gåiht* (regnet es).

c) Nebensätze mit einleitenden Conjunctionen.

§ 83. α) Temporalsätze. Unter den einleitenden Conjunctionen ist *wöi* (wie) die verbreiteteste[2]) und zwar im Sinne von *als*[3]) (so schon in Baiers Chronik z. B. 540), *nachdem, so bald als*, in prägnanter durch stärkeren Ton gekennzeichneter Bedeutung *in demselben Augenblicke als*;[4] bisweilen nähert es sich einfachem condicionalen *wenn*, so schon in der Elbogner Chronik, z. B. S. 55 Z. 7 ff. v. o. *wy an diesim unserm zeugknus . . . nit genugsam were, wollen wir das . . . muntlichen bekennen* Urkunde aus Petschau 1498. Die durchaus gleichlautenden Urkunden aus Schlackenwald und Schönfeld (S. 55 und 56) haben dafür in demselben Satze das heutzutage allein nicht mehr condicional gebrauchte *wo*. Andere Bedeutungen von *wöi* sind *sobald, wieder einmal, so oft, indem, während* (besonders häufig neben historischem Präsens). Hingegen wird *wöi* nie = *dass* gebraucht wie vielfach im Nhd. und z. Th. schon im Mhd. Paul Mhd. Gr. § 342 *er seit uns danne, wie daz rîche stê verwarren.*[5]) *Sobald* heißt übrigens auch *suəbål*, minder häufig *bål*;[6]) letzteres ist fast immer = sobald, nicht wie sonst vielfach im Oberdeutschen = wann, wenn (*å˘ Feuər bål d˘ magst* = wenn du Feuer willst DM III 163, 130 vgl. 172, 14. Schmeller I 233), namentlich nie = rein condicionalem *wenn*; auch *so oft* (*suə oft*) ist gebräuchlich.

---

[1]) Die erste Wendung auch öst. DM V 111, 44, die zweite in der Form *was das Zeug abhält* auch Nürnberg.; nd. (Jever) *wost 't Tüchz* (das Zeugs) *hollen wul* = aus Leibeskräften DM III 280, 57.

[2]) Auch o- und nöst., überhaupt gemein bayr.-öst., ferner Mainz. Reis II § 32. Im Baselstädt. ist *wie* nie temporal; Binz § 140, 3. Nach Wegener (Paul Grundr. I 944) hat die Magdeburger Ma. nur mit *wie* eingeleitete Zeitsätze.

[3]) Vorarlberg. ist *wo* = als: DM III 215, 17. 531, 25. IV 253, 109; auch Baselstädt. Binz § 140, 5 (vgl. noch Tobler PBB V 380) und Mainz. Reis I § 22.

[4]) Ebenso nöst. *wöi* = als, nachdem: Nagl Roanad S. 131 zu V. 163 *wiã*, und *wiã* = im demselben Momente als: S. 276 zu V. 322 *wiã*. Als *wöi* darf in tempor. Bedeutung ebensowenig stehen wie im Nöst. (Nagl a. a. O. S. 288 zu V. 336, 2), wohl aber *suə wöi* (*suə wöi no*).

[5]) Die Vertauschung von *wie* und *dass* muss besonders in der Bücher- und Zeitungssprache der 50er Jahre um sich gegriffen haben, wie aus dem Tadel Schopenhauers (Handschriftlicher Nachlass II. Bd. Reclams U.-B. 2919/2920 S. 155) hervorgeht. Im Dialekte steht *wöi* durchwegs nur dort, wo es einen guten Sinn hat, die Seite der Vergleichung hervortreten zu lassen, also zur Bezeichnung der unmittelbaren sinnlichen Wahrnehmung: *I hɔ gseəh* (*g˘håiət*), *wöi ə nidəgfålln is.* Ebenso öst. und Mainz. (Reis II § 32).

[6]) O- und nöst. beides = *sobald*: Nagl Roanad S. 490 § 225.

Andere temporale Conjunctionen sind *wenn*[1] (= wenn, wann; niemals = als),[2] *wai̯l* (während, solange; auch causal)[3] oder *dəwai̯l* (nur temporal, und zwar relativ und demonstrativ, der Form nach = *derweil*, also nicht = mhd. *die weile*; frühnhd. *derweil* = *da* ist unbekannt), neben *sus lang als* (niemals *əsus lang als* oder *əsus bål als*),[4] obwohl *əsus* neben *sus* wie im Bayrisch-Österreichischen gebräuchlich ist, *äih* (ehe) oder *ehuds (r) als*, *dəsid̦ə* oder *dəsåid̦ə* (= seitdem: Neubauer: Idiotism. S. 101, beide auch demonstrative Adverbia wie nhd. *seitdem*, *bis* (= bis, vereinzelt auch = temporalem *wenn*).[6] *Äih* bezeichnet wie im Nhd. nicht nur die zeitliche Nachsetzung, sondern, besonders neben *lieber* (im Nachsatz), auch sonstige Nachsetzung (= als dass: *Äih des wos årwest, löiəs vəhungət ə*.

Zu *dəsid̦ə* und *bis* und hie und da zu *äih* tritt oft *dass* hinzu,[7] zu *dəsid̦ə* auch *wos*, seltener *als*: *Dəsid̦ə wos g·hái̯rət is*, *dəsid̦ə dass si g·hái̯rət hobm* E. J. XIV 122; *dəsid̦ə r als mə s'* (sic, die Mädchen) *kennt* HTV S. 332 N. 561 (Plan). Nach bestimmten und unbestimmten Zeitangaben steht außer *dəsid̦ə* oder *dəsid̦ə dá s*) (*wos*) auch — und zwar öfter — einfaches *dá s* oder *wos*, besonders nach *Tag* und *Jahr* (wie mhd. Paul Mhd. Gr. § 352, 2 *daz* nach *tac*): Egerer Fronl. 2210 f. *Es ist gleich heut der XXXX tag, Das ich geborn hab mein Kindt*. Vgl. ebend. 5853; und so noch jetzt: *Öitzə wenn 's fünf Gäus* (oder auch unbestimmt *'s is nu nist lang*,[8] *dà r é wos é*) *áf dem Huəf zuəgn bin*. Nach *öitzə* folgt *dass* oder *wo*:[9] *Öitzə, dá r é* (*wåu é*) *old bin*. Vgl. mhd. *nu daz* = nachdem.

Nicht gebräuchlich sind *als*, *nachdem*,[10] *wann*,[11] *da* (mhd. *dô*, in

---

[1] Auch nordböhm. Tieze Hejmt I 68 (Böhm.-Kamnitz). II 91 (Warnsdorf); Baselstädt. Binz § 140, 4 a. Im O- und Nöst, fehlt es (Nagl Roanad S. 362 zu V. 373 unter *waun*), desgleichen im Mainz. (Reis I § 22).

[2] *Wenn* im Sinne von *als*, *sobald als*, *indem* u. s. w. (also ungefähr in derselben Verwendung wie egerl. *wöi*) ist im Saazer Dialekte heimisch (*Wenn ich hinkommen bin* . . . = als ich hinkam); ähnlich in der Gottscheewer Ma. (die aber auch *bie* = temp. *wie* kennt; *benn ar åwer hin iẓt kåm, klockhet ar pain waust r* (Fenster) *ån* = als er hinkam, klopfte er . . . an. Schröer WBG 149 [415] in einem Volkslied.

[3] Auch oöst. temporal (daneben auch causal): Stelzhamer D'Åhnl 35 *denn, weil* (solang) *sie selm hat ghaust und åh iaẓt nuh*; gewöhnlich *däweil*; auch im Baselstädt. (Binz § 140, 7) hat *wil* neben der gewöhnlichen causalen Bedeutung die temporale in einigen Resten bewahrt.

[4] Auch für das Nöst. führt Nagl (Roanad S. 490 § 225 und S. 321 zu V. 343 unter *səubhàlt·i*) diese Nebenformen nicht an. Sie fehlen auch im Oöst., begegnen aber in der Ma. des ungrischen Berglandes: *du solst es gnådenprüt küm, aẓo lang de lebst!* Schröer Versuch S.118 [368] Z. 6 v. u.

[5] Nordböhm. *ehndern os*: Tieze Hejmt I 71 (Mertendorf). O- und Nöst. *ε-wenn ewain* (Schmeller I 4. Nagl Roanad S. 257 zu V. 297) ist unbekannt.

[6] Sanders Hauptschwierigkeiten S 83, 2 b erklärt diese letztere Bedeutung für specifisch öst. und belegt sie aus A. Meißner Sirene S. 154: *Er hat geschworen, sein Vaterland erst dann zu betreten, bis* (= wenn) *er* . . . Ähnlich egerl. *Bis i mit máins Årwət dau firti bin, kumm i nau* (nauché).

[7] *Bis dass* liebt unter den neueren Schriftstellern besonders Wildenbruch. Sanders Z. f. d. Spr. 1894 S. 15 und 454. Vgl. § 63, 3.

[8] Nordböhm.: *Es ist nicht lang, dass 's geregnet hat* HIV S. 156 N. 87 (Gabel).

[9] Ebenso oöst.

[10] Beide ebensowenig o- und nöst : Nagl Roanad S. 131 zu V. 163 *wiá*.

[11] Fehlt auch im Baselstädt. (Binz § 140, 4), aber nicht im Fränk. Henneberg. (DM II 275, 6. 399, 3), ist im Mainz. (Reis I § 22) sowie im O- und Nöst. allein gebräuchlich

Baiers Chronik *do* z. B. 416), *indem, indessen, während,*[1] *seitdem, bevor, nun* (nhd. *nun er eingesehen hatte*);[2] das schwäbische[3] *vor* = bevor.

§ 84. Der Nachsatz wird namentlich nach Sätzen mit *wenn, wöi* gerne mit *so, åff*ɔ eingeleitet (wie in der condicionalen Periode); demonstratives *suɔlang, dɔwål, dɔsüdɔ* kann sowohl im vorangehenden als im nachfolgenden Hauptsatze stehen.

§ 85. β) Causalsätze werden eingeleitet durch *wål, daˊs*,[4] *durch dös daˊs* = dadurch dass, *wêchɔ deɔn daˊs)* = deswegen weil.[5] Ungebräuchlich ist heutzutage nhd. *da*[6]) (nur bei Baier *da* neben *die weil*, z. B. Chronik 535, wo es übrigens auch temporalen Sinn haben kann; das Egerer Fronl. gebraucht vorzugsweise *seint* (= mhd. *sît*, z. B. 468; auch verstärkt *seinthamal* (= *sit dem mâle*) 3343, *seindt das* 6921.[7])

Mit *dass* wird, besonders nach Verbis des Affectes, aber auch sonst, der sachliche Grund eingeführt (Egerer Fronl. 469 f. *Eva, dein armût muß sich mern, Das du deim schepfer und auch hern Gehorsam nicht gewesen pist*). Oft aber auch der Erkenntnisgrund, namentlich nach Fragen: *Wau is mü˜ Böiwl, Da r ih 'n neat siah!* HTV S. 150 N. 70 (Plan; ähnlich S. 188 N. 157 Eger). *Haut dɔ éppɔ wɔs wos tåu˜, dåst* (oder *wålst) suɔ wåiˊst* (weinst)? *Is ɔ låicht (lått) krošk, då r ɔ suɔ åssɔchɔd is?;*[8] aber auch außerhalb der Frage: Egerer Fronl. 3192 f. *Lazarus muß dem* (dem Herrn) *gar lieb gewesen sein, das er umb in also weinnen thut.* HTV S. 27 N. 47 (Plan) *Ih wia(r) no grod seahn, Wos hei(n)t nu wia(r)d g'scheahn, Daß sˊ hei(n)t ba da Nåcht gäu 'ra Musi hoɔbˊm gmåcht*

(= temp. *wann*, condic. und temp. *wenn*: Nagl Roanad S. 361 zu V. 373 unter *waŭn*. Stelzhamer Ma. D. I 7, 6 *Sag hald, wannst schan ba dá Thür drin bist; Seds Grists! aft, wamn d' Leut g'antwortt ham . . .*)

[1]) In der ursprünglichen participialen Bedeutung ist *während* lebendig in attrib. Bestimmungen der Gleichzeitigkeit: *in währndn Reng, Gåiˇ* = während des Regens, Gehens. Oöst. ist *ön währådn wåht* = »unterdessen, während wir reiten, vor unseren Augen«: *Wiast dˊ Flockán ön währådn wåht* Aus dá Hoamat I² (Linz 1888) 339 (Heidlmair Weihnachten in dá Fremd'). Nöst. *in wåurådn, dås* Nagl Roanad S. 354, 6. Nordböhm. bloßes *während* = unterdessen: *Kleyn und Gruß . . . lief wåhrnd nundr*. Tieze Hejmt I 61.

[2]) *Nun* ist auch im Schles. gebräuchlich: *Nŭ a mich aˊs pech gefürt höt, lässta mich drinne stecken*. Breslauisches Sprichw. DM III 412, 465. (Egerl. hier nur: *öitz dås* oder *öitzɔ wåu*.)

[3]) Auch in tirolischen Mundarten: Lutterotti Gedichte in Tiroler Dialekte.[1ª] S. 4 (Unterinnth.) *Sunnta', vuar d' Sunn aufgeaht*; in der südlichen Übergangsmundart (Neuern): Rank Aus dem Böhmerwalde S. 111 *Sist gogt eng 's da Våt, foas Tɔ wɔaɔd, dafo* = sonst jagt euch der Veit, bevor es Tag wird, davon. Egerl. ist *vor* nur Präposition und auch noch Adverbium = *vorhin, früher*, vgl. Egerer Fronl. 421; ebenso schles. Knothe WB 533.

[4]) In der nd. Krefelder Mundart auch beides (*weil dat*) DM VII 126, 49.

[5]) Oöst. ebenfalls *weil, das, wegen den das*. Mhd. *durch daz daz*: Koch Herrigs Archiv XIV 290.

[6]) Ebenso öst.; Mainz. Reis I § 23; in dieser Mundart wird auch *wo doch* causal verwendet, im Egerl. fast nur adversativ = *während*.

[7]) Fremd ist unserem Dialekt causales *nachdem*, das nach Sanders Hauptschwierigkeiten S. 213, 2 besonders dem Curialstil und den öst. Mundarten angehören soll. Nagl Roanad S. 501 § 270 erwähnt es jedoch nicht als nöst. und Lambel bezweifelt, dass es der echten öst. Volksmundart angehört.

[8]) Ebenso nordböhm. (Kamnitzneudörfel): HTV S. 66 N. 100 *Maria Magdalena, wo gehest du hin, Daß du so weinest bitterlich?* Tirol. (Deferegg): Hintner S. 269 *hö˜'ma si spöte, ass' a son rennst?* Auch öst.

(Hirtenlied). In allen diesen Fällen könnte man freilich auch an ein durch eine Ellipse gelockertes Satzgefüge denken (Zwischengedanke: denn dass etwas Besonderes geschehen wird, das schließe ich daraus, dass ...; oder: denn so erkläre ich mir, dass ...). Es ist dies offenbar eine Entwicklung der mhd. Verwendung von *dass = weil* in Sätzen wie *sô ist si ein ubel maget, daz si den site an ir niht klaget.* Paul Mhd. Gr. § 352, 3.

§ 86. Elliptische Causalsätze begegnen besonders im Ausruf: *Is 's oitzə wöi 's wȧ̆l — wålst no dau bist* oder *wål də näə neks gʻscheəh r is!* bisweilen auch mit hinzugefügtem *bin i frauh* (froh), was den Sinn der Ellipse erklärt.

§ 87. Dass die Begründung dem Begründeten nicht vorangehen könnte, wie Reis im Mainzischen beobachtet (I § 23), gilt für unseren Dialekt nicht.

§ 88. γ) In Absichtssätzen hat die Mundart die seit dem Ahd. gebräuchliche Conjunction *dass* bewahrt, die im Nhd. im allgemeinen durch das deutlichere *damit* verdrängt worden ist und sich nur im edleren Stile erhalten hat:[3] Egerer Fronl. 431 *Wo pleib wir, das uns got mit vindt.* Lorenz S. 7 *Daß ih näə̃ wos z'thäu ho, höit ih döia påa Schäufa dau.* Die vieldeutige Verbindung *'s is no, da s)* gehört mit einigen ihrer Bedeutungen hieher. *'S is no, da nən nemməts h n lft* kann je nach dem Zusammenhange und der Betonung heißen: es ist (geschieht) nur (deshalb), damit ihm n. h.; es ist nur darum zu thun, dass; aber auch: es ist nur das Unangenehme, Bedenkliche dabei, dass; es ist nur das eine nöthig, dass; die finale Bedeutung ist die häufigste.[4]

Damit habe ich in unserem Volksdialekte nie beobachtet. Wenn (wie mir bezeugt wurde) an der südlichen Grenze unserer Mundart (um Bischofteinitz) *damit* gehört wird *(ton 's, damit denno ə Kouh wiəd)*, so liegt hier wohl Einfluss der Schriftsprache vor. Unser Dialekt würde nach Analogie der anderen ungebräuchlichen Relativa (*darum, darin* vgl. § 66, 1) für rel. *damit* erwarten lassen *mit dem* (wie *in dem, üm dös* etc.). Nachdrücklich wird der Zweck zwar nicht durch *mit dem*, wohl aber

---

[1] Unzweifelhafte Lockerung des Gefüges durch Ellipse eines Zwischensatzes liegt z. B. vor in dem Breslauer Sprichworte (DM III 245 N. 121) *Sei vater is ké glåser gewåst, doss a su stit* (»das scheint er zu glauben; das schließe ich daraus, dass er sich so vor das Licht stellte«). Andere Beispiele dieses *dass* in derselben Sprichwörtersammlung DM III 246 N. 150; 247 N. 200; 248 N. 233.

[2] Ebenso öst.

[3] Finales *dass* auch im Schles. DM III 416 N. 598. 599; im O- und Nöst. Nagl Roanad S. 501 § 270; in der schweiz. Volkssprache Tobler PBB V 365, 7. Nach Wegener (Pauls Grundriss I 944) fehlen im Magdeburg. die Absichtssätze gänzlich. Der Limburger Dialekt jedoch leitet sie mit *üm dat* (mhd. *umbe daz*) ein: *Foss liət sik däl, de schoaken ütgestreckt, üm dat se louven sollt* (damit sie glauben sollten), *he war ferreckt.* DM VII 230, 75 f.

[4] Immer final ist *dass* in der Wendung *'s is no, dåss ('s) də Nåmmə r is* = es ist nur, damit es der Name ist; man wendet sie z. B. an, wenn man einem Kinde eine Kleinigkeit von einem dringend verlangten Gegenstande gibt, um es zu befriedigen, oder wenn jemand etwas nur soweit thut, dass er allenfalls doch sagen kann, er habe es gethan. Ähnlich öst. und in der Kerenzer Mundart (Glarus): Winteler S. 200 XVI 26.

Arten der Nebensätze: c) mit einleit. Conj. β) Causal- γ) Absichts- δ Heischesätze. 61

durch *zə dem dáːs* = *dazu dass* eingeführt.[1]) In der dialektischen und halbdialektischen Literatur begegnen allerdings Beispiele für finales *damit*, die aber wohl gerade hier am wenigsten für die wirkliche Volksmundart beweisend sind: so in der Elbogner Chronik (vgl. Glossar S. 188), im Egerer Fronl. 628. 792.[2]) Beachtenswerter ist schon ein Beispiel aus dem verwandten Nürnberger Dialekt, das sich in einem »Schnadahüpfel« findet: DM VI 417, 54 f. *Schreib' sː ːs über di Thúr, Damit di Leút' sə́gːn* (sehen), *dass iˑ liederliˑ wirˑ* (werde).

§ 89. Lockerer Anschluss des Absichtssatzes ist besonders nach dem Verbum *denken* (durch den Ausfall eines Objectsatzes) häufig: Lorenz S. 15 *Hobm 'denkt, daß 's äia . . . brinnt* = sie dachten (erg. das thun wir), damit es eher brenne. Zur Regel ist diese freiere Verbindung in formelhaften Einleitungssätzen geworden, wie *dá r ə də* (oder *Inən*) *sōch* = dass ich dir (Ihnen) sage . . ., eigentlich: damit ich nicht versäume (vergesse), dir zu sagen, (erg. so sage ich dir, z. B.) *i ho miˑ Haus vəkafft*; ähnlich *dá r é nist vəgiss; dá r é rest dəzuəl; dastəs uəs wäiłt; dástəs mirkst*.[3]) So schon im Egerer Fronl. 397 *Schau, das ich dir die warheit sag, Vor mir er* (Adam) *sich nit huetten mag* (sagt Satan zu Lucifer).

Die Umschreibung mit *zu* (*um zu*) und dem Infinitiv ist unbekannt.[4])

§ 90. Ersetzt kann der Finalsatz werden durch coordinierte (s. § 55, 2 f) und subordinierte Sätze mit *sollen* oder *wollen* (auch *mögen*). Die letzteren sind dann mit *weil* eingeleitet, indem die Absicht auch äußerlich als subjectiver Grund gegeben wird: *Eə háut ːs täuˑ, wal ə koin Scho'd n ho b m w iˑl* (mächt) bezw. *wál* (neben *dáˑ r é koin Sch. ho b m sol*.[5]) Auch Präpositionalwendungen stehen im Sinne eines Finalsatzes, so mit *zum* (wie im Nhd.) und mit *auf*: »Er kommt, um Rechenschaft zu fordern« heißt einfach *eə kimnt áfs Recht*. Dass der Nebensatz nicht vor den Hauptsatz treten könnte, wie Reis im Mainzischen beobachtet (I § 24), gilt hier sowenig wie vom causalen Nebensatz.

§ 91. δ) Auch die Heischesätze haben neben bloßem Conjunctiv die Conjunction *dass*. Nach *bitten* steht daneben auch *wenn*: *I ho nən*

---

[1]) Vgl. ahd. *zi thiu thaz*, mhd. *umbe daz daz*, aber auch schon verschmolzen *darzuo* (daran, davon) *daz*. Koch Herrigs Archiv XIV 288 f. Scholten PBB XXII 414 § 35. In einem alten, von Gesangsvereinen vielgesungenen Volkslied »Braun Maidelein« (Tonsatz von H. Jüngst) begegnet die unserem *zə dem dá(s)* entsprechende Verbindung *damit dass: damit dass sie gedenkt an mich, wenn ich nicht bei ihr bin* (sc. habe ich ihr dieses Lied gesungen).

[2]) In einer südböhm. Erzählung von Pangerl DM VI 504, 5 f. *Damit ə'. nit vəˑhungˑnˑ hot dárfn*.

[3]) Die meisten auch in der Umgangsprache: Wunderlich Umgangsprache S. 107. Über den Wert dieser Formeln als Ruhepunkte der Gedankenentwicklung vgl. auch Wunderlich Mundart S. 40.

[4]) Auch öst. Ebenso die mit *für* . . . *zu* in der Hagenauer Mundart: DM V 117, 5 *forr d· Kich zə melke* (um die Kühe zu melken), oder mit *auf* . . . *zu* in der (schweiz.) Saaner Mundart: DM VI 396, 48 *ver uf die gəselleni ə lotun*.

[5]) Ebenso Mainz. Reis I § 24. Auch öst. *weil* . . . *wüll, mächt*. Über nöst. *sollen* mit Hauptsatzform vgl. Nagl Roanad S. 334 zu V. 359 *süll*.

bẹ́ d u, wenn ṣ hált nu ṣ pṣ Tōch zouwártṣt.[1] Hier ist offenbar die Form des Wunsches an die Stelle des Objectsatzes getreten. Wo in solchen Sätzen *ob* eintritt, steht *bittn* = bittend fragen: *Eṣ tát schái bittu, obts nṣn niṣt wos schenkn kánnts.*[2]

§ 92. ε) **Folgesätze** werden durch *dáṣ*, *suṣ* (nie *ṣsuṣ*)[3] *dáṣ* eingeleitet. Einfaches *dass* steht in vielen Fällen, wo im Nhd. *so dass* vorgezogen würde,[4] so namentlich in jenen Folgesätzen, die zur drastischen Umschreibung einer einzelnen Bestimmung dienen (s. § 56, 4). Auch in Baiers Chronik ist consecutives einfaches *dass* häufig, z. B. 881. 901. 919. Steht *suṣ dáṣ*, so wird fast ausnahmslos *suṣ* vor den hervorzuhebenden Begriff im Hauptsatz gestellt, nicht mit *dass* verbunden. Über formelhaftes *dass* (*'s ṣ Pássion is* s. § 56, 4. Die Formel *dáss 's krácht* entwickelt gelegentlich die adverbiale Bedeutung »höchstens«, »wenn 's hoch kommt«: Lorenz S. 28 *u dṣs àls eppa r ṣmma r a Guldell Láu Lohn, daß 's krácht.*[5]

§ 93. ζ) **Exceptivsätze** (negative Sätze der Art und Weise) werden wie in anderen Dialekten[6] nach negativem Hauptsatz vornehmlich durch *dass nicht* eingeleitet: *Eṣ r is nai hoṣmkumms, dá r ṣ uns niṣt wos mitbráucht hait* (= ohne dass er); aber auch nach positivem Hauptsatze: so in der sprichwörtlichen Phrase *Wídṣ r ṣ Gold, dáss s Wái neks wáiß* = wieder ein Geld (sc. nehme ich ein), ohne dass das mein Weib etwas davon weiß.[6] Vgl. mhd. *dô scie si zuo der erden, daz si niht ensprach* (Paul Mhd. Gr. § 352, 3); ferner durch *áṣṣ* (außer), *áṣṣdem* außerdem und *odṣ* mit Hauptsatzstellung: *Eṣ kinnt gweis, áṣṣ áṣṣdem, odṣ eṣ r is króṣk*; umständlicher durch *mȯußt, mȯußt sá däṣ* = er müsste denn, es müsste denn sein dass: *Mȯußt ṣ króṣk sá* oder *mȯußt sá dá r ṣ kr. is*. Häufig ist die Kürzung durch *áunṣ* mit dem Infinitiv, meist ohne *zu* (*áunṣ r úmschmáißn*) oder mit dem Particip (*áun r úmgschmissn*).[7]

§ 94. η) **Vergleichungssätze**. Einleitende Conjunctionen sind *ástṣ — ástṣ* = desto — desto,[8] ein Gegenstück zu *je — je*, das im Egerlande ebensowenig bekannt ist wie *je — desto*;[10] *wöi — wöi*: *Wöi máiara d' Leut schimpf'n, wöi láisa* (loser) *mi(r) wea(r)n* (Nachsatz in der Stel-

---

[1] Südböhm. *Er tat 'n recht schö bitt'n, wunn ṣ' čam 's zoig'n möcht*. DM VI 508, 169 f.; ebenso oöst.
[2] Auch das ist öst.
[3] *Aß dáß* ist (wie *ato lang* S. 58 Anm. 4) im ungrischen Berglande üblich: Schröer Versuch S. 119 [369].
[4] Wie mhd., so auch in der schweizerischen Volkssprache: Tobler PBB V 365. 7.
[5] O- und nöst. Nagl Roanad S. 172 zu V. 209.
[6] Vgl. HTV S. 306 N. 314 (Gatterschlag) *Dos kriegt 's von ihr Mutter, daß d'r Vater nix woaß*. Vgl. dazu auch Ries A. f. d. A. XVIII 341 Anm.
[7] *Áunṣ dá(r)* habe ich nur vereinzelt gehört.
[8] Ist dem Oöst., das die Fügung *miasst, miasst sein das* recht wohl kennt, fremd.
[9] Ein vereinzeltes Beispiel dieser im Nhd. auffällig klingenden Verbindung führt Matthias Sprachleben S. 297 an. Die Form *asta* ist auch schlesisch: Knothe WB 70.
[10] *Je — je* (wie mhd.) besitzt auch der nordböhmische Dialekt (*ei — ei*, z. B. in Markersdorf und in Schönlinde: Knothe Markersdorfer Mundart S. 33), das Tir. (Unterinnth. vgl. das Beispiel aus Pichler S. 48 Anm. 1; dieselbe Strophe ist jedoch bei Schmeller II 828 mit *wie — wie das* verzeichnet), die Kerenzer Mundart (Winteler S. 200 XV 5 *ie — ie*).

lung des Nebensatzes) HTV S. 305 N. 300 (Plan);⁰) im Volkslied häufig mit eingeschobenem *und*: *Wöi haicha da Thuru u wöi schäuna(r) is 's Glaut* HTV S. 292 N. 180 (Eger-Strodenitz).² An *ástə* und *wöi* schließt sich gerne *dass* an, oft sogar im Nachsatze (s. § 63, 3). *Snə — snə* mit dem Positiv (mhd. *sô — sô*, nhd. *so — so* in *so gut du es kannst, so gut kann ich es auch*) gewinnt wie schon im Mhd. *sô (alsô — sô (alsô* ³) und Nhd. oft einen concessiven Sinn: *Snə schäï dεə täï haut, snə weng how ε 'n glåbbt*.⁴) Zur Unterstützung des relativen *snə* in dieser Verbindung dient häufig *àls* oder *wöi*, also auch *snə schäï àls* (oder *wöi dεə täï haut, snə weng* u. s. w. Das zweite *so* kann auch fehlen: *Sna nautwendi beschäftigt wöi a wåa, haut si da Girghådl àåzuagn* = so beschäftigt er auch war, zog sich d. G. (dennoch) an. Dümml B. d. P. u. K. I 57. Als *dass* nach Comparativen oder nach *su* mit einem Positiv ist unbekannt; eher noch folgt bloßes *dass*: *Dös is z'v̈ïəl Hulz, då mə 's àf oʃ̌ mål àflo'd'n kånnt*; häufiger aber *z'v̈ïəl zən àflo'd'n*, am häufigsten *snə v̈ïəl, då mə 's niət . . . àfl. koʃ̌*.⁵)

Einfaches *wöi* dient wie im Nhd. der Vergleichung, aber in der formelhaften Wendung »wie wir (oder sie) da sind, wie ihr da seid« u. s. w. (*Mànns, àlzåmm wöits dàu saïts* = ihr alle, die ihr hier seid) tritt die Bedeutung der Vergleichung sehr zurück;⁶) *als* im älteren Sinne von *wie, sowie* begegnet in dem halb hochdeutsch gebeteten Vaterunser: *und vergiw uns unsre Schuldn àls àuch* (oder *wie àuch*) *wir vergëbm unsən Schuldichern*. Ferner erscheint *àls* im conjunctivischen Nebensatz mit Hauptsatzstellung: *Àlə r is (snə), àls i häit nən scho ənmàl wåu gəʃen* = als hätte ich ihn schon einmal irgendwo gesehn.⁷) *Sám*, allein und mit vor- oder nachgesetztem *àls*, verlangt gleichfalls Hauptsatzstellung des (indicativischen oder conjunctivischen) Satzes: *Eə haut sə wäits niət gəröiʃt, sam àls (àls sam) es häit 's (haut 's) niət g häiət* = als ob er es nicht gehört hätte, genauer: als ob er den Eindruck erwecken wollte, dass er . . . Diese Bedeutung legt die Annahme einer Ellipse nahe (vgl. oben S. 25 Anm. 1 das Breslauische Sprichwort).

---

¹) *Wie — wie* auch oöst: Stelzhamer Ma. D. I 147 N. 2, 25 ff. *Wia seltsamá d' Glocken, Wia rárá dá Klang, Und wia rárá dá Vogl, Wia seltsamá 's Gsang!* u. so ö. Bei Stelzhamer auch *wia — wia dás* vgl. S. 48 Anm. 1; fränk. DM VI 325 N. 378 (Sprichwort); alemann. DM V 407, 40 (in der Saaner Ma., Canton Bern, wird das erste *wir* durch *als* gestützt: *wie . . . as — wie* DM VI 414, 92); gottscheew. (*bie — bie*) Schröer WBG 117 [281]. Vgl. Schmeller II² 828 und Tobler PBB V 380. Im nd. Münsterlande *wo — wo — wie — wie* DM VI 431, 107.

²) Dasselbe Schnadahüpfel ohne vortretendes *und* im Kärnt.: Lexer Kärntn. WB 257. *Wie — und wie* auch oöst.; tirol. (Unterinnth.): Greinz und Kapferer Tir. Schnadahüpfeln (Leipzig 1889) S. 10 *Und wia stilla die Nacht, Und wia scheana sein d' Stearn! Und wia hoamlacha d' Liab, Und wia mehr hab i 's gearn!*

³) Über *so — so* im Ahd. und Mhd. vgl. Koch Herrigs Archiv XIV 278 .

⁴) *Also* oder *als* (dem mhd. *alsô* entsprechend) wird im Egerl. nie correlativ gebraucht; wohl aber z. B. in der Kerenzer Mundart: Winteler S. 204 XVII 53 (als gut — als gut).

⁵) Alle drei Fügungen auch oöst.

⁶) Rank Aus dem Böhmerwalde S. 126 *Dö Haißla, Schäffla weis do tan* = die Füllen, Schäflein, wie sie da sind.

⁷) Nach dem Comparativ steht im Egerl. *àls, wöi*, oder *àls wöi*, niemals *wos* (vgl. S. 46 Anm. 2).

Auch in der indirecten Rede wird *sám* und *àls* verwendet (vgl. § 221).[1]) In ähnlicher Bedeutung wie *sam, sám àls* gebraucht das Egerländische auch die räthselhafte Form *sámgokks* = das soll (sollte) heißen; als ob er damit sagen, andeuten, zu verstehen geben wollte.[2]) Zusammensetzungen von *als* mit anderen Partikeln sind häufig: *àls wenn, als wöi wenn, gröd àls wöi wenn, niət ànnəscht àls wöi wenn*.[3]) *Als ob* ist seltener, *gleichsam als ob* ungebräuchlich.[4]) Die nhd. Attributivsätze mit *als ob* nach *Annahme, Glaube, Meinung, Wahn* u. dgl. sind ebensowenig bekannt wie attributive *dass*-Sätze nach diesen Substantiven, die dem Dialekte z. Th. selbst fremd sind. Nach *es scheint* wird nicht *als ob*, sondern *als wenn* gesetzt; am häufigsten wird *miə schàint s*, *schàint mə* in den logisch abhängigen Satz eingeschoben, ohne die Construction zu beeinflussen (vgl. § 55, 1 c).[5])

§ 95. Die elliptische Verwendung dieser Sätze entspricht im ganzen dem nhd. Sprachgebrauch: *Àls wenn də (dir) weə wos tàu hàit!* (so sprichst, benimmst du dich).[6]) Über den elliptischen, nach *àls wöi* (= gar sehr, überaus stark) abgebrochenen Vergleichungssatz s. § 35.[7]) Nach Sätzen mit *wie* von der Form *u wöi 's àffə scho (suə) gàiht* (wie es schon so geht) folgt bisweilen zunächst ein Satz mit *so: suə r is selmàl à g'wèst* (so ist es auch damals gewesen) und dann erst die Erläuterung: »nämlich« u. s. w.; häufiger jedoch folgt unmittelbar die Aussage, deren Inhalt durch den Satz mit *wie* als mit dem gewöhnlichen Lauf der Dinge übereinstimmend dargestellt werden soll: *U wöi 's àffə scho suə gàiht, — i ho wiedə dráf vəgessn.*[8]) Nimmt man im im letzteren Falle eine

---

[1]) Eine ähnliche Bedeutung wie dieses *sám* scheint im Gottscheew. *lai* zu haben: Schröer WBG 104 [268] *Ar housət ʒe* (halst sie) *und pussət ʒe; lai:* »du piʒʒ main unt ih pin dain.« 120 [284] *Dà geant den leute àlle wən mir; lai:* »rue du in der küelen erte.« Nach S. 151 [417] ist es = nur, gleichsam, eben«. Vgl. Hauffen Sprachinsel G. S. 26. Weinhold Bair. Gr. § 188.
[2]) Zu diesem Worte, das in einigen oberd. Mundarten als *gottwolkeit* mit den Nebenformen *gottsamkeit* und *gottwolsprich* und in zahlreichen abgeschliffenen und verstümmelten Gestalten erscheint (*gottwolkeit, gottusskeit, gottiket, ʒʒ* oder *ʒn [son] gottikeit, sam gott-lmskà, sam gokkə, àls gotikà* u. s. w.) vgl. Frommann DM III 350 f. der u. a. auf Schmeller I 1225 verweist und die Formel auf *sam gott wol keit* (mhd. *queden* = sagen, also »wie Gott wohl spricht«) oder auf eine Interjection *Gott wol*, schweiz. *zgoppəl (goppəl)* = ja doch, gewiss, verstärkt durch *kit* = *id est* zurückführt. Wahrscheinlich jedoch ist unser *sàmgokkə* = *sam Gott geb'*. Vgl. in der deutsch-ungr. Zips *Gottche, Gott ge, Gott goe*, in Krickerhäu *Kockè = Gott geb'*, dann = *nur*: Schröer Nachtrag S. 29 [271], im Kuhländischen *Gott gà* = meinethalben: Frommann DM III 347 (mit Verweisung auf ältere Beispiele der weitverbreiteten Formel *Gott geb'*). Der Bedeutungsübergang zu *gleichsam* wird durch die Bedeutung *vielleicht* verständlich, die sich aus der optativischen Grundbedeutung der Formel *Gott geb'* entwickelte (DM III 347. Wunderlich Mundart S. 57). »Wie vielleicht«, »wie etwa« ist von der heutigen Bedeutung *gleichsam* nicht mehr weit entfernt.
[3]) Schles. *Gleisgoot os wenn*: Knothe WB 259.
[4]) Oöst. *aswann, aswiewann, net anlást (grod) as wann*. Ungebr. *als ob* und *gleichsam als ob*.
[5]) *Mir schàint* kann übrigens auch asynd. vorangestellt werden. Beides auch oöst.
[6]) Ebenso öst.
[7]) Umgekehrt bleibt auch der Nebensatz unausgesprochen, auf welchen im Hauptsatze mit *so* hingewiesen wird; so in der Formel *Dər is niət nes r stuə!* (»das ist nicht nur so!« sc. wie du denkst, gedacht hast, nämlich so leicht, so unbedeutend u. s. w.). Ebenso im Erzgeb. *Net near atu!* In ähnlicher Weise erklärt sich die Verneinungsformel *ài màcht wissn!* durch einen Nebensatz »wie das sein könnte«.
[8]) Beides auch oöst.

Ellipse des Zwischengedankens mit *so* an, so liegt **freiere Anknüpfung** des Nebensatzes vor; man kann jedoch *wie* (ähnlich wie *was*) unmittelbar auf den ganzen Satz beziehen: Ich vergaß — wie das schon so geht u. s. w. Zur letzteren Auffassung neigt das Sprachgefühl bei nachgesetztem oder eingeschobenem, zur ersteren bei vorangestelltem Nebensatze. Eine ähnliche Formel ist *Nŏ wöi ė də* (oder *Jnən*) *sŏch!* (nun, wie ich dir (Ihnen) sage, erg. so ist es), die aber die absteigende Betonung von »ganz gewiss! Glaube meinen Worten!« annimmt.[1]

§ 96. Verkürzte und unverkürzte Vergleichungssätze sind in unserer Mundart ungemein beliebt; einmal, weil sie modale Bestimmungen in nachdrücklicher Weise gerne negativ wiedergibt: »Ich dachte schon«, »ich erwartete mit Sicherheit« heißt in der Mundart mit Vorliebe *I ho nist ånnəscht denkt åls* (z. B. *eə båißt me, suə båis woə r ə*);[2] dann deswegen, weil der Egerländer in Vergleichungs- und Folge-}sätzen seinem Hang zu drastischen Umschreibungen die Zügel schießen lässt. Manche dieser Umschreibungen einfacher adverbialer Bestimmungen stehen als sprichwörtliche Redensarten fest: *Eə ståiht dåu, åls wenn nən d' Hennə (d' Heinə) s Bräut* (Brot) *g'numnə håi(d)n* (= ganz verdutzt, niedergeschlagen).[3] *Deə Karl* (Kerl) *schaut ås, åls wenn ə von Galgn ŏg'schni(d)n wå* (= in Kleidung und Aussehen vernachlässigt, verlumpt).[4] *Deə tout mid miə* (er benimmt sich gegen mich so vertraulich, *åls wenn ė mid in Sau g'höit håit. Eə schråit, åls wenn ə r əm Spis steckət.*[5] *An Tumult* (machen sie), *åls wenn an Bėdlmåa 's Zeisl askumma wå.* Lorenz S. 34. Vgl. Neubauer Zeitschr. f. öst. Volksk. II 322 f.

Verkürzte Vergleichungssätze ähnlichen Charakters sind noch häufiger: *Al mit auånə hobm si* (die Zwerge) *af ååmål d' Bålkn wegg'schmißn u saun grod wöi grauß 'Aumashåffm z'gleich tiwa r ihn håəgfåln mid aran G'summs wöi a Bi'schwårm* Lorenz S. 21; vgl. ebend. S. 22 Z. 8 ff.[6] Einige derartige Vergleiche sind geradezu formelhafte adverbiale Bestimmungen geworden: *eə rennt wöi də Teufl* = sehr eilig.[7] Wie der Vergleich überhaupt die Vorstellungswelt des Volkes scharf charakterisiert, so fällt besonders durch den hyperbolischen Vergleich ein scharfes Licht auf den Gesichtskreis, auf die Grenzen der Erfahrung des Volkes, da er ja eine Art Maximum der volksthümlichen Erfahrung darstellt. Ein großes Buch ist z. B. *sus grauß wöi ə Messbouch.* Ein Vergleich wie der aus Arnau mitgetheilte *Wolkn blus a* (beim Rauchen),

---

[1] Auch dies nöst.

[2] Auch nordböhm. (Mertendorf): *Docht har nej andrsch, ols da låbhoftiche Teifl wi* (will) *'n hulin.* Tieze Hejmt I 70.

[3] Dieselbe Redensart im Fränk. (DM VI 317, 188) und im Öst. Drastische Vergleiche (und Folgesätze) in Sprichwörtern der Mundart an der schwäb. Retzat DM VII 409 f; aus dem Elsass DM IV 465 ff.

[4] Auch öst.; ähnlich schles. (Breslauisches Sprichw.) DM III 408, 313.

[5] Beides auch fränk. (DM VI 323, 327. 346.) u öst.

[6] Auch andere Dialekte können sich in massenhaften drastischen Vergleichen nicht genug thun, so der öst. (namentlich die Wiener Dialektpoesie), auch der nordböhm. (Windisch-Kamnitz): *Dou machte Luhonns Ågn wie ə egestuchnes Kålbl, fluchte wie a Schindaknacht, und sei Weib, die ålde Obloune, flennte, daß se da Bouk stieß.* Tieze Hejmt I 77. Ähnlich im Erzgebirge Erzgeb. Ztg. XIII 278. Vgl. die öst. Formel (Augen machen) *wie r ån ogstochənə Goaßbock.*

[7] Auch öst., ähnlich im Elsäss. DM V 114, 12 *wie 's Luder.*

os wenn se ei an Hojsl Dreivertl backen (= von ³/₄ Strich Mehl Brot backen, Tieze Hejmt I 86) gewährt einen Einblick in den Umfang der Hauswirtschaft. Ähnliches gilt von den Consecutivsätzen der bezeichneten Art; wenn man im Egerlande¹) sagt *i woə suə dəschrockn, dá r é koin Tropfm Blout ġë(b)m häit*, in Breslau hingegen *ich dərschräk, doss mer s harze am leibe kalt wär* (DM III 410, 403), so lässt sich daraus erkennen, was sich der Selbstbeobachtung an einer und derselben Sache — dem Affect des Schreckens — hier und dort als charakteristische physiologische Wirkung aufgedrängt hat. Übrigens fehlt es auch nicht an formelhaften verkürzten Vergleichungssätzen anderer Art; z. B. *I wäiß nu wöi häi"t* = ich weiß es noch (so gut), wie wenn es heute gewesen wäre, d. h. ich habe (etwas) in lebendiger Erinnerung. Über *àls wöi = sehr* vgl. § 35.

§ 97. Eine eigenthümliche Zusammenziehung von Haupt- und vergleichendem Nebensatz liegt vor in Fällen wie *eə hàut sé wöi* (oder *àls wöi, suə wöi*) *g'schämt; eə r is wöi və miə dəvoəgloffm* (der Ton liegt nicht auf *wöi*, sondern auf dem Verbum, also ist der Satz nicht als Ausruf zu fassen) = er betrug sich so (es sah so aus), als ob er sich geschämt hätte, als wenn er davongelaufen wäre. *Wöi* tritt hier vor das Verbum in ähnlichem Sinne wie sonst vor Nomina. Vgl. *(etwas) wie Scham empfinden* und auch in der Mundart *i ho suə wöi ə weng ən Åpətik*, so etwas wie Appetit.²) Vereinzelt taucht die Fügung auch im Schriftdeutschen auf, so z. B. häufig bei Levin Schücking: *Gestalten, die sich wie vor ihm flüchteten* H. Koppel in Sanders Z. f. d. Spr. 1893 S. 33 und 34.³) Aus der Bedeutung der Vergleichung ergibt sich bisweilen die der Abschwächung: *Eə r is suə wöi niət reət in Kuəpf* = er ist ein wenig unrichtig im Kopfe.

§ 98. ϑ) **Bedingungssätze** werden durch *wenn*, nicht durch *wann* eingeleitet.⁴) *Wofern* ist in unserer Gegend nicht gebräuchlich, begegnet aber in der Bischofteinitzer Gegend *(wäufern)*; *fals* wird weniger gehört als die Verbreiterung *in Fàl àls* (oder *wenn in Fàl*); *bàl* ist nie rein condicional, *so* (in der Elbogner Chron. gebräuchlich; z. B. S. 119 Z. 14 v. o.; ebend. auch einfaches *wo* = wenn, z. B. S. 55 Z. 7 v. u. in einer Urkunde von Schlackenwald) nur noch in der Formel *sə Gott w(ü)l*. Der conjunctionslose Nebensatz in Wunsch- und Frageform kann nicht bloß im potentialen und irrealen, sondern auch im realen Falle eintreten, wo z. B. im Mainzischen die Conjunction *wann* unentbehrlich ist.⁵)

---

¹) Ebenso öst.
²) Erzg. Zig. XIII 39 *Ich hätt wie aweng Ongst. Wöi* kann dem Verbum auch nachfolgen: *Es scheinst é woi* (Ton auf dem Verbum) = es sieht so aus, als ob er sich genierte; nicht etwa: er geniert sich irgendwie.
³) Ebenso nordböhm. *Dou wullde os wie die treige* (trockene) *Aröpplmauke schwimm*, (erklärend wird hinzugefügt) *a kriechte en heidnmäschn Duscht.* Tieze Hejmt II 40 (Steinschönau).
⁴) Baselstädt. ebenfalls nur *wenn* Binz § 140, 4. Nöst. (Nagl Roanad S. 361 zu V. 373 *waũn*), oöst. (z. B. Stelzhamer Ma. D. I 23 N. 5, 31 f. *As irrt Oaná* (sc. Stern) *den Anern Not, wann a so dräht.* Vgl. ebend. V. 41 ff. *Wär ebbá nət gnua Für án Jads áf dá Welt, Wann má rechtschaffen thoaläten Güeder und Geld?*) und Mainz. (Keis I § 25) nur *wann*.
⁵) Über die Wunsch- (Imperativ-) und Frageform s. § 55, 2 ρ.

(Reis I § 25). Nach *'s wā koə˙ Wunnə* steht auch ein conjunctivischer Hauptsatz ohne Conjunction (neben *wenn*): *'S wā kåā Wunnə, unna r äins werat* (würde) *nárisch* E. J. XIV 119.

§ 99. Ohne ausgesprochenen regierenden Satz, der übrigens auch hier wie so oft nicht in bestimmter Form vorzuschweben braucht, also elliptisch, treten *wenn*-Sätze, abgesehen von den auch im Nhd. geläufigen Formen *wenn er nur käme!* (Wunsch), *wenn er nur kommt* (Besorgnis), *wenn er mir nur nach Hause kommt!* (Drohung) u. s. w. vielfach auf: *Nu, nu, wenn da Schousta-Andres sua lai* (krank, schwach) *is!* (fallende Satzmelodie) B. d. P. u. K. I 56. Eine bestimmte Ergänzung wäre hier schwer zu finden; es ist ein Ausruf der Verwunderung wie *nō˙ wenn dös neks is!*[1]) (sc. dann weiß ich nicht, was etwas ist; oft nicht viel mehr als verwundertes *Ei! ei!*) Dieser Ausruf hat die für den Nebensatz charakteristische, bis zum Schluss stark steigende Satzmelodie. Dabei ist nicht *wenn*, sondern *dös* dynamisch betont. Ähnlich *Du sagst mer scho von nemmen, Ei, wenn ih di nit mag* HTV S. 192 N. 163 (Eger; erg. was willst du dann thun?).[2]) In unserer Gegend nimmt der letztere *wenn*-Satz den Sinn einer unwilligen oder störrischen Abweisung an, indem er bei starker dynamischer Betonung des *wenn* mit fallender Satzmelodie gesprochen wird; dasselbe gilt von der Formel *sə wenn ė owə niət möch!* Auch *nō˙ wenn* (oder *wöi*) *ə də söch!* (erg. dann kannst du mir doch glauben, oder: so ist es) kann so betont werden wie die vorhergehende Formel und klingt dann unwilliger oder doch dringender als mit der gewöhnlichen steigenden Nebensatzbetonung (= ganz gewiss!). Gewöhnlich steigende Nebensatzbetonung hat der Ausruf *nō˙ wenn i dös traut* (getraut, vgl. mhd. *trūwen*) *hāit!* (erg. so hätte ich ganz anders gehandelt). *Wennst māi˙st* (wie nhd. *wenn du meinst* . . .) kann als Zustimmung = meinetwegen,[3]) *ai (ui) wenn ė häis* = ei, wenn ich (derartiges) höre! (erg. dann weiß ich, dass es nicht wahr ist) als Ablehnung gebraucht werden. Hieher gehört auch der Ausruf *wenn oins . . . hāit sogn solln!* mit folgendem Objectsatz; so sagt man z. B. bei einem plötzlichen Todesfall: *Wenn oinə hāi˙t fröih hāit sogn solln, dá(s) r ə* (der Verstorbene) *s letzəmāl áfgstāndn is!* (erg. so hätte er diesen Gedanken weit von sich gewiesen, oder: so würde er wenig Glauben gefunden haben).[4]) Zwischen selbständigem Ausruf und Ellipse steht die Formel *wenn ə nes oə˙māl gsāgt hāit* in Verbindungen wie *Eə hàut mi(d)n Heəng* (Honig) *niət gwisst wāuhi˙* (so viel hatte er); *sə wenn ə nes oə˙māl* (betont = ein einzigesmal) *gsāgt hāit: ái, dàu hàust á r ə weng!* Zusammenhang und Betonung lassen hier die Bedeutung des Wunsches (wenn er doch gesagt

---

[1]) Ebenso oöst.

[2]) Vgl. Ed. Langer Aus d. Adlergeb. I 213 »*No ihr wort ewer lange ei dam Klee* (Klee)«, *rief man ihnen* (den Weibern) *vom Lager aus zu.* »*Wenn a hait goor a su denne* (dünn) *schliaft!« erwiderten sich entschuldigend die Weiber.*

[3]) Zum Einschiebsel verblasst ist diese Formel im Nürnbergischen: *Tou mər nit, wenn d' eppət gaəv mānst, pflennd* (flennen) = weine nur nicht etwa gar noch! DM II 84, 12.

[4]) Dieselbe Wendung in conjunctionsloser Form findet sich in dem Bergmannsliede aus dem Erzgebirge (Joachimsthal) HTV S. 252 N. 270 *'S werd ner a wengət no* (sc. noch während der Einfahrt in den Schacht) *gedacht Und o ka Gefohr gedacht, Hätt mərs maning* (manchem) *söll a sogn Daß er tudt werd hamgetrogn.*

hätte!) als völlig ausgeschlossen erscheinen, sondern fordern als Ergänzung etwa: so wollte ich davon nicht reden!

Imperativische Vordersätze sowie solche in Fragesatzform werden ebenfalls elliptisch verwendet, und zwar besonders gerne in drohendem Sinne: *Kumm du mi͜ nō hái͞t hàim!* oder *Kinnt ə mə nō hái͞t hàim* = komm du mir (kommt er mir) heute nur nach Hause! Den drohenden Sinn verstärkt vorausgeschicktes *wárt (nō)!* Elliptisch zu fassen ist auch die verkürzte, mehr scherzhaft als Abweisung einer Forderung gebrauchte Wendung *jà, hồ(b)m häit!* = ja, (wenn ich das Verlangte) »haben hätte«!¹)

§ 100. Freiere Anknüpfung auf Grund unterdrückter Zwischengedanken ist ebenfalls häufig: HTV S. 208 N. 194 (Plan) *Wenn'st mitgäihst, ih gäih.*²) Oder *Àl Tōch is ə və irən Fenzə vəbái gàngə, wenn s' (sie) íppə ássé schàu͡st.*

Regel ist diese lockere Anknüpfung bei gewissen formelhaften Sätzen wie *wemmə fràugn derf* (erg. so frage ich, z. B. *wäu sád͡s eun heə?*). Drängende Neugier eines anderen wird mit der einleitenden Phrase *wennst scho àls wissn mou͡st* befriedigt (erg. so wisse, höre denn).³ Ein Rath wird durch vorsichtiges oder selbstbewusstes *wenn ə də ráu(d)n soll* (erg. so rathe ich dir) eingeleitet. Ähnliche Formeln sind *wemmə 's nimmt* = wenn man es recht bedenkt, überlegt (erg. so findet man ...); *wenn i sus denk* oder *nàudenk* (erg. so erinnere ich mich, so wundere ich mich u. a.);⁴) *wennst nən kennt hàust (kennst,*⁵) z. B. *Uns Müll͡ər is g̊stur͡bm, də N. N.* (erg. du wirst wissen, wen ich meine, oder: dies wird dich vielleicht interessieren), *wennst nən kennt hàust.*

Als freie Anknüpfung würde sich vom rein logisch-grammatischen Standpunkt aus auch das Verhältnis jener condicionalen und temporalen *wenn-*Sätze zu ihren Hauptsätzen darstellen, mittelst deren nicht bloß das Volk, sondern alle logisch minder geschulten Menschen ihre Begriffserklärungen zu geben pflegen. Jemand liest das Wort *Neurasthenie. Wòs is əun dös?* fragt er einen anderen und erhält zur Antwort: *Dös is, wenn oi˜'s schwach Nerfn hàut.* In Wirklichkeit liegt indes hier kein Überspringen von Zwischengliedern vor, die man allenfalls einschieben könnte (etwa: eine Krankheit, welche entsteht, wenn u. ä.), sondern an die Stelle der logischen Definition tritt die bloße Verdeutlichung des Begriffes: man gibt den concreten Anlass an, bei welchem das zu er-

---

¹) Umgekehrt vertritt in den im Egerl. auch als Verneinung gebrauchten Formeln *nō dös wā ni͡st ȕəd, nō dös wā nu schȕnnə!* (iron.: nun, das wäre nicht übel, noch schöner) *dös* einen aus dem Vorhergehenden zu ergänzenden Vordersatz, z. B. *Sétts Zäich nimm e ni͡st o͡˜ — dos wȕ nu schȕnnə!* = Solches Zeug nehme ich nicht an — das wäre noch schöner (sc. wenn ich es annähme)! Vgl. nordböhm. (Böhm. Schweiz) Tieze Hejmt III 1 »Nu, Ees (jemand) **muß off die Huxt** (Hochzeit) giehn«, *soate meine Mutta, »da l'ota ejs ju bei da Braut Pothe gewast, dos wär nou schinna«* (erg. wenn niemand gienge).

²) Braunauer Weihnachtsspiel HTV S. 455 *Wenn er (der Stall) Euch ist zu schlecht, Keinen andern Ort hab' ich nicht.*

³) Beide Formeln auch in der Umgangssprache: Wunderlich S. 107.

⁴) Nürnberg.: DM VI 263, 59 f. *Wenn i˜ su drȍ˜ denk, wéi i˜ no˜ à junger Borsch g̊wėst bin, was hob'n dàu di Burger für Lást'n von trogn˜ g̊hatt.*

⁵) Rosegger Das Geschichtenbuch des Wanderers I 93 *Ich wollt' dem alten Fischbacher Lehrer, — dem dicken Zickal, wenn du ihn gekannt hast — nicht aus der Schule ˻laufen sein.* Die meisten dieser formelhaften Sätze auch öst.

klärende Wort gebraucht wird (daher *wenn* . . .), oder einen besonderen Fall, wohl auch eine Ursache, eine Wirkung des zu erklärenden Dinges. Bei Peter Altenberg (Wie ich es sehe, Berlin 1896, S. 221), heisst es: »*Was ist Furcht — ?!*« sagte die alte Jungfrau, »*ich kenne das nicht.*« »»*Furcht ist, — wenn die Möbel krachen*«« u. s. w.

Über die imperativische Form des Vordersatzes § 55, 2 g, β: über den unvollständigen und primitiven Ausdruck eines condicionalen Vordersatzes durch den Infinitiv § 36, durch *mái'ŋwegn* § 55, 2 g, γ; über die Kürzung durch das Particip § 237.

§ 101. Der Nachsatz wird entweder mit *sɔ* (wie seit dem Ahd.) oder mit *affɔ* eingeleitet,[1]) oder er entbehrt der Einleitungspartikel (wie mhd. Paul Mhd. Gr. § 355); auch die Einleitung mit *und* (vgl. *und* zwischen Hauptsatz und Nebensatz § 57, 2) ist möglich.

§ 102. ɩ) Einräumungssätze. Zur Einleitung dienen nicht die nhd. verallgemeinernden Pronomina, sondern, abgesehen von den Formeln mit *mag* (*mog 's kumma a wōi 's mog* Zedtwitz *Aladahand* S. 53) und mit *will* (*is 's wer 's w(ie)l, wos 's w(il)l* u. s. w.) gewöhnlich *wenn, u wenn, w. ä, w. glái, w. scho, w. kek*[2]), hie und da auch *trotzdem dá s*[3]) und *wàu du* (= wo doch, sonst mehr adversativ gebraucht). Die mit *so* (statt mit *wie*)[4]) gebildeten Verbindungen sind häufig, namentlich mit folgendem *als* (*das*): *Suɔ r old* (*als* oder *dá r) e hin* . . . Verallgemeinernden und dadurch concessiven Sinn erhalten *wer, wos, wàu, wōi* u. s. w. durch stärkere Betonung oder durch hinzugefügtes *no͞* (nur), z. B. *wer (no͞) doskumma r is, haut se gwunnɔt*. *Und* wird wie im Nhd. allen Conjunctionen gerne vorgesetzt. Auch die conjunctionslose Form ist bekannt: *Is ɔ (er) glái ɔ grauß Her*.[5]) Bei einfachem *wenn* (ohne *ä* u. s. w.) bringt stärkere Betonung bei fallender Satzmelodie gewöhnlich concessiven, schwache Betonung bei steigender Satzmelodie aber rein condicionalen Sinn hervor. Dem conjunctionalen Gebrauche von *kék* kann ebensowohl die alte als die neuere Bedeutung des Wortes zugrunde gelegt werden. Im ersten Falle wäre es = hurtig, geschwind, und in dieser Bedeutung soll *keck* nach Adelung thatsächlich (besonders in Schlesien) gebraucht worden sein (DWB V 378). Es könnte dann neben *glái* (in *wenn gleich*) gestellt werden, das in unserer Mundart in ähnlich verstärkter Bedeutung (= sogleich, auf der Stelle) gefühlt, als selbständiges Adverb betont und demgemäß von der Conjunction getrennt werden kann (*u wenn é glái*. . .). Im zweiten Falle wäre *kék* = zuversichtlich, getrost. In dem einen wie in dem anderen Falle

---

[1]) Ebenso im Nösl. *ŏft* und *sä* Nagl Roanad S. 143 zu V. 174 (*ŏft* auch nachdrucksvoll am Ende), wie überhaupt im Bayr.-Öst. (Unter-Innthal) DM VI 37, 1; daselbst weitere Belege. Mainz. *do* (da) neben *dann* Reis II § 31, 2 (auch nd. *denn* oder *doa* Wegener Pauls Grundr. I 944). Im Baselst. auch *derno* Binz § 139, 9.

[2]) Ebenso oöst. *is 's wer* (*was, wia*) *'s will* (auch *wer, was, wia dá wöll*) oder *ɔ er* (*was, wia*) *'s is; wann* (*und w., w. ä, w. glei, w. keck*). Mainz. nur *wenn äch* Reis I § 18. 26.

[3]) Nordböhm. *trutzdan os* (als) Tieze Hejmt I 78 (Warnsdorf).

[4]) Im Baselst. *wie . . . au* (= nhd. *so . . . auch*) Binz § 140, 3.

[5]) Nürnberg. hier auch *glei'wuhl* DM VI 417, 28.

dürfte *kek* (und wohl auch *glåi*) ein ursprünglich dem Hauptsatz angehöriger Bestandtheil gewesen sein, der (gleich *daz*, *sit*, *die wile*) in den Nebensatz hinübergezogen worden ist: *I vəkáff mā˘ Háus, u wenn é kek wos ā˘böißn mou*, ursprünglich = ich verkaufe keck (wohlgemuth, getrost, mit Wagemuth) mein Haus, wenn . . . Zu dieser Annahme stimmt die Bedeutung von *keck* = sicherlich, gewiss im Bayrischen, Tirolischen, Kärntnischen (DWB V 377 f. *da brauch ich keck drei Stund dazue* = ich darf keck behaupten, dass ich drei Stunden brauche). Allerdings bezieht sich die Zuversicht, die diese Partikel ausdrückt, gegenwärtig schon auf den Inhalt des Nebensatzes;[1] allein eine solche der verschobenen Stellung entsprechende Verschiebung der inhaltlichen Beziehung wäre begreiflich; sie liegt ganz in derselben Weise bei *die wīle* (dieweil, weil) u. s. w. vor.

Im doppelgliedrigen Concessivsatz steht *ob — odə*.

Ungebräuchlich sind in unserer Gegend[2] die mit *auch, auch immer, nur immer* gebildeten verallgemeinernden Pronomina und Adverbia: ferner *ob*,[3] *ob auch, obgleich* (vereinzelt, aber mit Trennung der Theile, im Volkslied: *ob ih glei e Hirtel bin* HTV S. 37 N. 56a Westböhmen), *obschon, obzwar, wiewohl*.[4]

§ 103. Elliptisch stehen Concessivsätze namentlich bei starker Betonung des *wenn* und fallender Satzmelodie: *U wenn ə 's ā˘ nist tāu˘ haut!* (erg. so ändert das nichts an der Sache),[5] oder mit starker Verkürzung des Nebensatzes *u wenn á!*[6]

§ 104. κ) Adversativsätze werden nicht durch *während*, sondern nur durch *wàu* (wo), meist durch *du* (doch) verstärkt (*wàu du*), eingeleitet: *Dann d´ Schtodara* (Städter) *äffa driewa lachu, Wau sie 's du* (während sie es doch) *akkrat asua . . . machn*.[7] Lorenz S. 34.

§ 105. λ) Subject-, Object- und Attributsätze mit dass.[8] Bemerkenswert ist der Subjectsatz mit *dass* nach *es ist* (vgl. *est, ut*) in der breiteren Umschreibung des Bedingungssatzes mit *wenn* sowie des conjunctionslosen Bedingungssatzes in Fragesatzstellung,[9] z. B. *Wenn 's is* (neben *wenn 's də Fäl is*) *dás*) = »wenn es der Fall ist,

---

[1] Diesen Umstand führt Lambel Mitth. XXXV Lit. Beil. 70 gegen die oben gegebene Erklärung an.
[2] Ebenso oöst.
[3] Hingegen bezeugt bei Nürnb. Dialektdichtern, so bei C. Weiss: DM IV 119, 13 *Ob 's dauert no' su lang*. Bei uns nur (*u*) *wenn 's nu sus lanƷ d*.
[4] Ebenso das nöst. *sŏuwŭll däs* (Nagl Roanad S. 227 zu V. 275, daneben auch *wăun-d, trús dain däs*) oder das niederd. *all-ŏk* (DM IV 144, 354).
[5] Ebenso oöst.
[6] Ebenso nöst. *waúnd* Nagl S. 227 zu V. 275.
[7] Ebenso oöst.; Baselst. Binz § 140, 5. Im Mainz. hat *wo doch* causalen Sinn: Keis I § 23. Ein im ungr. Berglande gebräuchliches *ba*, das die Bedeutung *denn* gewinnt (*Den laß Ʒin, ba mēt den ráchat da olde harr de moldbiēma*), wird von Schröer Versuch 114 [364], 71 = *wo* gesetzt.
[8] Egerl. *dás* oder *dá* (vor Vocalen, hier auch mit dem bekannten eingeschobenen *r*) vgl. Schmeller I 545; alemann. *aß*, fränk. auch *əß* DM VII 461, 3, ostfränk. *at* = dass Heilig Beiträge S. 6; auch im Gottscheew. *aß* (sowie die Artikelformen '*s*, '*n*, '*in*, die auch das Egerl. und Bayr.-Öst. kennt) Hauffen Sprachinsel G. S. 24.
[9] Beide Formen auch oöst.

wenn die Verhältnisse darnach sind, wenn es so weit gekommen ist, dass.« *Is 's àffa schṓ nimma, damma* (dass man) *dàu bleibt* Lorenz S. 40. mhd. *ist aber, daz ich gesige* Paul Mhd. Gr. § 389.)[1]) Zahlreich sind die Subjectsätze mit *dass* nach den elliptischen Ausdrücken *schod, müglé, schäi̯ g'nouch* und in analoger Weise nach *kámm* (k., *dá r ɔ doɔgscháut hàut* = er hat kaum hingesehen), *grōd* (g., *dá r ɔ niɔt ài̯ g̓ falu is* = er konnte gerade noch verhüten, daɔs er hineinfiel; verstärkt *grōd bɔ r ɔn Haus̓, v(ü)lläicht, niɔt (niɔt eppa, da r a vúl ümagołwat* (»herumgealbert« von *okwɔn* = albern thun) . . . *häit* B. d. K. u. P. I 127).[2]) *Nicht, als ob* ist unbekannt. Es macht den Eindruck, als ob hier adverbiale Bestimmungen oder selbst die bloße Negation, dort das Prädicat aus dem Satzganzen herausgesetzt und dem übrigen Theile dieses Ganzen übergeordnet worden wäre; statt *vielleicht kommt er: vielleicht, dass er kommt*; statt *er kann kaum gehen: kaum, dass er gehen kann* u. s. w.[3]) Beide Formen *eɔ koɔ̄ kámm gäih* und *kámm dá r ɔ gäih koɔ̄* finden sich übrigens wie im Steirischen (Rosegger Dorfsünden 1890 S. 52 *Er ist nicht groß, gar nicht, dass er groß ist*) auch neben einander, so dass derselbe Gedanke zweimal, in abhängiger und in unabhängiger Form, gegeben ist. Diese Erscheinung tritt aber auch sonst — ohne Heraussetzung eines Satzwortes — vielfach auf: *Dös is scho denns niɔt wàuɔ — dá dös niɔt wàuɔ r is!* Der zweite Satz ist natürlich nicht vom ersten abhängig, sondern selbständig elliptisch zu deuten.[4]) Dieselbe Wiederholung kann auch im Nebensatz eintreten: *Öitzɔ wàiß é niɔt, how é mé éppɔ vɔscháut, — dá r é mé éppɔ denns vɔscháut hō̈, — odɔ . . .*

§ 106. Was die Objectsätze betrifft, so liebt die Mundart eigenthümliche exegetische Objectsätze nach *thun*, welche als Erläuterung eines vorausgeschickten oder nachfolgenden *das* dienen: *Dös fàt é ow*

---

[1]) Im deutsch-ungr. Berglande: *Ist oder* (aber), *dass sich die hausfrau verendert* Schröer WB 85 [194]. Im Steirischen tritt nach *es ist* die Hauptsatzform ein: *Und is 's, du sollst ins Wasser* Rosegger Der Baumwart (Neue Waldgeschichten 1886) S. 160.

[2]) Auch oöst. nach *schad, grad, (viel)leicht, kám.*

[3]) Im Steir. bei Rosegger findet sich, abweichend vom Egerl., auch die Bejahung in dieser Weise herausgehoben: Dorfsünden 1890 S. 52 *Wir wollten ihn schon brauchen — halt ja, dass wir ihn brauchen wollten*; *gern*: Der Geldfeind D. Buch der Novellen I² 180 *Gern, dass ich dir auch einmal einen Gefallen thun möcht*; das Personalpronomen mit der Bejahung oder der Verneinung: Neue Waldgeschichten (1886) S. 302 f. *Ich nicht, Das wollte ich nicht hergeben um den ganzen Jahrlohn vom stärksten Bauernknecht. Ich nicht, ich, dass ich 's hergeben wollt'. Ich schon, ich, dass ich Musik lernen thät.*

[4]) Diese Wiederholung in Form des *dass*-Satzes ist besonders in den Mundarten des ungr. Berglandes weit verbreitet (auch in Pressburg). Schröer Versuch S. 99 ff. [349 ff.] theilt *a fax en ån ofsŋg* aus Schmölnitz mit, in welchem sich besonders Ewemarl gern in solchen Wendungen ergeht, z. B. S. 105 [355] *simte poɔ: Si setzt sieh hi, bi* (wie) *a lauɔ en grìnd, daß ɔe sich setzt.* Vgl. S. 106 [356], 107 [357] und so durch das ganze Stück; dazu Schröers Anm. 78 S. 114 [364]. In Pressburg ist die Wiederholung, die meist eine gehässige Handlung zur Beschämung des Gegners ans Licht ziehen oder sonst etwas Ärgerliches anschaulich machen soll, zuweilen sogar dreifach: *da prátscht ɔa si* (setzt sie sich breit) *her wiara lauɔ in grìnd, und so prátsch' ɔa si, daß ɔa si prátscht.* Schröer verweist auf Reinwalds henneb. Idiotikon S. XIII, wo dieselbe Erscheinung im Henneberg. bezeugt wird. Wenn man fürchtet, der andere habe auf unsere Rede zu wenig acht gehabt, wiederhole man einen Satz so: *Es ist kalt, dass es kalt ist.* Im Egerl. dient die Wiederholung zumeist zur nachdrücklicheren Behauptung.

denus nist, dá r è dosgáng u bi(d)lot üm sua wos oder *dá r è dosgáng u. s. w., dös tát è nist.*[1])

§ 107. Attributsätze mit *dass* sind schon deshalb selten, weil die zumeist durch solche Sätze erläuterten abstracten Substantiva wie *Ansicht, Zweifel, Versicherung, Bedenken, Erinnerung* u. ä. dem Volke überhaupt nicht geläufig sind. Doch fehlen sie nicht ganz:[2]) *Dös Grisd u dös Gweems* (Gerede und Gewimmer), *dá r ɔ 's nist ǎshält, is látts là's* (leeres) *Záich*.[3])

§ 108. Die ausgebreitete Verwendung des *dass* in den vorher genannten (sowie in den Absichts- und Folge-)Sätzen hat diese Conjunction schließlich zur Bezeichnung der Unterordnung schlechthin — wenn auch nur in bestimmten Fällen — tauglich gemacht. Es ist hier noch einmal daran zu erinnern, dass es (seit dem Mhd.) die subordinierende Kraft anderer Einleitungswörter stützt und verstärkt (§ 63, 3), dass es in der Fortsetzung des Nebensatzes an die Stelle des Relativs tritt (§ 79). Es erscheint aber auch an Stelle anderer Conjunctionen,[4]) so in der Fortsetzung eines condicionalen Satzes mit *wenn*: *Wenn è* (ich) *g'suud wä u dá r è güngɔ wä…*; eines Temporalsatzes mit *wöi*: *Wöi ɔ dɔɔkummɔ r is u dá r ɔn äffɔ g'seah haut, is nɔm fráli ɔ Löicht áfgänga.*[5]) Dass es ferner nicht bloß in der Fortsetzung, sondern schon ursprünglich an die Stelle von temporalem *da, nachdem, seitdem* treten kann (so nach *öitzɔ*, nach bestimmten Zeitangaben), wurde oben § 83 S. 58 bemerkt.[6])

§ 109. Bei der mit dieser Ausdehnung des Gebrauches verbundenen Unbestimmtheit der Bedeutung ist es begreiflich, dass diese Conjunction sich auch dort zur bequemen Einleitung des Nebensatzes bietet, wo es gilt, diesen zunächst nur als einen vom nachfolgenden Gedanken

---

[1]) Ebenso oöst. Vgl. auch Rosegger Neue Waldgeschichten (1886) S. 302 *Das thät ich schon, das ich das Geigen und Blasen lernen thät*. Ders. Die grüne Rose, Heimgarten 1896 S. 853 *Das thu' ich nicht, dass ich jetzt sterben thät*. Substantivsätze anderer Art kennt das Egerl. meines Wissens nicht. Wohl aber scheinen einzelne tirol. Dialekte *dass*-Sätze zu kennen, welche ein von einer Präposition abhängiges Substantiv vertreten; wenigstens begegnet in einem in südtirol. Mundart wiedergegebenen Gespräch bei Helene Bohlau, Schlimme Flitterwochen (Deutsche Rundschau 92. Bd.) wiederholt die Verbindung *vor lauter dass*: S. 185 *Thun thuat er jetzt wieder nixen, vor lauter daß er grantig ist* (= vor lauter Ärger). S. 186 *Heunt hat 's wieder nöt reden kennen vor lauter daß s' geraut hat* (vor lauter Weinen).

[2]) Das Mainz. kennt sie nicht: Reis I § 27.

[3]) Ähnlich oöst.

[4]) Wie nöst. Nagl Roanad S. 490 § 225 und schon mhd. statt *dô, swenne, sô, sît*, stöβ Paul Mhd. Gr. § 388. Tobler PBB V 365, 7 (der auch franz. *que* als Fortsetzung von *quand* vergleicht).

[5]) Im Gottscheew. kann auch ein directer Fragesatz durch *dass* fortgesetzt werden: Schröer WBG 159 [425] •Liederanfänge• N. 4 *Ei lieber, bann* (wann) *komezt du bider* (wieder) *und daß du mih berzt* (wirst) *nam?* (Antw. in paralleler Form: *Dann dâ kim i bider und daß ih dih bert nam*).

[6]) Geradezu an die Stelle des Relativs (nicht in der Fortsetzung) kann *dass* im Egerl. nicht treten, wohl aber im Bayr.: Hartmann Volksschauspiele Glossar S. 565 (unter *da*) *á Pár, dá mi freut.*

abhängigen zu bezeichnen, ohne dass der Sprechende zu Beginn des
Satzes mit sich im Reinen ist, von welcher Art diese Abhängigkeit sein
wird: *Dá r ə hålt čirəmàl* manchmal) *ə wengl gåck is — derstwegn
is ə denns ə rechtschåffns Moš* (= wenn er auch ... ist; oder: was
das betrifft, dass er .. ist, so ist er dennoch u. s. w.).[1]) In anderen
Fällen entspringt der Schein verschiedenartiger Bedeutungen des *dass*
aus der Ellipse des eigentlichen Beziehungssatzes; so wenn dem eben
angeführten *dass*-Satze der Nachsatz *i wos gröd əsus* nachgeschickt würde
(Ellipse: das nehme ich ihm nicht übel, denn ich war gerade so).[2])

§ 110. Elliptische *dass*-Sätze dienen zum Ausdruck des Unwillens, des Bedauerns, des strengen Befehles, der Drohung, der Besorgnis, weniger des einfachen Wunsches und der Verwünschung, die
diese Form seit alter Zeit lieben:[3]) *Dást ows nist rous košst! Dást dè
nist mukst!* Es ist nicht unmöglich, dass dieses *dass* hier aus dem
lateinischen *utinam* stammt (Wunderlich Satzbau S. 65; vgl. S. 74) und
dass somit wenigstens beim Befehle von einer ursprünglichen Ellipse
nicht gesprochen werden kann. Eine ironische, auch in anderen Mundarten[4]) beliebte Drohung, ist *Dá r ė nist lach!* Object- und Subjectsätze lassen die Ellipse unzweideutiger hervortreten: *Nŏ dá(s) dös nist
wåus is!* (erg. das ist ganz gewiss).[5]) *Dá r ə sė nŏ nist schaimt!*
(wundert mich). *Dá neə des iwəràl dəbà sā̃ mou!* (ist doch ärgerlich).[6]
Stärkere Betonung des *dass* in elliptischen Subject- und Objectsätzen
(übrigens auch in vollständigen Satzgefügen) kann die Behauptung entschiedener färben: *Dá dös nist wåus r is!* (erg. darauf wollte ich
wetten, schwören.) Zur Verschärfung von Befehlen und Ermahnungen
hingegen wird diese Betonung des *dass* nicht angewendet, weder in
der Ellipse, noch im vollständigen Satze.[7])

§ 111. Der Unterschied zwischen bedingter und unbedingter Setzung
des Nebensatzinhaltes spiegelt sich in den Conjunctionen *wenn* und *dass*
(gewöhnlich auch in der Verschiedenheit des Modus: dort Indicativ, hier
Conjunctiv), namentlich nach 's is *Záit*, 's is *schöd*, 's is *schäi* u. dgl.:
Dass 's Zeit wā̃, wenn du di üm ra Wei umschaua thätst Urban Erzgeb.
Ztg. XVI 68.[8]) In den conjunctivischen *wenn*-Sätzen klingt für das mund-

---

[1]) Ebenso nöst. (Nagl Roanad S. 354, 7) und oöst.

[2]) Von den von Nagl Roanad S. 354 f., 8 angeführten Fällen der Ellipse des
Zwischengedankens (die, etwa mit Ausnahme von *wòs — dås*, auch oöst. gebräuchlich sind)
könnte unsere Mundart einige nicht nachahmen; so c) *Wȯs* (doch die befremdende Erscheinung verursachen mag), *dås-å nid ist?* (wós dås = warum doch.) *Děis is* (die Folge
des Umstandes), *dås-i nid mȯ* (dås = weil). d) *Ollās hȯud-å-mår aũ taũ*, (ausgenommen)
naglai, dås -å-mi nit treüdn hȯud. Auch mit vorangestelltem Nebensatz: *Dås-å mi nit treüdn
hȯud* (ist noch das einzige Gute); *dås auñari hȯud-å mår ė ollās aũtaũ*; vgl. Schmeller I
545. Beide Stellungen auch oöst.

[3]) Paul Mhd. Gr. § 378, 2. Baselst. Binz § 140, 1 b. In unserem Dialekte ziehen
Wunsch und Verwünschung *wenn* vor: *I wenn ə neə ə G·nick brechət!* Ebenso im Öst. *wann*.

[4]) In d. Wiener Ma. Schlögl Wiener Luft S. 87 u. ö.

[5]) Vgl. Schmeller I 545.

[6]) Alles ähnlich auch oöst.

[7]) Wohl aber nöst. Nagl Roanad S. 355 III.

[8]) Vgl. auch Nagl Roanad S. 357 zu V. 372 *dås*. Matthias Sprachleben S. 302

artliche Sprachgefühl ganz deutlich der Wunsch durch: »Wenn du dich doch... umsähest! Zeit wäre dazu.« Daher findet sich hier auch nicht *wenn* mit dem Indicativ, etwa *'s is Zäit*, *wennst*, sondern nur *dåst kinnst* (kommst).

§ 112. In Sätzen mit *sagen* und *denken*, aber nicht mit *meinen*, wird der *dass*-Satz viel regelmäßiger durch demonstratives *das* oder *es* angekündigt oder wieder aufgenommen als in der Schriftsprache.[1] »Ich habe immer gesagt, gedacht, gemeint, dass...« heißt *I ho 's (dös how é umm) g'sågt, i ho mə 's (dös how ə mə) denkt, dås . . .*, aber nie *i ho 's gmäi˜t, dås . . .*

§ 113. Die Mundart (wie auch die Umgangsprache) unterscheidet sich endlich von der Schriftsprache noch durch zwei Erscheinungen, die einander entgegengesetzt sind: einerseits schließen sich Hauptsatz und Nebensatz nicht mit derselben Innigkeit zu einer höheren Einheit zusammen wie in der Schriftsprache; anderseits verschmilzt der abhängige Satz mit dem regierenden öfter zu einer untrennbaren Einheit, in welcher die Grenzlinien beider ineinander verschwimmen.

Was die erste Erscheinung betrifft, so kennzeichnet die losere Stellung des Nebensatzes z. B. auch der Umstand, dass dessen Beziehung auf einen im Hauptsatz enthaltenen Begriff (oder umgekehrt) oft vernachlässigt wird, während die Schriftsprache diese Beziehung, wo sie sich darbietet, regelmäßig dazu benützt, um die Verbindung zwischen Hauptsatz und Nebensatz noch inniger zu gestalten: *In Buan draß lig'n döia Dinga z' tausnd- u tausndweis in da Åadn, wemma nää 'ra weng einigråbbt.* Lorenz S. 16 (statt: wenn man... hineingräbt, findet man...). *Folgst niat, sa hängt da Oksenzämsl nu àllawål durt àan Thüastuak.* Urban Erzgeb. Ztg. XVI 69. Dieser lückenlose äußerliche Zusammenschluss fehlt übrigens auch beigeordneten (und bloß logisch untergeordneten) Sätzen. Besonders häufig werden *seh ich, hör ich* als Mittelglieder solcher Gefüge übergangen.[2] Jemand erzählt, dass er in der Nacht ein Geräusch auf den Dachboden gehört habe. Er fährt fort: *I spring åff' åm Bu˛(d)n, is də Knest (Knecht) iəwə mäinə Lö'd˛n*, statt: ich steige eilends auf den Boden und sehe, wie der Knecht über meiner Lade ist.

§ 114. Die zweite Erscheinung, gewöhnlich als Satzverschlingung bezeichnet, ist wie im Mhd. (Paul Mhd. Gr. § 392) sehr verbreitet: *Denn waiß é niat wau é* (oder *é 'n*) *hu˜ tou* (mhd. *die enweiz ich war ich tuo*). *Wos haut ə g'sågt då r ə wü'l?* (mit starker Betonung des Fragewortes). *Wenn haut ə gsågt, da r ə künnt* (kommt)? *ən Wirt haut ə g'sågt då r é 's gé(b)m sol?* Bei den zuletzt genannten Sätzen mit *sagte ich* könnte man sich die Verschlingung der Sätze statt durch Verschiebung eines Gliedes des abhängigen Satzes auch dadurch entstanden denken, dass das Verbum eines Einschubes (*sagte ich*), gewissermaßen aus der Rolle des Einschiebsels fallend, unwillkürlich die gewöhnliche Nebensatzconstruction nach sich gezogen habe. Der Fall, dass das

---

[1] Dem Ahd. und Mhd. ist dies durchaus geläufig: Koch Herrigs Archiv XIV 287.
[2] Vgl. Reis I § 20 und II § 8.

vorausgenommene Wort nicht zugleich im Hauptsatz und im Nebensatz als Object gefasst werden kann, sondern nur im Hauptsatz, ist jedenfalls seltener (eigentliche Prolepsis), etwa: *Dem waiß i̯ niət, dá r ə kroͦ͞k is*. Geläufig ist unserer Mundart auch die schon dem Mhd.,[1]) auch der heutigen Umgangsprache und Schriftsprache angehörige Verschlingung der indirecten Frage nach *ich weiß nicht*: *Dös kost i waiß niət wöi vi̯l hunnət G(ü͞l d̯)n*; ähnlich nach *Gott waiß* oder *waiß Gott*: *Eɔ tout als wenn dös Gott waiß* (oder *w. G.*) *wöi gfárlė wä*. Auch die mhd. Mischung der Construction nach *nicht wissen* (indirecte Frage und Infinitiv) ist möglich, wenn auch nicht sehr verbreitet: *mə waiß niət woɔ zʹaiəscht oɔʹ packn*.

§ 115. Anakoluthische Satzbildungen sind wie in der Umgangsprache[2]) in Hülle und Fülle zu beobachten; nicht wenige derselben sind durch Einschübe verursacht: *Dös koɔ͞ r à* (ja) *gáuɔ niət wàuɔ saͦ͞, dá r ə géstən g·stur(b)m is, wal i géstən naummittoch — waißt, wöi i vɔ di͞ɔ furtgàngɔ bin? 's woɔ scho géchə* (gegen) *'Aum(b)d, — dàu bin i zɔ r in hiͦ͞ gàngɔ u dàu woɔ r ə nu gsund u frisch* u. s. w. Die Dialektliteratur ahmt indes solche Fügungen seltener nach.

Eine häufige Erscheinung ist auch der **Wechsel zwischen gleichbedeutenden Constructionen**, so zwischen einem Objectsatz mit *dass* und der conjunctionslosen Form des bloß logisch abhängigen Satzes: *Eɔ lásst sė niət ásriə(d̯)n, dá r ə də bəgégnt is u du bist oɔ͞ r in vəbáigàngɔ* = er lässt sich nicht ausreden, dass er dir begegnet ist und dass du an ihm vorbeigegangen bist. Über den Wechsel zwischen directer und indirecter Rede § 224.

§ 116. Sowohl die Umgangsprache[3]) als die Mundart drängen den Gedankengehalt ganzer Nebensätze oft in eine einzige Partikel (*dàu, sɔ, àffɔ*) zusammen. Der Bedeutungsgehalt dieser Partikel kann je nach der augenblicklich vorliegenden Situation oder der vorausgegangenen Rede in einem Bedingungs-, Absichts-, Causal-, Temporalsatz auseinandergelegt werden: Jemand hört, dass sein Schuldner in ungünstige Vermögensverhältnisse gerathen sei; er mengt sich mit den Worten ins Gespräch: *Dàu* (oder *àffɔ*) *wiɔ̑ r i̯ möin schàuɔ, dá r i̯ zɔ máin Göld kumm*.[4]) Ähnliches gilt übrigens auch von dem Pronomen *das*, mit dem man Gesehenes oder Gehörtes wie in der Umgangsprache zusammenfasst. In der letzteren kann ferner ein Bedingungssatz, der eine vorausgehende Behauptung wieder in Frage stellt, durch *dann* ersetzt werden: *Es ist nicht wahr — und dann* (sc. wenn es auch wahr wäre): *er hat mir ja versprochen* u. s. w. (Wunderlich Umgangsprache S. 147). Der Dialekt verwendet in diesem Falle nicht das dem *dann* entsprechende *àffɔ*, sondern *überhaupt* (das sonst auch = *besonders* steht): *I koɔ͞ dɔ öitzɔ scho nėks mäiɔ gébm u üwəhápt* (*iəwəháps*) *dös schickt sė niət, dás* u. s. w.

---

[1]) Paul Mhd. Gr. § 392, 1.
[2]) Vgl. die Beispiele aus Sudermanns Heimat bei Wunderlich Umgangspr. S. 138.
[3]) Wunderlich Umgangspr. S. 108.
[4]) Vgl. Rank Aus d. Böhmerw. S. 107 *Er* (der Bauer) *stand vor dem dritten Scheit* (Holz): »*So mächt i doch wiss'n* . . .« Über die »überordnenden« Partikeln *aft* und *so* im Nöst. vgl. Nagl Roanad S. 491 § 227. Sie gelten auch für das Oöst.

(= und wenn ich dir auch mehr geben könnte, so schickte es sich doch nicht, dass . . .). Über *mâi͡ tâ(ẹgn = ich nehme an* oder *wie ich annehme* § 55, 2 *g, γ*.

§ 117. Der Nebensatz kann endlich auch nicht einmal durch ein derartiges Wort angedeutet sein. Diese vollständige Ellipse des Nebensatzes tritt z. B. nach *i wâiß niət* ein: *I wâiß niət, mi͡ə r is scho ə pṓ Tēch ni͡ət reət* = ich weiß nicht (erg. *was der Grund davon ist* oder *wie ich mir das erklären soll, nämlich*) mir ist schon ein paar Tage nicht wohl.¹) Auch an den Conjunctiv der Nichtwirklichkeit (im Hauptsatze) ohne ausgesprochenen condicionalen Vordersatz ist hier zu erinnern. Vgl. auch S. 64 Anm. 7 (*dös is niət ne͡ə r ə̄sus*) und S. 68 Anm. 1.

§ 118. **Stellung des Nebensatzes.** Außer Vor- und Nachsätzen gibt es wohl auch Zwischensätze; diese sind aber nie so gestellt, dass vereinzelte Wörter des Hauptsatzes, sogenannte »nachklappende Satztheile«, nach längeren Zwischensätzen die Periode beschließen; also nicht *Mā Gōld hiəv ē in də Lō̤d̤n* (Lade), *wos dru͡ə(b)m in də Kämmən hintə də Tiə* (Thüre) *stäiht, äf*.

§ 119. Hier sei auch noch eine Erscheinung erwähnt, die sich als eine Art von **Conjugation des Bindewortes** darstellt; sie erstreckt sich auf das Relativpronomen *der*, auf *wer, was, wie, wo, wenn* (= wann und wenn), *weil, bis, ehe, sobald, solange, dass.* Zwar kennen auch andere Dialekte diese Suffigierung der verbalen Flexionsendung, so der bayrisch-österreichische, fränkische, obersächsische, schlesische, iglauische, deutsch-ungarische Dialekt;²) doch ist sie wohl nicht leicht irgendwo in solchem Umfange durchgeführt wie im Egerländischen.

Das Personalpronomen tritt, falls kein besonderer Nachdruck darauf liegt, stets in enklitischer Form an die einleitenden Bindewörter. Dies gilt allgemein. Bei den oben angegebenen Bindewörtern jedoch wird vor das enklitische Pronomen noch die Flexionsendung des Verbums eingeschoben: Sing. 1. Pers. *dā-r-e* (im Planer Dialekt wird *i(ch)* als geschlossenes *e* gehört, *r* ist Gleitlaut), z. B. *dā-r-e häiə* = dass ich höre. 2. Pers. *dást* (< *dá(s)-st-d(u)*) *häiəst.* 3. Pers. *dā-r-ə häiət.* Plur. 1. Pers. *dámma* (< *dāsn-mə*) *häiən.* 2. Pers. *dā-ts häiəts.* 3. Pers. *dúns* (< *dāsn sē*) *häiən.* Charakteristisch für unseren Dialekt ist hiebei Folgendes:

1. Die Flexionsendung tritt nicht nur in der 2. Person Sing. und Plur. ein wie im Ober- und Niederösterreichischen, sondern wie im Nabdialekt Bayerns in allen Personen mit Ausnahme der 1. und 3. Pers. Sing.

2. In der 3. Pers. Plur. findet sich dieselbe Erscheinung auch neben anderen als pronominalen Subjecten: *Dän d' Láit häiən.*

3. Die suffigierte Form des Bindewortes steht nicht bloß neben der enklitischen, sondern auch neben der vollen Form des Pronomens und

---

¹) Ebenso nöst. (Nagl Roanad S. 129 zu V. 158 f. *I wōəs nid, i grōud hȫlld ainjəs gsöllschäft töu köət*) u. oost.
²) Gradl Kuhns Ztschr. XX 200 f. Schmeller § 722. 723. Nagl Roanad S. 59 zu V. 48 *waún-t-á.* Weinhold Dialektforschung S. 81. Schröer Versuch S. 17 [267] f.

zwar in allen Personen:[1]) *Dåst du, dån mia, dåts diats, dån si.* Gradl (a. a. O.) scheint geneigt, aus dem Umstande, dass diese Suffigierung in den der slavischen Sprachgrenze nahe gelegenen Gebieten am weitesten vorgeschritten ist, auf einen Zusammenhang mit ähnlichen slavischen Bildungen (*kdybys, žebychom, jakoby*) zu schließen. Zur Klärung dieser Frage bedarf es indes wohl noch genauerer Ermittelungen in Bezug auf alle diese Mundarten.

IV. Wortclassen.

1. Interjectionen.

§ 120. In der von Mund zu Mund fliegenden Rede löst auch der flüchtigere Reiz des augenblicklichen Eindruckes leicht einen Reflexlaut aus, bevor dieser Eindruck von der Überlegung erfasst und verarbeitet werden kann. Daher ist alle lebendige Sprache, vor allem der Volksdialekt, der üppigste Nährboden für Interjectionen aller Art.[2])

a) Primäre Interjectionen.

§ 121. Hier sind die Naturlaute des Affectes und die aus anderen Wortclassen stammenden Interjectionen zu trennen.

α) Naturlaute: *å, ä, (ö,) i, o* (bezw. *åh, äh, öh* u. s. w.); *åu, åi, ui.*

Da eine Eintheilung derselben nach der Bedeutung durch die Vieldeutigkeit einzelner dieser Laute — je nach der Verbindung mit anderen Wörtern und nach der Betonung — ungemein erschwert ist, so ziehen ich es vor, sie hier lautlich zu ordnen und die hervorragendsten Verwendungen anzugeben. Das letztere ist nothwendig, denn gerade in der Bedeutung einer und derselben Interjection heben sich die mundartlichen Gebiete oft charakteristisch von einander ab.

§ 122. Helles *å* (*ā* und *å̄*) mit starkem und hohem Stimmeinsatze und sinkender Tonhöhe und Tonstärke gesprochen, drückt Verwunderung, Überraschung aus; mit umgekehrter Betonung entweder warme Anerkennung oder angenehme Überraschung; bei längerem Verharren auf dem starken Schlusstone (im zweiten Fall) langsam aufdämmernde Einsicht (auch *å˘hå˘!*); mit gleichschwebendem oder ganz langsam sinkendem Tone behagliche, wohlige, auch wehmüthige Empfindung.[3]) Kurzes *å*, in hochschwebendem Tone hervorgestoßen, bedeutet ungläubiges Staunen; in tieferer Lage und unwilligem Tone (länger oder kürzer gesprochen) ist es eine kurz abweisende Verneinung: *Sol é an Dokto huln?* Antwort:

---

[1]) Im Nöst. (Nagl Roanad S. 59 zu V. 48 *waúntå*) nur neben der 2. P.: *waúntst—åů, waúns — éis.* Der oöst. Dial. stimmt im wesentlichen mit dem nöst. überein.

[2]) Vgl. Erdmann Grundzüge § 129. 130. Wunderlich Umgangspr. S. 24 ff. Binz § 1—10. Reis II § 1. 2.

[3]) Ähnlich oöst., wohl auch nöst. und überhaupt im ganzen bayr.-öst. Sprachgebiet; z. B. behagliches *ā*: Stelzhamer Ma. D. I 91 N. 45, 7 *Áh, da* (wenn ich nach Feierabend im Grase liege) *thuat ma koan Glíedl, Koan Herzáderl weh!* II 14 N. 3 V 49 *Á*, hat das Sitzn á Güatát. Befriedigung drückt es aus bei Kaltenbrunner *D' Erschaffung von Öšterreich* (Aus dá Hoamát I² 104) *Åh, dös hat má gratʼen!*

§ 122. 123. IV. Wortclassen. 1. Interjectionen.

Á! (= Lass mich doch damit in Ruhe! Was fällt dir ein!)¹) In derselben Bedeutung steht, es auch als Vorschlag vor anderen Wörtern: *Á dös gláw) é niət! Á dös tou é niet! Á wàuhes! Á bəlái!* Lorenz S. 11. *Á wos tiət* (thäte) *é mit dəən Záich! Á mái˜! Á wos!* (= ach was! ei was!)²) Über *á-jà, á-nā˜* später bei *jà* und *nā˜* § 141. Nasaliert wird einfaches *á* in der Regel nicht (wie z. B. im Alemann. *an mein!* DM IV 105, 24). Eine Verdopplung von nasaliertem *á* (*á˜-á˜* mit dem Tone auf dem zweiten Vocal) wird in der Kindersprache in Verbindung mit *màchn* = *cacare* gebraucht.

Ä (kurz und lang) drückt heiteren oder übellaunigen Verzicht, Geringschätzung, Ärger oder Überdruss aus. *Ä wos! Ä sə sá 's scho wöi 's wjè!! Ä làu 'n gàih! Ä mŏch!* (mag sc. es so sein). Auch *ä* dient als Verneinung und Weigerung, und zwar bedeutet es, mit gleichschwebender höherer Stimme gesprochen, dass der Gedanke der Verneinung oder Ablehnung noch in der Schwebe sei *(w(ü)ist mitgäih˜ ?* Antwort: *Ä!*), während kräftiges Senken der Stimme die entschlossene Ablehnung andeutet; dann nähert sich *ä* dem *á* der Abweisung, nur dient *ä* mehr der gleichgiltigen, geringschätzigen, verdrießlichen, *á* mehr der schroffen Abweisung.³) Es entspricht der Bedeutung des einfachen *ä*, dass in der Kindersprache die Verdopplung *ä-ä* zur Abschreckung vor etwas Schmutzigem, Hässlichem (und dann zur Bezeichnung des schmutzigen Gegenstandes, Kothes u. dgl. selbst) dient.⁴) Ein dumpferer Laut, *ŏ* oder *ŏu* als Abkürzung von *ŏhá, ŏuhá* u. dgl., erscheint in der Fuhrmannssprache als Halteruf. Geschlossenes *é*, sowie nasalierte Formen von *ä* werden in unserer Mundart wohl nicht als Interjectionen gehört.

I, nach Wunderlich (Umgangssprache S. 27) mehr dem Norddeutschen angehörig, erhöht als Vorschlag vor Aufforderungen, Wünschen und Verwünschungen (auch vor Schimpfwörtern) deren Eindringlichkeit: *I gàih neə!* (auch bei ironischem Drängen bei endlich abgerungener Zustimmung)⁵) *I wennst dè neə reət ászələst! I mái˜!* (über *mái˜* § 148.) Bei Schimpfwörtern steht es in der Regel vor dem vorgeschobenen Anredepronomen: *I du Freckbolg!* sagt die Gans zum Kettenhund bei Lorenz S. 26. Auch *i du mái˜!* (*i sŏgh gàua neks màia*) B. d. P. u. K. I 128. Endlich dient es überhaupt zur eindringlicheren Versicherung: *I! d' Zeit wiad da nāä˜ làng.* Lorenz S. 27.⁶)

Á, ä und *i* verbinden sich gerne mit den enklitischen Formen von *so (sə): á-sə, ä-sə, i-sə* und von *nun (nŏ˜, no): á-no, ä-no, i-no;* auch mit

---

¹) Ebenso nordb. (Haida): *A...lößt mr Ruh mit dan Weibvölkern!* Tieze Hejmt II 80.
²) Ebenso oöst. *a belei* (auch *beleiwe); a was*; südb. (Krumnau) *a wou* als Verneinung oder unwillige Ablehnung. Tirol. dasselbe *a wàss* (Deferegg. Hintner S. 48 Anm. 13). *Ach was* ist in unserer Mundart als Verneinung nicht gebräuchlich; dagegen im Mainz.: Reis II § 2 und 60, 1.
³) Dieselbe abweisende Interjection in der Färbung *é* bezeugt Schröer im ungr. Berglande: Versuch S. 118 [368] Z. 6 (u. Anm. 3): *é, bäs* (was)*! sägt da man, du pist nèch recht geschaid.* In dem gleichbedeutenden *ech* oder *äch*, das Schröer S. 117 [369] Anm. 3 als österr. bezeichnet *(äch gebts ma-r-an frid!),* liegt vielleicht nur eine stärkere gutturale Aussprache des *h* in *eh*, nicht mhd. *ahi* vor.
⁴) Ebenso im Tirol.: Schöpf DM V 217; auch *gèźkd* (= egerl, *gäcks?*) in derselben Bedeutung DM V 344. Henneberg. *acks* = pfui! koburg. *äck, äckäck* (auch als Substant. wie *ä-ä* = Koth) DM VII 131.
⁵) *A gaih neə!* klingt dagegen nie dringend, sondern gleichgiltig, verdrießlich.
⁶) Ebenso nordböhm. (Schönau): *Wenn enner Schlof hot, i, da leid-e* (liegt er) *De droffe* (sc. auf dem Stein) *we uff Sommt und Se'de.* Tieze Hejmt III 60.

a) Primäre *α)* Naturlaute (*á*, *ã*, *i*, *o*; *áu*).

beiden: *á-sɔ-no*, *ã-sɔ-no*, *i-sɔ-no* und *á-no-sɔ*, *ã-no-sɔ*, *i-no-sɔ*; selbst mit doppeltem *sɔ*: *á-sɔ-no-sɔ*, *ã-sɔ-no-sɔ*, *i-sɔ-no-sɔ*. Alle diese Verbindungen können vor *jā* und *nā̆"* treten (vgl. § 141).

O (auch etwas erhellt *å*) allein, ohne folgendes Pronomen vor einem Vocativ dient nicht zur bloßen Unterstützung dieses Vocativs wie im Nhd., sondern es nähert sich dem abweisenden *á*. So will der alte Hirte (bei Lorenz S. 6) den angebotenen Tabak mit den Worten ablehnen: *O Her! dös wā z' vül*. Hier könnte in dem gleichen Sinne auch *á* oder *ow* stehen. Als Vorschlag des Vocativs erscheint *o* in unserer Mundart hingegen kaum anders als mit folgendem Pronomen; so besonders vor Schimpfwörtern: *O du Kàlfàktɔ! O diɔs Bɔtrȯuchɔ!* Aber auch sonst: *O du schäi"s (bloutis) Herchɔll* (Herrgöttlein)!¹) Über die Zusammensetzung mit *je*: *o-je*, (oder *oi-je*, *ui-je*) vgl. § 123.

Verdopplung sowie Nasalierung kommt bei *i* und *o* nur als individuelle Eigenheit vor.

§ 123. **Diphthonge.** *Áu* (vielfach zu *àu* verdumpft, mit dem Ton auf *u*, oder zerdehnt in *ā̆-ū̆*) ist wie in der Schriftsprache ein Ausruf des körperlichen Schmerzes²) oder sonstigen Unbehagens, auch lebhaften Mitleides, besonders in der alten Verbindung mit *wäih* (wehe), das für sich allein nicht vorkommt: *àuwäih*; so in dreimaliger Wiederholung im Egerer Fronl. 5964 und 6240; ebenso in einem Volkslied (als Refrain) Urban A. d. H. S. 35. Daneben wird *àuwäih* auch in abgeschwächter oder ins Ironische hinüberspielender Bedeutung verwendet. So pflegen es manche Leute sogar am Schlusse eines herzhaften Gelächters anzufügen, um das gewissermaßen schmerzende Übermaß des Lachreizes anzudeuten, oder es wird zum Ausdruck gutmüthigen oder spöttischen Bedauerns bei geringfügigen Anlässen z. B. bei einem verfehlten Schusse, Kegelschub u. dgl. gebraucht.³) Verkleinerungsformen sind *àuwäiɔ(r)l*, *àuwäiɔlɔ*. Substantiviert wird *àuwäih* nicht.⁴)

---

¹) Im Oost. kommt dem abweisenden Sinne das *o* in *o mein Gott nā* nahe. Hier erscheint es auch vor *mein* (im Egerl. *a*, *ã*, *i*, *ái*, *ui*, *nō̆*); *o mein, o du mein!* (egerl. *nō̆ du mäi"* oder *mäinɔ*?) Behagen und Resignation mischt sich in *o mein!* bei Stelzhamer im Anschluss an die zweite S. 77 Anmerkung 3 angeführte Stelle. *U mei* ist bei Kindern ein Ausruf des Gefallens (beim Streicheln von Thieren, z. B. von Kätzchen u. dgl.). Gefallen und freudiges Erstaunen bezeichnet es bei Stelzhamer Ged. III 128 *Mádl* (Mädchen) . . . *schen und gschmachi — und so gspráchi — und so fein — o mein, o mein!* Selten steht *o* vor bloßem Vocativ: Stelzh. Ma. D. II 17 N. 3 VI 93 *o Ephásil!* Gewöhnlicher vor Pronomen: *o du Gfikät!* (vgl. Schmeller I 689.) Häufig im Ausruf: *O wie bráv is der Bue!* Stelzh. Ma. D. II 26 N. 6 II 6. *O dö Zeiten — auweh!* Kaltenbrunner *Dá Hollábám* (A. d. H. I⁹ 99). *O heunt is 's wiedá ganz aus* Ders. *Dá Teufel u dá Stiefel* (ebd. 107).

²) In Meiningen *autsch!* DM VII 143.

³) Im Oost. ebenfalls mehrmals wiederholtes *auweh* mit der Betonung: *áuweh auwéh; áuweh auwėh auwéh. Áuweh, auwé!* als Kehrreim bei Stelzhamer Ma. D. I 68 N. 23. Verwunderung und Freude wie *ouwé* in altbayrischen Denkmälern (Weinhold Bayr. Gr. § 261: Verwunderung auch im ungr. Berglande: Schröer Versuch S. 182 [432] Anm. 3) kann *àuwäih* in unserer Mundart nicht ausdrücken. Dieselbe Bedeutung ist in d. südl. Übergangsmundart (Neuern) bei einfachem *au* zu beobachten: J. Rank Aus d. Böhmerw. S. 116 Z. 9 v. u.; S. 125 Z. 7 v. u. Hier übersetzt Rank *au!* *a Semmlseindl* geradezu mit »Sieh da! — eine Semmelschnitte!« Ebenda S. 248 »*Dös is üwa ra Kummedɔ! Au!*« sagte *Reserl und lief in die Küche*. Erweitertes *au wie Jeichen* (Schröer WB 31 [241], *au juichen* Versuch S 36 [286]) ist wohl = *ach Jesulein. Au in au gein se, au guitchen!* = gehen Sie nur, gut, gut vergleicht Schröer (Versuch a. a. O.) mit dem inhaltsgleichen schles. *ock*. In der Mundart von Fallersleben ist *wanne* = *o weh*, ein Unglück ahnender Ausruf: DM V 300.

⁴) Wohl aber im Schles. *der auwäih (auwi)* = kranker Finger: Knothe WB

Ái (in nachlässiger Zerdehnung *á-à*), welches nach Wunderlich (Umgangsprache S. 27) ein größeres Gebiet beherrscht als *i!* tritt zunächst wie in der Schriftsprache vor die Aufforderung: Egerer Fronl. (das diese Interjection besonders liebt) 774 *Ei vatter, das thu mir bekant*; 3861 *Ei, lieber freunt Juda, mir das sag.* Vgl. 5074. E. J. VI 141 *Ei, ... tänzts an Drischlogh!* Einen ähnlichen Sinn hat es wohl auch vor den lautmalenden Ausrufen fröhlicher Tanzlust: *Ei hopsassa, ei trellela, ei hops dialeido!* Urban A. d. H. S. 13. Verwandt ist der Gebrauch vor einem Wunsche: *Ái vəgelt 's Gott*, auch in indicativischer Form *ái hàust* (hast = habe) *Dànk*. Aus der Aufforderung und zwar aus einer Aufmunterung, die der Sprechende an sich selbst richtet, erklärt sich die Bedeutung der Geringschätzung. Will jemand ausdrücken, dass er es über sich gewonnen habe, sich über etwas Unangenehmes hinwegzusetzen, so leitet er die Worte, mit denen dies geschieht, oder die Erzählung hievon gerne mit *ái* ein: *ái* (bezw. *ái, how é denkt, wos wiə r è mè dau làng gresmə!* Daher auch in Verwünschungen des Ärgers und Überdrusses: *ái, so wollt è scho!* (erg. dass der Kuckuck das und jenes hole!) Ferner ist *ái* ein Ausruf der Verwunderung, des Staunens, besonders in höherer Stimmlage gesprochen: Egerer Fronl. 772 *Ei, wo ist nun das wilde thir?* sagt Isak verwundert zu Abraham. Vgl. auch 1019. 1081. Ein ähnliches *ái* begegnet auch in dem formelhaften Ausruf des Staunens *ái schöllt dài!* (ohne *ái* bei Neubauer Idiotism. S. 97). Aus der Bedeutung der Verwunderung erklärt sich der häufige Gebrauch in der Frage: Egerer Fronl. 4892. 4895 u. ö. In der Aufforderung wie in der Frage tritt *ái* sehr häufig vor den Vocativ: so im Egerer Fronl. (vgl. oben *Ei vatter, ei lieber freunt Juda* u. ö.), im Volkslied: *Ei, herzata Bou, wàu kunnst denn hea(r)* HTV S. 176 N. 132. Der Bedeutung des Staunens nahe verwandt ist die des Mitleides (das sich aus dem Staunen über das Unglück anderer entwickelt), wobei *ái* in tieferer Stimmlage gesprochen wird; *ájái, ájájái* rufen die Zuhörer in mitleidigem Staunen bei der Erzählung eines Unglücksfalles (wobei noch gerne *ts-ts-ts*, aber mit eingezogenem, nicht mit ausströmendem Athem artikuliert, hinzugefügt wird). Aus der Bedeutung der Aufforderung bezw. der Zurückweisung einer solchen erklärt sich der Gebrauch von *ái* vor der Bejahung und der Verneinung bezw. Abweisung: *ái-jà* oder *ái-jàu* (*eijàu* bei Lorenz S. 6) = ei ja, ironisch auch = nein:[1]) es erscheint zwar nie vor einfachem *nă*, aber in den gleichbedeutenden Formeln *ái wàijàu, ái wàuhes, ái hàut si wũl* (Lorenz S. 13), *ái làuts mə mă Rouh, ái mă* (Lorenz S. 36) und ähnlich in *ái pfui Tàifl!* (Egerer Fronl. 963 *ei pfei euch!*) Endlich wird *ái* nicht bloß neben der Bejahung, sondern selbst als Ausdruck der Zustimmung, besonders zu einer negativen Behauptung, gebraucht: *Deə* (ein Verschwender) *koə 's do (du) niət làng màiə suə tràí(b)m*. Antw. *Ái!* (= gewiss nicht! Da hast du recht). Das Volkslied des Egerlandes zeigt (gleich dem Egerer Fronl. vgl. die oben gegebenen

---

72. Egerl. *də Wäikding* = Schmerz und schmerzende Geschwulst, Verletzung u. dgl. (Neubauer Idiotism. S. 106; vgl. Schmeller II 825) oder *də Wéwə* (Neubauer a. a. O. S. 107).

[1]) Über das stark abweisende *eiawö* im Deferegg. (Hintner S. 6, Schmeller I 8) vgl. § 138.

Beispiele) eine bemerkenswerte Vorliebe für diese Interjection: HTV
S. 153 N. 77; S. 174 N. 129. 130 *a*; S. 175 N. 131; S. 176 N. 132;
S. 191 N. 162; S. 198 N. 176 *a*; S. 199 N. 176 *c*; S. 212 N. 204 *a*;
S. 229 N. 226 u. ö.¹)

Die Verdopplung *áiai* (gesprochen *ájái*) bezeichnet in der Kindersprache das liebkosende Streicheln der Wangen; sie wird auch substantiviert: *ɔn áiái ge(b)m, màchn*; vom einfachen *ái* ist nur ein Diminutiv *áiə(r)l* gebräuchlich: *Gi(b)mɔ r ɔ áiɔ(r)l!* Neubauer Erzgeb.-Ztg. X 246.²)

Ui (auch *oi*³), in nachlässiger Zerdehnung *o-é, o-ä*) dient gleich *ai* zum Ausdrucke der Verwunderung (*Ui Heɔschàft! Ui Stràl* oder *Stràɔch! Ui Fràisl!*), der Aufforderung, der Verneinung und Abweisung (aber nie der Zustimmung), unterscheidet sich jedoch von *ái* durch die häufige Nebenbedeutung der Geringschätzung oder des Ärgers: *Ui zöis dé niɔt ɔsuɔ!* = benimm dich nicht so geziert! *Ui Gott, dàu wiɔd 's sä˜!* = ach Gott, da wird etwas daran liegen! *Ui wenn è hàiɔ!* = wenn ich (dergleichen) höre! (erg. so weiß ich, dass nichts daran ist). *Ui mài˜* oder *ui du mài˜!* (= ach hör' mir doch auf!) ist ein Ausruf der Geringschätzung oder des Ärgers, der wohl von der abweisenden Bedeutung aus zu verstehen ist. Die Bedeutung der Geringschätzung (eines Ungemaches) tritt auch hervor, wenn man damit ermunternde oder tröstende Worte einleitet: *Ui Màidal, hurch af, Thou niat sua wàina* HTV S. 162 N. 103. Mischt sich Spott oder höhnische Schadenfreude in die Verwunderung oder Abweisung, so wird die Interjection gerne langsam zerdehnt: *O-ä, dös sol éppɔ r ɔ Kunststück sä˜?* Die Verbindung mit *jé, uijé* (über dieses § 126) kann dieselben Bedeutungen haben wie einfaches *ui* (mit Ausnahme etwa jener der Aufforderung), sie drückt aber, dem zweiten Compositionstheil entsprechend, auch Mitleid und Bedauern aus.⁴)

§ 124. Dass neben diesen wirklichen vocalischen Interjectionen auch jene unbestimmten Übergangslaute zwischen den Wörtern Beachtung verdienen, welche »als misslungene Ansätze zur Articulation« bezeichnet werden können, hat Wunderlich (Umgangsprache S. 25) an einem Beispiele aus Sudermanns »Heimat« gezeigt. (Vgl. *ich-ɔ* § 44.) Es wäre noch hinzuzufügen, dass derartige Laute keineswegs bloß die augenblickliche Verlegenheit des Affectes malen, sondern von Leuten

---

¹) Lambel macht mich auf die oöst. Form *eyá* aufmerksam: Stelzhamer Ma. D. I 28 N. 6 III 21 *eyá boɫei!* = »ei, beileibe!« II 10 ff. N. 3 kehrt *eyá* = »freilich« in der 3. Zeile von I. II. III. IV. VI. wieder; ähnlich II 28 N. 7, 51; D' Ähnl 1005 *Eiá, hät's, was 't habts, nöt* = »ja freilich, hättet ihr, was ihr habt, nicht.« Dasselbe *eia* als Ausruf fröhlichen Staunens begegnet in einem Gedichte von Franz Hirsch (C. Busse Neuere deutsche Lyrik, Hendels Bibl. d. Ges.-Lit. N. 879—885 S. 355) »Vor Mailand«: *Eia, wie flattert dein staufisch Panier!* (Versictus auf dem *ei*.)

²) Vgl. Schmeller I 2. Lexer Kärnt. WB 81. Tirol. auch *a Neidl* (= an *Eidl*?) DM IV 60. Schöpf Tir. Id. 6. 464. Im Schles. hiezu ein Verbum *aien* (neben *ai machn* = egerl. *diái màchn*) Knothe WB 56 oder *hairen* ebend. 280; Pressburg *ai(d)n* Schröer DM VII 223. Schles. *aien* = küssen, *Aiɛ*, Kuss. Weinhold Schles. WB 5.

³) *Oi* auch im kärnt. Lesachthal: DM IV 40. Lexer Kärnt. WB 199.

⁴) Oöst. im ganzen ebenso; nur fehlt bei *ui* nicht nur die Bedeutung der Zustimmung, sondern auch die der Aufforderung.

aus dem Volke nach individueller Gewohnheit so massenhaft zwischen die Wörter eingeschoben werden, dass sie förmlich den Untergrund der Rede bilden, in den die einzelnen Wörter eingebettet sind. Ein derartiges Hinschleifen des leeren Stimmtones von Wort zu Wort macht den Eindruck geistiger Trägheit oder physiologischer Unbeholfenheit, die sich mühsam von einem Wort zum andern forttastet.

§ 125. **Interjectionsvocale mit vorgeschlagenem** *h*: *Hé, ho, hui, hoi*. Nasalierungen, Verdopplungen, Mischbildungen: *ha͂*, *ha͂·ha͂·; a͂·ha͂·, hohō, ohō̄*: *ōni*.

1. Von den einfachen, nicht nasalierten Bildungen *há, hé, hi, ho, hu, háu, hui, hái* u. s. w. sind unserer Mundart nur *hé, ho, hui, hoi* geläufig.[1]) *He* oder *häi* (der bayr. Plur. *hèts*, oberpfalz. *heits* Schmeller I 1028 fehlt unserer Mundart)[2]) dient wie in der Umgangsprache (Wunderlich S. 28) als Anruf zur Erregung der Aufmerksamkeit, wobei es sich gerne mit *da* verbindet: *hé dåu!*, ferner als Aufforderung zur Antwort *hé?* der Frage nachgeschickt wie das gleichbedeutende *ha͂·?*). Vereinzelt ist *häi* = ach! o! z. B. HTV S. 366 N. 864 (Plan) *Haih, mein Ärm thoun ma(n) waih!* Es ist auch der charakteristische Ruf einer gespenstischen Gestalt des Egerländischen Aberglaubens, eines Sumpfgeistes namens *Hái-Moj* (He-Mann). *Hai* hat außerdem noch die specifische Bedeutung »da nimm! da hast du!« z. B. *Gimm? gib-m?) r ǝn Épfl* (Apfl)! Antw. *Häi!* Der Plural hiezu lautet nicht *häits*, sondern nur *dåu häuts!* = da habt ihr! Dieser besondere Sinn von *hai* lässt sich mit der allgemeinen Bedeutung von *hé* oder *hai* (Erregung der Aufmerksamkeit) immerhin zwanglos vermitteln.[3])

Ho, selten unverdoppelt, dient ebenfalls zum Anruf. *Hui* wird wie in der Umgangsprache meist substantivisch gebraucht: *in ǝrǝn Hui. Hui-áf* = wohlauf! Juchhe! *Hoi* dient in der Fuhrmannssprache als Beschwichtigungsruf. Vorschläge anderer vocalischer Interjectionen vor die mit *h* anlautenden z. B. schles. *i hé du* DM III 409, 361) kennt unsere Mundart nicht.

---

[1]) Das bayr.-öst. *hau* (Schmeller I 1022 f.) = sieh, schau (südböhm.: *au* = *hau*? vgl. oben § 123), bayr. *hai (häi)* eine Interj., durch welche der Angerufene kundgibt, dass er den Ruf vernommen hat (Schmeller I 1019, ebenso henneberg. DM VII 294, in Kärnten in gleicher Bedeutung *hou* für die Nähe DM IV 39, Lexer Kärnt. WB 142, 199 u. ö; vgl. S. 84 Anm. 1), sind im Egerl. unbekannt.

[2]) *Hets* und *häits* (von Th. v. Grienberger in Nagls DM I 144 als *heit es* gedeutet) ist jedenfalls in die Reihe der anderen conjugierten Interjectionen und Conjunctionen zu stellen: *dåu-ts, mai·ts, wöi-ts, no-ts, ha͂·-ts* u. s. w.

[3]) An das dem Sinne nach naheliegende mhd. *hie*, ahd. *hiar* ist jedenfalls nicht zu denken, da dem ahd. *ia*, mhd. *ie* im Egerl. *oi* (nicht *äi*) entspricht. Vgl. *die: dói*. Die Partikel *sē*, im Oberdeutschen weit verbreitet, fehlt unserer Mundart meines Wissens vollständig. Sie wird im Bayr.-Öst. flexivisch ausgestaltet: *sè-r-ǝ), sè-s, sè-ts* oder *sètts), se-nx* nehme er, n. sie u. s. w. Schmeller II 201 und ist noch allenthalben in lebendigem Gebrauche; so im Oöst. Stelzhamer Ma. D. I 300, 14 *na se!* Lexer Kärnt. WB 229 f. Schöpf Tir. Id. 663 f. Gottscheew. *sè, sḯa*, = da hast du, *sèat* = da habt ihr (auch *sja, sjat*) bei Schröer WBG 207 [473], woselbst auch auf kärnt., tirol., schweiz. Belege verwiesen wird; cimbrisch *sr, sea!* = da nimm! ecco! Cimbr. WB 168. Über *häi* vgl. auch Nagls Rec. meiner Programmarbeit in seinen DM I 75.

a) Primäre *α)* Naturlaute (*hé, ho, hui, hoi, há˘, há˘há˘*).

2. *Há˘*¹) dient wie im Bayrischen²) zur Unterstützung der Frage (= sprich!) und wird lieber nach als vorgesetzt. *Z'wā* (wozu) *haust denn di vöia* (vier) *Pfautschu, — hā˘!* Lorenz S. 26.³) Neben *há˘* = »sprich!« besitzt das Egerländische auch eine Pluralform *hánts* (vgl. *dá's*) *— dáts, wöi — wöits* u. s. w.), deren Bedeutung zwar nicht der des Sing. *há˘* entspricht (etwa = sprecht!), aber doch aus der verwunderten Frage (*nŏ hánts!* = verwundertem *ái!*) herleitbar ist. Diese Pluralform wird, wenigstens in unserer Gegend, auch nicht wie der Singular nasaliert (*há˘ts*), sondern mit deutlichem *n* gesprochen.⁴)

3. Die Verdopplung *há˘há˘* (auch *á˘há˘*)⁵) ist wie *hmhm* (*mhm* = *hm*), falls die zweite Silbe nach ihrem musikalischen Tone nicht besonders gehoben wird, eine Interjection, mit der man die Rede eines andern hie und da begleitet, um anzudeuten, dass man ihr mit Aufmerksamkeit und Verständnis folge. Wird jedoch die zweite Silbe mit bedeutender Ton-Erhöhung und -Verstärkung gesprochen, so kann die Interjection je nach der größeren oder geringeren Energie dieser Betonung triumphierende Freude (auch Schadenfreude) oder einfache Befriedigung über die Bestätigung einer Vermuthung, das Eintreffen eines vorausgesehenen Umstandes ausdrücken: *Hahā! hauts di scho?* (B. d. P. u. K. I 197). Lässt man die Stimme in der zweiten Silbe auf der angeschlagenen Höhe langsam verklingen, so ergibt sich die Bedeutung des langsam aufgehenden Verständnisses. Wird die Stimme endlich in der zweiten Silbe von der angeschlagenen Höhe langsamer oder rascher gesenkt, so spiegelt sich in dieser Betonung gutmüthige Befriedigung oder Ärger (auch hämische Schadenfreude) über die Wahrnehmung: *Há˘há˘, suə r is dös Ding?* ⁶)

---

¹) Thür.-henneb. *héin* DM VI 517, 3, 6, henneb. auch *hə* DM VII 293.

²) Schmeller I 1019; dgl. oöst. DM IV 245, 93. Stelzhamer Ma. D. I 28 N 6 III 19 *Hánts, voll denn i ewi Á Drenckúdel sein?* Kaltenbrunner *Dá Grablā* A. d. H. I² 106 *I laß má ja eh schlaun* (ich beeile mich ohnehin), *Hánts, stehts ös denn nöt? Dá Zoihtoifel* a. a. O. III *Hánts, sagts má do, Leut, . . . Was iz't denn, dáß's iatzundá gar á so jagn?* Auch in Verbindung mit *mein!*: *Mei, hán dert* (ei sieh doch!) *stoßn was denn?* S. Wagner *Dá Sunnáwendkefś* a. a. O. 115.

³) Nach Knothe WB 283 scheint *han* im Nordosten Böhmens nicht landläufig und aus der Aussig-Teplitzer Gegend eingewandert zu sein. Dabei wird (abweichend vom Egerl., das diesen Unterschied nicht kennt) *nicht wahr, es ist nicht so?* und *nicht wahr, es ist so?* durch *han-ne* (*ha-ne*)? und *ha-ock?* unterschieden (ebend. 285). Egerl. dafür *gelts ja?* und *gelts ná˘?* oder einfaches *há˘?* für beides

⁴) Dieser Umstand hat mich nebst der veränderten Bedeutung (im 1. Progr.-Aufs. S. 9) zu einer Deutung geführt, auf deren Unzulässigkeit Lambel in s. Rec. Mitth. XXXV Lit. Beil. S. 68 aufmerksam machte. Südböhm. (Oberplan) *há˘s* DM VI 506, 66. Vgl. J. Rank Aus d. Böhmerw. S. 80 Z. 18; HTV S. 93 N. 6 (Böhmerwald). In den Ostlech- und Nab-Dialekten Bayerns wird auch *ha˘-du* (auch oöst.), *ha˘-r-a, ha˘-r* (ebenso schles. *hanse* Knothe WB 277), *ha˘-ns* (= wie sagst du, sagt er (sie), sagen sie?) gebildet; Schmeller I 1019. Auch o. u. nöst. ist *há˘-ds* gebräuchlich; vgl. die Redensart *há˘ds laid úŋk khin˘*, bei Nagl Rosnad S. 165 zu V. 201 *waiw úŋk khinā*. Weinhold Bayr. Gr. § 261 (S. 268) verzeichnet oöst. *ajahanza!* als »Ausruf der Verwunderung«.

⁵) Beide Formen auch bayrisch = ah so! ist das so! so also ists! Schmeller I 1019.

⁶) *He, ha˘há˘, aha˘, hmhm* sind auch oöst. Im ungr. Berglande ist *aha* = sieh da! Schröer WB 30 [240].

Hohō (oder *ohō*) ist die Interjection der energischen Einwendung. Mit dieser Bedeutung hängt auch ihre Verwendung bei unliebsamer Überraschung zusammen.¹)

Huhū wird als Reflexlaut der Empfindung des Gruselns oder der Kälte nur in der Umgangsprache der Städter gehört. Das Landvolk gebraucht wie im Bayr. *husch, huschələ*.

4. Auch die in den verschiedensten Vocalfärbungen auftretenden Lachlaute *háhá, hàhà, hehe, hèhè, hihi, hoho* (hie und da wohl auch mehr oder weniger nasaliert) seien hier erwähnt. Die Hinneigung zu der einen oder der anderen Färbung ist vielfach bloß individuelle Eigenheit, die für eine inhaltliche Auslegung keine Anhaltspunkte bietet. Doch lässt sich immerhin sagen, dass in unserer Mundart die Färbung *á* die normale, natürliche ist, und dass Spott, Schadenfreude *hä* und *hi* vorziehen²) Bemerkenswert ist betreffs dieser Verdopplungen noch, dass auch vielen Gestalten des Volksaberglaubens, namentlich Spukgeistern des Moores, der Heide, des Wassers, des Waldes u. ä. Schreckrufe wie *hohoho, huhuhu* zugeschrieben werden. Der egerländische *Häi-Mo* macht mit seinem gespenstigen Rufe *häi! häi! häi!* eine Ausnahme (vgl. § 125, 1). Auch im Egerer Fronl. stoßen die Teufel, die mit der Seele des Schächers Dismas zur Hölle fahren, den Ruf *hohoho* aus (Spielanweisung S. 270 *Et sic ducunt eum ad infernum clamantes ho ho ho*). Auch später erwidern die Teufel die Mittheilungen Lucifers über Christi Auferstehung mit dem Geschrei *ho ho!* (Spielanweisung S. 282).³) Vielleicht hängt alles dies damit zusammen, dass einerseits das lautlich verwandte *hu-hu!* als Reflexlaut der Kälte auch der des kalt überrieselnden Grauens werden kann, und anderseits der Uhu- oder Eulenruf in der Regel ähnlich wiedergegeben wird.⁴)

5. Neben *hū* ist in diesem Zusammenhange wohl auch der verwandte Ruf *wū!* (*wū-wū-wū!*) zu nennen, mit dem man Kinder, gewöhnlich unter Verhullung oder Vermummung des Gesichtes, schreckt. Das hievon abgeleitete Substantiv *Wūwə* oder *Wau-wau*, d. i. der *wū-* (*wáu-*) Rufende, bezeichnet die Schreckgestalt selbst.⁵)

---

¹) Im kärnt. Lesachthal dient *ohó* oder *hó* als Antwort auf einen Anruf aus der Ferne (vgl. S. 82 Anm. 1). *Hō* als Antwort auf einen Ruf ist auch im Tirol. bekannt: DM VI 152; ebenso *hoi, hoihoi, hoi du* als Interj. des Rufenden oder des Angerufenen: ebend. 153. Schöpf Tir. Id. 268. 271.

²) Nach Schrader (Sanders Z. f. d. Spr. 1895 S. 421) ist das Lachen in *a* der Ausdruck des Behagens, das in *i* das natürlichste, in *u* das des Missbehagens affectierter und verrückter Menschen. So allgemeine Regeln werden sich hierüber kaum aufstellen lassen.

³) Vgl. Annette v. Droste-Hülshoff »Der Knabe im Moor«: *Die verdammte Margret* (eine Spukgestalt des Moores) *ruft: Ho ho, meine arme Seele!*

⁴) Vgl. die von Weinholds Bayr. Gr. § 261 S. 270 aus Konr. v. Megenberg 224, 15 ausgehobene Angabe, der *wutsch* (*strix*) schreie *zitternt hu hu hu, als ob in friese*, sowie den Namen der Eule selbst ahd. *hiuwela*, womit *heulen* (*hiwilôn, hiulen*) zusammenhängt wie *ulula* und *ululare*, ὀλολύζειν (DM III 545, 2). Nürnb. *Hu-Eul* Schmeller I 1030. Über den ähnlich klingenden Ruf der Seehunde (*ho, hoo, hu, huu*) und seinen gespenstigen Eindruck im Norden vgl. Birger Mörner »Seelen« (in der Berliner Halbmonatschrift »Zeit und Geist« 2. Jahrg. N. 7 S. 216), wo es heißt, dieser Ruf habe geklungen, *als ob dort in der Nacht unselige Geister flüchten, schmähten und nach Befreiung weinten*.

⁵) Vgl. Schmeller II 823 *Wau-wau*, 828 *Wu-wu*. Dabei fließt wohl auch die Vorstellung eines bellenden und beißenden Gespenstes mit ein (vgl. *wáu-wáu* = Hundegebell

a) Primäre α) Naturlaute (*hohō, huhū,* Lachlaute, *wū, ohá, fā´, jé´*). 85

6. Die mannigfachen Bedeutungen von *ohá* scheinen alle von der Grundbedeutung *halt! gefehlt!*[1]) ableitbar zu sein. Es bezeichnet verfehlte Körperbewegungen wie Straucheln, Fallen, Verfehlen eines Zieles beim Sprunge, Schusse etc., aber auch verfehlte, falsche Aussagen[2]) und heischt Einstellung unerwünschter Bewegungen oder Abwehr unerwünschter Wahrnehmungen,[3]) weshalb es auch in der Fuhrmannssprache in allerlei Formen als Halteruf verwendet wird: *ouhá, öuhá, ölhá, ölhoo*.

§ 126. Mit *j* lauten an: *já* (*ja*), *jé, jéjéi* (*jei*), *juhū* (*juchhē*). *Já* (mit reinem *á*-Laut) ist nicht = nhd. *ja*, welches egerländisch nur *jā* oder *jāu* lautet, sondern ein Ausdruck frohlockenden Jubels über die bemerkte Schwäche eines anderen (namentlich von Kindern gebraucht): *Já, is dös ə Schànd! Já, des koo´ niət əmāl g·scháid lés·n!*[4]) Verdopplung fehlt hier. Bisweilen hat auch ein mit breitem *à* gesprochenes *jà* dieselbe Bedeutung. Einfaches *jé* kommt unter dem Landvolke kaum allein, wohl aber in der Verbindung mit *oi* und *ui* vor: *oijé* (auch *oəjé*), *uijé*.[5]) Der Ton liegt auf der zweiten Silbe, oder es werden beide Silben gleich hoch betont. *Oijé* zunächst = *ájái* (s. § 123 S. 80), ist also ein Ausruf der Verwunderung, des Bedauerns und Mitleides,[6]) letzteres namentlich

---

und Hund § 133 und Schmeller a. a. O.). *Waudi* oder *Woudi* = ein roher, ungeschlachter Mensch, wird von Th. v. Grienberger (Nagls DM I 144) als *wū-dich* (vgl. *hei-di*) gedeutet. Derselbe macht auch auf *wauəln, waudən* = jammern, (von *wau* Schmeller II 823. 886) und schweiz. *jäbeln* = klagen (von *je*) aufmerksam.

[1]) Aus dieser Grundbedeutung erklärt sich auch *oha!* = Achtung! (in Wien) und holstein. *oha!* beim Ausruhen von schwerer Arbeit und bei großer Hitze. Bernhardt Z. f. d. Unt. VII 840.

[2]) Auch schles.: Gerh. Hauptmann »Versunkene Glocke« (1897) S. 32 Pfarrer: *Im Namen Gottes, Weib, den du nicht kennst . . . Die Wittichen*: *Oha! das fängt ju recht erbaulich oa*; alemann.: Lambel macht mich auf Auerbach »Barfüßele« (1890) S. 242 aufmerksam, wo Amrei sagt: *Der Johannes und ich, wir haben uns von Grund des Herzens gern, und er will mich zur Frau haben . . . »Oha«, schrie der Bauer und stand rasch auf, »Oha«, schrie er nochmals, als ob ihm sein Gaul durchgienge*. Auch plattd.: vgl. Th. Storm »Renate« Ges. Schr. XII. (1889) 6 f. *»Hat´s denn Hexen hier bei euch gegeben?« Die Alte winkte mit der Hand. »Oha! Lat de Herr dat man betämen!«* womit sie sagen wollte, *ich solle das nur sachte angehen lassen, es sei damit auch heut noch nicht geheuer. Als ich frug, ob jene Hexe denn verbrannt sei, schüttelte sie heftig ihren alten Kopf. »Oha, Oha!« rief sie wieder u. s. w.* Ebenso im Bergischen, Flensburgischen und in der Umgegend von Halberstadt (Bernhardt a. a. O.). Den im Pressburger Dialekt hervortretenden lautlichen und prosodischen Unterschied zwischen *àha* (–́ ⏑) = halt! *gefehlt!* und *àhá* (⏑ –́) = *warum nicht gar!* (Schröer DM VII 223) kennt das Egerl. nicht.

[3]) Aus dieser Bedeutung erklärt sich auch tir. *oha!* als Ausruf des Staunens: Schöpf Tir. Id. 480. Vgl. noch Schmeller I 1019. Auch das Oöst. kennt alle für das Egerl. angegebenen Bedeutungen von *oha*.

[4]) Es ist also dem nöst. *jā* (Nagl Ronad S. 274 VI a) ähnlich, weicht aber von demselben darin ab, dass es sich weder mit *ah!* deckt, noch adversativen Sinn haben kann. *Ja so! ach* (*ah*) *so!* heißt egerl. nie *fā´-sus* (entsprechend nöst. *já-sə́u*), sondern nur *ja-sus* (⏑ –́).

[5]) Die Kindersprache der südlichen Übergangs-Ma. (Neuern) besitzt auch eine Fortbildung von *uijé* mit *-de*: Rank »Das Hoferkäthchen« (Aus d. Böhmerw. Leipzig 1851 I 369) *dem wollen wir Schäuter geben, uijede!*

[6]) Ebenso oöst. Ein auf der ersten Silbe betontes *oije* im Passauischen bezeugt Keinz Ergänzungen S. 408 zu I 10: *oije* (Ausruf der Entrüstung oder Verwunderung), *moeud der gar, i sold eəm sein arwət machən*. Im Oöst. herrscht wie im Egerl. die Betonung ⏑ –́ vor. Deutsch-ungar. *ajé, ojé* = *já, jarià!* Schröer Versuch S. 117 [367], 115.

bei absteigender musikalischer Betonung. Über v. Grienbergers Deutung des *jē* vgl. § 144, 1 (bei *jésəs*). *Jéi* erscheint fast nur in der Verdopplung *jéijéi*, auch *ái-jéijéi*, *oi-jéijéi* (⏑–́⏑); einfaches *jéijéi* ist auf der ersten oder zweiten Silbe betont; in letzterem Falle erhält die Interjection einen dringlicheren, affectvolleren Charakter. Sie drückt, in gewöhnlichem oder schnellerem Tempo und in höherer Stimmlage gesprochen, lebhafte Verwunderung (*jéijéi, is ows dös wos Schäi˜s!*), auch Schrecken über plötzliche Gefahr oder unvorhergesehenes Missgeschick, eigenes und fremdes, aus; oft bezeichnet es in letzterem Falle geradezu ein schmerzhaftes Maß von Mitempfindung, z. B.: *Jéijéi, s Kind!* (wenn dieses in Gefahr ist, unter die Räder eines Wagens zu gerathen, aus dem Fenster zu stürzen u. dgl.). In tieferer Stimmlage und in langsamem Tempo gesprochen bezeichnet es inniges Mitleid. Ein Diminutiv ist *jéijéis(r)l* (–́⏑⏑) oder *jéijə(r)l*. *Juhū, juhuhū* (⏑⏑–́) = *juchhē*.[1]) Ähnliche Bedeutung haben noch *huiaf* und der beim lustigen Tanze ausgestoßene Ruf *hurráxdax!*

§ 127. Zur primären Stufe der Interjection gehören noch *ăch, husch, hm, hátsch, pßt (ßt)*.

1. *Ăch*, seltener *ăchɔ*, mit der Diminutivform *ăchə(r)l* oder *ăchəlɔ*, dient wie in der Schriftsprache zum Ausdruck der Klage, erscheint aber auch in schwächerer Bedeutung als Vorschlag, besonders vor den Eingangswörtern der Rede (*ăch, dös is à* (ja) *niət wäuɔ!*) und vor *ja* und *nā* (vgl. § 141), wodurch die Aussage (besonders die Versicherung) den Charakter persönlicher Antheilnahme oder größerer Lebhaftigkeit und Eindringlichkeit gewinnt.[2])

2. *Husch* (mit der Diminutivform *huschə(r)l* oder *huschəlɔ*) ist in unserer Gegend weniger onomatopoetisches Wort für rasche, lautlose Bewegung als Natur- Reflex-)laut der Kälteempfindung, wie er (auch mit unbestimmtem Vocal *hɔsch* und ohne Vocal *h-sch*) entsteht, wenn der gepresste Athem bei halbgeöffneten Lippen zwischen den zusammenklappenden Zähnen ausgestoßen wird.[3])

3. *Hm*[4]) ist der Ausdruck des zurückgehaltenen Urtheils, der Bedenklichkeit, des Zweifels, aber auch eine Form der Bejahung, wie O. Steinel (Brenner-Hartmann BM I 126) auch für den Sechsämter-Dialekt und für das Schwäbische bezeugt, aber nicht bloß, wie Steinel

---

[1]) Dazu das Verbum *guxchən*, bayr. *juchzen* Schmeller I 1199. Ein *juhu* (*juchhe*)-Schrei ist ein *Guxchɔ*.

[2]) Im kärnt. Lesachthal dient auch bloßes *och* und *ach* zur Verneinung — warum nicht gar? DM IV 40. Lexer Kärnt. WB 2.

[3]) Vgl. Schmeller I 1185. Von *husch* ist *huschə(r)n* — frieren (*mi huschət*) gebildet Neubauer Idiotism. S. 73; bayr. *huschen* Weinhold Bayr. Gr. § 261, auch in anderen Maa. DM VI 132, 19. Auch das bayr. *huscheln* (Schmeller a. a. O.) = frösteln, oöst. *huschein* = sich frösteind in das Bett hüllen oder an jemanden anschmiegen, sowie *huschalad* (Part. Präs.) = vor Kälte zusammenschaudernd, das Matosch ohne Beleg zu Stelzhamer (Roseggers Auswahl IV 52b) verzeichnet, sind dem Egerl. nicht fremd. Alemann. entspricht dem *husch schock, schockeli* Schmeller II 364 (mit umgekehrter Lautfolge).

[4]) In der südl. Übergangs-Ma. (Neuern) auch in der Form *ahm*: Rank Aus d. Böhmerw. S. 116 *Mö denn nöd? Ahm, Mö denn nöd?* (Rank übersetzt *Warum denn nicht? Hm! W. d. n.?*)

ausführt, der Ausdruck bedingungsloser Zustimmung auf eine bloß rhetorische Frage, sondern auch der zerstreuten, nachlässigen oder gleichgiltigen Zustimmung (= meinst du? Wie du willst. Kann schon sein u. ä.). [1]) Ferner begleitet man eine Erzählung auch mit wiederholtem *hm hmhm, mhm* ⌣́⌣̀, um anzudeuten, dass man ihr folge (also = tonlosem *há̄-há̀-, á̀-há̄-*). Im Dialekt wie in der Umgangssprache hört man in demselben Sinne auch ein kurzes von Zeit zu Zeit wiederholtes *ja* (vgl. § 137, 7). *Hm* im Frageton ist = Was? Wie meinst du?

4. *Hatsch, hátsch!* ist der Ausruf spöttischer Schadenfreude, wobei man »Rübchen schabt«, dafür auch *zitsch, zitsch* (dazu das Verbum *aszitschn*): Neubauer Erzgeb. Ztg. X 268. [2])

5. *Pßt* wird wie in anderen Mundarten als Anruf zur Erregung der Aufmerksamkeit gebraucht, also = *hé! hedáu!* (Schmeller I 412 u. *pissten*), *ßt* (neben *pßt*) mehr als Aufforderung zur Ruhe. [3])

§ 128. Die angegebenen Bedeutungen der Interjectionen beziehen sich auf den der überwiegenden Mehrzahl geläufigen Gebrauch. Daneben gibt es aber auch individuelle Gebrauchsweisen, die nicht wenig zur Charakteristik der Sprechweise einzelner Individuen beitragen. Das Verständnis abweichender Bedeutung wird durch den Ton sowie durch Mienen und Geberden unterstützt, durch die überhaupt die Bedeutung der Interjection aufs mannigfaltigste verändert werden kann. An die Stelle der Naturlaute des Affectes tritt in großer Ausdehnung auch der Fluch in urwüchsiger oder (durch Glimpfformen) abgeschwächter Gestalt. Vgl. § 144.

§ 129. Zu den primären Interjectionen treten im heutigen Dialekt niemals Casus obliqui (nach Analogie der Verbalrection in Sätzen) wie im Mhd. und Nhd. (*Weh mir! O des traurigen Geschickes!* und noch im Egerer Fronl. z. B. 6240 *auwe herzenlicher klag*, sondern der Nominativ: *Ach ich Nár!* oder der Ausruf entbehrt überhaupt der Interjection: *Suə r ə Unglück!*

§ 130. Neben den angeführten Haupttypen der Naturlaute gibt es auch noch Laute von schwer zu bestimmender Färbung und schwankendem Ton, die demgemäß eine schwankende oder mannigfaltig wechselnde Bedeutung entwickeln können. So kann man Leute aus dem Volke auf einen heiklen Vorschlag, auf eine schwer zu erfüllende

---

[1]) Also ähnlich wie bayr. *hn-hn* »faules Ja« Schmeller I 1113. Im Baselst. können *ę̄hę̄*, bezw. *ę̄ę̄* in nachlässiger Rede an die Stelle von *jo* oder *nai* treten. Binz § 7, 3.

[2]) Bayr. *ätsch* Schmeller I 177; ebenso fränk.-henneb. DM VII 139; im kärnt. Lesachth. auch die umgekehrte Form *tschö, tschö* DM VI 204. Lexer Kärnt. WB 74, sowie die Form *schleck* DM II 518. VI. 202. Lexer Kärnt. WB 219 in derselben Bed. Dieses *schleck* (bayr. *schleck* Schmeller II 505) und *schleckerbarscht'l* auch tir. (Deferegg.) Hintner S. 219, letzteres auch österr. *schleckabal(r)tl*. Schles. (nordböhm.) *gisch, zitsch, hetsch, tschutsch*, »neckender Zuruf der Kinder« Knothe WB 195. 258 (ein anderes *ätsch*, das bei uns nicht bekannt ist, drückt Abscheu und Ekel aus: Knothe WB 208. Weinhold Schles. WB 7); im kärnt. Lesachthal wird *hätsch* als Spottruf an Kinder gerichtet, wenn sie sich unanständig geberden: DM II 518. Lexer Kärnt. WB 140. Ein bedeutungsverwandter, schadenfroher Zuruf (z. B. wenn jemand ein Glas fallen lässt) ist im Henneberg. *banko!* DM VII 146.

[3]) Über das Verbum *bistn* = *bst rufen* vgl. außer Schmeller a. a. O. DM V 255, 81.

Forderung mit einem Brummlaute antworten hören, aus dem sich (unter dem begleitenden Eindruck der Miene) halbe Zustimmung und zugleich noch nicht besiegte Bedenken, oder Verwunderung und zugleich Ärger heraushören lassen. Auch Laute der Überraschung, des Befremdens werden bei geschlossenem Munde erzeugt, die aus dem ein- oder mehrmaligen Ansatz des bloßen Stimmtones von verschiedener Länge und Höhe bestehen, dem ein durch die Nase ausgestoßener Hauch vorgesetzt wird (*hm-hm-hm*), z. B. mit der rhythmischen Gliederung ⏑‿⏑ (auch ohne dreimaligen Ansatz mit doppelgipfligem Accent) oder ‿‿⏑ (der Accent bezeichnet den dynamischen und musikalischen Ton), beides = verwundertem oder bedauerndem *áijái!* Das Lachen bewegt sich nicht nur in verschiedenen Vocalschattierungen (*háhá*, *hihi* vgl. § 125, 4), sondern auch in verschiedenen Consonantengruppierungen: *kch-ch-ch-ch*, *ps-s-s-s*, *ts-s-s-s* (ähnlich auch das Weinen); von den kurzen, hervorgestoßenen Lauten des verdrießlichen Weinens der Kinder, die namentlich im Beginn wie *humm-humm* (oder mit unbestimmt gefärbtem Vocal *hɔmm-hɔmm*) klingen, wird das Verbum *humpern* gebildet.¹) Der Ärger entlockt manchem eigenthümliche *R*-Laute, die wie ein halb unterdrücktes *Herrr* (= Herrgott) klingen, die Überraschung einen halbvocalischen, pfeifenden Laut, der sich wie *üijjh* oder *füijjh* anhört; nicht selten tritt an die Stelle des letzteren auch in unserer Mundart ein wirklicher Pfiff.²) Manche lassen beim Anhören einer gewagten Anekdote oder eines übermüthigen Scherzes einen zischenden *S*-Laut hören, der keineswegs als Aufforderung zum Schweigen gemeint zu sein braucht (= ßt § 127, 5), aber immerhin so klingt, als ob der Betreffende ein abwehrendes *ßt* oder *pßt* mit Mühe unterdrückte.

§ 131. **Schallnachahmende Interjectionen.** *Pum* (dröhnender Schlag, auch Schuss aus Böllern, Geschützen), *pll* (Schuss, besonders Gewehrschuss; in Kinderliedern *pu, puhu*, z. B. HTV S. 388 N. 53ᵃ Plan),³) *pumps, pàutz* (Fall), *pßumpf* (Fall ins Wasser), *pfatsch* (Schlag, Fall oder Tritt auf breiige Massen oder Wasser). In der Erzählung zieht das Volk diesen lautmalenden Wörtern vielfach Fügungen aus den substantivischen Formen derselben mit *thun* vor: *Aj oːmàl hauts ɔn Pumpɔrɔ, Pßumpfɔ, Pfatschɔ* (ebenso ɔn *Knitschɔ, Kràchɔ* u. s. w.) *tàü*. Hieher gehört wohl auch *pfui*, (Laut des Ausspuckens, gewöhnlich mit *Täifl, Täixl, Àust* (Aas) verbunden)⁴) und *pfutsch*, hie und da (wie fränk.-henneb. DM VII 268) auch *futsch*, das wie der gelegentlich gebrauchte Laut *ft!* wohl ausdrucken soll, dass etwas so rasch und spurlos (ursprünglich vielleicht auch mit ähnlichem leisen Schwirren) verschwindet wie der bei dem Worte *pfutsch* ausgestoßene Lufthauch; ähnlich ist *schwups*⁵) (einzelne schnelle Bewegung). Wiederholtes *kutz-kutz!*

---

¹) Schles. *himpern* Knothe WB 300; tir. (Deferegg.) *himpfern* Hintner S. 101; bayr. *himpeuen, himpfeuen, himpfezen* Schmeller I 1113; kärnt. *himpfern, himpfätzn* DM II 519. Lexer Kärnt. WB 141 f. Mhd. *humpfern, hümpelen* Mhd. WB I 1383.
²) Vgl. Rosegger »Felix der Begehrte« (Buch der Nov. I 59) *Felix that einen Pfiff; das war ein Zeichen seines großen Staunens*.
³) *Puff (piff, paff, puff)*, in der Umgangsprache für den Schuss gebraucht, bezeichnet im Volksliede auch das Geräusch des Webestuhles *puff-puff-puff* HTV S. 391 N. 62 Plan.
⁴) Im Egerer Fronl. *pfei* mit Acc. (mhd. *pfi*) 671 *Ei pfei dich, du verfluchtes kindt u. v.*
⁵) Niederd. (Limburg.) *wupp, wuppdi, wuppdig* DM VII 237. 200.

(Schall des Hustens) wird Kindern gegenüber gebraucht, wenn sie sich
vəkutzn, d. i durch Husten den Athem verlieren (ein einzelner
Hustenlaut heißt ein ə Kutzə, wozu als Collectivum das Gəkutz' tritt;[1]
pàtschə-pàtschə bezeichnet das Zusammenklatschen der Hände (p. p.
Hándələ, z. B. HTV S. 380 N. 11b und 13 Plan). Mit Ablaut werden
gebildet bim-bám (-bum), ging-gàng (Glockengeläute in Kinderliedern,
z. B. HTV S. 381 N. 18b. 19. Eger-Plan); ähnlichen Ursprungs ist
gàngəlàng, von lang herabhängenden, hin und her schwingenden Dingen
gebraucht (vgl. Klunkən = herabhängende Fetzen, auch Kothklümpchen
z. B. an schlecht geputzten Rindern, auch am Kleidersaum);[2] pitsch-
pàtsch oder plitsch-plàtsch (schallende Ohrfeigen, auch Peitschenknall).[3]
Das Wallen des Karlsbader Sprudels ahmt das Volkslied mit der Bildung
wide-wade-wudl nach: HTV S. 258 N. 282 (Plan). Aufmunterung zu
schnellerer Bewegung liegt in dem Ausrufe: hurráxdáx![4] ($\pm\smile\smile$)

§ 132. Von Lautnachahmungen einzelner Musikinstrumente,
die nicht immer interjectionalen Charakter an sich tragen, seien bum-
bum oder bumpədèbum ($\pm\smile\smile\pm$), Bildungen von diesem Typus werden
von Th. v. Grienberger Nagls DM I 146 doch kaum wahrscheinlich auf
mhd. bum unde bum zurückgeführt und tàmtərətàm (große und kleine
Trommel, letztere auch ràmtarrràmtərrràmtətàm u. ä.), tràrá-tràrá (Trom-
pete), zim-zim-zim oder zimzərimzim (Guitarre) genannt.[5]

§ 133. Von den Lautnachahmungen der Thierstimmen bezeichnen die meisten in der Kindersprache zugleich das Thier selbst.
Trotz des gleichen Ursprunges decken sie sich in den einzelnen Mundarten nicht immer: Muh (Kuh),[6] bäh (Schaf),[7] wáu-wáu (Hund),[8]
kikəriki.[9] Viele derselben werden zugleich als Lockrufe verwendet
und führen so in die Gruppe der letzteren hinüber.

Lock- und Scheuch-, Hetz- und Beschwichtigungs-
sowie Befehlsrufe. Lockrufe und zwar zunächst solche, die
wenigstens in der Verkleinerung zugleich als Thiernamen gebraucht

---

[1] Daneben das fem d' Houstn; s. verkutzen auch nordböhm. (schles.) Peters DM
II 33, 20. Weinhold Schles. WB 49, bayr.-öst. u. im ung. Bergl. kutz aus, kutzen, sich
verkutzen Schmeller I 1318. Schröer WB 75 [184].

[2] Kangiláng auch deutsch-ung. (Pressburg.) in demselben Sinne DM VII 224. Im
Nordböhm. auch ein (im Egerl. minder gebräuchliches) Verbum klunkan = herabhängen:
Knothe Markersd. Ma. S. 66.

[3] Pliz-pläz für rasche Aufeinanderfolge im Nordböhm. Knothe Markersd. Ma. S. 93.

[4] Nordböhm. harraxdaxdax, dasselbe schwäb. horax dax Knothe Markersd. Ma.
S. 50. Popparopopop, das im Nordböhm. (Knothe Markersd Ma. S. 94) das Fallen der
Baumfrüchte nachahmt, fehlt.

[5] Andere Nachahmungen dieser Art nehmen Verbalstämme zuhilfe, z. B. fi(d)l Gungas
fi(d)l Gàigas (Violine) HTV S 308 N. 330 (Plan); ähnlich nösl. fied'lgunkas gei gei DM
VI 114, 11.

[6] Ebenso fränk.-henneberg. mû, Dim. mû-le DM IV 309.

[7] Fränk.-henneberg. mæ, mæ-le DM IV 311.

[8] Schmeller II 823. Fränk.-henneb. hau-hau DM IV 314. VII 292. Über den
Wáuwáu vgl. § 125, 5.

[9] Fränk.-henneb. gəkerdihæ, dän. kykkilihye DM III 407, 92 f. VII 280. Das Gegacker
der Henne, die ein Ei gelegt hat (s Gàtzn Neubauer Idiotism. S. 61) lautet egerl. gacks-
gacks-n-Oə (nach dem Rhythmus dieses Rufes: $\smile\smile\smile\pm$, Oə = Ei; henneberg. ähnlich
gack-gack-gakei DM VII 268).

§ 133. IV. Wortclassen. 1. Interjectionen.

werden): *Gätsch-gätsch* (Ente, Dim. *gätschl*, Plur. *gätsch(ə)lə*; über *pi-pi* S. 91 Anm. 3); [1] *gluck(g)luck* (Huhn, Dimin. *glükə(r)l*, Plur. *glükələ* [2] oder *pū(d)l*, *pū(d)l*, [3] *put put*, [4] *ziwələ ziwələ*; [5] *wi wi* (Gans, Dim. *witwə(r)l*, Plur. *witwələ* besonders junge Gänse. [6] Tauben werden nicht durch ähnliche Bildungen, sondern gewöhnlich durch Pfeifen (mit den Lippen) gelockt. [7] Hieher gehört noch *mötsch mötsch* (Rind, Dim. *mötschl*,) [8] *bäz bäz* (Schaf, Dimin. *bäzl*, [9] *tschuk tschuk* (Schwein, Dim.

[1] Schmeller I 965. Im Fichtelgeb. *billa* DM IV 258, 11; fränk.-henneberg. *bille-bille* ebend. 316; bayr. *dis dis*, *Dissl* Schmeller § 1020. 1023. I 547 (auch für Hühner).

[2] Fränk.-henneberg. neben *gluck* (DM VII 279) auch *luck-luck* DM IV 317. Dimin. koburg. *glickala* für junge H., sonst *Bäbala*, *Bäbl* DM IV 258, 11.

[3] Vgl. Schmeller I 312. 387. In Tirol *pulle* DM IV 52. Schöpf Tir. Id. 519; in der Kerenzer Ma. *buli* Winteler S. 229, 56, der (wie Gredler DM a. a. O.) an *pullus* denkt. S. hingegen Schmeller a. a. O.

[4] Ebenso schles. (nordb.) *butt butt* Knothe Markersd. Ma. S. 29; fränk.-henneberg. *kütt kütt* oder *küpp küpp* DM IV 317; im Niederd. vorwiegend mit umgekehrter Articulation: oldenburg. *tiektiek*, *tucktuck*, *tuttütü* ebend. und DM III 501; ostfries. *tuckkər* ist aber ein Lockruf für Schafe: DM IV 358, 6.

[5] Oberpfälz. *zib* oder *zibə*, *zibəl*, *zibələ* Schmeller II 1074 f. *Ziwəlä* ist auch an der schwäb. Retzat der Name der Küchlein DM VII 402; nordböhm. lautet der Lockruf *tschip tschip* oder *tschipel* Peters DM II 239; in Tirol. *bitel*, *pise* DM IV 204. 332. Schöpf Tir. Id. 42; im Oldenburg. ist das dem egerl. *ziwəb* verwandte *zip* oder *ßip* ein Lockruf für Enten: DM IV 316.

[6] Ebenso im Fichtelgeb. DM IV 258, 11 und Oberpfälz. Schmeller II 827; fränk.-henneberg. *bille* (*bile*, *wile*, *wiberle*) für junge, *woulle* (*hulle*, *huss*, *wiber*) für alte Gänse DM IV 316. VII 151; *hulle* ist auch schles. Vgl. G. Hauptmann »Versunkene Glocke« (1897) S. 19, wo die Buschgroßmutter die Holz-Männchen und -Weibchen mit *hulle, hulle* herbeilockt; nordböhm. *hilei* (DM II 31) oder *pilei* Tieze Hejmt I 77. Den schles. Lockruf *husche* Weinhold WB 38 führt Knothe (Markersd. Ma. S. 53) auf slav. *husa* zurück. Mit *hussi, hussi, hussi* ruft man, wie mir Lambel mittheilt, auch in Krummau die Gänse. Das Dim. *Hussla* habe ich auch in Plan gehört.

[7] Das Girren der Tauben gibt die Kindersprache durch *gukərūgu* (⏑ ⏑ – ⏑) wieder. Lautnachahmungen anderer Vogelstimmen hat die Ma. nur vereinzelt gebildet; so abgesehen von *kuckuck*: *gwäg*, *gwäg* (Krähenschrei). Vgl. *tireli* (Lerche), *schjirb* (Sperling), *tischtasch* (Schwalbe) Grimm Gr. III 308 Anm.; *tschirschahənhən* (Meise) DM VI 31; Stelzhamer gibt Ma. D. I 27 N. 6 l 9. 12 den Finkenruf durch *Krideiziazia*, 29 N. 6 V 28 den Zeisigruf durch *Zizizizizi* wieder. Auch an lautmalenden Satzbildungen, welche bekanntere Singvogelrufe deuten, fehlt es nicht ganz. So wird der Finkenruf durch den Satz wiedergegeben: *Sih suh sih i ho mē ins Boš* (Bein, oder *Knei*, Knie) *ghaut!* Die Satzmelodie setzt, der rhythmischen und melodischen Gliederung des Finkenrufes entsprechend, im ersten *sih* mit höherer Stimme ein, sinkt dann in den nächsten, sehr rasch gesprochenen Worten von Wort zu Wort bis *Boš*, worin der Ton in einer steilen Curve zur größten Höhe emporsteigt, von welcher er in *ghaut* wieder tief zurückfällt. Eine einfachere Deutung desselben Rufes lautet: *Vettə Vettə Höitgirch!* d. i. Vetter Hüt (Hirt)- Georg, mit dem Rhythmus ⏑ ⏑ – ⏑ ⏑ – ⏑. Einen Zahlenreim, der den Wachtelschlag nachahmt, theilt Neubauer Z. f. öst. Volksk. II 323 mit:

*Achtmál acht haut s' Wachtl g'sagt,
Neumal neu ins Vuåglhäusl ei'*.

[8] Ebenso bayr. *mötschəl* Schmeller I 1081. 1700, der μόσχος vergleicht; fränk.-henneberg. *motschele, mutschele, mockele* DM IV 309; nordböhm. *mutsche* Peters DM II 234 (deutsch-ung. ist *mutschö* ein Zuruf an Pferde: Schröer Nachtrag S. 42 [284]); alemann. *mu-me-li* DM III 231, 5. Im kärnt. Lesachthal lautet der Zuruf für Kühe *tschə* (im Drauthal *tschgə*) DM IV 160. Lexer Kärnt. WB 74. 224, in Tirol (Defereg.) *tschöck* Hintner S. 45.

[9] Auch bayr. Schmeller I 315. Schwäb.-alemann. *mä-le*, *hä-li*; tirol. Lockruf *horla* DM IV 311. Schöpf Tir. Id. 275, auch *leck leck* (Deferegg.) Hintner S. 141; im kärnt. Drauthal *legga*, im Lesachthal *wüdile* oder *tschap* Lexer DM IV 160. Kärnt. WB 175.

a) Primäre α) Naturlaute: Lock- Scheuch- Hetz- Beschwichtigungs- Befehlsrufe.

tschugl,¹) *mī̆z* (Katze, Dim. *mī̆z(r)l*;²) dieselbe Bedeutung hat *tschitscha(r)l*, vom Lockruf *tsch-tsch* oder *tschi-tschi*.³) Bloße Lockrufe (nicht zugleich Thiernamen) sind *bswsbsws* oder *bswswsws* (für junge Hunde);⁴) andere (so für Pferde, Schweine, Hunde) sind durch gewöhnliche Lautzeichen nicht wiederzugebende, mit eingezogenem Athem gebildete Zungen- (Schnalz-) und Lippenlaute.⁵) Schreckrufe: für Schafe *höißßß*, für Schweine *houtsch* (oder *hutsch*),⁶) für Katzen *kt-sss* (mit scharfem s-Laut, wohl synkopiert aus *kátz*),⁷) für Geflügel, namentlich Gänse *huds*,⁸) auch (mehr für Hühner) lang gedehntes, scharfes *sch* oder *kschsch* (*ksch-ksch*).⁹) Der Hetzruf für Hunde lautet *uts-ks* oder *ks-ks-ks*; andere Rufe dieser Art, z. B. der für Truthähne, sind mit Buchstaben schwer wiederzugeben, letzterer ungefähr durch *krrrr*, das in höchster

---

¹) Fränk.-henneberg. *suk suk, sik sik* DM IV 313 (benneb. auch *fuck fuck* DM VII 176); nordböhm. *tschunneina* (slav. *žuna* Peters DM II 239); im kärnt. Lesachthale *nätsche, nätschile sū sū* Lexer DM IV 37. Kärnt. WB 106; in Tirol (Defereggt.) *nätsch nätsch* oder *sū sū* Hintner S. 175; vgl. Schöpf Tir. Id. 462.

²) Ebenso nordböhm. (Knothe Markersd. Ma. S. 81. WB 405); bayr. *minni, minz, mis, mauz(ol), mitz (mietz), muz* Schmeller I 1619. 1632. 1672. 1702 (1554). 1705. 1706 (vgl. 1571 *Mudel*); *muz* und *mulzl* auch oöst. Andere Formen DM IV 314.

³) Schles. (nordböhm.) *titschl, tschitschl* = kleines Thier, kleiner Vogel: Knothe WB 178. Markersd. Ma. S. 118. Für das Pferd fehlt ein lautmalendes Wort; die Kinder ahmen das Wiehern desselben durch *hīhǎhǎhǎ* (⏑ ⏑ ⏑) nach; ebenso fränk.-henneberg. DM IV 307. Lautmalende Namen sind z. B. auch oberd. *hihǎhǎ, mihǎhǎ, heiss,* schweiz. *hujerli,* niederd. *hüss, huss,* oldenburg. *hußhuß, heußheuß, hüßi* DM IV 307. Interessant sind auch die Zusammensetzungen aus Thierlaut und Thiername (hauptsächlich in der Kindersprache): egerl. *Pi-ant* vom Lockruf *pi-pi* Neubauer Z. f. öst. Volksk II 325, niederd. *Lü-lümming, Lü-löking* DM V 286, 1. 2; Baselst. *Schefeli be* Binz § 3

⁴) Ebenso oöst.

⁵) Die sonstigen Lockrufe für Pferde, Rinder (nach der Farbe oder besonderen Abzeichen gebildete Rufnamen wie *Bräuno, Gscheck, Stö(r)l* (Stern) u. dgl., auch Menschennamen wie *Hänsl, Lisl*), für Ziegen *he(d)l he(d)l*, Kaninchen (*Hänsl*), Stubenvögel (*Mätzl*) u. a. gehören nicht hieher. Andere Mundarten besitzen auch hier Lockrufe der früher bezeichneten Art. So lautet z. B. der Lockruf für Pferde im kärnt. Lesachthal *psché psché,* für Ziegen und Lämmer *pschá* (oder *gäse gés gés,* im Drauthal *es es (sele)* Lexer DM IV 160. Kärnt. WB 44. Wer in *Hottile le le!* (Lockruf für eine Ziege) das *le le,* statt es mit Lexer (DM a. a. O.) als Wiederholung der letzten Silbe von *Hottile* anzusehen, lieber mit Th. v. Grienberger (in Nagls DM I 17. 143) als pronominalen Locativ (also = da, hier) erklären will, könnte etwa aus der Egerländer Umgangssprache *Hunds(r)l dā, dā!* (= Hunderl, herein!) vergleichen. Über Lockrufe und Namen von Thieren im Egerl. vgl. außerdem Neubauer Die Thiere in Sprache, Brauch und Glauben des Egerlandes Z. f. öst. Volksk. II 204 ff. 278 ff. 320 ff.; im Steirischen Rosegger Sprachlicher Verkehr mit den Hausthieren (Das Volksleben in Steiermark³) S. 290 f.; im Tirolischen (Namen) Josef Thaler DM III 463 (6 B).

⁶) Vorarlb. *huttch* (DM V 487) sowie bayr. *huz* (Weinhold Bayr. Gr. § 261) sind hingegen nicht Scheuch-, sondern Lockrufe für Schweine; zu trennen ist hievon der bayr. und schweiz. Hetzruf für Hunde *huss*, der aber auch als Scheuchruf (fingierter Hetzruf) für Schweine, Geflügel u. dgl. dient, wenn man keinen Hund bei sich hat: Schmeller I 1183. Schweiz. Id. II 1750.

⁷) Schmeller I 1315. Der Ruf *kátz* ist z. B. henneb.-fränk. (DM IV 314); schweiz. *chatz, cáutz* (Schweiz. Id III 582. Winteler Kerenzer Ma. S. 229, 56)

⁸) Ebenso am Ob.-Main: Schmeller I 1055; schles. *hut* Knothe WB 312 oder *hütsch aus* Ders. Markersd. Ma. S. 53. 56.

⁹) Öst. *Gsch* oder *Gschüdi* Mareta Proben S. 30; bayr. *Gschá* Schmeller II 349. In und um Fallersleben werden die Vögel durch *turrrrhurrrr!* vom Felde verscheucht: DM V 131. Hinter aufgescheuchten Hasen ruft man daselbst *hazup* (DM V 146), im Henneberg. *hu Has* (DM VII 291).

§ 134. 135. III. Wortclassen. I. Interjectionen.

Stimmlage (mit Fistelstimme) hervorgestoßen wird.¹) Als Beschwichtigungs- oder Verlangsamungsruf für Zugthiere, namentlich für Rinder, hört man vielfach ein breit und ruhig gesprochenes *ho-i! ho-i!* ²)

Unter den Befehlsrufen für die Zugthiere nehmen die Richtungsweisungen die erste Stelle ein: *wüstə, wüstə-hā* oder *wüstə-heə, wüstə immē* = nach links! (bezw. n. l. herum!) mhd. *winster*, ³) *hott* (*hott ümmē* = nach rechts! (n. r. herum!); ⁴) *hōuf!* = zurück!; ⁵) *wüə! (wiə)* = vorwärts!,⁶) für Kutschenpferde (z. B. bei Hochzeiten) ein »feineres« *hü!* oder *jäck!* (wohl nur die lautliche Wiedergabe eines sehr gewöhnlichen Zungenschnalzlautes). *Ö* (vgl. § 122), *öu, ou*; *öuhà, ouhá,* ⁷) *ölhá, öuhàə, ölhàə* Grundform *ohá* vgl. § 125, 6), für Kutschenpferde (aber auch sonst *prrr!* = halt! Verbindungen dieser Befehlsrufe untereinander sowie mit anderen Befehlsworten sind sehr gewöhnlich; so (außer den schon genannten *wüstə-heə, wüstə-r-ümmē* *wüə-hott, hott-ö* (Rechtswendung und Verlangsamung) u. s. w. ⁸)

§ 134. Zwischen interjectionalen Befehlsrufen und lautmalenden Wörtern stehen die gewöhnlich gesungenen Wiegelaute *aio, haio, haiə'r'lo*,

---

¹) Im Henneberg. ist *gaudər-gaudər* der lautmalende Hetzruf für den Truthahn: DM VII 270; auch im Koburg. heißt er *Haudərhaudər*: DM II 85, 29; im Tir. *gauder* Schöpf Tir. Id. 179.

²) Ähnlich bayr. *hài hài* Schmeller I 1019 f.

³) *Wüst* und *wüstə her* auch bayr. Schmeller II 1044; schles. *wistahe* = vorwärts Knothe WB 301; im ungr. Berglande *twisse, weiste* = links! Schröer WB 105 [214]. Nicht üblich sind im Egerl. (für *links!*) bayr. *har, heir, heirei* Schmeller I 1144. 1154; henneberg. *hár* (DM VII 291), bayr. u. schles. *hi* (Schmeller I 1029. Knothe WB 298; schles. auch *tschiki*), deutsch-ungr. *hütt* (Schroer WB 62 [272]), schles. *schwülde* (Weinhold Schles. WB 88).

⁴) Fast in allen ober- und niederd. Maa. gleichlautend, während die Ausdrücke für *nach links!* mannigfaltig sind. Vgl. Grimm Gr. III 309 f. Schmeller I 1189. Schweiz. Id. II 1771 f. Weinhold Schles. WB 37.

⁵) Oberpfälz. *huf, hurf, huif* Schmeller I 1063. Tirol. *hess!* Schöpf DM VI 150. Tir. Id. 261 f.; von letzterem das Verb. *hessen* (die Thiere, indem man sie auf das Maul schlägt, zurücktreiben), wie von *houf* das Verbum *hufen* oder *hüfen* (zurückschieben oder -gehen), das auch in die Schriftspr. (bei Goethe, Gutzkow, Lichtenberg, Rückert: DM VI 371) eingedrungen ist.

⁶) Bayr. *wi, wi-ö* Schmeller I 574. II 827. Nordböhm. (schles.) auch mit anderem Anlaut *wie, hjo, hjodi, djo, tschjo* Knothe WB 158. 301; fränk.-henneb. und hannov. *jü* DM V 450. 451; Pressburg. *tschihé* DM VII 224.

⁷) Bayr. *o, ou, ouhá* in derselben Bedeutung, *eu* außerdem als Lockruf an ein von der Heerde verirrtes Rind. Schmeller I 10, vgl. Weinhold Bayr. Gr. § 261.

⁸) Bayr. *hottá, hottahö* Schmeller I 1189. In einem Volkslied aus Lobs bei Falkenau (HTV S. 196 N. 174) kommt ein mir unbekanntes *wia ha ho!* vor. Über steirische Fuhrmannsrufe handelt Rosegger Sprachlicher Verkehr mit den Hausthieren (Das Volksleben in Steiermark³) S. 292. Henneberg.-fränk. Rufe dieser Art sind DM V 449 ff., obers-schwäb. Fuhrmannsrufe aus dem 17. Jahrh. DM IV 114, 12 vetzeichnet. Auch aus diesen Fuhrmannsrufen sind Verba und Substantiva der Kindersprache abgeleitet: *hotto-hi-machen*. Das *hotto, hottel* = Pferd, (ähnlich bayr., schweiz., schles.; Weinhold Schles. WB 37, in Saaz *hattan*) habe ich im Egerl. ebenfalls beobachtet. Die von Knothe WB 305. 308. 384. 530. Markersd. Ma. S. 54. 88 (vgl. Weinhold Schles. WB 34. 36) angegebenen schles. und nordböhm. Hirtenrufe wie *kodaus, horaus, honaus u. ä.* (beim Austreiben), *hodei, horei, harei* u. s. w. (beim Eintreiben), *woida, weda* (Aufmunterung zum Weiden) u. a. sind mir im Egerl. bisher noch nicht begegnet.

a) Primäre *α*) Naturlaute: Befehlsrufe, Wiegelaute, Jodler. 93

wiwə(r)lo, háio popáio,¹⁾ háio wiwáio, hétscho²⁾ und verschiedene Verbindungen derselben, in Plan z. B. háio-popáio-hétscho-wiwər)lo (²/₄ Takt: ↓ ⌣ ⌣ | ↓ — | ↓ — | ↓ ⌣ —; auch nach dem Rhythmus der schaukelnden Wiege) wī-wī-wī oder wj-wj-wj (mit breitem, zwischen *j* und *s* schwebendem Säusellaut, auch geradezu) wš-wš-wš oder wsch-wsch-wsch (bschwsch u. s. w.).³⁾

§ 135. An diese Gruppe schließen sich wegen ihres ähnlichen Charakters die Ausrufe fröhlicher Tanzlust wie *hoppsásá* (↓ ⌣ ⌣), *hopp a di hopp* HTV S. 342 N. 665 (Plan), sowie die mannigfachen Textsurrogate des Liedes oder Jodlers: *Hollǝri, hollǝhö* (beide ⌣ ⌣ ↓), *hollǎdi hollǎho* (↓ ⌣ ⌣ ↓ ⌣ ⌣, ähnlich im Böhmerwalde HTV S. 257 N. 279), *hollá-diodio, hollǝri-haho hoidrio* (Urban A. d. H. S. 105 N. 127); *lalálá, r(ö)llǝlá, tr(ö)llǝlá*⁴⁾ u. ä. Ein charakteristischer

---

¹) Dazu von *hái(o)* das Verbum *hái(d)n* = schlafen. Bayr. *heieln, heielen* Schmeller I 1028. Bayr.-öst. heißt die Wiege *Heiel, Heidl* (n.) Schmeller a. a. O., fränk. *Heid, Heidpeu, Beid* (f.) oder das *Beidlá* = Wiege und Bett DM II 90, 8; *haia* (f.) auch im kärnt. Lesachth. (Lexer DM II 514. Kärnt. WB 4. 131) u. in Tirol (DM III 522 zu 3, 19. V. 445 Schöpf Tir. Id. 232 f.); cimbr. *Haie* (n.) das Kind Schmeller I 1021. Cimbr. WB 127. Im Erzgeb. *eihaialahei, eihaiala popei* HTV S. 23 N. 39 (in einem Joachimsthaler Hirtenlied); in d. südl. Übergangs-Ma. (Neuern) *haio pumpaio tautauanidl tau! tau!* Rank Aus d. Böhmerw. S. 146; im Tirol. *háiá pumpáiá* Schöpf a. a. O.; im ungr. Berglande *haija bobaija* Schröer Nachtrag S. 31 [273].

²) *Hétscho* vom schw. V. *hétschn* = auf den Armen wiegen, verwandt mit *hutschn* = in einer Schaukel hin- und herwiegen (mhd. *hutzen* schw. V., sich schwingend, schaukelnd bewegen; vgl Schmeller I 1192). Auch hier verschiedene Formen: *hutsch heija pu pu* HTV S. 172 N. 126 d (Tieberschlag); *hutzi haio pumpumpaio* (Deferegg.) Hintner S. 93. *Wīwǎio* ist wohl mit Anlehnung an *popáio* aus dem weiter unten angeführten Einschläferungslaut *wjj-wjj-wjj* gebildet. Annehmbarer als die Ableitung aus dem griech. *ευδέ μου παιδίον, ευδέ μου παί* (Sengschmitt Progr. d. Gymn. zu den Schotten Wien 1852) ist die Zurückführung dieser nicht bloß in Österreich, sondern im ganzen deutschen Sprachgebiete weit verbreiteten Formel anf die Interj. *ái (hái)* verdoppelt *ájai* (vgl. oben § 123, welche die Liebkosung der Wange, dann das Anschmiegen an eines andern Wange, an das Bett u. dgl. bedeutet, daher *áien, háien* so vielfach = liebkosen oder schlafen) und *Puppe*, ein häufiges Liebkosungswort für kleine Kinder, also = schlaf Püppchen (Frommann DM VI 130 und Th. v. Grienberger in Nagls DM I 144). Die Form *popáia(-o)* ist dem Reim auf *hái(-o)* zuliebe gebildet (Frommann a. a. O.), das in *háia* und allen übrigen Wörtern angehängte *á* (egerl. *ō*) ist wie so vielfach in den Bildungen der Kindersprache (vergleiche weiter unten *klopfǝ-klopfǝ, háuchǝ-háuchǝ*) die mhd. Verstärkung -*â* in *hei-â, neinâ*.

³) Im ungr. Berglande *püsch püsch* (davon das Verbum *buschain* = schlafen) Schröer WB 42 [252]. Im Rheinfränk. *sú-sú* DM V 279, 1 (vgl. ebend. S. 70 f., 61). VI 429, 3 (Münsterland). Der auf slavischen Einfluss zurückgehende Wiegenlied-Anfang: *hǎpi-hopǎ* oder *haupi-haupi, houpa-houpa* (slav. *koupati* schaukeln), der im schles. Dial. Nordböhmens vorkommt (Knothe WB 307), ist unserer Ma. fremd. Der Form nach ferner stehen den oben angegebenen Wiegelanten die gottscheew. Formeln *ninai, nanai* (*nannaen* = schlafen, *nanna* Wiege), *prutai* Schröer WBG 185 [451].

⁴) Das Volkslied schafft sich mannigfache Bildungen dieser Art: *holdiderda, holdadǝrdo* HTV S. 194 N. 169 b (Gabel); *ei jupp dudeldupp* ebend. S. 242 N. 251 (Gabel); *ei rum dum lidl dum* ebend. S. 170 N. 122 (Schwand bei Falkenau); *faloditiomtomtom* ebend. S. 218 N. 212 b (Gabel); einige sind Nachahmungen bestimmter Instrumente: *Bim-ba-de-bim-bei-bum* (Trommel) ebend S. 199 N. 176 e (Plan), oder der Musik überhaupt: *táidi(d)ldǎi, taidi(d)ldǎum* Neubauer Erzgeb. Ztg. X 248; vgl. *taitäi* in der Kindersprache = Musik, musicieren. So auch *dunai dai dunai dai* HTV S. 353 N. 750 (Iglau); *tramtamtamte* ebend. S. 220 N. 212 g (Rochlitz); *fiedl di fiedl da fiedl weck weck weck* ebendaselbst S. 198 N. 176 a (Steinbach) u. a.

Jodler unserer **Gegend** heißt *Troudi*, wegen der unterlegten Silben *trou (oŭ-ou-oŭ-ou) -di*.¹)

§ 136. Eine abgesonderte Stellung nehmen die Bejahungs- und Verneinungspartikeln ein.

Ja und *nein* zeigen in vielen Dialekten gleich manchen Interjectionen *(ha, he, ho)* vocalische Abstufungen. Im Egerländischen lautet die Bejahung *jå, jau, chà (hà), à* (enklit.),²) sie weist also nur geringe vocalische Unterschiede auf; die Verneinung nur *nā*;³) hiezu kommt als stärkere Form der Verneinung *waijau*.⁴) *Jå* ist die gewöhnliche, *jau* eine stärkere Bejahung⁵ = gewiss, wahrhaftig, ja doch!; das letztere ist zu gewichtig, um je (gleich *jå*, z. B. in *jå wos toust mn!* vgl. § 137, 2) als Vorschlag verwendet zu werden. *Chà (hà)*, dessen Gebrauch mehr auf das eigentliche Egerland, sowie auf das angrenzende Erzgebirge beschränkt ist (an der südlichen Dialektgrenze ist es unbekannt), wird daselbst auch ohne besonderen Unterschied = *jå* verwendet;⁶) es hat aber bisweilen

---

¹) Hier sei auch einiges über die verwandten Bildungen der Kinderlieder, Kinder-(spiel-) reime, Auszählreime u. dgl. angeführt. Dieselben sind zum Theil verbale (imperativische?) Bildungen mit angehängtem *a(i)* = mhd *â: hala, hala* (= heile, heile) *Seg'n* (wenn das Kind sich angestoßen hat, HTV S. 384 N. 37 Eger). *Hiuchs (hiuchs) Pudsls* oder *Pudi* (Hühnchen) ebend. S. 444 N. 385—387 (Plan); vgl. *sich hiuchen* = sich niederhocken; Neubauer Idiotism. S. 70. *Rupfs, rupfs Schus(d)n* (rupfe Schoten) HTV S. 446 N. 398 (Eger). *Gröss, gröss Sichsls* (grase Sichel), *Rings-Rings-Riis* (von Th. von Grienberger in Nagl DM I 145 auf ein mhd. *ringen, ringen, rihen* als 1. Pers. Pl. Opt. Präs. zurückgeführt, aber von den übrigen Bildungen kaum zu trennen) u. a.; zum Theil sind sie auch lautnachahmend: *Trapp, trapp, trapp! Tripp trapp, tripp tropp!* (Pferdegetrappel) HTV S. 387 N. 52d (Plan), *Hola, popola, wos rumpelt am Bua(d)n?* (Gepolter) ebend. S. 384 N. 33 (Eger); bisweilen endlich sind sie bloße Füllwörter, die durch Reim oder Assonanz, durch Alliteration und Rhythmus sich dem Gedächtnis einprägen, obwohl sie vollkommen sinnlos sind (vgl. Grimm Gr. III 308, 18); vielleicht kommt dazu ein gewisser geheimnisvoller Reiz, den diese unverstandenen Formeln auf das kindliche Gemüth ausüben (vgl. DM VI 132, 22, 23 über ähnl. Formeln in der Windesheimer Ma.). Dies gilt namentlich von den Auszählreimen: *Enen denen Tintenfaß* HTV S. 428 N. 306b. *Enen denen titin, tifs taff domini* ebend. S. 429 N. 312. *Zing zeng assi g'mongt* ebend S. 431 N. 324b. *Tinoau Tawan Läppm* ebend. S. 406 N. 149 (alle aus Plan) u. a. Alle Bildungen dieser Art lieben, wie überhaupt das Volkslied, die Vocalabstufung. Vgl. über andere Maa. DM III 521, 9. 523, 79. 525, 26.

²) Im Sechsämter-Dial. auch noch *jo*; O. Steinel, Brenner-Hartmann BM I 126; Nürnberg. *ja, jo, jåu* DM VI 265, 46; fränk.-henneb. *jå, jò, jå*, enkl *jo, jå, ja* DM III 543. 16; bayr. *jå, jä (jè, jå), jo (jö), o jou* Schmeller I 1197, 1198; nöst. *jö, jå, jåu* Nagl Roanad S. 271 ff. 274 ff.; deutsch-ungr. *jå, je* Schröer Nachtrag S. 34 [276]; schles. *ja (jo), ju* Weinhold Schles. WB 38. Knothe WB 45, 313 318; Mainz. nur *jo* Reis II § 2: Baselst *jo* und *jä* Binz § 7, 3. Velarer Anlaut auch im Nürnberg. und oberpfälz. *kå* Schmeller I 1213; im fränk. *g'å, g'd, kå* DM I 296, 4. II 192, 38; im Erzgeb. *ja* Erzgeb.-Ztg. XV 119

³) Fränk.-henneb. *ne, neė, ne, nå* DM II 172, 2, 19. Vgl. Schmeller I 1745 f. und zu dem Ganzen DWB IV 2187. VII 586. Wunderlich Umgangspr. S. 32.

⁴) Oberpf. *weu jå (wåi ü*) dient zur unwilligen Verneinung (Schmeller II 827). *Waijau* ist also wohl nicht in *was* (erstaunte Frage) und *jau* (vgl. erstauntes abwehrendes *jå!* = was du nicht sagst! § 137) aufzulösen, wie Schröer (Versuch S. 41 [291]) *bajå* (nach Analogie von *bawū* = *was wie*) = *was ja* setzt, sondern in instrumentales *wā* (vgl. *wā', vo wā* § 61) und *jau* = *weshalb ja?* also ungefähr = wieso denn!?

⁵) Ebenso nöst. *jåu* Nagl Roanad S. 274 VI b.

⁶) Erzgb. Ztg XIII 39 *»Ist hier die Schule?« fröchts ronter. — »Cho! wos iss denn?«* ebend. S. 40 *Wohnt er* (der Lehrer) *hier? — I cho!* Das Auftreten von Formen mit *ch, h* (und *g*; vgl. oben Anm. 2 die fränk. Formen) neben denen mit *j* erklärt sich aus der nahen Verwandtschaft von *j* und palatalem *ch*, das wie *chj* klingt (vor hellem *ā: jå, chjå*), aber auch von velarem *j* und homorganem *ch* (vor *å, o: jå, jo, chå, cho*). Ein breit gedehntes

die Bedeutung nachdenklichen Sinnens. So sagt der alte Hirte bei Lorenz S. 7 *Öitza dean Herwast, màin ih, wir ih draneunz'g Gaua waan — chà —, 's is schö a schäins Àlta, wemma 's batràcht.*. Vgl. E. J. X 165. *À* (mit Abfall des *j*) wird nur enklitisch gebraucht (vgl. § 137, 6).

§ 137. Außerhalb seiner gewöhnlichen Function wird *jà* mit stärker hervortretendem interjectionalen Charakter

1. als Ausruf gebraucht: *Denk dɔ neɔ, dɔ X. is gɔstur(b)m.* Antwort: *Jà!* (= was du nicht sagst!) Der Sinn des Erschreckens, des ungläubigen Erstaunens berührt sich hier mit dem der Frage: *jà?* = ist es wahr? ist es möglich? [1])

2. Auch in der Verwendung als Vorschlagswörtchen ist *jà* (nur diese Form, nicht *jàu* oder *chà*) mit den Interjectionen in eine Reihe zu stellen, und zwar stets ohne Verbindung mit *sɔ*, *nõ*, die sie zu gewichtig machen würde. So steht *jà* besonders gerne vor erstaunten Fragen und Ausrufen: *Jà wos toust ɔnn dàu? Jà sog mɔ nõ* . . .! auch vor negativen Aussagen: *Jà dös koɔ̃ niɔt sã*, so selbst vor *nein*:[2]) *Jà nã*: vor Gegensätzen und Einwendungen: *Jà owɔ* . . . . *Jà dös is vɔbuɔ(d)n*.[3])

3. Auch proleptisch steht *jà*, indem es in der Frage die gewünschte Zustimmung des Gefragten voraus nimmt (*jà du gäihst mid, wos?* öfter aber nachgesetzt: *du gäihst mid, jà?*) und vor der Antwort dessen Zustimmung ankündigt (*jà i gäih mid*). Es wird bisweilen als gewohnheitsmäßige Einleitungspartikel jeder Aussage vorangeschickt und hört damit auf, den Sinn zu beeinflussen.

4. Umgekehrt wird die Aussage häufig auch durch ein nachgeschicktes, bekräftigendes *jà* gestützt:[4]) so namentlich, wenn man sie

àcá (Ton auf dem *à*), offenbar < *hjá* < *chjá*, das hämischen Spott ausdrückt, erinnere ich mich öfters in Plan gehört zu haben. Der spöttisch breit gezogene Mund verhindert hier die Bildung des dumpferen *à*, das der Bejahung in unserer Mundart sonst durchwegs zukommt. Die Umgangssprache kennt solche Bildungen in großer Zahl. Hier ist auch zu beobachten, wie vor dem *j* sich nach einem alten (schon in griech. Dialekten auftretenden) Lautgesetz ein *d* vorschiebt: *djá*, das (wiederum wie im Griech.) zu *àá* (ζα), *dɔjá*, *ɔjá* wird. Setzt der Stimmton schon vor der Lippenöffnung ein, so entstehen Formen wie *mɔá* oder *mchjá*, *mdjá*, *mdɔá*, *mdɔjá*, *mɔjá*. Alle diese Formen kann man wirklich hören. Der dramatische Dialog der neueren naturalistischen Schule hat manche derselben zu besonderen Wirkungen verwendet.

[1]) Ein fragendes *ja?* (eigentlich = was gibt es? was willst du?) dann auch ohne Frageton *ja!* (= ich höre!) wird auch als Erwiderung auf einen Namensaufruf gebraucht: *Girch!* Antw. *Ja?* o)er *Ja!* in demselben Sinne wie *Nõ? Wos (Wo)?*

[2]) Baselst. *jà nai* Binz § 7, 3, schles. *jah nĕ* Knothe WB 313, Krefelder Ma. *ja nā* DM VII 73, 227. Vgl. im Simplicissimus *ei ja wol nein!* (Wunderlich Umgangspr. S. 31.)

[3]) Im Nöst. steht *jà* vor Sätzen mit verneinendem Sinn (Nagl Rosnad S. 88 zu V. 100 *jö*). Hier wie in *jà—owɔ* . . . liegt offenbar die elliptische Verkürzung eines auf die Verneinung, Weigerung, Einwendung, den Gegensatz vorbereitenden Gedankens vor: »Ja, soweit wäre die Sache schon richtig, aber . . .« (Nagl a. a. O., vgl. Wunderlich Umgangspr. S. 31.) Angedeutet wird diese Ellipse durch eine kleine Pause nach *jà*: *Jà* . . . *dàu koɔ̃ r é ɔnk ɔcho niɔt helfm!* (Diese Pause auch im Nöst.: Nagl in seinem DM I 75) Verschmilzt aber das *jà* als Vorschlag mit dem folgenden Wort, so ist das Bewusstsein der Ellipse schon verloren gegangen: *Jadàu* (‿‿ oder ‿—) *koɔ̃ r é* u. s. w. Steigerndes *jà* = ja sogar ist wie im Nöst. (Nagl Rosnad S. 271 Ib, β) selten.

[4]) In der Deferegger Ma. Tirols ist das stärkere *hàit jà well* (Hintner S. 47, 35) wohl auch so aufzufassen.

damit gegen einen vorausgesetzten oder von der Miene des anderen abgelesenen Zweifel sichern, oder (in Vorwürfen, Scheltreden u. dgl.) gegen kommende Einwendungen nachdrücklich als unanfechtbar hinstellen will: *Dös how i mid main aignə* (eigenen) *Auchən g·seəh — jà!* (oder *jàjà*); in langsam steigender Melodie gesprochen, bedeutet dieses *jà* ungefähr »nicht wahr? da staunst du? das hättest du wohl nicht geglaubt?« z. B. *Unnə Bauən ho(b)m sé fái͂ ü* (auch) *ə Dreschmaschi͂ káfft, — jà!*

5. Auch wirklich fragendes *jà?* wird der Aufforderung und der Bitte gerne nachgeschickt (= nicht wahr, du thust es? Vgl. oben unter 3).

6. Von diesen Gebrauchsweisen ist die eigentliche Enklisis der Partikel *jà*, die in unserer Mundart dabei zu *à* abgeschliffen werden kann,[1] zu trennen. Die herrschende Bedeutung ist wie im Nöst. (Nagl Roanad S. 272 II), im Oöst., in der Umgangssprache (Wunderlich S. 34. 249) sowie im Nhd. die stützende, begründende: *Des koš r à* (oder *jà*) *nèks dəfüə. Des hàut à selwə koš Göld. Ma͂ Hunde'l baißt di à niat* E. J. III 122. *I ho à nèks b·hàltn.* E. J. IX 153. Für enklitisches *jà* steht in causalem Sinne auch *no͂ jà* an der Spitze des begründenden Satzes (darüber § 141). Auch das den Ausrufen der Überraschung (*Dös is à də Hàns!*) eingeschaltete *jà*, das gewissermaßen Frage und Antwort zugleich vertritt (»darf ich meinen Augen trauen? — In der That!« ist dem Egerländischen geläufig.[2]

7. Von diesem *jà*, das der Redende seiner eigenen Rede vor- oder nachsetzt, ist dem Ursprung und der Bedeutung nach ein anderes *jà* zu trennen, das der Zuhörer in die Rede des anderen von Zeit zu Zeit einschaltet. Dabei malt sich in dem musikalischen Tone dieser eingestreuten *jà* (ähnlich auch *hm* § 127, 3) die Stimmung, in welcher der Zuhörer das Mitgetheilte aufnimmt. Wird es in gleichmäßiger, tieferer Stimmlage oder mit halber Stimme gesprochen, so deutet diese Betonung ruhige, vielleicht auch gleichgiltige Aufnahme an; absteigende Betonung zeigt an, dass dem Zuhörer alles, Stück für Stück, klar und verständlich ist, bei energischerer Senkung in größeren Ton-Intervallen tritt Überraschung (vgl. den gleichbetonten Ausruf *jà* oben u. 1), bei gleichschwebendem Tone in höherer Stimmlage oder bei aufsteigender Betonung treten Spannung und drängende Ungeduld hervor, die dem Erzähler die weiteren Mittheilungen vom Munde nehmen möchte (= gut; und was weiter? vgl. *no͂ und?* und *jà?* als Erwiderung auf einen Namensanruf oben unter 1).

---

[1] Abfall des *j* in der südl. Übergangs-Ma. bezeugt J. Rank Aus d. Böhmerw. t. B. S. 107 *Dös kannt o ma Holz a za*, was Rank selbst durch *das konnte ja mein Holz auch sein* wiedergibt. Auch im Passauischen ist verdumpftes *jà* und *à* im causalen Sinne gebräuchlich: Keinz Ergänzungen S. 417 (I, 1197 zu *ja*) Durch verschiedenen Vocal wird das causale *ja* auch in anderen Mundarten unterschieden; so im schles. *ju* (gegenüber gewöhnlichem *ja, jo*); Langer Aus d. Adlergeb. I 54 *du wełt ju.* HTV S. 353 N. 747 *c du wełt ju nee*, und S. 85 Anm. 2 das Beispiel aus Gerh. Hauptmann; ähnlich im Deutsch-Ungr.: *jé je* (gegenüber gewöhnlichem *jà, jáā*) Schröer Nachtrag S. 34 [276], vgl. DM VI 250, 5. Über ähnliche Unterschiede in anderen Mundarten vgl. DM IV 129, 28. V 267, 2, 3.

[2] Es entspricht also dem von Nagl Roanad S. 272 unter III a angeführten *jà*.

a) Primäre *a)* Bejahung und Verneinung.

8. Eine Reihe von Gebrauchsweisen des *jà* beruht auf der engen Beziehung, in welcher Bejahung und Behauptung zu einander stehen. Hier ist zu erwähnen

a) jà als einfacher Gegensatz zu *nicht*: *Eɔ hàut 's niɔt tàu*. Antw. *Eɔ hàut 's jà tàu* (Haupton auf *jà*) = doch, er hat es gethan. Die Mundart weist diesen Gebrauch nur vereinzelt auf.

b) Eher treten *jà* und *nã* an die Stelle eines ganzen affirmativen oder negativen Satzes; so nach *i denk*: *Soll è ɔnn dòs zoulauɔ? I denk: jà (nã)*. Noch häufiger aber als *jà* ist hier *scho*: *i denk scho* (Haupton auf *scho*).

c) In Bezug auf den emphatischen Gebrauch von *jà* = sicherlich, wahrhaftig u. s. w. stimmt unsere Mundart mit der n- (und o-) öst. bis auf kleinere Abweichungen überein (Nagl Roanad S. 273 f. IV und V).

α) In gewöhnlichen Aussagesätzen ist hochtoniges *jà* = gewiss, sicherlich, wahrhaftig (Nagl a. a. O. IV b »*er erwischt den Hasen ja noch*«): *Deɔ hàut jà dràf vɔgessn!*") = ich wollte darauf wetten, dass er . . ., auch in negativen Sätzen: *I wàiß 's jà* (= wirklich, dafür auch *wirklè*) *niɔt*; es ist aber auch = allerdings, in der That: A. Du kannst ebensowenig wie ich wissen, ob wir noch einmal zusammentreffen. B. *Dòs koɔ̃ r è jà niɔt wiss'n*.

β) In Befehlssätzen (Nagl a. a. O. IV a) erhält hochtoniges *jà* neben der Negation den Sinn von »beileibe nicht«: *Gäih jà niɔt s'wàit zoué*. *Vɔsám 's jà niɔt!*, in bejahenden Sätzen den Sinn von »unter allen Umständen, auf alle Fälle«: *Hàlt dè jà völlɔ* (immer) *rechts, dàst d'* (dass du) *niɔt ir gäihst!*

γ) In Bedingungssätzen ist *wenn jà* nicht verallgemeinernd = wenn nur irgend²) (wie im Nöst. Nagl a. a. O. V b), sondern = wenn wirklich, wenn im Ernste, wenn dennoch, wenn wider Erwarten (dies auch nöst. Nagl a. a. O.): *Eɔ kinnt* (kommt) *niɔt, u wenn ɔ jà kummɔ sollt'* (= wenn er nun auch wirklich k. s.) u. s. w.

δ) In Absichtssätzen heißt *dàs jà* (Nagl a. a. O. V a) damit unter allen Umständen, d. auf alle Fälle, d. nur wenigstens, d. sicher bezw. unter keiner Bedingung: (Er gieng schon eine Stunde früher zum Bahnhof) *dà r ɔ jà niɔt z'spàt kummɔ r is*. Minder geläufig ist der Gebrauch dieses *jà* in Wunschsätzen (Nagl a. a. O. V b).

Auch *nã* (und *owɔ nã*) steht wie in der Umgangsprache (Wunderlich S. 35) in elliptisch zu deutenden Wendungen vor Ausrufen der Verwunderung (seltener vor Aufforderungen): *Nã (Owɔ nã)! wenn oinɔ dòs häit vor ɔn Gàuɔ sogn solln!*³) *Nã sog mɔ nõ . . . .!* Hier tritt

---

¹) Dafür auch *Deɔ hàut hàtich dr. v.!* Über dieses *hàtich* vgl. Schmeller I 1078. Schöpf Tir. Id. 254.

²) Wenigstens tritt diese Bedeutung gegen andere sehr zurück. Vgl. hingegen Koburg. *Unn wenn jà schɔn s Wàttɔr zɛ finn i is, so konnt ɔr* (ihr) *'s dort gekrig* DM II 426, 43 ff. Die Nürnberger Fassung dieser Stelle hat statt *jà: überhàpts*, die niederdeutsche *intgél*, was für den verallgemeinernden Sinn des *jà* (= wenn irgend, überhaupt) spricht.

³) Derselbe Satz wäre im Oöst. und Südböhm. (Krummau) möglich. Vgl. für das Bayr. Th. v. Grienberger Nagls DM I 9. Nordböhm. Tieze Hejmt I 76 »*Nej! Nej!*, *sɛ st, nu so ich aber nischt mich!*« Niederd. (Krefeld) *Nä, dat ɔs sch'n* DM VII 73, 228.

7

die Überraschung, die Verwunderung dem Eindrucke zunächst abwehrend, verneinend entgegen (= »das habe ich noch nicht erlebt«, »das hätte ich nicht für möglich gehalten«). Es steht auch proleptisch wie *jà*, jedoch nur in Antworten: *Nã̀ i gaih niət uňd*. Enklisis sowie alle übrigen Gebrauchsarten fehlen, auch gibt es keine abgeschliffene Form (wie *à* < *jà*).

§ 138. Der ironische Gebrauch von *jà* und *nã̀*, der den Sinn beider in das Gegentheil verkehrt, ist sehr ausgedehnt. Ton und Zusammenhang, wohl auch die Miene sind hier entscheidend. Einfaches *jà* (öfter aber *a-jà* oder *ai-jà*), ungefähr in dem Tone von *Ach was fällt dir ein! Was nicht gar!* gesprochen, dient zur Verneinung. Ein Gast, der bei Tische nicht gehörig zugreift, und zu dem man deshalb sagt: *Diəts hauts halt dəham wos Bessəs* (Besseres), erwidert: *A-jà!* oder *Jà, wos Bessəs!*[1] In der Saazer Gegend ist ein ähnliches *öjà* (⏑ –́), aber mit steigender musikalischer Betonung als Verneinung und Abweisung ungemein beliebt. *Nã̀* wird in ironischem Sinne meist vor ebenso ironisch gemeinte verneinte Sätze (Ausrufe) gestellt; es klingt in der Regel etwas gereizt: A. *Və sain raichn Vettən haut ə jà* auch *neks girbt* (geerbt). B. *Nã̀, des haut neks girbt!* Was dir einfällt! ... nichts geerbt!) = natürlich, selbstverständlich hat er g.![2]

§ 139. Verdopplung. Wie bei allen Interjectionen bedeutet die Wiederholung auch bei *jà* und *nã̀* (wobei jede mit dem vollen Tone gesprochen wird) eine Verstärkung: *jà jà, nã̀ nã̀*. Die eigentliche Verdopplung hingegen, bei welcher der erste Theil als Vorschlag des zweiten, allein voll betonten und meist auch gelängten Theiles erscheint, (⏑ –́ *jajà* und *jajà̄*, *nanã̀* und *nanã̀̄*)[3] nimmt sich dem einfachen, wuchtigen *jà* und *nã̀* gegenüber oft wie eine inhaltliche Abschwächung aus. *Jajà* kann eher eine halbe, unentschiedene Zusage bedeuten als *jà*; hingegen kann die Verdopplung je nach dem Ton auch lebendiger klingen als die einfache Partikel, weshalb sich ihrer temperamentvolle Leute gerne bedienen. Anders als durch den Ton und allenfalls durch die Quantität werden die beiden Bestandtheile hiebei in gewöhnlicher Rede niemals unterschieden.[4] Eine abgesonderte Stellung nimmt die Wiederholung

---

[1] Langer Aus d. Adlergeb. I 51: Der Wirt fragt den Handschuhmacher Gregor, ob man ihn am Ende gar umbringen wollte, da er sich gar so sehr über die Studenten beklage. Darauf sagt dieser, *als habe der Wirt doch zu viel gesagt, diesem die Worte nach*: »*Embrenga weila, jo, embrenga weila!*« (= ach was, umbringen!) In südd. Maa. ist *ejawohl* = keineswegs: Hartmann Volksschausp. S 568. 580, der S. 68 Anm. zu V. 148 auf Hintner (Deferegg.) S. 6, Birlinger Alemannia III 93 verweist. Vgl. Wunderlich Umgangspr. S. 234 (Beispiele aus Hebel und Gotthelf). *Jawohl* = *keineswegs* im Spiel Hans Nord, Hartmann a. a. O. S. 227 Z. 207 (*jà wohl, krank* = keineswegs krank). Im Odenwald *a woll!* in dem gleichen Sinne: Wunderlich Umgangspr. S. 234. Denselben Sinn hat *á wol* (⏑ –́) in Oberösterreich mit abweisendem *á* wie in *á wos*, südböhm. (Krummau) *á wou* (wo). Im Schles. (nordböhm.) sind *jùjù, i jùjù* starke Verneinungen: Knothe WB 313.

[2] In der Saazer Gegend ist ein gleichbedeutendes ironisches *nö̀ nã̀* (⏑ –́) sehr beliebt.

[3] Nöst. *jə-jà* (⏑ –́) und auch umgekehrt *jà-jə* (–́ ⏑): Nagl Roanad S. 274; schles. *jöjö, i nu jöjö* (–́ ⏑) dient der kräftigen Bejahung, *jùjù* der starken Verneinung: Knothe WB 313.

[4] Im Baselstädt. wird auch *jà* und *jo* zusammengesetzt: *jàjo* (zögernd, einen Einwand einleitend) Binz § 7. 3; im ungr. Berglande *chà-jà* und *chjà* (Schröer Versuch S. 113 [363], 67, der auch auf thüring. *chà-jà*, sonneberg. *hà-jàä* verweist). *Chjà* kann entweder als Zusammenziehung aus *chà-jà* oder in der oben S. 94 Anm. 6 angegebenen Weise erklärt werden.

a) Primäre *α)* Bejahung und Verneinung.

des *ja* im Volksliede ein, wo sie gerne zwischen die Wiederholungen eines Wortes, gewöhnlich des letzten im Verse, eingeschoben wird (gleich *und, aber*, s. § 49, 1. 50), und zwar als *ja, ja,* oder *ju, ja*: HTV S. 133 N. 42 *g* Töplitz *Die Rosen blühen im Maien, ja, ja im Maien* (dreimaliges *ja* ebend. S. 133 N. 42 *f*); ebend. S. 132 f. N. 42 *e* (Plan) *Adje nun, mein Liebchen, so feine, ju, ja so feine* (ebend. auch einfaches *ja*: *vom Herzen gefallest du mir, ja mir*).¹

§ 140. **Doppelgipfliger Accent** ohne Stimmunterbrechung, wobei die beiden gleich hohen und durch eine ziemlich bedeutende Stimmsenkung von einander getrennten Gipfel auf den Vocal entfallen, sind besonders bei dem ungeduldigen *jā̀* und *nā̀* zu beobachten; es kann aber bei *nā̀* auch der Hauptgipfel auf den Anlaut *n* und ein niedrigerer Gipfel auf *ā̀* entfallen, ohne dass die Stimme unterbrochen wird. Vielleicht ist dieser Vorschlag eines höher betonten *n* vor *nā̀* (*n-nā̀*) bloß eine Analogiebildung zu *i-jà* (hier aber mit vorgeschlagener Interjection *i*, vgl. § 141), das auf der zweiten oder ersten Silbe betont ist. Doppelgipfliger Accent mit vollständiger Stimmunterbrechung ist nur bei *nā̀* häufiger: *nā̀-ā̀* (⌣ ⌣), das erste *ā̀* sehr kurz gestoßen, das zweite als abgetrennter schwächerer Nachschlag des ersten gesprochen'; kaum jemals *jà-à*. *Nā̀-ā̀* (oder *n-nā̀-ā̀*) dient besonders zur nachdrücklichen Abweisung einer Bitte.²

§ 141. **Verbreiterungen durch andere Interjectionen und Partikeln.** Durch den Vortritt der Interjectionen *à, ä, i* entstehen die Verbindungen *à- / ä- / i-* } *jà* oder *nā̀*).

Á-jà (die erste Silbe lang, mit tiefem, starkem, die zweite Silbe kürzer, mit um vieles höherem und schwächerem Ton) ist die fröhliche, förmlich herausfordernde Bejahung; mit umgekehrter, absteigender musikalischer Betonung, wobei beide Silben so ziemlich gleich stark und gleich lang artikuliert werden (oder auch die zweite stärker und länger),³) ist es die ruhige, zufriedene Bejahung, oft auch eine Bejahung, mit der man sich oder andere zur Zuversicht ermuntert oder Zustimmung und Einwilligung heischt. Werden endlich beide Bestandtheile in höherer Stimmlage mit gleicher Länge und gleicher Tonhöhe und Tonstärke (aber etwas breit gesprochen, so ergibt dies in der Regel den Sinn ungläubiger Ab-

---

¹) Nach der Melodie dieser Lieder sind diese Doppelsetzungen prosodisch gleichwertige Wiederholungen (*ju ja* = ⌣ ⌣), also nicht eigentlich als Verdopplungen zu nehmen. Durch das in unserer Gegend ungebräuchliche (schles.) *ju* kennzeichnet sich das Lied HTV S. 132 N. 42 *e* (aus Plan eingesendet) als ein eingewandertes.

²) Ebenso im Deferegg *na-à* Hintner S. 171. Im kärnt. Lesachth. bedeutet *na-i* eine wegwerfende Verneinung: Lexer DM IV 36 (mit weiteren Belegen). Kärnt. WB 197; Schröer Nachtrag S. 42 [284], der es auch im ungr. Berglande gefunden hat, vergleicht damit wie Schmeller I 1745 f. mhd. *neinâ*. Hintner fasst es hingegen wohl besser als bloßen Nachschlag wie im Deferegg. *jà-i, i-i? du-û? ti-i?* u. s. w. Letztere Formen sind im Egerl. unbekannt.

³) Wird hingegen bei stark sinkender Betonung die erste Silbe von *ā̀-jà* sehr lang und stark gesprochen, so dass *jà* nur wie ein tieferer, kurzer Nachschlag des gedehnten *ā̀* gehört wird, so ist die Interj. von dem »wehmüthigen« oder »behaglichen« (z. B. beim Ausruhen gebrauchten), sinkenden *ā̀* (vgl. § 122 S. 77) nicht viel verschieden.

weisung (= áj-jå, vgl. ironisches jå § 138). Derselbe Unterschied, nur minder ausgeprägt, findet sich bei á-nǟ.[1]) Ä-jà (-nǟ) (sinkend betont, aber meist mit gleich langen und gleich starken Theilen) klingt, der Bedeutung von ä entsprechend (§ 122), immer gleichgiltig, wegwerfend oder verdrießlich. I-jà (-nǟ) mit derselben Betonung wie ä-jà (-nǟ) ist eine eifrige, eindringliche Bejahung. Áí-jà ist außer verstärkter Bejahung (= o ja! doch! doch!) auch ironische Verneinung (vgl. § 138).

Nǒ jà (Nǒ nǟ, no auch ohne Nasalierung) = nun ja (nein). In der Antwort auf eine Frage nimmt nǒ jà häufig den Sinn und damit die Betonung von Gegenfragen als Bejahungsformeln an, wie: Was fragst du noch? Wie denn nicht? Habe ich dir das nicht schon gesagt? (also stark steigende Melodie; dabei kann das tiefere nǒ stärker betont sein als das höhere jà): Woəst ənn wirklē dōnə? — Nǒ jà! Nǒ -nǟ (⏑ ⏑̄) ist namentlich mit sinkender Betonung = gewiss nicht! beschwichtigend, zustimmend; mit leicht steigender Betonung = nein doch! (eindringlich, auch ärgerlich). Hier trägt nǟ stets den dynamischen Hauptton. In eigenthümlicher Weise wird nǒ jà zur Einleitung einer Begründung oder Erklärung verwendet, also ähnlich — aber ohne Enklisis — wie à (= jà vgl. § 137, 6): E hàut ən Huəf (den Hof) sáin Sū niət irwəgéb'm welln — nǒ jà, də Bou woə r ə lídəlichə Mensch ... Hier heißt nǒ jà bei steigender (fragender) Betonung: Wie denn auch nicht? Und das war doch begreiflich? denn ... Und da hatte er doch recht? denn . . .; bei gleichschwebendem Tone: Und das war am Ende auch richtig, denn . . .[2] Ohne diese Zwischensetzung und mit stark sinkender Melodie wird nǒ jà in dem Sinne von »jetzt begreife ich!« einer Äußerung vorangeschickt: Nǒ jà! dàu kọ̈st du frálé niət dräskummə! sagt jemand zu einem Unbemittelten, den er sehr überflüssige und kostspielige Dinge einkaufen sieht; oder in ärgerlichem Tone = da hat man es!: Nǒ jà! àls sol i əllọ̈z tàn (alles soll ich allein thun); oder in resigniertem, müdem Tone = so ist es nun einmal ... : Nǒ jà, um rən ármə Menschn kümməst sé hàlt nemməts (niemand) !·[3]

Sə jà (nǟ) klingt als Antwort auf Fragen und Aufforderungen immer mehr oder weniger gereizt oder verdrießlich; man fertigt damit aufdringliche Frager oder Fordernde kurz ab, oder deutet an, dass die Frage überflüssig war, weil die Antwort selbstverständlich ist oder schon einmal gegeben wurde (was etwa der Fragende überhört hat). Das langgedehnte jà wird hiebei wie beim ungeduldigen jà (§ 140) gerne mit zweigipfligem Accent gesprochen.

Die Combinationen der Partikeln nǒ und sə mit á, ä, i einerseits und jà (nǟ) anderseits lauten ä- | á- | nǒ jà (nǟ)[4]) ä- | á- | sə jà nǟ :
                           i-   i-

---

[1]) Beides in den verschiedensten Modulationen auch oöst.

[2]) Vgl. nordböhm. (B.-Leipa) Tieze Hejmt II 11 Sie (Klennanzens Tochter) hotte Gald wie Mist. Nu jo! Klennanzens Werthschoft wor ju de größten an Orte. Oost. Stelzhamer Ma. D. II 45 N. 24, 21 Nu ja, s' Kreuzerl (die Münze) is kloan.

[3]) Über ironisches nǒ nǟ oben S. 98 Anm. 2.

[4]) Nur diese Stellungen. Im Nordböhm. auch mit Zwischensetzung der Interj. nu ejse: Tieze Hejmt I 26 (Wind.-Kamnitz).

a) Primäre *α*) Bejahung und Verneinung.

von *nõ-sə* mit *jà* und *nã*: *nõ-sə jà (nã)* und endlich von *nõ-sə* mit *ä*,

ä, *i* und *jà (nã)* : *ä-* / *i-* } *nõ-sə* (oder *sə-nõ*) *jà nã*,

selbst *ä-* / *i-* } *sə-nõ-sə jà nã*. Über die Sinnfärbung dieser Verbindungen

entscheidet in der Regel die erste der vorgeschlagenen Interjectionen.

Owə tritt vor *jà (nã)* sowohl wenn wirklicher Gegensatz vorliegt, als auch (wenigstens bei *owə jà*) ohne diesen zur bloßen Verstärkung. *Owə nã!* ist außerdem ein Ausruf der Verwunderung (vgl. § 143.[1]) Vorgesetztes *Ach* gibt der Bejahung oder Verneinung den Charakter tieferer Antheilnahme oder des Wunsches; so jubeln Kinder einem Vorschlage, einer Ankündigung, einem Versprechen mit *Ach jà!* zu; auch den Wunsch, die Bitte, die ein anderer schon vorgebracht hat, unterstützt man durch den gleichen Ausruf.

Alle Verbreiterungen dieser Art hängen mit der Scheu des Dialektes vor einfacher Bejahung und Verneinung zusammen, ein Zug, der auch der Umgangsprache (Wunderlich Umgangspr. S. 75 f., Satzbau S. 202) und anderen Dialekten (Reis II § 2) eigenthümlich ist. Die verdoppelten und verlängerten Formen (*jàjà*, *nã-nã*) entbehren regelmäßig jeder Verbreiterung durch andere Partikeln.

Bejahende Partikeln sind also *jà* (*à*) (iron. *nã*), *jàu, chà, kà, hm, hmhm, ái*.

Verneinende Partikeln sind *nã* (iron. *jà*), *wàijàu, á, ä, (o, ai, ui*).

§ 142. Andere Formen und breitere Umschreibungen der Bejahung und Verneinung besitzt die Mundart in großer Menge. So ist *nõ!* = ja, z. B. nach Ausrufen (in einer Art Anpassung der Bestätigung an den Ton der Behauptung): A. *Des wind sè wos fràis!* — B. *Nõ!* (= gewiss!). Ähnlich wird auch *owə!*[2] allein oder mit *nàtürlə, gwis* verbunden gebraucht. Zu den breiteren Formen gehört zunächst die Wiederholung der ganzen Behauptung oder des wichtigsten Theiles derselben. Individuelle Vorliebe für diese Art nachdrücklicher und eifriger Bejahung macht die Antworten des einen förmlich zum Echo der Rede des anderen, z. B. *'S häit nèks gnutzt, wenn é dəəgàngə wà'* (wäre). Antwort: *Häit nèks gnutzt* (oder bloß *Nèks gnutzt*). Begleitendes Kopfnicken und Kopfschütteln oder andere Gesten unterstützen diese Art der Zustimmung, deren wörtlichen Anschluss an die Behauptung des Mitunterredners der Antwortende oft mit den Worten *Du hàust mə* (mir) *'s á'n* (aus dem) *Màl g'nuumə* oder *Grod how é 's sogn welln* gewissermaßen rechtfertigt.[3] Soll die Antwort als leicht oder die Frage als ungehörig bezeichnet werden,

---

[1]) Über einfaches *nõ!* oder *owə!* = *jà* ebend.

[2]) Ebenso besonders in Wien: Pötzl Wien. Neues humorist. Skizzenbuch (Reclam U. B. 2169) III 17 *Wann da Wiener was bekräftigen will, so sagt er dasselbe Wort, was bei andere Menschen an Widerspruch bedeut', nämli: Aber! Er sagt es aber gedehnt* u. s. w.

[3]) Wenn Zwei im Gespräche in auffälligerer Weise denselben Gedanken mit denselben Worten zu gleicher Zeit aussprechen, so pflegt man zu sagen, jetzt sei eine arme Seele aus dem Fegefeuer erlöst worden.

so wird die Frage vorher in der Form eines Ausrufes wiederholt. *Wos hāust ɔnn dəfūɔ krōigt?* Antw. *Wos wiə r ė dəfūɔ krōigt hob,m! — ɔ po Gü l̥d n.* Über die Wiederaufnahme der directen Frage in indirecter Form vgl. § 54 u. 64. Sonst dienen zur Bejahung *Nō̆ wos denn!* oder *Nō̆ wos ɔnn sünst! Nō̆ māi Tōch! Nō̆ māletts!* = mein Lebtage! seit jeher, immer);[1] *Fräilė* (freilich)*! U̇ wōi!*[2] *Dös scho! Glāu (ɔ)s scho* (glaube es schon! *Dös denk ė! Dös wi u̇ l ė moinɔ!* Die Zustimmung kann auch durch *Nō̆ ėb)u* oder (*Nō̆)* ė b m drüm!*[3] *Suɔ r is!* gegeben werden. Die Verneinung oder Abweisung durch *Koɔ̆ Gĕdānkn!* (auch *Koɔ̆ Denkɔ̆!* B. d. P. u. K. I 198); *Jā) wos Wengɔs* (etwas »*Wenigeres«)!*[4] *Koɔ̆ Riəd!* in der Bischofteinitzer Gegend auch *Koɔ̆ Dischkurs!* oder breiter (*Nō̆) dāu* oder *vɔ deɔn is koɔ̆ Riəd!* (das allerdings bisweilen auch bejahend gebraucht wird = davon zu sprechen, verlohnt sich nicht, das ist selbstverständlich;[5] *Koɔ̆ köllɔ* kühler) *Tāu!* (Neubauer Zeitschr. f. öst. Volksk. I 227; *Niət rōiə r oɔ̆!* (= »Nicht rühr' an« Zedtwitz Aladah. S. 108); *Bɔlāi* oder *A b.!* B. d. P. u. K. I 128); *A wāuheɔ! (Sɔ wān dənn! I wos niət nu!* (Zedtwitz Aladah. S. 15); *Ai mächt wissn!* Vgl. § 95; *Ai U̇, wenn ė hāiɔ!* Vgl. § 99; *Gott sái vor!* (mehr im Stadt-dialekt); *Wos fällt dɔ r ā!* Wärum niət gānɔ! Odɔ wos!* (scherzhaft ergänzt *bāißt mé* vgl. § 31);[6] *Ōitzɔ gäih wėg* oder *gäih zou!* Vgl. § 145 α; *Nō̆ dös wāi nu schämɔ* oder *N. d. w. niət iwel!* Vgl. S. 68 Anm. 1. Starke Abweisungen sind ferner *Schmėcks!* (Abweisung einer Frage: *Dāu wāi mɔ!* (Vgl. § 38); *Lāuts me gäih!* (Lorenz S. 17) oder *L. m. ās!* Vgl. § 145 α; *U̇i rouh Pl. rouhts)! Jā Schuėckn! Bruɔɔstāu̇ntschn* (Biberpfoten) *krōigst!* auch *B.!* allein und in abgekürzter Form *Bruɔs!* (Neubauer Z. f. öst. Volksk. I 227); *Hundspfīɔtschn* (Hundspfoten)*!* (Neubauer Erzg. Ztg. X 268);[7] auch *ɔn Schmārn! ɔn Bė d)l! ɔn Drėck!* u. s. w. Noch weitläufigere ironische Umschreibungen sind *Ōitzɔ häit ė bāl wos g'sāgt!* (als Abweisung und Verneinung[8]) und *Dá r ė niət lāch!* vgl. § 110).

§ 143. β) An die primären Interjectionen sind noch eine Gruppe von Wörtern anzuschließen, die **ursprünglich aus anderen Wortclassen stammen**, aber immer oder doch in gewissen Verwendungen sich dem Charakter jener Art der Interjectionen nähern.

Owɔ!,[9] verkleinert *owɔ(r)l* oder *owɔlɔ*, ist in absteigender Betonung ein Ausruf der Bestürzung, auch des ernsten oder scherzenden Vor-

---

[1] *Sáletto = 'sein Leblng* ist als Bejahung minder üblich. Im Oberpfälz. ist *Mī Lėtt!* die etwas unwillige Antwort auf eine unnöthig-zweifelnde Frage: Schmeller I 1408.
[2] Nicht gebräuchlich ist *Und ob!*
[3] Obersächs. *Nu äbn!* Im Deferegg. ein ähnliches *ōĭb'm d'rumm* Hintner S. 270. Vgl. § 52.
[4] Im Odenwald auch bloß *weniger* = nein: Wunderlich Umgangspr. S. 183; dem Inhalte nach verwandt ist die öst. Verneinung *Aber schwach!* Marcta Proben S. 52.
[5] Vgl. auch das oöst. *Gār kāan Rēd!* DM IV 245, 110 u. Schmeller II 54.
[6] In einem deutsch-ungar. (Pressburger) Liedchen wird *àda was* als Refrain im bekräftigenden Sinne gebraucht = du magst es glauben! Schröer DM VII 225 (erg. *oder was wäre anders denkbar?*)
[7] *Jā, Düte!* oder *Hundsdüte!* im Henneberg. DM VII 171.
[8] Auch im Henneberg. ist *Ich hätt' bald gedacht* eine Redensart der Verweigerung oder Verneinung; DM VII 164.
[9] Auch *ȯdɔ*; vgl. § 50.

a) Primäre *β)* aus anderen Wortclassen stammend (*owɔ, nŏ* u. a.).

wurfes: *Owɔ, owɔ, wos hànst ɔnn dàn widɔ r oɜ̀ g stollt!* Über *Owɔ Owɔ natürlı̀!* = ja vgl. § 142, über *Owɔ jà, Owɔ uā* als Verbreiterungen von *jà* und *uā* § 141, über *Owɔ nā!* als Interjection der Verwunderung § 137 Schluss. *Owɔ* steht gerne auch innerhalb des verwunderten oder ärgerlichen Ausrufes: *Dös is owɔ ɔ schäı̆ˇs Tràid! Dos is owɔ r ɔ Dummhàit!* [1]

Nŏ oder *nŏ* (auch *nŏ*,[2]) etwas erhellt *nā*, ist

I. = *nun* (ahd. *nu, inu, eno*, aber niemals streng zeitlich dafür *öitzɔ*, jetzt). Es steht *a* fragend: *Nŏ?* (= nun? also?), besonders als Vorschlag vor einer ungeduldigen Frage, die einer Aufforderung gleichkommt: *Nŏ? kunnst bàlɔ?*,[3] ferner als Antwort auf einen Namensanruf: *Nŏ?* (= also wie *jà? wos?*[4]) vgl. S. 95 Anm. 1); *b)* als Aufforderung oder vor derselben (namentlich vor dem Imperativ § 182): [5] *Nŏ!* (= vorwärts! auch in drohendem Sinne = wird es bald?) *Nŏ kuum! Nŏ wöi! Nŏ-sɔ-wöi (-wöits)!* = *age! agite!*; *c)* vor einem Ausruf der Verwunderung und Überraschung: [6] *Nŏ schau nes (hes)!* (= ei sieh doch!) besonders vor dem Vocativ des Ausrufes: *Nŏ du schäins!* (auch *N. d. sch. Zàit* u. s. w.) *Nŏ du hàlichɔ Muttɔrannɔ!* u. ä. *Nŏ g horschämɔ Dinɔ! Nŏ wos d' nist sàgst! Nŏ dàu!*;[7] *d)* außerhalb der Frage und des Ausrufes klingt es entweder zweifelnd (mit schwebendem Ton in höherer Stimmlage: *Nŏ — dös mou ɔ* (ich) *uɔ dennɔ aissɔht uɔʋlégn*), oder (bei entschiedener Senkung des Tones) entschlossen, eine Gedankenreihe, eine längere Überlegung abschließend; endlich deuten mannigfaltige Übergangstöne zwischen dem »zweifelnden« und dem »entschlossenen« *nŏ* auch verschiedene Übergangsstadien des Sinnes (halbes Widerstreben, noch nicht gänzlich behobene Bedenklichkeit u. dgl.) an: *Nŏ — wenust màiˇst, sɔ wiɔ r è ˇs hàlt vɔsouchn*.[8] *c) Nŏ!* = *jà* (vgl. § 142) *f) Nŏ* dient endlich zur bloßen Einleitung [9] oder Verknüpfung der Sätze und wird oft massenhaft als Flickwort in die Rede eingeschaltet (wie in der Umgangsprache *nun* und: *Sellmàl bin è hiˇ gàngɔ — nŏ u dàu hàut dɔ Vèttɔ g sàgt* u. s. w.[10]

---

[1]) Besonders häufig im Schwäbischen. Beispiele bei Wunderlich Mundart S. 45. Im Deferegg. *scho nā!* Hintner S. 47, 31. *Owi* und *Owi uā* in derselben Bedeutung verwundernd und missbilligend auch im Oöst. Über einfaches *jà!* als Interj. der Überraschung und *uā!* als Interj. der Verwunderung vgl. § 137.

[2]) Der in der südl. Übergangs-Ma. (Neuern) gebräuchliche Plural *uŏ'ts* (z. B. Rank Aus d. Böhmerwald S. 80 Z. 9 v. u. *uŏ'z. Voda, wos wa dös? A Faßl?*) ist im Egerländischen unbekannt.

[3]) Ebenso passauisch (Keinz Ergänzungen S. 419 I 1712) und oöst.

[4]) Ebenso fränk.-henneberg. DM II 401, 2. 9.

[5]) Als Aufforderung = *age!* schon in der älteren Sprache, vor der Aufforderung auch im Bayr. Schmeller I 1712.

[6]) Auch passauisch (Keinz Ergänzungen a. a. O.) und oöst.

[7]) Letzteres entspricht der Form nach genau dem *hanta!* des ungrischen Berglandes: Schröer Versuch S. 98 [348] *hanta* = *hauɔ* oder *auɔ* (ahd. *inu, eno*; ders. Nachtrag S. 16 [258]) und *ta*, also *nu da* = ei! je! sieh!

[8]) Es entspricht dies wohl dem zustimmenden und einräumenden *nā* im Passauischen (Keinz Ergänzungen a. a. O.) sowie im Oöst. Über *nŏ* als Vorschlag vor *jà* (*nā*) § 141.

[9]) Im Schwäb. ähnlich *ha-no*. Vgl. das Beispiel aus Weitbrecht bei Wunderlich Mundart S. 44.

[10]) *Nŏ* = noch ist bayr. (Schmeller I 1712. DM III 172, 21; Passauisch *nu* Keinz Ergänz, S. 420 zu I 1749), auch oöst. und schwäb. (Wunderlich Mundart S. 43 f.). Im Passauischen und Oöst. wird dieses *uu* (*nŏ*) auch = noch einmal so (z. B. groß) gebraucht: *Er is grad nu so grous wiɔ r i* (Keinz a. a. O.); im Egerl., wo *noch* stets *uu(ch)* (mit geschlossenem *u*) lautet, fehlt der letztere Gebrauch.

§ 143. 144. IV. Wortclassen. 1. Interjectionen.

Die Verdopplung *nŏ̄-nŏ̄* (‿ ⸌) wird, u. zw. mit absteigender Betonung, ebenfalls als Ausruf der Verwunderung oder des verwundernden Bedauerns gebraucht: *Nu nu!* (*nu* in diesem Sinne ist der Planer Gegend allerdings fremd, dafür *nŏ̄*) *wenn da Schousta-Andres sua läi* (krank, schwach) *is!* B. d. P. u. K. I 56; es wird aber auch in warnendem Tone gehört: *Nŏ̄-nŏ̄! dåst* (d') *nea niat kroak weast!*;[1]) in gleichschwebender tieferer Tonlage und mit gleicher Länge und Stärke der beiden Theile gesprochen erhält es einen beschwichtigenden oder abwehrenden Sinn: *Nŏ̄ nŏ̄! sua gàua r old bist à* (= jà) *ā* (auch) *nu niat* E. J. XIII 95.[2] Ansteigender Ton in beiden selbständig betonten Theilen endlich erzeugt einen drohenden Sinn.[3]) *Nŏ̄! nŏ̄! wos soll ənn dös häißn!* Einzeln stehendes *I nŏ̄!* als Antwort deutet, in hoher Stimmlage gesprochen, Bedenken, Zweifel, auch Widerspruch oder auch bloß eine gewisse Einschränkung an, die schon mit Zugeständnissen verbunden ist. Diesem *I nŏ̄* steht der Bedeutung nach ein in tieferer Stimmlage gesprochenes *I nŏ̄* oder *A nŏ̄* nahe, das Worten des Trostes, der Beruhigung vorangeschickt wird: *I A̅ nŏ̄ — wenn 's əmäl niat ännəscht is, moußt de halt drā schickn.*

II. *Nŏ̄* (und *no*) = nur (neben *neə*, ahd. *niwāri*): *Denk də nŏ̄!* eine Phrase, mit der überraschende Mittheilungen eingeleitet zu werden pflegen, die aber auch alleinstehend (*Denk də nŏ̄! Denkts enk nŏ̄* oder *nŏ̄ əmäl!*) zum Ausruf des Erstaunens geworden ist. Besonders häufig tritt *nŏ̄* hinter den Imperativ.[4])

Wie *nŏ̄* = nun, jetzt, so hat auch *jetzt* (egerl. *öitzə*) selbst eine Reihe interjectionaler Bedeutungen entwickelt;[5]) so vor der Aufforderung (= *nŏ̄ I b*): *Öitzə sitz əmäl Mäidl!*;[6]) vor Ausrufen der Verwunderung, auch des Ärgers (= *nŏ̄ I c*): *Öitzə gaih wēg! Öitzə schau nŏ̄ hea!*; vor Ausrufen des Trotzes: *Öitzə gröd niat!*;[7]) ferner auch vor zweifelnden

---

[1]) Ebenso Pressburg. Schröer Nachtrag S. 42 [284].
[2]) In demselben Sinne bei gleicher Betonung im Oost. Pressburg. Schröer Nachtrag S. 42 [284]. Ein gutes Beispiel dieses beschwichtigenden Sinnes aus der Wiener Umgangssprache bietet Peter Altenberg »Wie ich es sehe« Berlin 1896 S. 98: »*Oh die Hitze — —* sagt immer der Hausherr, wenn er nach Hause kommt, knüpft das Gilet auf u. s. w. *»Ne, ne«* — sagt die Hausfrau, »wenn man von draußen kommt, natürlich — —*«
[3]) Auch Pressburg. Schröer Nachtrag n. a. O.; nordböhm.: Tieze Hejmt III 2 *Na na na, benimmtsch* (benimm dich) *ock ostandsch!* Mit der im Nordd. beliebten Einleitungsformel *nann!* hat unsere Verdopplung dem Sinne nach keine Ähnlichkeit.
[4]) Gleich dem bayr. *nă* (Schmeller I 1749 f.) ist auch das schwäb. *nu* = nur und *nuə*: Wunderlich Mundart S. 42; derselbe verweist, ohne damit alle Vermischungen erklären zu wollen, auf mhd. *nun* = *niuwan*, das sich mit *niwāri* berührt. Daselbst auch ältere Beispiele. *Nŏ̄* entspricht im allgemeinen der nordböhm. (obersächs., lausitz., schles.) Partikel *ok* (ahd. *eccheri* und *ekord*, *ekordi* = nur, bloß, mhd. *eckert*). Das nachgesetzte *ok* ist für die deutschen Maa. Nordböhmens ebenso charakteristisch wie die verkürzten Formen von *nur* (*nŏ̄*, auch *neə*) für die westböhmische (Knothe WB 429): Nordböhm. *nej-ok* Tieze Hejmt I 76 (Gabel) = egerl. *nŏ̄-nŏ̄*; nordböhm. *Wart ok! Hür ok har! Stieh ok of!* (Tieze Hejmt II 20. 48 u. ö.) = egerl. *Hurch äf! Hurch nŏ̄* (*neə*) *hea! Stäih nŏ̄ ā f!*; niederd. entspricht *man, men* DM II 179, 17. DM VII 126, 45.
[5]) Wunderlich Mundart S. 44 sagt, die schwäbische Mundart habe den ganzen Kreislauf, der sich an der Form *nun* in älterer Zeit abgespielt hat, an der jüngeren und gleichbedeutenden Form *jetzt* wiederholt. Über *nun*, *jetzt* in der Umgangsprache vgl. Wunderlich Umgangspr. S. 38 f. 233.
[6]) Auch schwäb. *Ezet sitz amŏl, Mädle!* Wunderlich Mundart S. 44.
[7]) Auch schwäb. *Ezet grad et!* Wunderlich a. a. O.

oder abschließenden Äußerungen = *nō* I *d* und als formelhafter Vorschlag sowie als Einschiebsel der Rede = *nō* I *f*. Oft werden *nō* und *öitzə* verbunden, auch mit dazwischengehobenem *und*: *Nō öitzə* oder *Nō u öitzə*. In der letzteren Verwendung, sowie vor Imperativen, ist auch *alsò* und *alsdànn* sehr beliebt: *Alsdànn kumm!* oder *Alsdànn i bin dəsgàngə* u. s. w.¹) Über das kürzere *sə*, sowie über *fái* vor dem Imperativ vgl. § 182. Endlich dient auch *scho* (schon = wie in der Umgangsprache zur Verstärkung des interjectionalen Charakters der Rede, z. B. in der Drohung *Wàrt, i wìə də 's scho zàigu!*

§ 144. Vor allem aber sind der Vocativ und der Imperativ Begriffswörter mit interjectionaler Function.²) Hier lässt sich, besonders in der Mundart, beobachten, wie viele Vocative und Imperative, durch das Verblassen der ursprünglichen Bedeutung von den übrigen Formen desselben Stammes isoliert, zu interjectionalen Ausrufen von allgemeinerer Bedeutung geworden sind. In dieser neuen Verwendung sind sie dann vielfach der Verstümmelung anheimgefallen.

1. Vocative. Schon die Vocative des Anredepronomens nähern sich der Interjection, indem *Du! Sie!* geradezu = *hé! pšt!* gebraucht werden können. Auch sonst tritt *du* gerne im Anruf ein, so vor und hinter Kose- und Schimpfnamen: *O* oder *àch du Löuchə* (Lügner)! oder *Du Löuchə du! Nō du Gott du!*³) Auch in der Anrede mit *Moš! Wài!* (nicht bloß im Verkehr der Eheleute untereinander, wie Wunderlich Umgangsprache S. 47 angibt, sondern auch sonst: *Wàu gäihts əun hī, Wài?*) *Bou! Màidl! Kərl!* kann, abgesehen vom Übergang des Wortes *Kərl* in ein Schimpfwort, der interjectionale Gehalt des Vocativs durch den besonderen (ärgerlichen, vorwurfsvollen, drohenden) Ton lebendig gemacht werden: *Bon! du ärchəst* (ärgerst) *oin wos! Bon! wenn é dəskumm!*⁴) Stark abgeschliffen ist die Anrede *mā Löiwə!* Mehr verblasst als in *Moš!* ist die inhaltliche Bedeutung in dem Diminutiv *Männl! Männl!* (gereizt oder verächtlich auch *Männäl! dàu twiəst schäuə!* auch mit nachgesetztem Vocativ). Man kann es vereinzelt sogar weiblichen Personen gegenüber anwenden hören (= mein Lieber! meine Liebe!). Ähnliches gilt vom Plural *Männə* als Anrede: *Mannə, wos tàumə r öitzə!* Vom Anruf zum bloßen interjectionalen Ausruf des Staunens haben sich Vocative entwickelt wie: *Nō Männə!* (= ei! ei!) *Nō Làitlə* (oder *Làitələ*, Leutchen)!⁵) *Nō Làit n* (oder *ə Kinnə!*,⁶) bisweilen

---

¹) Wunderlich Mundart S. 45 beobachtet einen ungewöhnlichen Verbrauch von *also* in der bayr. und schwäb. Mundart, besonders im Südosten.

²) Das an mhd. Imperative angehängte *â* (*hilfâ*) liegt in unserer Ma. vielleicht in einigen Bildungen des Kinderliedes auf *ə* wie *hàuchə*, *ruffə*, *hâlə* (Imperat. *hàuch, ruff, hàl*) vor. Für den mit *â* erweiterten Vocativ ist mir im Egerl. kein Beispiel bekannt. Im kärnt. Lesachthale tritt *â* = mhd. *â* beim Anruf an Eigennamen: *Sepp' â* Lexer DM IV 39. Kärnt. WB 199. Ähnlich in der Kerenzer Ma.: Winteler Kerenzer Ma. S. 229, 46, 2.

³) Auch in der Defereggerer Ma. mit doppeltem *du*: *Du pfitsch du!* Hintner S. 26.

⁴) Über die ähnliche Geltung dieser Worte in der Umgangsprache Wunderlich Umgangspr. 45 ff.

⁵) Im kärnt. Lesachthale sind Ausrufe der Verwunderung oder des Schreckens *O frau frau!* (dieses Wort ist sonst daselbst ungebräuchlich) Lexer DM II 343. Kärnt. WB 101; *a mèntsch, mèntsch!* DM III 470. Kärnt. WB 190; *a pue!* (Bube) DM IV 498. Kärnt. WB 44 (vgl. *a nȫre* oder *o nȫrisch Kärnt*. WB 196 (*a nȫrisch* DM IV 37).

⁶) Vgl. S. 83 Anm. 4. Ebenso oberpfalz. Schmeller I 1538; nordböhm. Knothe Markersd. Ma. S. 73 *leitn kinda!* Holstein. DM III 470 *Minschenkinners!*

auch *Nŏ Kinnɔ!* allein; ebenso verschiedene mit dem Attribut *schön* (weniger mit *lieb* verbundene Vocative: *Nŏ du schäinɔ* (oder *löiwɔ*) *Zait!* *Nŏ du schäinɔ Welt! Nŏ du schäĩs Lɛbm!*) Scherzhaft auch *Nŏ du schainɔ Mäschn! Nŏ du hälichɔ Strauhsök!* Besonders aber wird der Vocativ von *Gott* in Ausrufen des Erstaunens, der Überraschung, der Bestürzung, des Jammers u. s. w. verwendet, vielfach ebenfalls mit dem Attribut *schön*: *Nŏ du schüinɔ* (oder *löiwɔ*) *Gott! Nŏ du schäĩ˜s* oder *sch. blouti˜s Herrchɔll* (Herrgöttlein)! aber auch ohne Attribut *Nŏ Gott! Nŏ du Gott du*)!² *Hergott! H. nu ɔmàl!* Natürlich auch *Um Gotts* (oder *Gottɔs*) *wi˜n ln!*³) Ähnlich in Plan *Nŏ du hälichɔ Muttɔránnɔ!* oder bloß *Nŏ du hälichɔ!* auch einfach *Hälichɔ!*⁴ Neubauer Erzgeb. Ztg. X 268. Endlich werden als bloße Ausrufe der Verwunderung auch Wunsch- und Grußformeln verwendet wie *Nŏ goutɔ Nächt! Nŏ gʼhorschámɔ Dinɔ!*

Auch im Fluch, soweit er aus Vocativformeln besteht, ist der begriffliche Inhalt fast ganz in der interjectionalen Function aufgegangen: *Himml! Hergott! Kräiz! Sàcrɔment!* u. dgl. Allen derartigen Flüchen wird gerne *nu ɔmàl* nachgeschickt (offenbar = *Kreuz! und noch einmal Kreuz!*)⁵) Doch erscheint gerade der Fluch weit öfter in verstümmelter (verglimpfter als in urwüchsiger Gestalt. Solche Glimpfformen sind die verschiedenen Formen von *Jesus: Jéssɔs, Jássɔs* mit dem Diminutiv *Jássɔs'l: Jékɔs, Jakɔs*⁶) mit den Diminutiven *Jékɔ r)l, Jékɔs'l,* seltener *Jakɔr l, Jákɔs'l;*⁷) *Jekum; Jerum; Jemɔnê,*⁸ *Jementáli* (Neubauer Erzg. Ztg. X 269)⁹) ferner die Glimpfformen von *Gott* und *Herrgott*:

---

¹) Schles. *I dü Zŭtɔnt!* DM III 243, 58 (Breslauisches Sprichw.).

²) *O Gott!* als Interj. in verschiedenen Vocalabstufungen, denen verschiedene Bedeutungen entsprechen, liebt das Plattd. DM II 24 f. *O Gott o Gott, å Gatt a Gall, æ Gätt æ Gäll, i Gitt i Gitt, û Gutt u Gutt!* (auch mit Verkleinerungen). Mit *a* drückt die Formel nach A. v. Eye Schmerz und Beklemmung, mit *æ* (milder mit *i*) Ekel und Verachtung, mit *u* Schrecken, Entsetzen aus. Im Tirol. dient auch *Unser lieber Herr! Unser liebe Frau!* ähnlichen Zwecken: Schöpf DM VI 448. Tir. Id 390. In der Deferegger Ma. wird *Ach lieber Gott* (*olliobagott*) auch zu bloßem *olló!* abgeschliffen: Hintner S. 47 Anm. 49. Vgl. ebda S. 48 Anm. 22.

³) Alemann. *Dɔr* (durch) *Gottɔwille!* DM VI 116, 40.

⁴) Kärnt. ebenso *o heilik!* Lexer Kärnt. WB 138.

⁵) Bei längeren Flüchen auch *u koɔ˜ r End!* (vielleicht selbst Glimpfform für *Sacrament*): *Kräiz-Himml-Täifl u koɔ˜ End?* Zedtwitz Aladahand S. 27. Die Länge des Fluches wächst mit der Höhe des Affectes. Einzelne Flüche werden auch mit *ai˜* (= hinein) verbunden: *Zɔn Täifl ai˜*; vgl. Rosegger Die Älpler⁶ (1888) S. 257 *Der tausend hinein!*

⁶) Bayr. *jégɔs* Schmeller I 1197; schweiz. *jēgger* u. ä. Schweiz. Id. III 72.

⁷) Südböhm. (Böhmerw.) *o jekkaßl!* HTV S. 69 N. 103, deutsch-ungr. *jezél, jezel meina!* Schröer Versuch S. 150 [400].

⁸) Bayr.-öst. *Her jeminé* Schmeller I 1197.

⁹) Nicht egerl sind die Bildungen *Jeschpás* (auch öost. Stelzhamer Ma. D. I 66 N. 21 II 33), *jesgɔs, jerɔs, jemi, jedi, jefɔl, jefɔess, jedipho, kerrjéla* u. a (v. Grienberger Nagls DM I 11 ff. und Schmeller I 1197). *jerrsɔes* (Erzgeb. Ztg. XIII 40), *juïfstas* in der Saazer Gegend (auch einfaches *juï* mit langgedehntem *i*); *auwi Jeichen* (im deutsch-ungr. Berglande Schröer WB 31 [241]. 65 [174]. 104 [213]) oder *jesek,* beides Dimin. mit *-chen*: Schröer Versuch S. 112 [362] Anmerkung 24; ostfränkisch ('Taubergrund) *jastich, jostick* O. Heilig Beiträge S. 9. Während Schmeller (I 1197) geneigt ist, in *je* ein verkapptes *Jesus* zu sehen, erklärt umgekehrt Th. v. Grienberger (Nagls DM I 5 ff.) *Jessɔs* aus *je*(ś) (Locativ idg. *°joi* des Demonst. idg. *°jos*, gr. ὅς < *jos*, got. *jái,* ahd. *jé* = da, an dieser Stelle): *jé-si* (Optativ) *-es* > *jé-sɔs, Jéckes* aus *jé-g*(*i*)*-es* (vgl. ahd. *sē-gi*), *Jerum* aus *jes* (euphon.) *-umbe* [*dȧs*], *Jemɔne* aus *jé-mi*(*ch*)*-né* (Negation) u. s. w. Wenn diese Bildungen wirklich in das deutsche Alterthum oder Mittelalter zurückreichten, so wäre ihre Erklärung als Glimpfformen für Jesus allerdings dadurch erschwert, dass in jener Zeit, wie v. Grienberger bemerkt, nicht Jesus, sondern Christus der volksthümliche Name der zweiten göttlichen

*Kotz*¹) (weniger verbreitet als die Gl. für *Herrgott*); *Herschäft! Herdek!*²) (*Herdegätté!*, auch *Herrr nu꜕ ꜕uáál!* Von Verbindungen mit Ortsnamen begegnet nur *Hergott v꜕ Mäunhäim!*³) *Sacrament* erscheint in den Formen *Sákr꜕! Sákrdi!* (oder = heiliger Gott?) *Sáppr꜕ment! Sácr꜕-* oder *Sápr꜕-mech* (-*wolt*, -*lot! Sákl oá da Wäud!* E. J. X 186.⁴) Für *Kreuz*, das auch mit *Bataillon* oder *difi domine* zusammengesetzt wird, tritt *Kräit꜕ nu ꜕máál! Kräitr꜕* oder *Kräitr꜕st! Kräithint꜕u꜕!*⁵) ein; für *Teufel* (*z꜕n T.! Taifl nu ꜕uál! I wos Taifl!*⁶) *I Kräiz-Taifl* u. a.) auch (*z꜕u*) *Taixl!*;⁷) für *Donner* und *Donnerwetter* (*Duun꜕! Z꜕n Duun꜕! I wos d꜕ Duun꜕*)⁸) vereinzelt *Dunnarwëtschu* Erzg. Ztg. XIV 175.⁹) Hieher gehört auch *Strál* (Blitz) *Ui Strál! Strálhint꜕u꜕!*¹⁰) Mehr in der Stadt als auf dem Lande hört man *dr Tausend!* (= der Daus, die Zwei im Karten- und Würfelspiel

Person war. Zweifellos werden die meisten derselben schon lange als Glimpfformen gefasst und ebenso zweifellos schafft die Scheu vor gewissen Namen noch immer gelegentlich neue Glimpfformen; so hörte ich in Plan *Jöhäi* und *Jegäit* als individuell gewohnheitsmäßigen Ausruf; v. Grienberger ist daher wohl im Unrecht, wenn er in solchen Bildungen lieber bloße Umstilisierungen und Umdeutschungen fremder Wörter sehen möchte. Sollte nun wirklich der Ursprung von *Jesus* ein anderer sein, was durch v. Grienbergers Aufstellungen allerdings noch nicht bewiesen ist, so wurden sie doch vielleicht schon vor der Umdeutung auf den Namen Jesus, sicherlich aber seit dieser Umdeutung mit anderen heiligen Namen in Verbindung gebracht; so im egerl. *Jesus* (*Jässus*) *Máris* (⏑ ⏑ – ⏑ oder – ⏑ ⏑ –), abgekürzt *Jässmärid* (– ⏑ –) oder *Smärü* (– ⏑); *Jesus Märu* und *Josef* (mit dem stärksten Ton auf dem *Jo*) oder *Jesmárindjosef, Smírindjosef. Smárindjo, Smírindánna* (J, M. und Anna); auch bloß *Und Josef! Und Johánne* (vereinzelt *Und Jöhäi, Und Jegäit*)! Neuere Glimpfformen aus ähnlichen Verbindungen sind z. B. *Jesus Mäukes, Jesuslingus*. Hingegen ist die z. B. im Obersächsischen so beliebte Vorsetzung von *Herr* in *Herrjáses* unserer Mundart fremd. Unter den Vocalabstufungen *Jesus, Jässus* sind Bedeutungs-Unterschiede schwerlich festzustellen, wie dies DM IV 129, 28 für die ostfriesischen Varianten *Jess, Jiss, Jass, Juss* versucht wird.

¹) Auch bayr. Schmeller I 1318. *Potz* ist dem Egerl. nicht geläufig, aber im Bayr. und Alem. (in Verbindung mit *Tausend, Chrysam* u. ä.) heimisch; Schmeller I 416. II 416. DM IV 104, 21.

²) Auch nordböhm. Tieze Heimt III 68 (Böhm.-Kamnitz); nöst. *Hearteks* oder *Harteks* Nagl Roanad S. 348, 5. Egerl. *Herdegätté* (wienerisch *Herdegatta*), nöst. *Hirtigáti* stammt aus dem ungar. *ördögh adta = diabolus dedit*; Nagl n. a. O.

³) In Franken *Herrgott vo Dächsbäch* DM VI 316, 175; in Basel *Herrgott von Bendheim* DM IV 462 N. I.

⁴) Nordböhm. (Dittersbach) auch *Sackermicht* Tieze Hejmt I 9; fränk.-henneberg. *Potz Säckerblitz* DM II 279, 78; oöst. *Sakrawurscht* DM III 185, 32; elsäss. *Säliment* DM V 114, 2 vgl. IV 463 N VII.

⁵) Auch die Bildungen mit lat. *cruci-* können als Glimpfformen gelten: *Kruzitürkn! Kräitzrst = »Kräuterichte«, Gekräute, Die Vermuthung Schöpfs (Tir. Id. 242), dass im tirol. Krautrabl (vgl. henneberg. Krautsalat!* DM VII 281), *Krautdunnerwetter* u. a. Zusammensetzungen ein verkapptes *Kreuz* enthalten sei, gewinnt durch die gleichbedeutende, aber dem verglimpften Worte näher liegende egerl. Form *Kräitr꜕st* an Wahrscheinlichkeit. Auch deutsch-ungr. *criminaú!*' (Schröer Ma. d. ungr. Bergl. S. 237 [231]) gehört wohl hieher.

⁶) Erzgeb. *Nu schie üwr älla Taifl!* Erzgeb. Ztg. XV 138.

⁷) *Z꜕n Taifl* (*Taixl*) *gäih = verloren, zugrunde gehen, verdorben werden (Gäih *z꜕n T.!* = packe dich!). In dem gleichbedeutenden *tschíri gäih* steckt entweder das tschech. *čert* (Teufel) oder etwas Ähnliches wie *tschiritschari* = sinnlose Schnörkel im Pressburg. (DM VI 333).

⁸) Im Schles. mit scherzhafter Ergänzung einer ähnlichen Formel (vgl. Anm. 10) *Wos der Geier nich konn, weil a jung is!* DM III 249, 270.

⁹) Zusammensetzungen mit *Donnerwetter* im Henneberg. DM VII 166. Auch *beym Weber!* DM VII 250 in einem alten Volksliede v. J. 1689 gehört wohl hieher.

¹⁰) Beliebte Formeln sind auch *z꜕n Schint꜕* (auch öst. Nagl Roanad S. 344 zu V, 368 *z꜕n tschintä*), *Gäis! Z꜕n Gäis! Gäis nu ꜕mäl!* Neubauer Z. f. öst. Volksk. II 320 (in denselben Wendungen auch *Kuckuck*). Den öfter gehörten Fluch *Holheintos* weiß ich nicht zu deuten.

aus dem franz. *deux*, wie As, aus franz. *as* die Eins). Auch Betheuerungen werden verglimpft: (*Bei meiner Seele! (Mäinə Sell! m. Trái* (Treue)! auch *Af Er und Tod!* letzteres in Plan unter Schulkindern beobachtet): *Máinər Seks!* Urban Aus d. H. S. 20.[1]) Im Egerer Fronl. wird auch *Zeter* allein und in mehreren Verbindungen als Interjection gebraucht: 665 *Zetter, meiner grossen wissetat!* 2509 *Zetter und mort über dein leib und leben* vgl. 3071 u. ö. 2291 *Zetter und waffen der bösen mer!* Heutzutage nur in der alten Verbindung *Zettr ə Mord* (Zeter und Mord) *schraiə*.[2])

§ 145. 2. Imperative. *a) Kumm!* (als Vorschlag vor anderen Imperativen wie in der Umgangssprache), *Hurch* (*Hurchts*)*! H. áf!*[3] *Häists!* (= *hört!* für den Singular *höre!*, der z. B. im Norddeutschen üblich ist, tritt immer der Indicativ *häiəst!* ein. Vgl. § 178, 5.) *Nō haiəst!* (mit langsam steigendem Satzton) ist auch ein Ausruf der Verwunderung oder des Vorwurfes. Diese Imperative werden vielfach zur formelhaften Einleitung aller Rede (Aussage, Frage, Aufforderung gebraucht und kommen dann dem ebenso formelhaften *wäißt!* (weißt du), ja selbst einem einfachen Pronomen der Anrede gleich (= *Du! Sie!* *Mach* Plur. *machts*) erhält den Sinn von *age! agite!*: *Machts, Maidla, lafft's assi* HTV S. 67 Str. 5.[4]) *Sish* (Plur. *seəhts* vor Ausrufen des erbosten Staunens etwa = »das ist doch unerhört, zu arg«: *Sish, des Keəl wollt nu wos ässəho.b)m ä!* Doch geht die begriffliche Isolierung dieses Imperativs nicht so weit, dass der Singular wie z. B. im Mainzischen (Reis II § 1) regelmäßig auch auf einen Plural bezogen würde.[5] Zum Ausruf des Staunens oder des Unwillens ist auch *Schau!* Plural *Schäuts!*[6]) geworden, besonders in den breiteren Wendungen *A däu*

---

[1]) Im deutsch-ungr. Berglande ebenfalls *mai Sex* Schroer Versuch S. 111 [361], 8. Schmeller II 218 wäre geneigt, es auf *saks*, die Waffe der Sachsen, zurückzuführen. Vgl. Andresen Volksetymol.⁵ S. 373. Weigand DW⁴ II 724 (der es zuerst 1706 nachweist in der Form *bei meiner Six*). DM V 91 (meiner Sechse, Sieben). Vielleicht hat auch das als Zahl (3) gefasste *miinə trái* (< *Treu*) den Weg zu den übrigen Bildungen bahnen helfen. Im Egerl. ungebräuchlich sind *bei Gott!* und die in anderen Dial. (z. B. im Schles. und Alem.) vorkommenden Betheuerungen *beim Blute* (Christi)!; schles. *bem blutte!* alem. *bim blust!* DM III 419, 616; *beim Chrysam!*: schwäb. *beim Chrysamgotts!* DM IV 104, 18. Eine Reihe elsässischer Glimpfformen und Verkleidungen von Flüchen und Betheuerungen gibt Stöber DM II 501 ff.; eine Nachlese aus oberd. Schriftstellern DM IV 462 ff.; eine ähnliche Sammlung aus dem Schwäb. DM VII 469 f.; aus dem Henneberg. ebend. VII 281.

[2]) Über *zeter* Schmeller II 1159. Als eine Glimpfform zu *verflucht* ist egerl. *verfissт* (in der Stadt auch *verfixt*) zu nehmen: *Du vəfissts Keə'l!*

[3]) Im ungr. Berglande *harck* Schroer Versuch S. 33 [283], 20 oder *hiəch* = gib acht ebend. S. 116 [366], auch verdoppelt *hich hich* ders. Nachtrag S 33 [275].

[4]) Südl. Übergangs-Ma. (Neuern) *Mochts, Af!* J. Rank Aus d. Böhmerw. S. 63 Z. 4 v. u. Auch schwäb. Wunderlich Umgangspr. S. 63.

[5]) *Sish*, zweifellos der Imperat. *sieh*, nähert sich also der Bedeutung nach der Interj. *se*. (Vgl. S. 82 Anm. 4). Dem Oost. ist die interjectionale Bedeutung von *sish* fremd; dafür (auch egerl.) *schau!*

[6]) Egerl. *schäu* deckt sich der Bedeutung nach mit schles. *schān* = *schau!*? Knothe WB 463; tirol. (Deferegg.) *schō* als Ausruf der Verwunderung und der Aufforderung ist einerseits = *schau*, andererseits = *so*; Hintner S. 212. Dem *schau* entspricht im Schwäb. *guck* (dies auch Koburg. DM II 189 f., 4 und Henneberg. DM VII 284, deutsch-ungr. auch *tuck* Schröer Versuch S. 38 [288]), im Niederd. *kick*, im Alem.-Schweiz. *lueg* DM II 189 f, 4, im Vorarlb. *luegma* DM III 530, 8. Das der südl. Übergangsmundart angehörige *lan* (häufig bei Rank: *Lau, do liegt a Schädl* (Scheitlein) *Holz!* Aus dem Böhmerwald S. 106—108, öfters

*scháuts ǝmàl heǝ!*¹) *Scháuts mǝ r ǝmàl deǝn Keǝrl oš!* Man wendet sich damit auch an die Einsicht des Hörers,²) gebraucht es aber auch als bloße Einleitungsformel, nicht viel verschieden von *häiǝts, häiǝst;* so schon im Egerer Fronl. 397 *Schau, das ich dir die warhait sag* ... Verdoppelt (*scháu-scháu* ³) klingt es meist tadelnd oder spöttisch, auch drohend. Obwohl das Simplex *Guck* unserem Dialekte fremd ist, gebraucht die Kindersprache die Verdopplung *Guck-guck* als Zuruf beim Versteckspielen (vgl. *Guckǝ r lǝ* = Augen.⁴) *Siǝh scháu* findet sich auch verbunden, z. B. HTV S. 144 N. 60 a. *Wàrt!* oder *Wart nǝ̃!* dient als Interjection der Drohung: *Wàrt Kerl, kumm é nǝ̃ uǝwǝ dí!* In der Verbindung mit *siǝh* ist es ein Ausruf der Schadenfreude Neubauer Erzgeb. Ztg. X 272'. In diesen Bedeutungen wird das Wort wie andere Interjectionen (oweǝlǝ, àuweäiǝlǝ, àchǝlǝ auch verkleinert besonders von Kindern): *Wàrtǝlǝ!*⁵) Mit dem Halteruf *Hàlt!* kann man nicht nur wie im Nhd. einen plötzlichen Einfall ankündigen, sondern im ironischen Sinne) auch eine Drohung einleiten: *Hàlt ǝmàl! H. neǝ, làu mé doǝkummǝ* (= lass mich hinkommen, erg. um dich zu züchtigen)! *Hàltàs* (halte aus)! ist ein Ausruf des Ärgers oder der ärgerlichen Überraschung: *Haltàs! dàu hàut mǝ 's weidǝ!* Die verbale Bedeutung des Ausrufes ist vollständig verdunkelt, wie die Betonung auf der ersten Silbe ($\perp \smile$) zeigt. *Hàlt ùs* ($\smile \perp$) im eigentlichen Sinne = halte ein! setze aus! ist der Mundart daneben vollkommen geläufig. *Sǫch* (sage)! wird vielfach unter Anlehnung an das folgende Fragewort zur bloßen Stütze der Frage: *Sǫch wes hàut dǝ r ǝnn wos tàu?* während *Riǝd* (rede), immer selbständig und voll betont, nie so gebraucht wird.⁶) Zu mannigfacher interjectionaler Verwendung ist der Imperativ *gäih* (gehe) gelangt: *Gäih doǝ!* (*Nǫ̃ gäih doǝ!,* kann, mit fallender Satzmelodie gesprochen, wirklich *Gehe hin!* bedeuten. Mit steigender Satzmelodie (A. *Vǫ wĕi hàut ǝn dǭ Broudǝ ǎf oš màl sàin Huǝf vǝkäfft? Deǝ häirs denǝ niǝt nàutwendé g'hàtt*. B. *Nǫ̃ gäih doǝ!*) heißt es eigentlich »Gehe hin und frage selbst nach der Ursache«, oder »Gehe hin und überzeuge dich selbst, dass es nichts nützt, ihm das zu sagen«, daher = »Ich weiß auch nicht, warum« oder (in resigniertem Tone) »Es ist eben nicht anders«. Halb resigniert, halb ärgerlich klingt der Refrain *Àffǝ gäihts*

---

nǫ̃ lau! was Rank selbst durch: *Ei, Nun seht einmal, Nun so..., Ja nun ...* (S. 106 f.), *Hm* (S. 254) wiedergibt) ist wahrscheinlich wie oberpfälz. *lou, louts* Schmeller I 1462, deutsch-ungr. *lŭŭt,* cimbr. *lautz!* zu *lugen* zu stellen, also = *lug, lugt!* Schröer Versuch S. 15 [265]. 101 [351]. 111 [361] Anm. 21.

¹) Auch *Nǫ̃ denkts enk neǝ!* ist ein Ausruf des wirklichen oder scherzhaften Vorwurfes. Im Tirol. (Deferegg.) kann *stöidǝs g'rǫ̀d ǝ màl für* ähnl. verwendet werden: Hintner S. 47 *Schö, stöidǝs g'rǫ̀d ǝ màl für, hiǝtz thàt si ma gǫr nou dàs ǝ ùn!* = Wie? das thust du mir auch noch an (näml. dass du glaubst, ich hätte deinen Zuruf absichtlich überhört)? Sonst dient egerl. *Denk dǝ neǝ* zur spannenden Einleitung der Aussage.

²) Wunderlich Umgangspr. S. 58.

³) Im deutsch-ungr. Bergl. mit Ablaut *schi scha* = schau nur! Schröer Nachtrag S. 45 [287].

⁴) Ebenso Koburg. DM II 190, 4. Henneberg. ruft man in demselben Sinne bei einem Versteckspiel *bo!* DM VII 154.

⁵) Im Egerer Fronl. begegnet *wart* noch in der alten Bedeutung *siǝh;* so 6565 *Wart, wie im der trunck gefalle.* Vgl. 6569. Drohendes *Wart!* auch oöst.

⁶) Im Alemann. bei Hebel erscheint ein *zieg* in ähnlichem Sinne, das in der plattdeutschen Übersetzung Hebels mit *segg* wiedergegeben ist: Wunderlich Umgangspr. S. 63.

dəs! in Lorenz' *Flaichbaus* S. 36 ff. . *Gaih* (Plur. *Gaihts* [?] auch verdoppelt *Gaih-gaih!* oder *Gaih maschiə!* *Gaih wëg!* minder häufig das mehr auffordernd gebrauchte *G. zou!*, ferner *Oitzə gäih mə r*) *odə wëg! Oitzə gäih owə deunə!* sind gänzlich zu Interjectionen der Verneinung oder Abwehr, auch der abwehrenden, ungläubigen Verwunderung geworden = Was du nicht sagst! Unglaublich! also = *Oitzə haiə r əf! Ui rouh!* u. dgl.), *Lau më gäih!* und *L. m. iis!* (im Sing. und Plur.) zu starken Interjectionen der Abwehr; *Gaih! Gaih zou* im Sing. und Plur.) vor Imperativen zu Interjectionen der Aufforderung (*Gaih* oder *Gäih zou, blai nu ə weng dau! Gaihts sats Insti!*[2]) E. J. VI 141 vgl. ebend. V 94.) Mit der letzteren Bedeutung hängt auch der beschwichtigende Sinn des Imperativs zusammen (gewöhnlich wiederholt breit und ruhig gesprochen: *Gaih gaih* oder *Owə gäih!* z. B. *dəzolch dë niət suə!* = rede dich nicht so in die Aufregung hinein!)

Nähere Bestimmungen werden durch *mit* gegeben: *Gaih wëg mit dain okəm G'riəd! Mit Lau 's gaih* lass es gehen)! werden gerne Worte des Trostes eingeleitet.

Im Verkehr mit Kindern gebraucht man *hoppədatsch!* (neben dem Imperat. *hopp!* der auch Thieren gegenüber gebräuchlich ist), wenn ein Kind über ein Hindernis weg oder von einem höheren Platze herabgehoben, oder zu einem kleinen Sprunge angeleitet wird, wohl auch, wenn es gestolpert oder gefallen ist.[3]) Eine derbe Abfertigung des Fragenden ist der Imperativ *schmëck's!* (s. § 142 S. 101).

Endlich gehören zu den imperativischen Interjectionen auch Bildungen wie *rips-raps*; z. B. (mit ausgestreuten Geldmünzen, mit vertheilten Lebensmitteln, mit »reißend« abgehenden Waren) *is 's rips-raps gàngə*.[4]) *Öllə!* aus dem franz. *allons!* entspricht diesem auch dem Sinne nach; auch *ollə* (oder *àlə marsch = allons marche!* Es spornt zur Eile an besonders verdoppelt: *öllə! öllə!*), steht aber mit lebhafter Zurückversetzung in die Vergangenheit auch in der Erzählung: *Affə haut ə r ən*

---

[1]) Vgl. Rosegger Die grüne Rose, Heimgarten 1896 S. 853 »Gehst ait,« rief die Bäuerin aus; es war aber kein Befehl, fortzugehen, es war nur ein Ausruf der Verwunderung. Ebenso öst. *Gehst denn woi!* Th. v. Grienberger Nagls DM I 9. Oost. auch mit vorgeschlagenem *ja* (egerl. auch möglich, aber minder häufig): Stelzhamer Ma. D. I 230 N. 29, 62 f. *Ja geh, Kann ja deni əst sein!* Auch *Geh! Geh! Geh zua* oder *weg!* in der Bedeutung der Verwunderung und der Ablehnung. In der letzteren Bedeutung im Tirol. (Deferegg.) *Schö* (so) *gəs mar dou* (doch) *wock* oder *Maschiər!* Hintner S. 72. *Gəs maschiər! Schö maschiər!* ebend. S. 169. Das Nordböhm. gebraucht *Zieh aus* im gleichen Sinne wie *Geh* (a szöign = »ausgreifen, fliehen«, ist sonst auch dem Egerl. geläufig): *Ziet ma aus mit dan langweiləu Lahn!* Tietze Hejmt I 29 (Windisch-Kamnitz). Über den ähnlichen Gebrauch von *geh* im Bayr. vgl. Wunderlich Umgangspr. S. 62. Im Fränk. ist *Geh anig! Geh weck! O geh!* ebenfalls Ausruf der Verwunderung: DM IV 544 N. IV 13. Alemann. *Ane!* ist vielleicht eine Abkürzung aus *Gang ane*: DM a. a. O. *La(ss), lassts mi gē (aus)!* in abwehrendem Sinne auch oöst.

[2]) *Ge* verstärkend vor Imp. auch oberbayr. (DM III 172, 10) und (auch beschwichtigend) öst.

[3]) Ähnlich oöst. *hoppədatsch!* Vgl. *hupp! hupp auf!* im Tirol., wenn ein Kind aufgehoben wird: Schöpf DM VI 156. Tir. Id. 282.

[4]) Zu *raffen* oder besser zum Intensivum *rapsen*, das zwar nicht im Egerl., wohl aber z. B. im Nordböhm. im Sinne von *raffen* (DM V 476) gebräuchlich ist. Im Henneberg. sagt man von reißend abgehenden Dingen, sie gehen *grips graps*: DM VII 283. Niederl. *crips-grapsen* und *Gribbelgrabbel* = wildes Greifen, Haschen nach ausgeworfenem Gelde: DM V 326, 365.

α) Primäre *β*) aus anderen Wortclassen stammend. Imperative.

Steckn dəzwischt u dəmid ölls âls marsch assé = »und damit eilte er hinaus«.[1])

β) Auch einzelne imperativische Indicative entwickeln interjectionale Bedeutungen, so *waißt*, *haißt*,[2]) die als Einleitungsformeln der Rede regelmäßig im Sinne des verloren gegangenen Imperativs *wisse!* *höre!* (vgl. § 178, 5) stehen, an Bedeutungsgehalt jedoch einem bloßen Anredepronomen (*Du! Sie!* auch = *pßt!*) gleichkommen. *Nō haißt.*[3]) kann jedoch (alleinstehend) durch stärkeren Ton auch zu einer specifischen Interjection des Vorwurfes, des Ärgers, der Verwunderung werden. Doch erstarrt die Formel *waißt* in unserer Mundart nie so weit, dass der Singular mit *Sie*, dem Pronomen der höflichen Anrede, verbunden werden könnte, wie dies wohl im Bayrischen[4]) der Fall ist (Wunderlich Umgangspr. S. 60).

Auch die vorgeschlagene oder eingeschobene Betheuerungsformel *waiß Gott*[5]) gewinnt den Sinn eines einfachen »wahrhaftig«: *I ho waiß Gott niət drəo denkt*. Hie und da wird die Formel *A dau legst dí nidə!* als Ausruf der Überraschung gehört (offenbar in dem Sinne, als ob die Überraschung dem Sprecher in die Beine gefahren wäre). Auch die Formel *Nō haiəts ənn néks!*, an deren eigentliche Bedeutung (hört ihr denn nichts?) kaum mehr gedacht wird, ist zum bloßen Ausruf der Verwunderung geworden (= so hört doch nur!). Es zeigt von dem Verblassen des Inhalts dieser Wendung, dass sie auch bei Gesichtswahrnehmungen gebraucht werden kann. Eine ähnliche Frage ist *siəhss?* (> *siəhst 's* = siehst du es?!) mit dem interjectionalen Sinne »Da hast du 's nun! Da haben wir nun die Bescherung!« Die Verstümmlung *sixt es*, *sixt*, ist beim Landvolke weniger im Gebrauch.[6])

γ) Neben dem Imperativ darf wohl auch der imperativische Infinitiv hieher gestellt werden als eine Form, bei welcher der Ton die imperativische Bedeutung hervorhebt.[7])

---

[1]) *Ală mirsch* (auch in der letzteren Verwendung) ebenso oöst. Henneberg. *allo*, *allé* DM VII 133; ostfränk. (Taubergrund) *alš* Heilig Beitr. S. 5; südl. Übergangsmundart (Neuern) *ollo* J. Rank Aus d. Böhmerw. S. 145. Zu tirol. *héllauf! héllau!*, einer Interj. des Jubels und der Lust (DM VI 149), ist *öll* nicht zu stellen, da *hellif* auch im Egerl. daneben üblich ist (z. B. *h. brenna*, *lachn*, *schráis* u. s. w.). *Holla!* (henneb. *und damit holla!* = damit genug, basta! DM VII 304) ist in unserer Gegend nicht üblich.

[2]) Im Bayr. ist *woəst*, *woəst wohl!* eine beliebte Einschaltungsformel der Rede: Schmeller II 1033. Wunderlich Umgangspr. S. 60. *Woəst, herst,* Plur, *wissts, herts,* in der Stadtmundart *wissns, herns!* auch oöst.; im kärtn. Lesachthal mit hinzugef. *woll:* Lexer DM II 345. Kärnt. WB 108 *Ünser heərr pfləəər, wəst woll, dər präidigg* u. s. w. Vgl. die Beisp. im Hochzeitslied DM II 519. Auch schwäbisch ein ähnliches *woisch*: Wunderlich Mundart S. 56.

[3]) In der Umgangspr. (bes. in der nordd.) *hör' mal!* vgl. Wunderlich Umgangspr. S. 56. (*Hör' mal!* dient sonst als Anruf und zu energischer Zurückweisung).

[4]) Nicht im Oöst.; hier wie im Egerl. der Plural.

[5]) Über diese Formel vgl. DM III 348. Weinhold Bayr. Gr. § 262.

[6]) Die tirol Formeln *Gottschanda, Gattschend, Gottschent, atschent* u. ä. (Hintner S. 66 u. Schöpf Tir. Id. 202), *s Gotterkend* (Schöpf ebend. 201) = *Gott schände (mich)! Dass Gott erkenne!* u. ä. sind im Egerl. unbekannt.

[7]) Binz (§ 7, 2) hat nach Behaghels Vorgange auch den imper. Infinitiv gleich dem imper. Part. Prät. Pass. zu den eigentlichen Ellipsen gestellt (*Liegen lassen!* = *willst du liegen lassen!* oder, was Grimm IV 87 in Frage stellt, = *man muss, man soll l. l.*). Mir erscheint die Erklärung aus der Unterbindung der sprachlichen Beweglichkeit durch den Affect, der sich im Tone entlädt, rathsamer. Ist doch der Infinitiv überhaupt jene

§ 146. Auf der Grenze zwischen primärer und secundärer Interjection steht der zu einem Ausruf des Trotzes oder der fröhlichen Zuversicht gewordene Indicativ *Ā, Ī, Āi mȫch!* (mag), auch *M. ā* auch, *M. glāi, M. immə* HTV S. 182 N. 145 Lobs bei Falkenau). Die vollständig verdunkelte ursprüngliche Bedeutung lässt sie den primären Interjectionen sehr ähnlich erscheinen; aber ihr elliptischer Ursprung aus dem Concessivsatz *mag es auch gleich, immer so sein* verweist sie in die nächste Gruppe.[1]

b) Secundäre Interjectionen.

§ 147. Sie werden gewöhnlich als »elliptische« bezeichnet. Man darf jedoch dabei nicht an eine Auslassung bestimmter Wörter denken. Hier seien unter dieser Bezeichnung alle Wendungen interjectionalen Charakters zusammengefasst, in denen der an sich stets vollständige Denkact sprachlich nicht zur vollständigen Satzform ausgereift erscheint.[2] Dabei kann entweder

α) aus einem nur im allgemeinen vorschwebenden Begriffszusammenhang sich augenblicklich bloß der wichtigste Theil in die sprachliche Mittheilung herausgedrängt haben,

β) oder der Ausdruck kann auf wirklicher, ursprünglicher Ellipse beruhen, insofern er nur als Bestandtheil einer auch sprachlich schon voll entwickelten Structur oder als Analogiebildung zu einer solchen gedacht werden kann. Die Ergänzung (z. B. zu einem Accusativ wie *Einen Gruß vom Onkel!* muss im Sinne dieser Structur gesucht werden, kann aber auch hier, wie in dem mit α bezeichneten Falle, auf mehr als eine einzige Art möglich sein.

Den Fall α) erkennen wir in Rufen wie *Faiə!*, in den Richtungsweisungen *Rechts! Links! Grod ās!*, ferner in *Dàu* (da), Plur. *Dàuts!*[3] (Lorenz S. 18), wozu im allgemeinen etwa »hast du!« zu ergänzen ist (also dem Sinne nach = *hāi!* § 125, 1). Die einzelne Situation kann den Sinn »nimm dir«, »halt einmal fest«, »iss«, »betrachte« u. s. w. an die Hand geben, auch den Sinn »da liege der Quark!« (beim Wegwerfen eines Gegenstandes), »nimm die Hiebe!« (bei Schlägen) u. s. w. Auch der Ton ist hier neben der Miene und Geberde entscheidend. Es charakterisiert diesen Ruf, dass gerne die Partikeln *sə* oder *nō-sə* vortreten, wie vor den dringlichen Imperativ: *Sə dàu!*[4] (meist in gereiztem Ton). *Nō dàu!* ist ein Ausruf der Verwunderung (= *ái! ái!*),[5] *Öitzə dàu!* der Überraschung oder Bestürzung (z. B. wenn jemand etwas durch unvorsichtiges

---

Form, zu welcher die sprachliche Gebundenheit, auch die aus anderer Quelle fließende, greift, wie der Infin. der Kindersprache (als histor. und imperat. Inf.) sowie der Sprache geistig Zurückgebliebener (Cretins) beweist.

1) In der Mundart von Salzungen *ei makk!* DM II 287, 103; durch *es* erweitert im Nordböhm. (schles.) *mogs', mogs doch* Knothe WB 49.
2) Die Ergänzung übernehmen übrigens Miene, Geberde u. s. w. (vgl. oben § 26).
3) Vgl. *zvi-ts, mài"-ts, hä"-ts*.
4) Oöst. *Nā (so) se!* Da hast du!
5) Im Schles. (Nordböhm.), nicht im Egerl., ist *nu də!* (oder *no salt*) eine Bejahung = nun das versteht sich, das will ich meinen! Knothe WB 426. 457.

Umstoßen, Fallenlassen zerschlagen hat = da haben wir die Bescherung!) Die der Kindersprache angehörige Verdopplung *dádá* (⏑ ⏓) = da bin ich! erscheint gewöhnlich in der Verbindung mit *gu\`ck)-guck* (= suche mich)!" In dieselbe Reihe gehören auch *Heɔ dàu! Heɔ dɔmìd! Ài*" (auch *Àssé, Àffé* u. s. w.) *dɔmid! Àssé! Heráin! Nŏ heráin!* (Ausruf des Staunens). Die hochd. Form *herein* ist hier beachtenswert, da *herein* egerl. sonst *aí*", *ainé, ar\`ché* lautet; vielleicht liegt eine Glimpfform für Herrgott vor. *Àf!* auch *Àf bái Ulm!* (Mahnung zum Aufstehen, zum Aufbruche).²) *Woi* oder *Sɔ wɔi!* Plur. *Woits*³) = *age! agite!* vorwärts!, eigentlich eine Frageaufforderung: »Wie hast du es denn?« Der Sing. *Woi?* ist übrigens wie in der Umgangsprache (Wunderlich S. 37) auch Ausruf des Staunens = *Wos?!* Auch *Warum niɔt gàuɔ!* wird außer als Verneinung und Ablehnung als Ausruf des ungläubigen Staunens gebraucht (in diesem Falle oft mit dem Hauptton auf der ersten Silbe und der absteigenden Satzmelodie des Ausrufes). Das vieldeutige *Suɔ!* kann je nach dem Tone die ganze Stufenleiter der Empfindungen, behäbige Zufriedenheit, Gleichgiltigkeit, Freude, Trauer, Ärger, Verzweiflung, Hohn u. s. w. ausdrücken. Der Ton der Aufforderung erzeugt bei *Entwedɔ — odɔ!* den Sinn von »Entschließe dich!«: bei *Öitzɔ!* dem Ruf der Kinder bei Versteckenspielen, wenn sie sich selbst oder einen Gegenstand versteckt haben) den Sinn von »Jetzt suche!«⁴) *Hàiß* oder *Hass*, verkleinert *Hàißɔlɔ! Hàssɔlɔ!* der Schmerzensruf des Gebrannten oder der Warnungsruf für Kinder, die man heißen Gegenständen nahe kommen sieht,⁵) wird von den Kindern ebenfalls beim Versteckspiel gerufen, wenn der Suchende bei dem versteckten Gegenstande angelangt ist.⁶

Der Fall β liegt vor in den imperativischen Participien *Àfg\`schaut! Àfg\`stàudn!* u. s. w.,⁷) in Grußformeln wie *Gou\`d\`n Au\`b\`md*, abgeschliffen *Nà\`u md!* (in der Umgangsprache auch *Nàbend!* Wunderlich Umgangspr.

---

¹) Auch oöst. Im Henneberg. ist *da da!* (= *ei ei!*) eine Interj. der Verwunderung: DM VII 162.
²) Die alte Verbindung mit *wohl* (mhd. *wol her, wol hin*) und *nun* (*nu hin, nu dau, nu zuo!*) ist gegenwärtig nicht mehr üblich. *Wol dau* Egerer Fronl. 4838.
³) Im Bayr. auch *wie s* (für d. Fem.), *woi-r-ɔ*\` (f. d 3. Pers. Sing.), *woi-ts, woi-nS* (für d. Plur.): Schmeller II 827.
⁴) In Meiningen in demselben Sinne *alleweile!* DM VII 133.
⁵) Im Tirol. *hàß, hàßi* DM VI 146. An *hàßɔlɔ* erinnert mich F. Zimmert in der Anzeige meiner Progr. Anfs. Öst. Mittelschule XI 464.
⁶) Vgl H Schrader Der Bilderschmuck der deutschen Spr.⁸ S. 35, der für diesen Fall den Ruf *es brennt!* angibt.
⁷) Man könnte das imperat. Part. seiner interject. Natur nach allerdings auch in eine Reihe mit dem imperat. Infinitiv stellen, wenn jene Nominalform nicht immerhin eher auf eine voll entwickelte Satzstructur hinwiese als der Infinitiv. Kinder sprechen niemals im Part. (an Stelle des imperat. Inf.). Auch hier ist der Ton ausschlaggebend, und diesem Umstande scheint mir die Erklärung Erdmanns (Grundzüge I § 107) nicht gerecht zu werden, welcher das imp. Part. dadurch erklärt, dass die bloße Nennung des vollendeten Zustandes, der das Ergebnis der Handlung sein soll, zum Streben nach diesem Ziele ansporen könne. (Vgl. Betonung und Bedeutung von *Durchgesehen, Gelesen* einerseits, ausgenommen, abgerechnet anderseits gegenüber *Aufgeschaut!* u. s. w.) Grimm (Gr. IV 87, vgl. ebend. 910) ergänzt *habet* oder *seid*, Becker (Gramm. II 84) *es werde*, Binz (§ 7, 1 nach Behaghel) *es wird*. Das Sprachgefühl unseres Dial. würde der letzteren Erklärungsweise den Vorzug geben, denn die imp. Bedeutung des pass. Präs. ist ihm sehr geläufig (*oitzɔ wiɔd hoɔmgànga?*). Daraus allein kann über den Ursprung der weit verbreiteten Erscheinung freilich nichts entschieden werden.

S. 52), *Gou(d)n Morgn!* (auch *M-Morgn!*;[1]) in Befehlen und Wünschen von der Form *ə Glos Böiə u ən Weekn!*; in der Formel *Schäin* (= schönen *Dànk! Nö schäin Dànk!* ist in ironischer Bedeutung auch ein Ausruf des Staunens oder der Klage).[2] Anzuschließen sind der Ausruf *Owa — Wunna wos!* (Lorenz S. 18 und die beliebte Abwehrformel *Dàu wá mə!* (Lorenz S. 28 f.: über beide § 29 u. 38.

Auch Verwünschungen und Betheuerungen wie *Zum Teufl! Bei meiner Seele! (Zən Taifl! Mainə Sell!)* weisen durch Präposition und Casus auf eine bestimmte Satzconstruction. Soweit sie jedoch Glimpfformen und sonstige Verstümmlungen entwickelt haben, bei denen eine Ergänzung überhaupt nicht mehr möglich ist, gebürt ihnen schon ein Platz unter den primären Formen der Interjection (vgl. § 144, 1.

§ 148. Die Erklärung und Einordnung der Interjectionen *mai͞* und *gelt* macht noch immer Schwierigkeiten. *Mai͞*.[3] Plur. *mai͞ts*[4] (vgl. *dàu—dàuts, wöi—wöits* wird hauptsächlich zur Aufforderung und zur Abwehr, Ablehnung gebraucht: *Mai͞ gàih heə! Ai à mai͞!* Lorenz S. 36. *Mai͞ rouh! Mai͞ts rouhts! Mai͞ dös koə r à gàuə nist sà͞!* Es ist aber auch ein Ausruf der Verwunderung: *Nö du mai͞! Nö du mainə! Nö du mainə(r)l!* (Diminut. wie *àuwaiə rl* u. ä.)[5]

---

[1]) In der Umgangsprache der Städter kann man neben dem Vocativ (*Gou(d)n Morgn àll mitənànnə!*) gelegentlich auch den Nominativ der Person hören: *Gu(d)n Morgn die Herrn!* (ähnlich auch *Diener die Herren!*) Wie einzelne Grußformeln (*Nö goutə Nàcht! G'horschàmə Dinə!*) sich zu wirklichen Interj. der Verwunderung entwickelt haben, darüber § 144, 1. Das zu ergänzende *wünsch é, tōch é* wird übrigens sehr häufig wirklich hinzugesetzt. Grußformeln werden auch sonst gerne als Einheit gefasst und von einem Verbum (*sagen, darbringen*) abhängig gedacht, wie aus präpositionalen Bestimmungen derselben hervorgeht: *Glob zeis Chreist zun Gründorschticha!* (den Gruß G. z. Ch. bringe ich z. G.) HTV S. 55 N. 80 (Niederrochlitz). Vgl. *Prosit zum Heutigen!* u. ä. Über Substantivierung solcher und ähnlicher Formeln beim Substantiv.

[2]) Oost. (*Nö*) *i dank* (*əchė*)*!* Der Ton kann auf dem Verbum oder auf *i* liegen. Im Egerl. kann in *Nö schäin Dànk!* auch *nö* etwas stärker betont werden.

[3]) Über *mai͞!* im Bayrischen Schmeller I 1616. Wunderlich Mundart S. 50 f.

[4]) Im Iglauischen auch *mahèrts!* (*mein* und *hört* oder bloße Zerdehnung aus *mai͞ts?* DM V 125, 1, 17 u. ö.). Ba-elst. auch Plur. *maine, maine Sie* Binz § 7, 4. Im Südböhm. (Oberplan) meist Einleitung einer Entgegnung, eines Einwandes (DM VI 272 N. IV 18), wobei im Plur. sogar das vorausgeschickte *a* mit der Pluralendung -*ts* versehen wird: *as mei͞ ə*; auch zur Abwehr: *màts—globts i kenn eng wol?* (Geht! glaubt ihr u. s w.) Rank Aus d. Böhmerw. S. 116 (Neuern). Im Tirol. (Deferegg.) ebenfalls ablehnendes *mai* oder *a mai* Hintner S. 155.

[5]) Gegen die Herleitung des *mai͞* aus dem Poss.-Pronomen *mein* scheint der Diphthong zu verstoßen; denn dem mhd. *mîn* nhd. *mein* entspricht egerl. Nom. Voc. Sing. *mā͞* (auch im Baselst. lautet das Pron. *mi*, die inten), aber *mai*: Binz § 7, 4). Nun ist aber die Thatsache auffällig, dass *mein* in der Verbindung *mein Gott* (*m. Eid*), die im Nom. Voc. sowohl im Egerl. als auch im Bayr. (Schmeller § 236) nur *mā͞ Gott* heißen kann und sonst auch wirklich heißt (vgl. *mā͞ Kind!*), stets die Form *mein* zeigt: egerl. *Máingott! O (ack) du Máingott!* (mit dem Ton auf der ersten Silbe) und *Máingottrl!* Neubauer Erzgeb. Ztg. X 270), südl. Übergangsmundart (Neuern) *maigott* (Rank Aus d. B. S. 246), bayr. *meinərd* Schmeller I 36, *meinərchə!* ebda I 23 (vgl. 1616). Auch neben *Herr* begegnet im Egerl. diese Form des Poss.-Pron. im Sommer- und Winterlied HTV S. 48 f. N. 71 (Westböhmen): *O, du Hea(r) mein. Da Summa (Winta) deə(r) is fein*; vgl. ebda N. 70 (Erzgeb.). Da nun an eine unmittelbare Entlehnung aus der Schriftspr., etwa *mein Gott!* aus den Gebetformeln der Andachtsbücher, aus dem Kirchenliede (vgl. auch *däin W(ü)lle geschehe, nie rein dial. dā͞ W(ü)ln soll geschehn*) doch nicht ohne weiters gedacht werden darf, so muss entweder angenommen werden, dass das Pronomen in der Isolierung als Interj. eine besondere vocalische Form ausgebildet hat, ähnlich etwa wie im Màik. *Seele* in der Interj. *min Sail!*, sonst

b) Secundäre (elliptische), *mäi*, *gelt*.

Gelt[1]) mit den Nebenformen *geltə* (assim. *gellə*,[2]) *geltsə, gelts, geltns*, wovon *gelt, geltə* und *geltsə* für den Sing. und Plur., *gelts* für die 2. P. Plur., *geltns* nur für die 3. P. Plur. der höflichen Anrede verwendet werden,[3]) ist besonders den süddeutschen Mundarten eigenthümlich; egerl. z. B. *Geltsa du vazeihst ma?* B. d. P. u. K. I 198. Sehr häufig wird dem *gelt* ein *ja* (*näi*) nachgesetzt. Die herrschende Bedeutung ist die der Frage, welche Zustimmung, Einwilligung heischt, also = *Nicht wahr?* oder *Gilt's?*; z. B. *Geltə du toust mə dəən G'fåln!* Auch im Sinne einer rhetorischen Frage wird *geltə* (nicht wahr? = Da hast du recht!) gehört: *Di haut 's owə g'hörə miggnumms!* Antw. *Geltə!* Zum Imperativ wird *gelt* in unserer Mundart nie gesetzt.[4]

---

aber nur *Seit* heißt (DM VII 125), oder man müsste in *mii* einen anderen Casus als den Nom. Voc. Sing. sehen. Das hinzutretende *du* (*no du mäi*?) könnte sehr wohl nach der Verdunklung des Ursprungs hinzugetreten sein. Nun lautet im Egerl. wie im Bayr. der Genit. masc. u. neutr. des Poss.-Pronom. *mäi*˜*s, däi*˜*s, səi*˜*s* (z. B. *mii˜t Broudəs Häus*), der Dat. und Accus. *main* (*däin, səin* = meinem oder meinen, u. s. w.), der Plur. *mii*˜ = meine. *Mäinəəd* und *Mäingott* ließen sich als Accus. oder Dativ fassen (= Meinen Eid! also wie Mein Wort! erg. gebe ich dir, vgl. Hartmann Volksschausp. S. 588, oder = (bei) meinem E.), *Mäin Gott* (= Meinen Gott! erg. rufe ich zu Zeugen an, oder besser = (bei) meinem G.), woraus durch Abkürzung *mäi* entstanden sein kann. Die egerl. Nf. (*no du*) *mäins*! ließe lautlich allerdings auch die Erklärung aus dem Genitiv des Personalpron. als möglich erscheinen (vgl. Th. v. Grienberger Nagls DM I 17). Dieser lautet neben Präpos. wirklich *məins* (= meiner): *wəehs miins, voə miins*. Doch kann die ursprüngliche Bedeutung von *m ii*˜ schwerlich »was mich betrifft« sein (v. Grienberger a. a. O.). Die Bedeutung von *m ii*˜ = lat. *quæso* (in der Aufforderung), z. B. *mäi kumm!* müsste eine spätere Entwicklung sein. Auf die Unzulässigkeit meiner früheren Ableitung aus mhd. *mein* = falsch, betrügerisch (Progr. d. Saazer Gymn. I 18) machte Lambel (Mitth. XXXV Beil. S. 68) aufmerksam, da im Egerl. dieses mhd. *ei* lautgesetzlich wohl auch hätte zu *åå* oder *åi* werden müssen.

[1]) Vgl. Schmeller I 908.

[2]) Dieselbe Assim. (*tt zu ll*) im Baselst., wo sie sonst nicht heimisch ist: Binz § 7, 5; schles. *gell, gellock* (*gella se ock*) Knothe WB 247, auch *gelhouöl*; vgl. G. Hauptmann Versunkene Glocke (1897) S. 21.

[3]) Im Ostfrk. und im Nab-Dialekte Bayerns: *gel-ə* = nicht wahr, er? *gel-t* = nicht wahr, sie? *gel-ts* = n. w., ihr? *gel-nr* = n. w., sie (Plural)? Schmeller § 723 WB I 908. Die Verbindung *geltet Sie*, die Wunderlich Mundart S. 56 anführt, ist mir sonst nirgends begegnet. Vgl. zu dem Ganzen DWB IV 2, 3053 ff.

[4]) Ein Beispiel dieser Verbindung aus Weißbrecht bei Wunderlich Umgangspr. S. 61: *Gelt mach koi so langs Gepregel*. Schmeller (I 908) möchte *gelt* lieber aus dem Adj. *gelte* = giltig, als aus einer conjunct. Form von *gelten* erklären, falls »das *t* nicht bloße Flexion« sein sollte (wie sonst allgemein angenommen wird). Der Zurückführung Martins auf *geheltet ir* (Z. f. d. A. XXIX 468) steht der Anlaut *g* entgegen, da *ge-* vor folgendem *h* als aspir. *k* (< *g-h*, vgl. *g-häiu* = gehören) erscheinen müsste. Bei der gewöhnlichen Zurückführung auf die 3. P. Sing. Conj. von *gelten* (es gelte) ist der Übergang von der optat. zur fragenden Bedeutung (es gelte! > nicht wahr?) allerdings denkbar. Für diese Ansicht tritt auch Nagl in seinen DM I 75, sowie Lambel (Mitth. XXXV Beil. S. 68) ein. Letzterer führt nach Weigand (I³ 647, vgl. Lexer Nachträge S. 189) ein aus dem 14. Jahrh. stammendes Beispiel für die Verwendung des *gelte* in der Frage an (bei Königshofen Chroniken der deutschen Städte VIII 261, 16): *Gelte, du wollest mich erslahen also du gestern dete der küniges knecht?* wo *gelte* dem *num* der Vulgata 2. Mos. 2, 14: *num occidere me tu vis sicut heri occidisti Ægyptium?* entspricht. Nachdem einmal der Zusammenhang mit dem Verbum *gelten* zerrissen war, konnten Weiterbildungen wie *gelts, geltns* (vgl. *kā˜-ts, hā˜-ns*) leicht entstehen. Das *ə* in *gelta* ist übrigens, wie Nagl a. a. O. ausführt, eher ein Überrest des Conjunctivvocals als eine Kürzung des mhd. verstärkenden *ā* (*neinā*), da dieses *ā* sonst in der Mundart hochtonig erscheine: *haistā, hāttā* (- -). Vgl. indes oben im Egerl. *klucha, rupfs* (- -), wo -*ə* schwerlich etwas anderes ist als dieses *ā*, da die Endung des Imperativs im Sing. der schw. Verba ohne Ausnahme abgefallen ist (*riəd, səich, iōch* u. s. w.).

2. Verbum.

A. Bedeutung des Verbums.

§ 149. Bei einem Ueberblick über den Besitzstand der Mundart an Verben fällt die Thatsache auf, dass viele concrete Verba der älteren und neueren Schriftsprache in der Mundart ganz fehlen, andere nur selten begegnen. Es ist hier nicht die Rede von jenen Verbalbegriffen, mit denen die moderne Cultur die Sprache der gebildeten Kreise bereichert hat, oder von den technischen Ausdrücken bestimmter Berufsarten, die nur dem Fachmanne geläufig sind — hier fehlt der mundartlichen Sprachgesellschaft das Wort, weil und soweit ihr der Begriff fehlt, — sondern es sind durchaus gewöhnliche Verbalbegriffe, die nicht in specifischen Verben ihren Ausdruck finden, und zwar sind hiebei zwei Fälle zu unterscheiden:

1. entweder tritt ein Verbum an die Stelle, dessen allgemeiner Begriff sich zu dem speciellen Begriff des vertretenen Verbs verhält wie die Gattung zur Art. Hieher gehört

a die umfangreiche Vertretung bestimmter Verba des *Seins* wie *ruhen, sich erheben, ragen*, vielfach auch *sitzen, liegen, stehen, hangen, stecken, wohnen, leben* (die daneben allerdings gebraucht werden) durch das allgemeine, farblose *sein*: *Ám (auf dem) Bärch is* (ragt empor) *ə häuchs Kraiz. Mai Frai˜d* (Verwandte) *sánn* (liegen) *ál scho ám Fräidhuəf. Mc͂ Broudə is* (wohnt, lebt) *öitzə in Michlsbärch* u. s. w.

b) Vereinzelt werden auch besondere Arten des Werdens durch das allgemeine *werden* bezeichnet; so namentlich *gesund werden, sich wieder erholen* von Menschen, Thieren, Pflanzen: *Des (dös) wiəd nimmə* oder *wiəd wiðə.*[1]) *Entwëdə wiə odə stiə* (stirb)! (Sprichwort.) *Kannt du scho wieder werden* Wolf Volkslieder S. 12 Str. 10. Verwandt ist das unpersönliche *miə wiəd wos* = ich werde krank: *Dəs häut sə ōgämmət, da mə denkt häut, es wiəd nəu wos.*[2]) *Werden* ist auch = groß, stark werden, heranwachsen: *Wöi ih a weng woan bin, hobm sa mi zan Soldátan g'numma* Lorenz S. 7.

c) Ebenso muss das unbestimmte *sagen* vielfach die unter ihm begriffenen Arten der sprachlichen Mittheilung vertreten; viele regelmäßig, so *mittheilen, erwähnen, erklären, darlegen, behaupten, nachweisen*; andere häufig, so *bitten, ermahnen, wünschen, rathen, drohen*, auch *fragen*,[3]) in den zuletzt genannten Fällen besonders dann, wenn der Nebensatz den übergeordneten Verbalbegriff hinreichend determiniert. Ja, selbst wo speciellere Verba gebraucht werden, stellt sich unwillkürlich noch außerdem *sagen*, meist hinter denselben, gewohnheitsmäßig ein: *Es häut*

---

[1]) Ebenso oöst. u. nordböhm. (Mertendorf): *Omend wiəds wiədə* (das Zicklein). Tieze Hejmt II 32.
[2]) Im Deferegg. *iəs giwoərst im nicht* = es wird ihm nichts, d. h. es schadet ihm nichts; Hintner S. 241; öst. *is dá wos? mit (dir) is nix (wos).* Vgl. § 150, 1. Im Baselstädt. ist *werde* auch = geboren werden (Binz § 149), im Deferegg. = kalben: Hintner S. 241.
[3]) Nöst. *Had zu eam g'ságt, wo-r-ə' hi˜-géd?* DM V 107, 6.

g-laugnt u hànt g-sàgt, es hàut's nist tàū = er leugnete es gethan zu haben; ebenso *Es hànt um ò-grau'd n n hànt g-sàgt* . . . er rieth ihm ab zu . . ., u. ä.¹

d) In ähnlicher Weise repräsentiert *denken* (*màinə*) alle Arten dieses Begriffes: *vermuthen, sich erinnern, dafür halten, schließen*, z. Th. auch *glauben, hoffen, fürchten, ahnen* u. s. w.: *Sus làng i denk* = so weit ich mich erinnere (vgl. »seit Menschengedenken«).²) *Wenn é dénk* nachdenke, betrachte, mich erinnere, *wos dös für ə lais* (schwaches) *Bouzəl wos* . . .³)

e) Noch häufiger vertritt *thun* (*machen*) speciellere Verba des Thuns, und zwar nicht bloß bei der Wiederaufnahme vorhergehender bestimmter Verba (meist der Thätigkeit) wie im Mhd. und Nhd. (*Des bətröugt d' Leut öitzə grod widə sus wöi ə 's fröis tàū̀ hàut*, daneben kürzer *wöi fröis*),⁴) sondern auch sonst; so ist *tàū̀* wie im Öst. = arbeiten: *Hài't tou é néks màis*; = bezaubern: *Deən is tàū̀ wos'n* Neubauer Erzgeb. Ztg. X 248 (das Activ lautet *tàū̀* oder *ostàū̀*);⁵) = sich benehmen:⁶) *Dàu hànt ə völlə tàū̀, àls wenn* . . .; *Tou nist əsus!* *Olzəs* und *schäi tàū̀* (sich absonderlich oder maßlos benehmen, schmeicheln; = spielen: *əə Kàfmànnələn t.* bei Kinder-, auch bei Kartenspielen; es kann *geben, setzen, stellen, heben, legen, stecken, hangen, ziehen* und andere Verba der Bewegung (neben Ortsbestimmungen) vertreten: *Tou* (gib) *hes!* *Touts* (setzt, stellt) *doi Kistn dəwal àm Buə(d)n!* Ähnlich *in d' Es(d)n t.* stecken, *os r ə Stàngə t.* (hängen), *a 'n* (= *às 'n*) *Wassə t.* ziehen u. s. w.⁷)

Besonders gilt dies von den Zusammensetzungen; so ist *aī-tàū̀* = hineinlegen, hineinessen, auch Vieh, Geflügel in den Stall hineintreiben;⁸) *ə-tàū̀* = vergeuden; *um-tàū̀* = Umstände machen (*làng um-t.*) oder = umlegen (eine Schürze, hiefür auch *viə-tàū̀*, vorthun); *mit-tàū̀* = sich an etwas

---

¹) Übrigens gebraucht auch der Gebildetste bei völlig ungezwungenem mündlichen Gedankenaustausch, sowie im nachlässigsten Briefstil sehr oft *sagen* für besondere Arten der Aussage. Man will sogar bemerkt haben, dass J. Grimm der volksthümlichen Einfachheit des Ausdruckes in dieser Hinsicht den Vorzug gebe, wie er denn in einem Briefe aus Paris (a. d. J. 1805) das Zeitwort *sagen* fünfmal unmittelbar hinter einander gebraucht, was Wilhelm halb entschuldigend, halb tadelnd »bloße große Nachlässigkeit« nennt: Sanders Z. f. d. Spr. 1895 S. 28.
²) Auch Nürnberg, DM V 118, 4, bayr. Schmeller I 523, plattd. DM II 205 f.
³) Anderseits gebraucht der Dialekt für nhd. *denken* vielfach *sé* (sich) *à⁻b(ü)sin*: *Des hàist* (< *hàitet*) *də r à⁻b(ü)sin künnə*.
⁴) Mhd. Paul Mhd. Gr. § 386. Mainz, ersetzt *due* nur Verba der Thätigkeit: Reis II § 6.
⁵) Ebenso bayr. Schmeller I 575, tir. Schöpf Tir. Id. 773. Koburg, ebenfalls *štun* oder *š⁻machen* = durch Zauberkraft jemandem etwas zufügen DM III 177, 58; ebenso heuneberg. *štū* DM VII 137. *Machen* wird im Egerl. nicht in gleichem Sinne verwendet, wohl aber im Koburg. (a. a. O.), im Nordböhm. (Schönlinde): *Weil de Hexe ne trante, hot ses wieder zurücke gemacht* (= die Bezauberung aufgehoben). Tieze Hejmt I 51. *Tàū̀* ist auch sonst = anthun, zufügen (etwas Übles): *Wes hàut də denn wos tau? Des Hund tout də néks.* Ebenso öst. Vgl. auch Lexer Kärnt. WB 76.
⁶) In ober- und niederd. Dialekten DM II 96, 29
⁷) *Tuo her* auch kärnt. Lexer Kärnt. WB 76, tir. Schöpf Tir. Id. 772. Das übrige auch öst. *Tuon* = *cacare (mingere)* Lexer a. a. O. (Kinderspr.) Schöpf Tir. Id. 772 (vgl. überhaupt Schmeller I 576), auch oöst.; *tuon, tūen* = *coire* im Gottscheew. Schröer WBG 75 [239]; auch nöst. (Wien); ebenso *es einer t.*, was auch im Egerl. vorkommt.
⁸) Vgl. DM IV 100, 1, 1 (oberschwäb.). Lexer Kärnt. WB 76 (*iut.*). Schöpf Tir. Id. 773 (*cintūen*).

§ 149. IV. Wortclassen. 2. Verbum.

betheiligen[1]) (z. B. an einem Spiel : ŏ-taú = schlachten (eine Gans, ein Schwein),[2]) hingegen *sich abthun* (sé ŏ-taú) = sich abmühen, abarbeiten, oder abhärmen;[3]) *zou-taú* = fortfahren in etwas, besonders = fortfahren zu reden: *Suə häut ə zoutáú* (so sagte er zu wiederholtenmalen, das sagte er immer wieder, in diesem Sinne fuhr er fort zu sprechen, zu klagen, zu schimpfen).[4])

Auch *machen* findet sich in Sonderbedeutungen, so = sagen: *möcht ə 's, häut ə 's gmácht* = sagt, sagte er;[5]) = *cacare*; *oĭ's máchn* = ein Musikstück aufspielen; jemanden *máchn* heißt auch jemanden (auf dem Theater) darstellen; *áf-* und *zou-máchn* = auf- und zuschließen; *a'smáchu* = beendigen, jemanden *a'sm.* = schelten, *es äsm.* = sterben; *ássémáchu* = heraus machen, z. B. *Hai't möcht 's əu Schnai ássé!* = heute schneit es stark! *Du wist 's ássémáchu* = du wirst »das Kraut fett« machen; *äimáchn* = herabkanzeln, aber auch schlecht machen;[6]) *áffé-, ái-, iuumé-, ássé-, hinté-, nid-máchn* = hinauf-, hinab-, hinüber-, hinaus-, nach hinten- (je nach der Lage des Ortes), mit-reisen, auch *máchn* allein (mit *áf* = nach;[7]) *á'* (ein)- oder *oš* (an)-*máchn* = anrichten (den Teig); *sé sich oš máchu oš* ... (an jemand) = sich an jemand herandrängen (in wörtlicher und in übertragener Bedeutung), so besonders = ein Liebesverhältnis anknüpfen.[8])

Da somit die inhaltlichen Schattierungen der Verbalbegriffe *sein*, *sagen*, *denken*, *thun* zugunsten dieser allgemeinen Begriffe in gewöhnlicher Rede so vielfach vernachlässigt werden,[9]) so gewinnt die mundartliche Darstellung der Schriftsprache gegenüber zuweilen den Charakter farbloser Eintönigkeit. Es fehlt auch sonst (in gewöhnlicher Rede) bis zu

---

[1]) *Aini-* (in 1. u. 3. Bed.), *vi-*, *um*(*i*)- (in 1. Bed.) u. *mittəs* auch öst.; *mitmăchn* hat im Egerl. den angegebenen Sinn nicht, sondern ist speciell = mitreisen; etwas *mitm.* = erleben, erleiden.

[2]) Ebenso tir. *ŏthuən* oder *wŏckthuən* Hintner (Deferegg.) S. 16. Schöpf Tir. Id. 773; daselbst auch andere Composita. Vgl. auch Lexer Kärnt. WB 76.

[3]) Einfaches *sich thun* begegnet in Saaz in der Formel *do hot sich wos gete!* = da hat es was gegeben, es ist hoch (oder lustig) hergegangen!

[4]) Nürnberg. *Forti-thőu*: *Sú häut dər eizi forti thŏu* C. Weiss DM V 119, II 27. Ebenso öst. *fortthun*. Im kärntn. Lesachthal ist *niderthun* = gebären: Lexer DM IV 38. Kärnt. WB 76.

[5]) Ebenso alem.-schweiz. DM VI 410, 38 (woselbst auf κραίνειν = vollbringen und *sagen* und auf franz. *faire* verwiesen wird); auch bei nhd. Schriftstellern (wohl nach franz. Muster) verbreitet. Doch macht die Mundart zwischen *sagt ə* und *möcht ə 's* den Unterschied, dass mit ersterem die Aussage bloß dem Wortlaut nach wiedergegeben zu sein braucht, während durch *möcht ə 's* angedeutet wird, dass die Aussage auch dem Ton (oft auch der Geberde) nach nachgeahmt, also förmlich copiert wird.

[6]) *Ai-taú* hingegen heißt herabnehmen, -heben, -pflücken (z. B. Obst vom Baume), -stellen, -legen u. dgl. (Vgl. oben *taú*.) Im Henneberg. ist *rátu* (herabthun) = nachgeben; *thu herab* = lüge nicht so! DM VII 297. Auch zwischen *ássémáchn* (s. o.) und *ássitáu* (herausnehmen, z. B. die Erdäpfel aus dem Felde) unterscheidet die Mundart scharf.

[7]) In diesem Sinne im Egerl. nicht *thun*, wohl aber *thun* = reisen im Bayr. Schmeller I 576; in Südböhm. (Oberplan) DM VI 510, 107; in Kärnten Lexer Kärnt. WB 76 (*tüən* gehn); in Tirol Schöpf DM III 525 Anh. II 20. Tir. Id. 772.

[8]) Tir. und cimbr. *es macht* (= ist) *kalt, Tag* u. s. w. (Schöpf Tir. Id. 406. Cimbr. WB 145) ist im Egerl. unbekannt. Den ausgedehnten Gebrauch von *machen* verspottet B. Baier Jeschkenblumen 1880 S. 106 in dem Gedichte *Fr de Gemachtmachenmacher* (in Reichenberger Ma.). Über *machen* im Gottscheew. vgl. Schröer WBG 163 [429]; in den cimbr. Mundarten haben die *Mocheni* von *machen* ihren Namen (vgl. Cimbr. WB 147).

[9]) Ebenso Mainz. Reis I § 33.

einem gewissen Grade an den im prägnanten Sinne »bezeichnenden« Verben, welche den Gegenstand der Aussage von seiner charakteristischesten Seite beleuchten und hiedurch der gewählteren, namentlich der künstlerischen Darstellung gleichzeitig sinnliche Anschaulichkeit und gefällige Abwechslung verleihen; z. B. statt *An den Zweigen der Haselnuss schwankten schon die gelben Blütenkätzchen, hie und da duftete schon ein Veilchen* (oder *stahl sich ... hervor*, *den Bach säumte junges Grün* u. s. w. sagt der Mann aus dem Volke etwa: *D' Hoslnuss ho(b'm scho blöiht* (oder *ho(b'm scho Kätzlə g·hàtt*), *hinzwidə ă scho d' Vaichələ* (oder *d' Vaichələ sànn à scho kummə*), *bən Böch is 's fleckweis scho schäi grăi wəs'n* u. dgl.[1])

Die Dialektschriftsteller überschreiten freilich nicht selten diese engen Grenzen. Dass die mundartliche Verbalaussage trotzdem nicht den Eindruck der Armut macht, ist darauf zurückzuführen, dass der Ausfall an rein inhaltlichen Schattierungen bei den genannten Begriffen durch eine unerschöpfliche Fülle anderer inhaltlich oder formell (diminutiv, frequentativ, intensiv) abgestufter Bildungen aufgewogen wird, sowie durch eine Unzahl bildlicher Verba, z. B. für *schlagen, prügeln, trinken* und *berauscht sein*, für *betrügen* oder *anlügen* (besonders im Scherze anlügen u. s. w. Vgl. Kohl DM VI 171 unter *b·schiß·n*).[2]

2. Statt des einfachen Verbums tritt in großem Umfange die Umschreibung durch *sein, haben, werden, thun* oder *machen* mit Substantiven, Adjectiven und Adverbien ein, z. B. für *trauern tràurich sā träuən*, trauern = Trauerkleidung tragen, für *lieben geərn ho(b)m*, für *erröthen ràuth wes'n*, für *sich sehnen ànt tau*, für *verbreitern bràits machn* u. s. w. Über diese Verbindungen vgl. *sā, ho(b'm, wes'n* § 150, 1. 2. 4. und *thun, machen* § 150, 11. 12. Hieher gehört auch *jà, nā sogn* = bejahen, verneinen.

Solche Umschreibungen sind in der Mundart weit häufiger als in der Schriftsprache, wogegen die namentlich der neueren Kanzleisprache angehörigen Umschreibungen und Verbreiterungen einfacher Verbalbegriffe wie *zur Aufstellung, zur Ausführung, zum Ausdruck bringen* oder *gelangen, in Bewegung setzen, in Erwägung ziehen, in Aufnahme kommen* u. s. w. der Mundart vollständig fremd geblieben sind. Bei der Mehrzahl der mundartlichen Umschreibungen decken sich diese und die einfachen Verba allerdings der Bedeutung nach nicht vollkommen.[3]

---

[1]) Anderseits wahrt das egerl. Verbum seine sinnliche Wortbedeutung, so dass wie im Plattd. (Kl. Groth Briefe über Hochdeutsch und Plattdeutsch S. 115) der nhd. Satz *die Schüler hiengen ihm am Munde* auch im Egerl. undenkbar wäre.

[2]) Vgl. z. B. die egerl. Ausdrücke für unnützes, sinnloses Gerede: *dodən, tofən, susdən, schwofən, schwaholn, hezkaschpən, hezrösln* (von *Kaspar, Rosina*): Neubauer Mitth. XXXIII 113; *hoskliweln* (v. Kälbchen): ders. Z. f. öst. Volksk. II 280, u. dgl. Ausdrücke für *sagen* im Henneb.-Fränk. DM II 462 ff., im Vorarlb. DM III 297 ff.; für *prügeln* im Nöst. DM IV 41 ff., im siebenb.-sächs. DM V 172, im Märk. DM III 365 ff.; für *lieben* im Ostfries. DM IV 347 ff.; für *trunken sein* im Niederd. DM V 67 ff. u. s. w. Zahl und Art der Ausdrücke für solche und ähnliche Begriffe werfen ein scharfes Licht auf den Volkscharakter.

[3]) Die oben unter 1. und 2. angeführten Erscheinungen gehören wohl den Mundarten überhaupt, sowie der Umgangsprache an. Unterschiede zwischen den Mundarten dürften hiebei nur in den Einzelheiten hervortreten. Was die Beurtheilung dieser Erscheinungen betrifft, so kann die Vertretung des Besonderen durch das Allgemeine (durch *sein, sagen, thun* u. s. w.)

Hilfszeitwörter.

§ 150. Als Hilfsverba dienen im Egerländischen zunächst dieselben Verba wie im Nhd: *sä̃*, *ho'b'm*, *wea'n*, *mügn*, *künno*, *schölln* (in Plan und Umgebung *solln*), *därfm* (oder *dar'b'm*), *möi'n*, *wölln*; hiezu kommt *thun* (*tàu*). In eigenthümlicher, an das Hilfsverbum erinnernder Art wird endlich *stäih*, *lign*, *sitzn* zur Verbindung zwischen Substantiv und Prädicatsadjectiv verwendet. Bei diesen Verben sind besonders die Grenzlinien zwischen Hilfs- und Vollverbum ins Auge zu fassen.

1. *Sä̃*. Als **Vollverbum** vertritt es zunächst bestimmtere Verba des Seins, wie *ruhen*, *ragen* u. s. w. § 149, 1 *a*. Die Bedeutung *vorhanden sein*, *es gibt* ('*s gitt* ist ebenfalls gebräuchlich) gewinnt es in der überaus häufigen Verbindung mit *ərə* (= ihrer, Genit. partit.: *Dàu sann ərə*, aber auch sonst: *'S sänn ä*, *wos* . . . = es gibt auch Leute, die . . . Die Geltung eines Vollverbums hat es auch in Sätzen wie *Hàissť! mit dem Menschn is wos!* = hat es eine eigene Bewandtnis, geht etwas vor:[1]) *Mir is wos* (*néks*) = ich fuhle mich krank (gesund); *Wos is əun hai't?* = was wird heute im Theater aufgeführt? *Haǐ't is •də Müllə u sä̃ Kind•*; *Dös is* (geschieht, wird gethan) *mit Sündn!* Neben der Bedeutung des Vorhandenseins, Vorsichgehens steht die des Möglich-, Ausführbarseins. Der Satz *Da im Heu ist kein Schreiben* (Rosegger Geschichtenbuch des Wanderers I 92) wäre auch dem Egerländischen durchaus angemessen.

Die Bedeutung der Möglichkeit überwiegt in den Verbindungen mit *zu* und dem substantivierten Infinitiv: *Dös is zun Essn* = kann gegessen werden, ist essbar.[2]) Verwandt ist die Bedeutung *es dient*, *ist bestimmt zu*; z. B. *Zə wos sänn ənn döi Nüəgl? Döi Täschn is füə s Gold*. Vor einem Vergleichungssatz mit *als wenn* heißt *mir* (*dir* u. s. w.) *ist* zunächst wie im Nhd. *ich habe das Gefühl*, dann aber auch *mir kommt es so vor* (bei undeutlichen Sinnesempfindungen, nicht bloß bei Gefühlen): *Mir*

---

nicht als das Ergebnis der Abstractionsthätigkeit genommen werden; denn der besondere Begriff, der doch den Ausgangspunkt der Abstractionsthätigkeit bilden müsste (also z. B. in dem Satze *er sagte*, *er möchte sterben* der Begriff *wünschen*), liegt von Anfang an gar nicht vor, sondern diese Determination des allgem. *Sagens* bringt erst der Nebensatz hinzu. Die Mundart folgt hier vielmehr wie alle gesprochene Sprache einem gewissen Zuge der Denkbequemlichkeit, welche die aus dem Ganzen einer Rede resultierenden Begriffe nicht so leicht vorwegnimmt, da dies Voraussicht, Vorausdenken erfordert. Eher könnte noch im Falle 2 die Einführung des nominalen Prädicates (mit *sein*, *haben*, *werden*) an Stelle des verbalen, welche gleichbedeutend ist mit der Heraushebung des Zuständlichen an einem Vorgange, als ein Act der Abstractionsthätigkeit des Volksgeistes aufgefasst werden, wie dies Wunderlich (Satzbau S. 19) thut. Es muss jedoch auch hier dahingestellt bleiben, ob nicht gleich von Anfang das Resultat des Vorganges, wie es im Zuständlichen vorliegt, mit naiver Unmittelbarkeit erfasst wurde. Unter den Ursachen, welche Reis II 480 für diese Erscheinungen angeführt hat, scheint mir die an dritter Stelle genannte insofern die wichtigste, als sie aus dem Charakter der in Frage und Antwort fortschreitenden mundartlichen Rede abgeleitet ist. Vgl. die allgemeine Frage *Was ist* (*hat*, *wird*, *thut*) *er?* und die an diese Form sich anlehnende Antwort *Er ist* (*hat*, *wird*, *thut*) . . . , wobei das nominale Prädicat sich dann von selbst einstellt. Auch das Bedürfnis, das lautlich und inhaltlich verfallende Verbum durch deutliche, volle Umschreibungen zu ersetzen, kommt in Betracht (Reis a. a. O.).

[1]) Ebenso nordböhm. (Schönlinde): *Wenn wos mi'n Vieche wor* (erklärend wird hinzugefügt *wenn se behext worn*) Tieze Hejmt I 48 In unserer Mundart könnte dies ebenso gut bedeuten *wenn das Vieh krank wor*.

[2]) Über *zu* mit dem Infinitiv vgl. § 228.

is g̓weist, als m̓ häit vos scho in Kirchn (< *in d´ K.´ g̓läut´* = ich glaube vorhin schon etwas wie Geläute gehört zu haben.[1])

Als Copula wird es außer in der gewöhnlichen Weise in Fällen gebraucht, wo man im Nhd. *bestehen aus* setzen würde: *Də Gártn is láttə Stoinə. Dər Mensch is láttə okə́ərə Dingə* (= ist lauter Spässe). Die Ergänzung von *voll* würde dem Sinne der Fügung nicht ganz gerecht werden; gemeint ist: Was hier Garten genannt wird, sind lauter Steine; dieser Mensch ist der verkörperte Spass, er besteht aus Spässen. Über *sein* und *haben*) beim umschriebenen Perfectum s. unten 3. Über *sein* mit dem Infinitiv (*er r is ä̃-káffm*) § 41.

Endlich dient *sein* in Verbindung mit Substantiven und Adjectiven zur breiteren Umschreibung einfacher Verbalbegriffe: *Dōndə wos kos̓ Irgáng* = da war kein Vermissen oder keine Abnahme, da fehlte nichts. *Dáu is kos̓ Klécking* kein *klécken*: Neubauer Erzgeb. Ztg. X 269; *klécken* = ausreichen;[2]) Schmeller I 1324) = da ist kein Auskommen, da langt es (z. B. das Geld) nicht, da begnugt man sich nicht damit. *Dös is ə Z̓sáummständ* = das passt zusammen! (in der Regel ironisch).

Specifische Sonderbedeutungen entwickeln diese Umschreibungen nicht, wohl aber die Verbindungen mit Substantiven wie *G̓surm, G̓lés* u. a.: *Dáu is ə G̓surm* (da summt es stark)! *Dös is ə G̓lés* (ein schlechtes »Gelese«)! sowie mit substantivischen Infinitiven: *Dös is ə Surmə, ə Lés̓n!*, und zwar die Bedeutung der Wiederholung und der Dauer, im ersten Falle (*ə G̓lés!*) auch häufig der Verschlechterung, während es im zweiten Falle *ə Lés̓n* vom Tone abhängt, ob eine Herabsetzung oder eine Auszeichnung der Handlung beabsichtigt ist.

In allen diesen Fällen jedoch liegen die Sonderbedeutungen mehr in den substantivischen Bildungen mit *ge-*[3]) und im Ton, als in der Verbindung mit *sein*. Verbreiterungen ähnlicher Art durch adjectivische Verbindungen sind *dustə* (düster *sä̃* = dunkeln, *frauch s.* = sich freuen, *bläu s.* = blauen, *graī̯ s.* = grünen, *gáizich s.* = geizen mit etwas; durch Verbindungen mit adjectivischen Particip. Präs. (in der prägnanten Bedeutung der Dauer): *glöusd s.* = glühen, *hinkəd s.* = hinken (darüber, sowie über Verbindungen wie *in Schimpfm sä̃* § 156, 1. 2).

2. *Ho(b)m* ist Vollverbum in der Bedeutung *besitzen*, dann = *es gibt*, und zwar, wenigstens in unserer Gegend, meist prägnant *es gibt in großer Zahl, Menge: Dàu hàut ´s Láit* = da gibt es eine Menge Leute; *Dáu hàut ´s ərə!* (ihrer, Genit. part.) = da gibt es eine große Menge (z. B. von Blumen, Menschen u. s. w.), aber auch ohne eine solche Beziehung = da gibt es viele Schwierigkeiten. Die letztere Bedeutung hat auch *Dáu hàut ´s éppəs!* oder *Dáu hàut ´s ən Bránd!* *Es hàut* in dem einfachen Sinne von *es gibt* (vgl. § 30) ist nur in gewissen Wendungen üblich, also nicht ´*S hàut oī̯, wos glau´b´m* dafür ´*s gitt ərə* oder ´*s sánn ərə ä̃, wos gl.´*, wohl aber *Wos hàut ´s ə̀un* = was gibt es

---

[1]) Ebenso öörl.

[2]) Auch schles. Knothe WB 339.

[3]) Substantiva mit *ge-* kann unsere Mundart fast aus jedem Verbum bilden: *G̓schlóch* Geschlage, *G̓ess* (Ge-esse), *G̓schláuf* (Geschlafe), *G̓fo* (Gefahre) u. s. w.; ebenso das schwab.: Wunderlich Mundart S. 68. Bedeutungsverwandt sind Bildungen auf *-äi* wie *l.̃ərái*.

denn? Auch in der Verbindung mit Substantiven wie *G·surm* (*Dàu haut 's ə Gsurm*) oder mit dem substantivierten Infinitiv (*Dàu hàut 's ə Surmə*) fehlt ihm die prägnante Bedeutung nicht; zweifelhaft ist sie in Baiers Chronik 402 *Dem 6. may hat es umb mittag ein gahr grosses wetter gehabt*. Zu erwähnen ist noch *S hàut néks áf sich* = es verschlägt nichts, ist nebensächlich, gleichgiltig: Elbogner Chronik S. 17 Z. 17 v. u. *wen es nichts auf im hat*. Über *es haben* (in einem Gliede) = Schmerz empfinden, krank sein vgl. § 37, 2.¹)

Als **Hilfszeitwort** wird *haben* in eigenthümlicher Weise mit den Infinitiven *liegen, stehen, stecken, hängen* (neben einer Bestimmung auf die Frage *wo?*) verbunden: *I ho un* (noch) *v̀ù l Tràid dráss lign. Eɔ hàut sain Wǫ̈gn dráss in də Schupfm stàih*,²) aber auch ohne einen solchen Infinitiv, also lediglich neben einem Accusativ und einer adverbialen Bestimmung: *Eɔ hàut un wöi v̀ù l Tràid dráss*; dabei stellt die Verbindung von *haben* mit einer adverbialen Bestimmung (wie *habere* mit dem Part. Perf. Pass.) einen Zustand dar, und zwar entweder ohne oder mit Beziehung auf eine vorhergehende Handlung, deren Resultat jener Zustand ist; im letzteren Falle deutet die Bestimmung auf die Frage *wo?* indirect auch die Richtung dieser Handlung an: *Hàust d' Hennə scho* (oder *widə*) *in də Stàich?* (mit Beziehung auf die vorhergehende Handlung daher = ist es dir gelungen, die Hühner in die Steige einzufangen, und sind sie also nunmehr darin?), hingegen *Hàust du d' Hennə in də Stàich odə in ərən Stàllələ?* (allgemeine Frage eines Wirtschaftsbesitzers an einen anderen, ohne die angegebene Beziehung). Vgl. *Haut də Täifl scho widə d' Hennə in Gàrtn? Haut di də Täifl scho widə dàu?* (= hat der Teufel u. s. w. . . . hergeführt und sind sie nun im Garten, bezw. bist du nun da?)³)

Haben in Verbindung mit dem Infinitiv und *zu* entwickelt dieselben Bedeutungen wie im Nhd.: *Du hàust dàu néks drǟ z ri∫du. I hŏ häï't nu ẕ ärwɔtn. Dös hàut néks zən sogn* (zu sagen). Über *zu* und *zum* beim Infinitiv § 227.

Haben dient auch gleich *sein* zur breiteren Umschreibung einfacher Verbalbegriffe, und zwar in Verbindung mit Substantiven (ohne specifische Nebenbedeutung): *I ho ən Zorn ə Gàl* = ungebräuchlichem) ich zürne, *ən Glüst* = mich gelüstet, *ən Gràu* (*àf wos*) = mir graut (ekelt) vor, *ən Lärmə* = ich lärme (letzteres ungebräuchlich), *ə Màl* = ich »maule«, schelte.⁴) Ferner verbindet sich *haben* (wie *sein*) unter Entwicklung besonderer Nebenbedeutungen der Dauer, der Wiederholung, der Verschlechterung

---

¹) Unbekannt ist Baselst. *jetz het s es* = die Arbeit ist fertig; Binz § 144; henneberg. *er hat da gehabt* = er war da, um sich zu erkundigen, etwas auszurichten; DM VII 286; auch tirol. *hàbts es?* = seid ihr gerichtet? Schöpf DM V 444. Tir. Id. 227; egerl. wie öst. (auch *seits ös, bist ás*) nur *simmr 's?* = sind wir's (nämlich gerichtet, fertig)?

²) Auch in der Phrase *Eɔ hàut wàu oins stàih* = er hat irgendwo »eine« stehen, d. h. er weiß eine, um die er freien möchte; ähnlich nordböhm. (Rosendorf) *dot het ...* Franz *wos stihn* Tieze Hejmt I 39.

³) Vgl. *Jo derrr — Teifl hots wiedə r um ma Hos khod!* — der Teufel hat sie (muthwillige Burschen) wieder um mein Haus gehabt, Rank Aus d. Böhmerw. S. 107 Z. 14 v. o. Die angegebenen Bedeutungen von *haben* alle auch öst., zumeist auch der Umgangsprache nicht fremd.

⁴) Zum Theil (*án Zorn, á Gal, án Grausən, á Màul!* h.) auch öst.

oder Auszeichnung der Handlung mit Nominibus actionis wie *G‘lé's*,
Gətou: *Du hàust ə G‘lés, ə Gətou!* und mit substantivischen Infinitiven:
Düts hàuts ə Lésn, ə Gäilĭ!, sowie mit Adjectiven: *Ges(r)n ho(b)n* = 'ungebräuchlichem' lieben, *es schärf h. áf* = es abgesehen haben (freundlich
und feindlich, vgl. oben § 37 S. 24) auf jem.; *es nautwendé* oder *naité
h.* = es nötig oder eilig haben, eilen (vgl. § 37, S. 24); *wàus* wahr *h.
(dau hàust ows wàus* = da sprichst du die Wahrheit, hast du recht,[1]
so schon im Egerer Fronl. 5286 *Trauen, freunt, du hast war*, vgl. 6780;
söd (satt) *h.*, *gout h.* = *etwas gut* (d. h. gutgeschrieben) *h.* und *es gut
h.* (in guten Verhältnissen leben) wie im Nhd.

3. *Sein* und *haben* im umschriebenen Perfect. Die Mundart zeigt hier mehrfach Abweichungen von der Schriftsprache; so steht
bei *schlàufm* (schlafen), wenn der Ort der Ruhe angegeben wird, gewöhnlich *sein*: *E ͻ r is² in Hä* (Heu) *g‘schlàufm* (auch *i bin scho äs-
g‘schlàufm* neben *i ho äsg.*,[3] hingegen meist *es hàut scho g‘schlàufm*.[4]
Haben tritt ferner neben *sein* in der Weise der älteren Sprache zu *bə-
gəgnə*: *I hō nən bəgəgnt* vgl. HTV S. 26 N. 45 Westböhmen).[5] Hingegen
wird das gleichbedeutende *bəkumms* (das außer *begegnen* auch *gedeihen,
Wurzel schlagen* bedeutet) stets mit *sein* verbunden: *E ͻ r is uəs ám hàl b m
Wéch bəkumms*⁶) (vgl. Zedtwitz Wos Funkelnogln. S. 103 Str. 3); ferner
tritt *haben* zu einzelnen Verben des *Werdens*, die im Nhd. *sein* vorziehen,
so zu *glücken, gerathen* (*dös hàut g‘ràu(d)n* = das ist gut von statten gegangen oder gut abgegangen), *zutreffen*.[7] Andere Verba des *Werdens*,
wie *gelingen, scheitern, genesen*, sind der Mundart überhaupt fremd.
Wichtiger ist, dass die intransitiven Verba der Bewegung stets mit dem
im Oberdeutschen überhaupt bevorzugten *sein* verbunden werden, nicht
nur, wie im Nhd., wenn die in einen Zustand ausmündende Bewegung
oder die Bewegung von oder nach einem Ziele, sondern auch, wenn die
Thätigkeit an sich bezeichnet werden soll;[8] also stets *i bin gfoo r n*.
'*gàngə*, 'krochn, *g‘ri d n, g‘schwummə, g‘stign, 'dəlst, g‘fouẞlt, g‘hàtscht,
g‘hupft, ün-g‘uàukət* (E. J. X 189, *pàtscht,* (ün-)*g‘uàckət, g‘rėglt,
g‘schaibtt, g‘schärzt,* (ün-)*g‘schlàizt, g‘schossn, ün-g‘schwämmst, g‘schwäimlt,
'tràtscht* oder *zuəgu* (schleppend gegangen). Auch die mit localen Partikeln zusammengesetzten intransitiven Verba der Bewegung werden mit
sein verbunden, wenn das Präfix locale Bedeutung hat (doch schwankt der

---

[1]) Vgl. Schmeller II 966.
[2]) Oost. hier nur *haben*.
[3]) Ebenso oöst.
[4]) Derselbe Unterschied bei *schlafen* und außerdem bei *wohnen* im Baselst. Binz § 143
b, α; im Egerl. (Stadtdialekt) nur *i ho gwohnt*.
[5]) Auch in der Schriftsprache (bei Goethe, Schiller): Sanders Hauptschwierigk. S. 66
s. v., dazu dess. Z. f. d. Spr. II 256 ff. III 380 u. ö.
[6]) So schon mhd.; auch in der (schweiz.) Saaner Mundart DM VI 410, 41.
[7]) Auch öst. Ältere Beispiele (für *eintreffen*) bei Kehrein Gr. d. 15.—17. Jahrhundert
III § 47.
[8]) Im Egerer Fronl. im letzteren Falle stets *haben*: 8143 *Hastu mir for gelauffen*
(bist du mir im Laufen zuvorgekommen). Dass dieser Gesichtspunkt übrigens auch in der
Schriftsprache nicht mehr schlechthin geltend ist und *sein* überhaupt langsam das Übergewicht
über *haben* gewinnt, bemerkt Matthias Sprachleben S. 114. Von den Mundarten bevorzugt das
Oberdeutsche, z. B. das Baselstädt. (Binz § 143) bei den intrans. Verbis *sein*, während z. B.
schon im Mainz. wie in Niederd. *haben* überwiegt (Reis I § 9, vgl. Behaghel D. deutsche
Sprache S. 33). Das Egerl. zeigt also den oberd. Sprachgebrauch.

Gebrauch auch hier: *I hō wàu ai͞trḗ d n* und *I bin wàu ai͞trḗ d n*,[1]) bei übertragener Bedeutung des Präfixes hingegen tritt *haben* ein: *Es hàut ïsgfoo r n, äsgri d n* = es ist vorbei mit dem Fahren, Reiten, gegenüber *Es r is äsgri d n* = er ist ausgeritten.[2])

Werden intransitive Verba in der Zusammensetzung mit Partikeln oder in der Verbindung mit adverbialen Bestimmungen transitiv gebraucht, so bilden sie das Perfect theils regelmäßig mit *haben*: *I hō nən üwəgàngə* 'ich habe ihn im Gehen überholt', *i hō dös äsgàngə* (herausgefunden, erfahren), *des haut sẽ wos ōgloffm* (oder *dəloffm*), *i hō mẽ irgàngə* = mich verirrt, neben *i bin irgàngə*, *i ho nən irgàngə* (ihn vermisst), *es haut s Pfä* (Pferd) *z'schàndn gri d n, gfoo r n* u. s. w.; theils mit *sein*: *I bin di gànz Stod ōgàngə, ōgloffm*.

Verba, die ein anderes Verbum vertreten, nehmen bisweilen das Hilfszeitwort des vertretenen Verbums zu sich; so z. B. *árwə d u* = eilen. (*Des r is də doogàrwət!*), *ōkrátzn* (abkratzen) = weggehen auch = sterben, *a'sschöi b m, äsráißn* ausschieben, ausreißen = entlaufen, schnell gehen (*Des r is ōkrátzt, äsgschu(b)m, äsgrissn*, auch bloß *is gschu(b)m.*[2]) In ähnlicher Weise wird *ai͞'schmeckn* (hineinriechen) in der Bedeutung *flüchtig hineingehen* im Sechsämterdialekte (südöstl. Fichtelgebirge) mit *sein* (*is Äinä kâm i͞ d Burg ei͞ g'schmeckt* DM V 130, 9) verbunden, in unserer Gegend aber nur mit *haben*; *mächn* = reisen ist im Egerländischen wohl nur im Präsens gebräuchlich.[4])

Die schon aus dem 15. Jahrhundert[5]) belegte Weglassung der Hilfszeitwörter *haben* und *sein* nach dem Particip Präs. kennt unsere Mundart so wenig wie die Umgangsprache[6]) (ausgenommen Formeln wie *wöi gsàgt*). Wenn hingegen zwei Verba verbunden sind, denen dasselbe Hilfszeitwort in derselben Form zukommt, so setzt auch die Mundart diese Form nur einmal. Die Baier'sche sowie die Elbogner Chronik lassen die Hilfszeitwörter überhaupt gerne und ohne jede Einschränkung weg: Elbogner Chr. S. 3 Z. 3 v. u. *ist dy stad Elbogen ausgebrant und etliche frome leuthe mit verbronnen*. S. 21 Z. 14 f. v. o. *sint sy wider hinein gefaren und sich angesagt*. Vgl. ebend. S. 54 Z. 3 f. v. u. Baier 762 *ist ein zigel ... herabgefallen und einem taglenner ... auf dem Kopf troffen*; vgl. 254. 494 926 u. ö.

4. *Wəsn* (werden) vertritt als Vollverbum[7]) besondere Verba des Werdens wie *genesen, heranwachsen* (§ 149, 1 *b*). Es steht auch in dem allgemeinen Sinne von *Fortschritte machen, sich entwickeln, vorwärts gehen*: *Oitzə wird 's!*,[8]) auch von *geschehen*: *Wöi wird 's əun wesn?*

---

[1]) Oöst. nur *I bin euitredn.*
[2]) Auch im O.- und Nöst. derselbe Unterschied.
[3]) *Schieben* = eilig gehen auch in der Markersd. Mundart; Knothe Markersd Mundart S. 104;
[4]) Im Erzgebirge bildet es das Perf. mit *sein*: *Olle Minutn is aner* (ein Radfahrer) *fortgemocht* Erg. Ztg. XIV 201.
[5]) Kehrein Gr. d. 15.—17. Jahrh. III § 51.
[6]) Ebensowenig das Oöst., das Baselst. Binz § 146 Anm. Im Volkslied begegnet diese Auslassung nur vereinzelt: *Seit mi ma(n) Bou valàußn, Koi(n)-r-ih neat lusti wea(r)n*: HTV S. 145 N. 62 (Plan-Ege.), *Bedeut 's leicht wos, dös ma(n)* (mir) *gout, Bedeut 's wos, dös ma(n) Unglück*? HTV S. 226 N. 223 (Plan-Eger).
[7]) Im Mainz. ist *werden* bloß Hilfszeitwort: Reis II § 6.
[8]) *'S wird* (auch *'s is*) *zuu ... ist hie und da auch* = *es wird* (*ist*) *Zeit zum ...*: *Oitzə wird 's scho bàl zuu A haizn* = *es wird nun schon bald Zeit einzuheizen* (sc. um das Mahl

Als Hilfsverbum dient es wie im Nhd. zur Umschreibung des Passivs (§ 158, 1), des Futurums in temporaler und in der davon abgeleiteten modalen Bedeutung (§ 164). Ganze Classen von Zeitwörtern werden regelmäßig durch *werden* (mit Adjectiven, Adverbien) umschrieben; so die meisten von Adjectiven gebildeten Verba mit inchoativer Bedeutung: *altern* (old w.), *erstarken* (stark w.), *erschlaffen* (schwoch w.), *ermatten mātt w.*, ähnlich *nāide w.* = zu eilen beginnen u. s. w.,[1]) namentlich die von Farbenbezeichnungen gebildeten Verba dieser Art: *ergrūnen* (grā̊ w.), *erröthen* (raut w.), *erbleichen* (wāiß oder *kāswāis w.*), *dunkeln dnstə w.*, *finzə w.*); ebenso für *sich verlängern, s. verschmälern, s. verbreitern, s. vertiefen* nur *langə, schmöllə, bráitə, tōifə̄* (tōifto) *wes'n*; mit Adverbien: *S wird ās* (es geht an); *ān* (ohne) w.: *Ōitzə r is ə 's ān̄ woan* (es, z. B. des Geldes, ledig geworden, hat es angebracht).[2])

5. *Mūgn*. Als Vollverbum[3]) ist es = verlangen, zu erhalten wünschen, wollen: *Mochst ən Epfl?* Verneint in absolutem Gebrauche: *I moch niət* = ich habe keine Lust, bin nicht dazu aufgelegt, will nicht; transitiv *I moch 's niət* = verschmähe es, weise es zurück; *I mog nən* oder *s niət zwōəmāl* = ich kann ihn, sie nicht besonders gut leiden,[4] auch = ich begehre sie nicht zur Frau (ihn — zum Manne): *Du sagst mir scho von nemmen, Ei, wenn ih di nit mag* HTV 192 N. 163 (Eger); *Māidl, Maidl, mogh* (Imperativ) *kāin Bauən!* ebenda S. 364 N. 841 (Plan).[5]) Die alte Bedeutung (können, im Stande sein), die namentlich im Bayrisch-Österreichischen (Schmeller I 1576), auch im Gottscheewischen (Schröer WBG 181. 447) noch lebendig ist,[6]) hat unsere Mundart wie das Nhd. bis auf wenige Spuren verloren, und diese finden sich im auxiliaren Gebrauch; so in der potentialen Wendung *Wōi mächt é no riə'd n! I mächt və Gāl vəgāiß. Macht epps hāi˜t denn r ə n ānməs Wēdəzwə'n.*[7]) In anderen potentialen Wendungen ist *mächt'* = sollte, wollte, würde: *Döi mächtn schaus!*

Zur Umschreibung des Wunsches dient *mächt* ebenfalls, meist in der Anrede in *wenn*-Sätzen, selten an der Spitze des Satzes (wie nhd. *möchte doch* ...). Dem mhd. Sprachgebrauch entspricht vielfach die Verbindung des Conj. Prät. *mächt* mit dem Infin. Perf.: *Des mächt sé a˜gro(b)m dəkräizingt) ho(b)m* = er hätte sich (z. B. aus Gram) eingraben d. h. ins Grab legen (kreuzigen) mögen.[8]) Auch in auxiliarem Gebrauche ist

---

zu richten). Vgl. Rosegger Die Älpler⁶ (1888) S. 177 *Es wird zum Essen, Werden* = zutheil werden (mit Dativ) ist unbekannt, begegnet aber z. B. im nordböhm. Volksliede: *Ich weine um das treue Herz, Was mir nicht werden kann.* HTV S. 156 N. 87 (Gabel).

[1]) *Jung werden* = geboren werden (schles. und nordböhm. DM V 474. Knothe Markersd. Ma. 59, auch niederl. DM IV 269, 16. 286, 391) ist unbekannt.

[2]) Ebenso tirol. (Deferegg.) *üne w.* (oder *sein*) Hintner S. 11 vgl. Schöpf Tirol. Id S. 14.

[3]) Im Mainz., das nur mehr den Conj. Präs. besitzt, ist es immer Hilfsverbum: Reis II § 6.

[4]) Weniger häufig positiv (*mogen* = lieb haben wie im Baselst. Binz § 147).

[5]) Ebenso tirol. (Deferegg.) *i hiə̄-n weiter a nit gimagg* Hintner S. 270, 42.

[6]) Im Baselst. ist *mogen* als Vollverbum = einem an Kraft gleichkommen, einen bezwingen: Binz § 147.

[7]) Näheres über dieses *mächt'* beim opt. Conj. § 189, beim potentialen Conj. § 196.

[8]) Dem Ööst. ist diese Fügung nicht geläufig, sondern nur mit Inf. Präs.: *Der mecht' in Tod legn* oder *het so in T. l. megn*.

mögen vielfach = *wollen*; *Öitzə möch ə 's niət tàū̃ ho(b)m* = jetzt will er es nicht gethan haben. Der concessive Gebrauch des *möch dös möch sū̃ wöi 's w ü l*, vgl. auch *möch!* als Interjection § 146) deckt sich mit dem nhd. Gebrauche.

6. *Küunə* wird als Vollverbum in der alten Bedeutung = verstehen, zwar nicht mit der bloßen instrumentalen Bestimmung (wie mhd. *ich kan ein teil mit sange* Parz. 114, 13), wohl aber mit dieser und dem unbestimmten Objecte *es* verbunden:[1] *Des koš̈ 's rest mi(d)u Mál* mit dem Maul) = der weiß zu reden. *Des koš̈ 's mit in àm bésten* = der weiß, versteht am besten, mit ihm umzugehen. In derselben Bedeutung nimmt es Substantiva zu sich, die ein Musikinstrument, eine Sprache bezeichnen: *I koš̈ Fláutn, Klárinē͂ d'n, Zittən, Gáign; Bäimisch*[2] daneben auch Infinitive: *Fláutn bláusn, Zittən sp(ü)ln* u. ä.)[2] Im übrigen wird *können* wie im Nhd. sowohl als Vollverbum z. B. *i koš̈ nimmə* = meine Kräfte reichen nicht weiter) als auch als Hilfszeitwort gebraucht. Als letzteres findet es namentlich im Conj. Prät. in potentialen und optativischen Sätzen (*du kánntst mə r əmàl ən Towák huln*) Verwendung vgl. § 196).

7. *Schölln*[4] (*solln*) wird als Vollverbum nicht mehr gebraucht. Als Hilfsverbum dient es zur Umschreibung des Imperativs, sowie (neben *werden* und *wollen*) des Futurums: *I ho denkt, i soll 's hái͂t nu zwingə* = ich dachte, ich werde mit der Arbeit heute noch fertig werden. Im Sinne eines Versprechens wird *sollen* nicht so häufig gehört wie im Nhd. (*Wenn wir einmal nach der Stadt kommen, dann sollst du auch einen neuen Hut haben*). Es dient wie im Nhd. zur Umschreibung des dubitativen Conjunctivs im Haupt- und Nebensatz, doch reicht hier überall auch der bloße Indicativ aus: *Wos tou è nes? I wài's niət, wos è ton*. An die Stelle von *sollen* mit dem Infinitiv (= *dicitur*) treten fast immer andere Constructionen (mit *müssen* s. unten 9) oder Einschiebsel wie *gläu, herich* (vgl. § 220, 1 a).[5]

8. *Dárfm* (*dar b m*), nur als Hilfszeitwort gebräuchlich, ist zunächst = brauchen: *Des darf sè üm néks ümscháus, wál ə ən tüchtingə Scháffə háut*; so schon Egerer Fronl. 2481 *Weib, du darfst deim kindt*

---

1) Ebenso bayr.-öst. Schmeller I 1259.

2) Oöst. nur Infin. (*geigna* u. s. w.) und *bemitsch*. Da *Gáign* im Egerl. sowohl *Geige* als *geigen* bedeutet, so ist der ausgedehntere Gebrauch des substant. Objectes vielleicht von diesem Zusammenfallen der Formen ausgegangen.

3) *Vəštái͂ř* ist im Egerl. selbst durchwegs üblich, daneben auch *treffm* = verstehen: *Da Leahra, dea 's uns g'wiəs'n* (gezeigt, vorgemacht) *haut, haut 's selwa niat reat treffu*. Zedtwitz 'Aladah. S. 4.

4) Der Anlaut *sch* auch oberpfälz. Schmeller II 402. Weinhold Bayr. Gr. § 327; auch in den VII comuni Schmeller Cimbr. WB 166 [228]. Im Egerer Fronl. *schöllen* (z. B. 43) neben *sollen* (z. B. 64). In der Planer Gegend nur *solla*.

5) Eine eigenthümliche schon in Mhd. (Mhd. WB II 2, 180 u. 4) begegnende Entwicklung der Grundbedeutung von *sollen* (schuldig sein) liegt vor in Wendungen wie *Des* (ein aus größerer Höhe herabgestürzter Mensch, der mit dem Leben davon gekommen ist) *hát sè solln máustáut schlogn* = ein solcher Sturz sollte seiner Natur nach größere Verletzungen, den Tod herbeiführen, oder man sollte erwarten, dass . . . u. s. w.

mit kochen, Ich hab dirs iz mit mein schwert erstochen. Vgl. 5054.[1])
Ferner ist *därfm* = erlaubt sein (positiv und negativ); der Ind. Präs. *darf*
u. s. w. entwickelt auch eine Art potentialen Sinnes = muss wohl, wird
wohl müssen): *Dån dårf ə sẹ schɔ schāi̯ ɔ̄ˀstrengɔ* oder *ɔ̄ˀgˀstrengt
hoˀbˀm* = da muss er sich wohl bedeutend anstrengen (angestrengt haben).
Hingegen deckt sich gerade die im Nhd. als Potential gebrauchte Verbindung des Conjunctivs Prät. *durfte* mit dem Infinitiv Präs. oder Perf.
nicht mit der gleichen Verbindung in der Mundart: *Dəs därfət säˀ gänzs
Gŏldl vəsp uˀlt hoˀbˀm* nicht = *er dürfte* (potent.) sein ganzes G. v. h.,
sondern entweder (dem mhd. Sprachgebrauche entsprechend) *der hätte sein
ganzes Geld verspielen durfen* oder *es* (z. B. sein Benehmen) *wäre gerechtfertigt*,[2]) *wenn er . . . verspielt hätte. Dəs därfət m gänzn Sŏk vulɔ
Gŏld mitneumə mitgˀnummə hoˀbˀm* = es thäte noth, dass er mitnähme
mitgenommen hätte).[3]

9. *Möin* (müssen), immer Hilfsverbum, hat außer der nhd. allgemeinen Bedeutung *durch Zwang bestimmt sein* noch folgende besonderen,
damit zusammenhängenden Bedeutungen entwickelt: *durch (zwingendes)
Schicksal bestimmt sein*, also = sich so (und nicht anders) *fügen: Äls
alles wäi* (wäre) *gout gängə; dån hänt in letztn Augnblik grod dəs dəzoukummə möin.* Verwandt damit ist die Bedeutung *durch den eigenen Willen
bestimmt sein*; dabei kann die Bestimmung an sich willkürlich sein (Annahme); so bezeichnen die Kinder mit *müssen* die Voraussetzungen eines
Spieles, z. B. *Du moußt hält ə Käfmɔˀ säˀ n i mon zə dir kummə n
mou wos äˀkäffu welln* u. s. w.;[4]) oder sie kann unter dem Einfluss
logischer Gesetze stehen als Schlussfolgerung; als eine Art dieser auch
im Nhd. üblichen Bedeutung (nämlich als Wahrscheinlichkeitsschluss)
stellt sich der potentiale Sinn von *müssen* dar: *Dəən mon 's rāis. Wän
nəs dəs Bou hä̆ˀt ümgäihˀ mou!* Eine Weiterbildung dieser erschlossenen
Wahrscheinlichkeit ist es, wenn *müssen* geradezu = *sollen (dicitur)* erscheint:
Eˀ mou nən gˀwis gˀschlogn hoˀbˀm = er soll ihn angeblich[5]) geschl. h.
Auf einer Schlussfolgerung beruht auch die Verwendung von *müssen* in
Exceptivsätzen wie *möußt ə äˀf ən änuən Wĕch gängə säˀ* = er müsste
denn . . . (darüber § 210).

10. *Welln* ist als Vollverbum, wie im Nhd. = wünschen, verlangen
dafür auch *hoˀbˀm welln*. Die auxiliare Verwendung stimmt im Ganzen

---

[1]) Im Südböhm (Strodenitz): HTV S. 279 N. 50 *Eh ih mei Dirndəl loß, Eh loß ih
'r Leb'n. Do därf ma mei Voda Koa Heirathsguat gebˀn.* Vgl. ebenda 50 a.
[2]) Ebenso oöst.
[3]) Über die Verwendung solcher Sätze als Vordersätze der hypoth. Periode vgl.
§ 55, 2 g. γ.
[4]) Auch außerhalb der Kindersprache. Die Umschreibung mit dem Indicativ von
müssen nähert sich bisweilen der Aufforderung und dem Wunsche (§ 185. 189), was sich
aus der herrschenden Bedeutung der Bestimmung (hier der Bestimmung anderer durch den
Willen) leicht erklären lässt.
[5]) Es ist dies einer jener Fälle, in denen ein Ausdruck, der eigentlich die höchste
Sicherheit bezeichnet, zur Bedeutung der Wahrscheinlichkeit herabgesunken ist; ebenso *secha*
(sicher) — *vielleicht* im ungr. Berglande: Schröer Nachtrag S. 47 [289]. In anderen Fällen
wie a *sotter denkt g'wiß af sein* (seinem) *Durf* an *die Grammatik noh* — er (der Landpfarrer) denkt doch keinesfalls mehr an d. Gr. (Nürnbergs Dichterkranz 1854 S. 116 »die
Lateiner« Str. 2) oder *Mer dörf g'wieß nimmer rieda?* — man darf doch wohl reden!
Firm. II 395 »Der erfüllte Wunsch« Str. 3) liegt ironische Bedeutung von *gewiss* vor
Lambel Mitth. XXXV Beil. S. 60).

mit der nhd. Der bloß futurischen Bedeutung nähert es sich in Sätzen wie *Dös w(ü)l i seah! Wos w(ü)l ẽnu dös wes'n!* (gleich *sollen*); der Conjunctiv Prät. *wollt* mit dem Infinitiv Präs. und Perf. dient außerdem zur Umschreibung des Condicionals, daneben *werot, mächt:*[1] *I wollt n̊n 's gsagt ho(b)m!* = ich würde* u. s. w. In der verblassten ursprünglichen Bedeutung *glauben, vermuthen* umschreibt der Indicativ *welln* mit dem Infinitiv Präs. die einfache Indicativform des Verbums: *dös w(ü)l i moin͞o!* = *Das meine ich* oder *Ganz gewiss!*

11. *Tàu͞*. *a)* Über die Vertretung bestimmterer Verba durch *tau͞* als Vollverbum s. § 149, 1 *e*.

b) Als Hilfszeitwort verbindet es sich mit dem Infinitiv Präs. anderer Verba (und mit *thun* selbst). Diese Umschreibung, die in allen hochdeutschen Dialekten verbreitet ist, wird in unserer Mundart im Indicativ Präs. Act. (*i tou, du toust, e͡o tout* u. s. w.), jedoch selten im historischen Präsens, ferner im Imperativ (*tou! touts!*), im Conjunctiv Prät. Act., seltener Pass. (*i tát* oder *tiot, töit*) der Verba angewendet;[3] niemals (abgesehen von dem verloren gegangenen Prät. Indic.) im Infinitiv (also nicht *i kum ū͞käffm tau͞*)[4] und in den Passivformen (außer dem Conjunctiv Prät. Pass.)[5] Gegen die Verbindung mit anderen Hilfszeitwörtern sträubt sich *thun*, wenn es denselben vorgesetzt wird (also nicht *i tou möin, mugn, welln, sā͞* u. s. w.); sobald aber die letzteren durch die nachdrucksvolle Stellung an der Spitze des Satzes den Vollverben gewissermaßen angenähert werden, kann *thun* auch hinter sie wie hinter jedes andere Verbum treten: *Mugn, möin, sā͞, ho(b)m . . . tou ë ('s) scho, owo . . .* Die Umschreibung ist nicht in allen Fällen gleich beliebt; sie wird bevorzugt:

α) Wenn auf dem Verbum ein Nachdruck liegt, wie ihn z. B. ein Gegensatz verleiht, wobei es gerne an die Spitze des Satzes gestellt wird: *Schmeck'n thöit 's scho͞, wenn 's uäa͞ rauch'n ā thöit.* Lorenz S. 6. *Bön*

---

[1] Oöst. lieber *würde* oder *möchte*: *I wurt ea͞'ms gsagt habm* oder *Den mecht (wari) i's sagn.*

[2] Darüber vgl. § 196.

[3] Nothwendig sind jedoch diese Umschreibungen nirgends, auch nicht im Conj. Prät., wo z. B. das Maing. wegen des Verlustes der meisten Conj. Prät. die Umschreibung mit *thet* nur in wenigen Fällen entbehren kann; Reis I § 4. Der Conj. Prät. fehlt unserem Dialekte keineswegs. Vgl. § 168. Im Baselstädt. wird die Umschreibung nur mit den Präsensformen von *due* gefunden, nie mit dem Prät.; Binz § 152.

[4] Wohl aber im Egerer Fronl. 4720 f. *Wie dürfft ir also ein heiligen man l'erspün und verspotten thun?*

[5] Über den Ursprung der Fügung vgl. Grimm Gr. IV 94 945. Mhd. WB III 141 f. und Binz (nach Behaghels Vorlesungen) § 152; Reis I § 4. Tomanetz (A. f. d. A. XX 5) glaubt aus der im Volke üblichen Verbindung von *thun* sogar mit Verben der Ruhe und des Zustandes (*ich thue schlafen, sitzen*) zu erkennen, dass das Volk selbst die Ruhe als Bewegung fasst. Mir scheinen solche Verbindungen nur ein Beweis dafür, dass das Verbum *thun* in denselben seinen Verbalgehalt bereits eingebüßt hat und zum bloßen Hilfsverbum verblasst ist. Aus der mhd. Bedeutung von *tuon* = bewirken, veranlassen (ähnl. wie nhd. *machen*) ist die in der Elbogner Chronik öfters begegnende Urkundenformel zu erklären *Des zu warer urkundt und gezeucknusz haben wir unser stad insigel zu ende diser zehrift thun* (= gethan) *drucken* = drucken lassen; S. 33 Z. 2 f. v. o. S. 35 Z. 13 f. v. u. S. 55 Z. 11 f. v. o. S. 57 Z. 13 f. v. o. (ebend. Z. 3 v. u. gleichbedeutendes *lassen drucken*); S. 50 Z. 11 ff. v. u. Vgl. Schmeller I 575.

(baden) *thou a mi scho̊ niad* Lorenz S. 37.¹) Durch den stärkeren Ton wird auch in dem Satze *Tau̇ tout ə mə něks* (auf die Frage *Tout ə də épps wos?*) das Vollverbum (*tau̇*) vom Hilfsverbum (*tout*) unterschieden.

β) Wenn mehrere Thätigkeiten aufgezählt werden, mag auf ihnen ein gegensätzlicher Nachdruck liegen oder nicht. Die Umschreibung ist der schematischen Neben- und Gegenordnung überhaupt günstig: *I tou s Hulz səgn, häuə n schlichtn, du toust 's ōmirkn*, oder *I tou sǝgn, də r ànnə tout hánə*.

γ) Infolge des engen formellen Anschlusses der Antwort an die Frage tritt in der ersteren die Umschreibung mit *tau̇* ein, wenn die Frage nach der Beschäftigung mit *tau̇* gestellt worden ist: *Wos tout ṣun də Brondə?* Antwort *Des tout hai̇̇t ə weng Bàntə* (Strohbänder für die Garben) *machu*.

δ) Da unsere Mundart den Begriff *bloß, ausschließlich, ununterbrochen* gern negativ durch *nichts (anderes) als* wiedergibt, so ist für Handlungen, Vorgänge die Umschreibung mit *thun* die bequemste und daher überaus häufig: *Des tout něks wöi schimpfm*.

ε) Beliebt ist die Umschreibung im Conjunctiv Prät.:²) *I fät schai̇̇ bittu*; *Dáu fät ə me hàlt nist əsus o̊sstrengə*; auch im *dass*-Satze nach *thun*:³) *Dəs fät ė nist, da r ė doi̇̇ Bäimə àl ümhäuə fät* (oder *ümhäust*).

ζ) Sehr häufig tritt die Umschreibung auch im Imperativ ein, wobei eine bequeme Denk- und Redeweise gewissermaßen zuerst ankündigt, dass der Angeredete überhaupt etwas thun soll, bevor man dazu kommt, die gewünschte Handlung näher zu bezeichnen: *Tou əmàl (ə weng) döi Schäufl heəlàngə!* Diese Umschreibung klingt zugleich milder, höflicher als der bloße Imperativ, besonders wenn noch *ə weng* hinzugesetzt wird. Denselben Eindruck bringen andere Verbreiterungen hervor, so vorgesetztes *gäih* (*gäih zou*, vgl. § 145 α S. 110). Die wuchtigste Form ist jedenfalls bei gleichem, befehlendem Tone der einfache Imperativ.⁴) (Vgl. die nhd. Abschwächungen der Aufforderung durch Umschreibung mit *wollen*).⁵)

c) *Tau̇* dient auch zur verbreiternden Umschreibung einfacher Verbalbegriffe (vgl. § 149, 2), und zwar in Verbindung mit Substantiven. Dabei deckt sich die Umschreibung und das einfache Verbum der Bedeutung nach nicht immer (vgl. *schreien* und *einen Schrei thun*); so bei den Umschreibungen mit *thun* und einem Nomen actionis auf *-er* (*-ə*): *Häut 's af dà̄-màl an Knàla* (Knall) *thäu̇* Lorenz S. 14. Ebenso sagt man ən *Puschə, Kràchə, Pflumpfə, Pfàtschə, (Kràiz-) Wědəlàichtə, Làchə, Gṇechəə,*

---

¹) Ebenso oöst. Kehrein Nhd. Gr. II. Th. 1. Abth. § 57 Anm. 2 hat auf Beispiele aus Goethes Götz hingewiesen, z. B. *Processieren thu' ich meine Tag nit mehr*.

²) Dieselben Wendungen oöst.

³) Über die Satzform vgl. § 106.

⁴) Sowie die wuchtigste Form der Bejahung und Verneinung (unter der Voraussetzung des gleichen Tones) das einfache, unverbreiterte *ja* und *nā̇* ist (s. oben § 141 Schluss).

⁵) Im Egerer Fronl. spielt bei der Umschreibung mit *thun* auch die Rücksicht auf bequeme Reimworte (die Infinitive) eine große Rolle; so z. B. 945 *Und thůstů das (das Volk) mit todt vertreiben, So wirt gesprochen von man und weiben* u. s. w.

Brumms, Blåuss, Humpərs (vgl. *humpən* § 130, *Stolpərs t., koin Schü'd ls, koin Knäpps t.* (nicht durch Kopfschütteln verneinen, nicht durch Kopfnicken bejahen, z. B. Urban A. d. H. S. 168 N. 83 in einem Kinderreim).

Mit Substantiven anderer Art wird *tàü* zwar noch im Egerer Fronl. und in der Elbogener Chronik häufig verbunden (wie im Mhd. vgl. Mhd. WB III 136. 139. 140.), heutzutage jedoch sind solche Verbindungen nur spärlich vertreten *(ant tàü = s. sehnen* wurde schon oben S. 119 genannt): *zorn thun Das thut uns allen auff in zorn* Egerer Fronl. 4809. vgl. 5145. 7721) ist heutzutage noch bekannt: *das tut dir Zorn* Wolf Volkslieder S. 62, 3.[1]) *Ein pot* (Gebot) oder *gepot th.* Egerer Fronl. 2699. 371: heutzutage *ə Buət taü* nur = ein Angebot machen. Statt *potschafft th.* Egerer Fronl. 2556) wird heutzutage lieber *Post tàü* gebraucht (vgl. nordböhm. Niederland *Postant th.* = Bescheid thun: Tieze Hejmt III 14). Dem Egerer Fronl. gehörten ferner an *gnade th.* 2102. 3139 f.; *opfer th.* ebenda 21. 782. 2058. 2235; *rueff th.* ebend. 228. 1274. 2497 (heutzutage *ən Schros, ən Bäichs t.*): *einen stos th.* ebend. 7735; sogar *die ler* Lehre *th.* ebend. 4489; in der Elbogner Chronik: *antwort th.* S. 82 Z. 7 v. o.; (*kein fulg* Folge) *th.* S. 29 Z. 4 v. u., S. 44 Z. 9 v. o. u. ö.; *furneme* (gerichtliche Klage) *th.* S. 46 Z. 13 v. u.; *den tod th.* (= tödten) S. 24 Z. 16 v. u.; *unterrichtung th.* S. 44 Z. 3 f. v. o. (= unterrichten; dieses ebda S. 43 Z. 3 v. u.)[2])

Mit dem substantivierten Adjectiv *gut* verbindet sich *thuu* in den Phrasen *ə gout t.* (wörtlich *ein gut t.*) und *kos gout t.* (= *kein gut th.*):[3]) *Des (dös) tout ə* (oder *kos*) *gout* = der (das) taugt (taugt nichts), auch = ist (nicht) zulässig: HTV S. 135 N. 43 (Eger) *Gar selten thut 's ein Gut.* Vgl. HTV S. 133 N. 42 f (Gabel) *Die Liebe thut niemals ein gut.*

12. In derselben Weise verbindet sich auch *màchn* mit Substantiven und Adjectiven: *Es möcht nən ən Goutstànd* = er bürgt für ihn, steht für ihn gut E. J. XX 143; *mäch ə Buət àf* = biete auf . . . ;[4]) *schwä, làichts m.* = erschweren, erleichtern; *zornich, wids gout m.* = (jem.) erzürnen, besänftigen; *ràuth, schäi* oder *schäuns, bèssə, schlechts* u. s. w. *m.* = röthen, verschönern, verbessern, verschlechtern u. s. w.; ähnlich werden *vergrößern, verkleinern, erhöhen, vertiefen, verbreitern, verlängern, verdicken, verdünnen*[5]) durch die entsprechenden Positive oder Comparative von Adjectiven mit *machen* umschrieben.[6]) Es ist hier auch daran zu erinnern, dass die Kindersprache viele Verbalbegriffe durch ähnliche Verbindungen von *machen* mit gewissen Interjectionen wiederzugeben

---

[1]) Auch Nürnberg. Firm. II 391 Z. 2 v. o., vgl. DM I 264; im Fichtelgeb. DM IV 259, 19. Schmeller II 1151, vgl. I 575.

[2]) Das Volkslied hat einzelne Überreste dieses ausgebreiteten Gebrauches erhalten; vgl. HTV S. 141 N. 52 (Oschitz) *Ich . . . that eine Ruh.*

[3]) Ebenso öst.

[4]) Dieselbe Umschreibung bei Hauff: *Mack ein Bot auf das Gewerbe* (bei Sanders Z. f. d. Spr. 1895 S. 248).

[5]) Unter all den angegebenen einfachen Verben ist der eigentlichen Volkssprache kaum eines oder das andere wirklich geläufig.

[6]) Über die entsprechenden Umschreibungen mit *werden* § 150, 4.

pflegt: *poutz, pflumpf m.* = (ins Wasser) werfen oder fallen und dadurch den Schall *pflumpf, poutz* erzeugen; *áiái m.* = schmeicheln, eigentlich die Wange unter dem Rufe *áiái* streicheln; hieher gehören auch *ä͞-ä͞-m.* = *cacare* (§ 122); *háiɔ, wi-wi* (Wiegelaut vgl. § 134) *m.* = schlafen; *pä' m.* = sich (mit einer grüßenden Handbewegung, bei welcher man *pä!* sagt) verabschieden u. a.[1])

13. In einer ähnlichen Function wie die Copula erscheinen auch die Verba *stehen, sitzen, liegen, hangen* neben dem Prädicats-Adjectiv *voll*: *Di gànz' Stumm* (Stube) *stäiht* (sitzt, ähnlich *loi͞-t*, lehnt) *vulɔ Làit; dɔ Tisch ligt vulɔ Kràm; dɔ Kàstn henkt vul Gwànd* (vgl. der Baum hängt voll Früchte); gelegentlich auch andere Verba, so *láffm* (laufen): *D' Wisn lafft vulɔ Wassɔ. Mäi͞- Àugn, döi láffm vul Wassɔ.* Urban As d. H. S. 21. Diese Construction ist gewissermaßen die passive, beziehungsweise intransitive Form einer activen, transitiven Fügung, die etwa lautet: *Die Leute sitzen die Stube voll* u. s. w. (Vgl. *Ich stopfe den Sack voll* oder *I ho nu niɔt vul g·höit'* sc. das Vieh E. J. II 105 N. 41.) Auch *gehen* und *kommen* begegnen in ähnlicher Geltung: *Dös gäiht zɔn áfmàchn.*[2]) *Dös kunnt täiɔ* (theuer), oder *Dös kunnt wöi hàuch* = ziemlich th.[3])

Vollverba.

§ 151. Theilt man die concreten Vollverba in **absolute** (d. i. ohne Object gebrauchte, sei es, dass sie sich überhaupt nur auf das Subject beziehen, oder dass ein Object zwar vorschwebt, aber regelmäßig nicht ausgedrückt wird, wornach sie in **subjectiv** oder **objectiv absolute** zerfallen) und in **relative** (**transitive, factitive** und **intransitive** Verba), so ist darauf zu achten, welche Verba mehreren dieser Classen angehören oder durch Bedeutungsänderungen aus der einen Classe in eine andere verschoben worden sind.

§ 152. 1. So sind die subjectiv absoluten Verba *ráuchn* und *duɔwln*[4]) durch ein vorschwebendes Object (bestimmt *Towák, Pfáifm*; unbestimmt *oi͞-s* = eins) zu einer verengerten objectiven Bedeutung gekommen.

---

[1]) Etwas anderes ist es, wenn in der Volkssprache *erstaunt sein* (eigentlich erstaunt blicken) durch *Àugn màchn* wiedergegeben wird. Hier steht wohl *Àugn* sozusagen prägnant = *erstaunte Augen*; *Bàinɔ (Föüß') màchn* (jemandem oder intrans.) = eilen machen oder eilen (= eilige Füße machen). *Augn machen* ist zugleich ein Beispiel, wie die am sinnlichen Eindruck haftende Volkssprache seelische Zustände, besonders Gefühle, Affecte, Begierden nach der sinnfälligen Äußerung (in Miene, Geberde u. s. w.) bezeichnet. Vgl. *Der hàut ɔ Mä'l (d' Àugn) áfg·rissn* = der war erstaunt; *Denn hàut 'ɔ ɔn Riß gi(b)m* = er war überrascht, erschrocken; vgl. *fáisráut wes'n* = sich schämen, *d' Nòsn hàuch trogn* = stolz sein, *ɔn Kuopf henkn làuɔ* = niedergeschlagen sein u. a.

[2]) Nordböhm. (Gabel): Tieze Hejmt II 85 (der Kaffee) *ging . . . zunn Assen*. Über *gäik* = »lauten, gesagt werden« bei der indirecten Rede.

[3]) *Stehen* = kosten in der Elbogner Chronik, z. B. S. 14 Z. 12 v. o.: *hat dy vam Elbogen nichts gestanden* (= gekostet, heutzutage *néks kost*). *Scheinen* wird im Volksdialekt kaum jemals mit dem Infinitiv verbunden. Über *miɔ schäi͞-t(ɔ) § 55, 1 c*.

[4]) Letzteres = stark rauchen, dampfen. Nicht nur der Raucher, auch heißes Wasser *duɔwlt*: Neubauer Erzgeb. Ztg. X 249.

2. Umgekehrt können transitive Verba eine absolute Bedeutung gewinnen, und zwar

a) eine subjective: *bàchn* (backen, *bràu(d)n* braten), *kochn* (der Ofen *bècht, brátt, kocht gout* = liefert gutes Gebäck, guten Braten, macht schnell kochend); *äskölln* (auskühlen, ein heißer Gegenstand *köllt äs*); *hältn* (*s Touch, ə Strik hält* = zerreißt nicht); *schräi(b)m*, gelegentlich auch *zäichnə, màln* (*d' Fédən* oder (*d') Tinkn schràibt niət*): *schnài(d)n* (*s Mèssə schnàidt* = hat eine gute Schneide); *schü(d)n* (*drássn schütt 's* = regnet es in Strömen); *schloißn* ((*d') Tüə schloißt niət rest*); *seəh, häiən, schméckn* haben wie im Nhd. außer der transitiven Bedeutung auch den absoluten Sinn *ich habe Gesicht, Gehör, Geschmack (Geruch)*; *wàschn* (*d' Saifm wèscht gout*).[1]

In einzelnen Fällen streift der subjectiv-absolute Sinn solcher transitiven Verba an einen passiven oder medialen, so bei *hàißn* = *dici*, *seəh* = *videri*, aussehen, sich ausnehmen: Egerer Fronl. 6094 *Pfui dick, wie sichstu nú?*[2]) *Der siəht wòi sā" Broudə*.[3]

Dasselbe gilt von *mèlken* (transitiv und intransitiv Milch geben, z. B. *gout mèlkn*),[4] *schlogn* (*hī schlogn* = hinfallen), *brechn* (= sich erbrechen), *ráißn* (= zerrissen werden), *schöißn* (= sich schnell bewegen), *zuəln* (*dəs zuəlt néks* = das zählt nichts, nutzt nichts), *oə fangə* (= den Anfang nehmen), vereinzelt *blàusn* (*Trumpè(d)n wenn blàusn* Urban Fr. Kl. S. 58, 2, *vəhàgln* (= verhagelt werden HTV S. 363 N. 836). Bei einigen, wie bei *blàichn* (*d' Wèsch' blàicht schäi*" = wird weiß, gegenüber transitivem *Wèsch' blàichn*), *glöuə* (glühen, transitiv und absolut), *hàln* (heilen und heil werden) liegt ein Zusammenfallen verschiedener Bildungen (intransitiver auf *-ən* und transitiver auf *-jan*) der Bedeutungserweiterung zugrunde.

b) Die Verba, welche den Übergang aus der relativen in die objectiv-absolute Gruppe zeigen, wurden schon oben (§ 37, 1, z. B. schlachten = Schweinschlachten u. s. w.) aufgezählt.

§ 153. Bezüglich des Überganges und der Verschiebungen zwischen den beiden Arten der relativen Verba, den transitiven und intransitiven, zeigt die Mundart der Schriftsprache gegenüber wenig Besonderheiten.

---

[1]) Dieselbe doppelte Bedeutung zeigen *backen, braten, kochen, halten, schließen, schreiben, zeichnen, schütten, schmecken* im Baselst. (Binz § 154), z. Th. auch im Öst.

[2]) Auch in der Schriftsprache seit dem 16. Jahrhundert nicht selten. Belege bei Sanders WB II 2, 1061. Schmeller II 245. Lambel Mitth. XXXV Beil. S. 69.

[3]) Etwas *lässt schön* (statt *sieht* oder *stäht sehäi*") ist unbekannt. Der Schein der passiven Bedeutung kann immerhin aus einer rein activen Verwendung hervorgegangen sein: *sehen* = aus den Augen sehen: Grimm Gr. IV 55. In unserer Mundart bezeugt den Ursprung aus der activen Bedeutung auch der Umstand, dass das Verbum gleich dem trans. *seəh* auch mit *in* (mit Acc.) verbunden wird. Jemand *sieht in ərə G'schlächt* (= er sieht aus wie einer aus dem Geschlechte) oder *in d' Fräindschäft* (= Verwandtschaft); ebenso oöst. Vgl. auch oberbayr. *dázuàschaugn* = dem Ansehen nach (dazu) passen: DM III 172, 17. Medial im Oöst. *siagst di aussi* = hast du Aussicht, hoffst du, gut drauszukommen?

[4]) Mhd. *melchen* trans. und intrans. Adj. *melch* = milchgebend Schmeller I 1591 Kärnt. Lexer DM III 469. Kärnt. WB 189. *Frischmèlk* = frische Milch gebend ist henneberg. DM III 231, 5.

Einfache intransitive Verba werden auch im Dialekte durch Zusammensetzung mit Partikeln, besonders mit *be- (schráis—b·schráis, nöißn—bənöißn*, benießen: Neubauer Z. f. öst. Volksk. I 232, *schláufm — b·schláufm* u. s. w.) oder in Verbindung mit adverbialen Bestimmungen, z. B. mit *aus = zu Ende* vielfach transitiv: Baiers Chronik 939 *biß er das viertl jar aussitz* (absitzt); ähnlich auch mit dem Reflexivpronomen: *Des hàut sé* (sich) *wos ásg·spàsist* (ist bis zur Ermüdung spazieren gegangen). Auch in *ásgàih˘ (ausgehen) = erfahren*, inne werden, oder *ásstàih˘ (ausstehen)* liegt der übertragenen Bedeutung dasselbe *aus* zugrunde.

Im ganzen sind transitive und intransitive Verba desselben Stammes ebenso oft zusammengefallen wie im Nhd. Die Unterschiede zwischen *dorren* und *dörren, haugen* und *hängen* (im Baselstädt. noch erhalten: Binz § 154 sind ebenfalls verwischt; *dürrn = dürr machen* und *dürr werden, hengs = hangen* und *hängen* (im Passiv ist umgekehrt auch *hàngs = hängen*: *hàud a ... sa˘ Kappl draf g'hàuga*. Lorenz S. 19. *Aa˘ g'hàuga bin ih wöi a Kiadn·hund* Lorenz S. 25.[1]) Vgl. Elbogner Chronik S. 64 Z. 19 f. v. o. *unsere stete insigl ... an diesen brief gehangen haben* und so öfter). Erhalten ist der Unterschied zwischen *ersticken* und *erstecken (dəsteckn)*, z. B. Egerer Fronl. 1075 *Die hat ir kindt im pett ersteckt* und so noch heute; vgl. auch *mi steckt 's* (§ 30), ebenso zwischen *truckns = trocken werden* und *trückns = trocken machen*[2]) (aber auch nicht durchwegs) Neubauer Id. S. 24. In den meisten Fällen wird das Factitivum durch die Umschreibung mit *màchn* ersetzt: *tàut, schäi˘, hoəß* (heiß) *m.* (§ 150, 12).

§ 154. **Reflexive Verba.** *a)* Ausschließlich reflexiv (und zwar der Schriftsprache fremd oder minder geläufig) sind *sé àigns* ('s hàut *sé wos g·àignt* = es hat ein geheimnisvolles, übernatürliches Zeichen gegeben, z. B. als Ankündigung eines Todesfalles);[3]) *s. bəgàugn* = s. betrügen; *s. bárən* = s. strecken, s. brüsten;[4]) *s. gàhn* (mhd. *gàhen*) = s. beeilen, eilig wegbegeben (*Jetzt hat sich der Tauber von der Taubin weg gaht*. HTV S. 170 N. 122 Schwand bei Falkenau); *s. giftn* = sich ärgern;[5]) *s. gràus 'i gràu mi* Urban As d. H. S. 126, 4); *s. dəkráizings* = s. in Klagen, Anstrengungen erschöpfen; *s. kuschn* = s. still verhalten (von Hunden: Lorenz S. 28); *s. hàuchn* = (sich) niederhocken (Lorenz S. 35); *s. hudln* = sich schmutzig, indiscret beim Spiele betragen (DM VI 172); *s. muckn* oder *muksn*[6]) = einen Laut von sich geben, sich rühren; *s. pöllu* = s. aufwerfen (z. B. vom Fußboden Neubauer Erzg. Ztg. X 247); *s. réfln* (*sua làng ih mi refln kàa˘* Lorenz S. 7) oder *s. ripplu* (Neubauer Erzgeb. Ztg. X 271) = s. rühren; *s. schmàu˘gən* (*oʒ schm.*) = sich anschmiegen; *s. schmuckn* (*schmückn*) in derselben Bedeutung, oder = s.

---

[1]) Im Plattd. ist *hangen — hangen* und *hängen*: DM II 313.
[2]) Baselstädt. *trockne — treckne* Binz § 154.
[3]) Vgl. § 30, 2.
[4]) Ebenso im Tir. Schöpf DM IV 69. Tir. Id. 31. Schmeller I 284. Schles. *sich brotzen* Knothe WB 150. *Brotzig* aufgeblaht, prahlerisch, ist auch egerl. (Schmeller I 376). Gleichbedeutend ist *s. gràuß màchn*.
[5]) Auch öst. Nordböhm. *s. nüttan* (*dos nüttat m'ch* Knothe Markersd. Mundart S. 87), sowie nöst. *dös stirt mi* (auch *d. stirt ms 's*) = *das ärgert mich* ist unbekannt.
[6]) S. *giftn*, *s. dākraixign*, *s. guschn* (auch absol. g.), *s. muksn* auch öst.

ducken (HTV S. 197 N. 175 Str. 4. Neubauer Idiotism. S. 95);[1]
s. vəschnăppm[2] = in der Übereilung etwas heraussagen (Neubauer Erzg.
Ztg. X 249); s. a͡ˇschoustən = sich einarbeiten;[3] s. tummln = s. beeilen;[4]
s. lusn = s. still verhalten; s. vəwäln = verweilen; s. widən = s. sträuben
(Elbogner Chr. S. 21 Z. 6 v. o. S. 37 Z. 9 f. v. u. S. 60 Z. 1 f. v. o.[5])
Neubauer Idiotism. S. 107); s. niət vəwissn = sich nicht besinnen;[6]
s. dəzolchn = sich in Scheltworten ergehen, sich in den Ärger hinein-
reden. Die hiehergehörigen reflexiven Impersonalia sind § 30, 2
aufgezählt worden.

    b) Nicht bloß reflexiv, sondern auch mit anderen accusativischen
Ergänzungen (oder ohne Ergänzung) können folgende Verba gebraucht
werden: s. o͡ˇfangə (neben o͡ˇf.); s. fuksn = sich ärgern (Neubauer Erzg.
Ztg. X 249); s. gé(b)m (eine Krankheit, ein Schmerz gitt sé = nimmt ab,
hört auf); s. vəgláichn = s. vertragen (HTV S. 213 N. 204 b V. 12
Eger-Plan); s. dəzou ho(b)m (s. dazu haben) = s. beeilen; s. äfhäiən (nicht
bloß in der Wendung da hört sich alles auf); s. vəkölln = sich erkälten
(gewöhnlich als Austriacismus bezeichnet, aber auch außerhalb Österreichs bekannt: Sanders Z. f. d. Spr. 1895 S. 169); s. o͡ˇlégn (neben
o͡ˇzöign) = s. (die Kleider) anziehen;[7] s. màschiən (Màschiəts ènk! Gäih,
màschiə dé! = packt euch, packe dich);[8] s. vəmou(d)n (wea häit si dos
vamouth' (vermuthet) E. J. XIX 135); s. màchn und s. taü ('s möcht oder
tout sé = es geht an); s. äfmàchn wie im Nhd., auch s. wäitə m. = weiter
gehen; s. möiə (mühen) = s. beeilen; s. rämə = s. davonmachen (mhd.
ez rümen; räm dé = pack' dich); s. ràisn (Ràis' di nea(r) ài(n) = geh
nur fort HTV S. 331 N. 555 Eger); s. räißn (um etwas) = heftig nach
etwas begehren, sich um etwas bewerben, auch s. zˋräißn (mit etwas,
gewöhnlich negativ des zˋräißt sé grod á niət mit də Arwət = der thut
sich mit der Arbeit auch nicht wehe); s. schickn = sich beeilen (Ho i mi
sua gˋschickt Urban As d. H. S. 290 N. 580), = sich treffen (wenn sə sé
schickt = wenn Gelegenheit ist, wenn es sich trifft, fügt, wenn es
passend ist, auch wöi sé d' Riəd suə schickt = wie die Rede so darauf
kommt E. J. IX 154), auch = sich fügen (in etwas)[9]) oder = sich an-
stellen (zu etwas, z. B. schick də niət suə tälkət dəzou! Vgl. Egerer
Fronl. 5278 f. Wie sollen wir uns nun schicken, Wen die seil ist ganz
dicke); s. zouschickn = s. (übel) zurichten, z. B. verletzen, beschmutzen
u. dgl.; s. o͡ˇschmiə(r)n = betrogen werden (auch s. oder einen
anderen ässchm.);[10] s. o͡ˇgˋsengə (ab-gesegnen) = Abschied nehmen (Hei(n)t

---

[1]) Ebenso vorarlb. s. schmocka DM III 399, 29.
[2]) Auch öst.
[3]) Ebenso fränk. DM VI 329, 351.
[4]) Auch öst.
[5]) In der Elbogner Chronik auch s. antreffen: was sich antrift = was betrifft S. 61
Z. 21. 26. 31 v. o.
[6]) Ebenso im Deferegg. Hintner S. 242.
[7]) Auch öst.: schon mhd. (mhd. Wb. I 991ᵇ, 20 ff.) und im älteren Nhd. (DWB I
395 f.) nicht ungewöhnlich.
[8]) Auch tir. (Sct. Johann): ma'schiəts ənk aussi DM IV 81, 7.
[9]) Vgl. Th. Storm Ges. Schr. VII (1891) 22 »Willst du dich schicken, Hinrich!«
sprach sie (Margreth, da Hinrich durchaus verlangte, sie solle neben ihm im Wagen sitzen)
leise ... »oder sollen wir ein ander Mal mit Hans Ottsen zur Stadt fahren?«
[10]) Nordböhm. (Alt-Ohlisch) Schmier Dich ock nej on! Tieze Hejmt II 59.

g'sāng' ih mi 'o HTV S. 155 N. 83 Plan, auch mit anderen Accusativ-Objecten: *Da g·segnet sie Voda und Mouda o: »Gott g·segn' Euch . . .«* = da ruft sie zum Abschied *Gott segne euch* u. s. w. ebend. S. 212 N. 204 *a* Lobs bei Falkenau); *s. sp(ü)ln* = spielen (von Kindern); *s. (doə)stäiən*, s. (hin)steuern = sich in bequemer Weise hinlehnen, hinlegen, hinstrecken (Neubauer Idiotism. S. 100); *s. wáisn* ('s *wiəd sè wáisn* = es wird sich zeigen); [1]) *s. äszöln* = sich schädigen (auch jemanden [2] *äszŏln; dos zŏlt sè äs*, das zahlt sich aus, rentiert sich); *s. zŏign* (*Zŏich de* = pack dich! *Des hàut sè zuəgn! Də Wēch zŏigt sè* = dehnt sich); [3]) *s. ŏ·zŏign*, s. abziehen = sich ausziehen. Von Fremdwörtern sind gebräuchlich *s. bəcumpədiən*, sich »becompagnieren« = s. vertragen (*miə bəcumpədiən sè reət gout mit ənànnə*); *s. schenian*, s. genieren; *s. rentian* wie in der Umgangsprache.[4]) Über die reflexiven Impersonalia § 30, 2.

c) Die Mundart verwendet die mit *er-* (*də-*) und *ab-* (*ŏ*) zusammengesetzten Verba in größerem Umfange reflexiv, als die Schriftsprache; (über *də-* vgl. § 155); *s. ŏ-láffm, s. ŏ-rennə, s. ŏ-schrāiə, s. ŏ-bé'(d')n* = sich durch Laufen, Rennen, Schreien, Beten ermüden.[5])

d) Charakteristisch sind für den Dialekt die große Menge persönlicher Wendungen bei Verben mit einem pronominalen Object und einem modalen Adverb, wo die Schriftsprache nur unpersönliche Wendungen kennt; man sagt also nicht nur, dem Nhd. entsprechend, *dàu dài¯t sə* (= es) *sé gout, dàu gäiht sə* [6]) *sé schleət, 's árwət sé láicht*, sondern auch *i árwət mé láicht (miə árwə(d)n sé láicht)*,[7]) *du dài¯st dé gout (diət dài¯ts enk gout), es gäiht sé scho schwā (hárt), si gengə sé scho schwā*, im Plural der höflichen Anrede *Si gengə Inən scho schwā*.[8])

---

[1]) Ebenso vorarlberg. DM IV 251, 24.

[2]) Ebenso nordböhm. Tieze Hejmt II 20 *Dar hot se* (= sie) *ober nobel ausgezohlt!*

[3]) Hingegen nicht = *sözern* wie im oöst. *slag dî net aso!* beeile dich! *Dd Wēg slagt se* ist auch öst.

[4]) Hingegen fehlt unserer Mundart das bayr.-öst. *do faît si nix (do faît sā si nit;* vorarlb. *əs felt si' nit* = es ist wirklich so DM III 214, 21). Viele der angeführten Verba (vgl. S. 133 Anm. 6) sind auch im Öst. reflex.: *s. anfanga* oder *anfanga, s. aufhern* oder *aufhern, s. anlegn, s. auszahlen* u. es z. *s. ous, s. reißen* u. *vreißn, s. schickn (decet* und *advenit), s. spüln, s. ziagn* (Anm. 3). Abweichend vom Nhd. (aber übereinstimmend mit dem Mhd.) ist egerl. *wunnən* (wundern) reflexiv und intransitiv: Egerer Fronl. 1420 *Nicht wünder, das ich zu dir küm.* B. d. P. u. K. I 56 *wal* (während) *a nu sua redt u wunnat* (seiner Verwunderung Ausdruck gibt). Im Egerer Fronl. auch *wenden* = sich wenden: 5705 *O Jhesu Crist, nit von uns went!* (ähnl. mhd.).

[5]) Im Deferegg. wird das *ŏ* verstärkt: *di Lent ŏ;* z. B. *Hiətz hö̀b'm mar ins schuən ettliche Jöhr hintanànda örtə di Lent ŏ Kourn gikäft* = jetzt haben wir uns schon einige Jahre hintereinander fast »die Lende ab« (= zu Tode) Korn gekauft: Hintner S. 48 Anm. 31.

[6]) *Mə* = man (statt *es*), wie es im Oöst. vorgezogen wird (*do geht mí si licht, hart eben sá si*), ist daneben auch unserem Dialekte geläufig. Im ungr. Berglande *Mét wéinich éld löbt man sich déu sér gutt* Schröer Versuch S. 28 [278] Str. 3.

[7]) Das an die slavischen Sprachen sowie an das Griech. erinnernde Eindringen er 3. Pers. Plur. des Reflex. in die 1. Pers. (aber nicht in die 2. P., wie es sonst wohl auch vorkommt, vgl. Grimm Gr. IV 36 f. 49), findet ein Seitenstück in dem Eindringen les Possessivs der 3. Pers. Sing. *sā¯* in den Plural (= ihr): *döi ho(b)m sā¯ Tràid scho 'shoim.*

[8]) Vgl. *Sie sitzeten Ihner a besser* Schlögl Wiener Luft S. 126.

Von diesen Fügungen sind jene zu trennen, in denen das prädicative Adjectiv oder Adverb oder der Präpositionalausdruck, der neben dem pronominalen Objecte steht, das Resultat der Handlung ausdrückt: *I árwət mé laicht* oder *kroˇ k* = ich mache mich durch Arbeiten leicht, krank; vgl. *i lắch mé buglət (buchələd́, kropfət, g·scheckət, eɔ árwət sé ɞ·schàndn.* Diese Construction[1] ist nicht auf reflexive Objecte beschränkt: *Eɔ árwət s Pfä ɞ·schàndn.*

c) Endlich verdient ausdrücklich hervorgehoben zu werden, dass die Verba *s. (äl)henkn* (s. hängen), *s. loinɔ* (lehnen), *s. légn, s. sétzn, s. stölln* in unserer Mundart durchwegs neben den Intransitiven *hàngɔ, loinɔ, lign, sitzn, stàih̆* im Gebrauche sind.[2]

§ 155. In Bezug auf den Ausdruck der **imperfectiven** und der **perfectiven Actionsart**[3] herrscht zwischen Mundart und Schriftsprache im allgemeinen Übereinstimmung.

1. Unter den Präfixen, durch deren Vorsetzung ein einfaches Verbum aus der imperfectiven (dauernden) Actionsart in die vollendete übergeführt werden kann, steht auch in unserer Mundart *er-*, egerl. *də-*[4] obenan, und zwar wird hiebei das Hauptgewicht auf den Augenblick der Vollendung gelegt. Die von Nagl (Roanad S. 260 zu V. 303) unterschiedenen Bedeutungen sind auch im Egerländischen lebendig. Das Ziel, bis zu welchem die Handlung geführt wird, ist entweder

a) das verbale Object; so in *dɔseəh, dɔluksn* (ersehen, auskundschaften Neubauer Erzg. Ztg. X 270), *dɔschméckn, dɔpàckn, dəràppm, dəbè(d)n* (etwas durch beharrliches Beten von Gott erlangen), *dɔschwitzn* (das Hemd durchschwitzen, auch *sé dɔschw.* = sich erhitzen, so dass man in Schweiß geräth; vgl. *s. öschwitzn*), *dɔgäiḧ* (eine Wegstrecke von mehreren Stunden ergehen), *dɔessn* (aufzuessen vermögen), *dɔkiɔ(b)m, dɔlàngɔ, dɔdrähn* (ein Rad u. dgl. zum Drehen bringen u. a.)

b) oder der höchste Grad der Handlung, der zu einem neuen Effecte führt: *dɔschlŏgn, dɔschmàißn* (durch Schl., Werfen tödten),[5] *dɔfröisn, dɔhungən* u. s. w.

c) Das Ziel ist die Vollendung der Handlung selbst: *dɔ-*(oder *bɔ-*)*máchn* Neubauer Erzg. Ztg. X 246; vgl. (niemand fragt) *wöi (d') Gmài dös* (den Bau von Schulhäusern) *baməchlt* (erschwingt) Zedtwitz Wos

---

[1] Auch ödst.

[2] Das Baselst. besitzt wohl *hängen, legen, setzen* u. s. w., gebraucht sie aber nicht reflex., sondern an ihre Stelle treten regelmäßig die Intransitiva *hangen, liegen, sitzen* u. s. w. Binz § 155.

[3] Miklosich Vergl. Grammatik d. slav. Spr. IV² (Wien 1883) 288 ff. Wunderlich Satzbau S. 25 ff.

[4] *Der-* statt *er-* ist seit dem 13. Jahrh. in ober- und mitteld. Denkmälern ziemlich häufig: Weinhold Mhd. Gr.³ § 302; noch heute im Bayr. Schmeller I 531 f., im O.- und Nöst. Nagl Roanad S. 260 V. 303; im Kärnt. Lexer DM II 244, Kärnt. WB 58; im Tir. Schöpf Tir. Id. S. 80; im ungr. Bergl. Schröer WB 43 f. [253 f.]. Im Mainz. ist die Präfigierung überhaupt spärlich ausgebildet (nur *ver-* und in einigen Fällen *ge-*): Reis II § 9.

[5] Vgl. fränk. *Di Sunnd derscheint* (»erscheint«) *äh·r án Lấb* (Laib) *Brắt äſt ɴ· ɴ derräg·n't* (»erregnet«) DM VI 324, 361 (Sprichwort).

Funklnogln. S. 138 Str. 87; vgl. Aladah. S. 16;[1]) dəsogn (dös is niət zən dəsogn); dəhöi dn (dös Maidl is niət zən dəhöi dn).

d Də- bezeichnet neben dem Reflexiv eine Rückwirkung der gesteigerten Handlung auf das Subject, die sich als Ermüdung oder Selbstvergessenheit äußert (Nagl a. a. O. c): Dəs dəwài¯t sé, dəzolcht s., dəkraizingt s. (ärgert, grämt sich matt, müde'.[2])

2. In Bezug auf die Partikel ge-, die namentlich im Mhd. die perfective Actionsart bezeichnet (wobei jedoch der Nachdruck auf die Dauer nach der Vollendung der Handlung fällt), verhält sich die Mundart im ganzen wie die gegenwärtige Schriftsprache. Die mhd. temporale Bedeutung des Augmentes ist erloschen und auch nach den Hilfszeitwörtern bevorzugt unsere Mundart die Bildungen mit ge- in keiner Weise, wie z. B. das Fränkisch-Hennebergische dies jetzt noch thut (DM III 124, 2 a).[3] Hervorzuheben sind die im Nhd. ungebräuchlichen Bildungen g'fexiən (vexieren); i g'frái mé und 's g'fráit mé (HTV S. 175 N. 131); 's g'langt (neben langt oder kleckt); dəg'langə = erreichen (Urban Fr. Kl. S. 156 Str. 12); g'nöi d n (mhd. (ge)nieten) = Vergnügen bereiten (Neubauer Idiotism. S. 64); g'ràu d n = entrathen (dös koš¯ r é g'ràu d n); g'schwàign (auch mhd.) = zum Schweigen bringen (Neubauer Idiotism. S. 66); g'schwelln (mhd. geswellen) = anschwellen (Neubauer ebend. S. 67); g'seəh I g'siəh néks. Dàu koə mə néks g'seəh Urban Fr. Kl. S. 93 Str. 8); ö g'sengə (mhd. einen gesegenen, einen zum Abschiede segnen, vgl. S. 134 f.); g'spüən = verspüren; g'stáddingə oder g'stá d n = stille machen; g'st ü ln = stille machen, befriedigen (HTV S. 37 N. 56 a Westböhmen, Neubauer a. a. O. S. 67); vereinzelt dös g'schádt néks; ferner g'scháffm (Wolf Volkslieder S. 78 Str. 6 Was i 'n tag g'schaff u vollend); g'stárrn = starr werden u. a.[4])

---

[1]) Ähnlich alem. gemachen: Winteler Kerenzer Mundart S. 206 XIX, 10.

[2]) Də- vertritt im Egerl. gelegentlich auch andere Präfixe; so z e r -: mein' dafressena (zerfressenen) Beutel HTV S. 61 N. 89 (Böhmerwald). Eh ich dös Ringel hergib, Viel lieber dabeiß' ich's af Stück (unmittelbar darauf dös Ringel zerbeißen) HTV S. 182 N. 145 (Lobs bei Falkenau); də ist auch = v e r -, ü b e r -, b e -: də-picht (mit klebrigen Substanzen beschmiert), də-trenst (mit Getränken oder Speisen bespritzt), də-zugn (mit Koth überzogen, vom Saume der Kleider, die durch den Schmutz gezogen wurden). Vgl. dazu DWB II 1011.

[3]) Im Mainz. besteht zwischen perf. und imperf. Actionsart überhaupt zumeist kein Unterschied mehr: Reis II § 9. Auch im Baselst. ist der Unterschied zwischen Simplex und Compositum geschwunden. Wo beide Formen nebeneinander vorkommen, haben sie in der Regel eine gänzlich verschiedene Bedeutung (wie fallen und gefallen): Binz § 156. Über die Zusammensetzung mit ge- vgl. Reifferscheid Ergänzungs-Bd. zur Z. f. d. Ph. S. 319—446. Pietsch PBB XIII 516 ff.

[4]) Hie und da hat sich auch in Mundarten das ge- so festgesetzt, dass das Simplex in Vergessenheit gerathen ist; so in g'schauen in der Saaner Mundart DM VI 403, 8. Über ge- in oberd. Mundarten Schmeller MB bes. § 982. 984. 1057 BW I 857 f. Über die bes. im Thüring. und Henneberg. häufigen Verba mit ge- vgl. DM I 123 (mit weiteren Verweisungen).

B. Formen des Verbums.

a) **Genera**.

1. Activum.

§ 156. 1. Die Umschreibung durch das Particip Präs. mit *sein*, welche wie im Lateinischen und Griechischen und auch im Mhd. zum lebendigen Ausdruck der Dauer dient,[1]) ist dem Dialekt wie der Schriftsprache bis auf jene Fälle fremd geworden, in denen das Particip adjectivische Bedeutung angenommen hat:[2]) *Döi schō d' längst Zeit hinkəd wåa* Lorenz S. 17; jemand ist *ássechəd* (prägnant: kränklich aussehend); Fleisch ist *schmèckəd* u. dgl. Der adjectivischen Auffassung des Particips wird dadurch Vorschub geleistet, dass die Participialendung *-əd* (*-nd* nur vereinzelt, z. B. *g·seəhnd* = sehend Neubauer Idiotism. S. 67) mit der adjectivischen Endung *ət* = *icht* und *ət* = *ig* zusammenfällt.[3])

2. Den Zustand, die imperfective Actionsart, lässt auch die Umschreibung des Activs durch präpositionale Wendungen scharf hervortreten wie *im Steigen, im Fallen sein*. Unser Dialekt kennt diese Umschreibung in viel weiterem Umfange als die Schriftsprache; er sagt *in Schimpfm, in Trinkn, in Ârwətn, in Gaih̄ (drin) sā̂*.[4]) Das letztere kann nicht nur heißen »bereits im Gehen (unterwegs) sein«, sondern auch »im Begriffe sein zu gehen, aufbrechen«, was besonders im Prät. hervortritt: *I woə grod in Gaih̄ (iturus eram)*. Neben *in* wird auch *irwə* mit dem substantivierten Infinitiv in derselben Bedeutung gebraucht.

3. Zum Unterschiede vom dauernden Zustande wird der Eintritt einer Handlung oder eines Zustandes in prägnanter Weise durch das Particip Präs. mit *werden* bezeichnet[5]) (nhd. nur noch vereinzelt z. B. *brennend werden*). Wendungen wie *öitzə bin é läffəd woə'n* (= jetzt begann ich zu l.) lassen sich mit mhd. *dô wurden sie trinkende* (Paul Mhd. Gr. § 287 Anm. 1) vergleichen. Ähnlich sagt man *hupfəd weə'n* (E. J. III 120), *bisnəd w.* = wie toll herumrennen (vom Viehe: Neubauer Idiotism. S. 42), *nàtzəd w.* = schläfrig w. (v. *nàtzn* Neubauer Idiotism. S. 85), *gai h\əd w.* (vom Wagen E. J. X 162, oder vom Rad einer Maschine u. dgl.), *ráffət w.* = ins Raufen gerathen (Zedtwitz Wos Funklnogln. S. 54 Str. 5), *rinnəd w.* (von Gefäßen, z. B. HTV S. 196 N. 174 Lobs bei Falkenau), *stolpərət w.* sowie, den unter 1. genannten Umschreibungen mit *sein* entsprechend, *hinkəd, ássechəd, schmèckəd* u. s. w. *w.*[6]) Dem passiven oder intransitiven Sinne dieser Umschreibungen entspricht die Verbindung von *màchn* mit dem Particip Präs. als active, transitive Verbindung: *Brennəd màchn (Stååkuln ..., döi d' Menschn ââbrinnad màchn*

---

[1]) Grimm Gr. IV 4 f. Paul Mhd. Gr. § 287. Wunderlich Satzbau S. 37.
[2]) Diese Umschreibung ist auch dem Öst. nicht fremd.
[3]) Darüber vgl. § 232, 1, wo auch die in der heutigen Mundart üblichen Participia Präs. angeführt sind.
[4]) Ebenso öst.
[5]) Ebenso öst.
[6]) Sehr ausgebreitet sind diese Verbindungen im Ostlech. Schmeller § 975.

künna Lorenz S. 13), *hupfəd, läffət, bisnəd, gai̯hət, lachəd machn* (besonders im Imperativ *mach mē ni̯ət lachəd!*)[1]) Dass auch zu *bleiben* (wie im Mittelniederl.) das Particip Präs. gesetzt würde (*blēf slapende* Grimm Gr. IV 9), habe ich in unserer Gegend nicht beobachtet. In der Dialektliteratur finden sich einzelne Beispiele hievon: *Er setzt sich und bleibt sitzet schöi* (Grübel »Der Buchhalter« Str. 21, Nürnbergs Dichterkranz S. 18).[2]) Auffallend häufig ist die Verbindung bei Zedtwitz: *sitgat z' bleibm* Wos Funklnogln. S. 29; *mou lieghat bleibm* ebend. S. 107 Str. 3. Aladah. S. 71 Str. 3. S. 118 Str. 55; *wā 's lebat bliebm* ebend. S. 13 A gouta Bazohling Str. 2; *pichat bliebm* ebend. S. 109 Str. 18.[3])

4. Die in der älteren Sprache mit dem Infinitiv sowie mit den beiden Participien mögliche Umschreibung durch *kommen* (Grimm Gr. IV 8 und 126, 7) hat die Mundart wie die Schriftsprache nur noch mit dem Particip Prät. Pass.: *I kum g'fos'n, g'ri(d)n, 'gàngə, g'loffm, g'rennt*.[4]) Vom einfachen Activ unterscheidet sich diese Wendung durch den im Verbum *kommen* liegenden Begriff der Annäherung an ein Ziel, einen Standpunkt, sowie durch den Begriff des Zuständlichen. Mit dem Infinitiv wird *kommen* zwar auch noch verbunden, doch liegt hier keineswegs eine bloße Umschreibung durch ein Hilfszeitwort vor wie in den frühnhd. Sätzen *die Vöglein kamen fliegen; da kam ein Windlein sausen* (Spee bei Kehrein Gr. d. 15.—17. Jahrh. III § 11, 1), sondern der Infinitiv hat finale Bedeutung: *I kumm hutschn* (oder *hutzn* = auf Besuch, *āˋkäffm, näuscháuə*.

5. Über die Umschreibung mit **thun** und dem Infinitiv Präs. vgl. § 150, 11 *b*, mit *thun* und Substantiven und Adjectiven § 150, 11 *c* (ähnlich *machen* § 150, 12).

6. Zum Ausdruck der Wiederholung oder der Dauer und meist auch der Geringschätzung der Handlung dient *haben* und *sein* in Verbindung mit einem Nomen actionis wie *G'schlŏch, G'lē's*.[5]) *Dös is ə G'surm. Häiˋt häut 's ə G'surm! Des häut ə Glē's!*

7. Die Verbindung von *sein* und *haben* mit dem substantivischen Infinitiv kann bloße Dauer oder Wiederholung der Handlung ausdrücken; der besondere Ton kann jedoch auch noch die Bedeutung der Auszeichnung oder der Geringschätzung hinzufügen: *Dös is ə Singə!* = das ist ein guter (schlechter) Gesang; in der ersteren Bedeutung wird gern *máiˋtwēgn* hinzugefügt: *Dös is máiˋtwēgn ə S.!*

§ 157. Im allgemeinen lässt sich im Dialekt eine gewisse Bevorzugung des Activs gegenüber dem Passiv nicht verkennen.[6]) Diese Be-

---

[1]) Ähnl. Verbindungen auch öst. *Thun* ist hier ungebräuchlich. In der Saaner Mundart (Schweiz) wird in demselben Sinne (wie im Mhd.) *thun*, mit dem Infinitiv (aber mit *zu*) gebraucht: *z' lachen 'tän* = lachen gemacht DM VI 405, 13.
[2]) Vgl. oberpfälz. *Es bleibt åls woi a Stuck durt stoihnet* Firm. III 307.
[3]) Auch *lieghat ho(b)m* statt *liegn ho(b)m* ebend. S. 77 Str. 1.
[4]) Im Oöst. seltener. In einem bei Rosegger (Das Volksleben in Steiermark) S. 416) angeführten Volksliede »Das Lied vom falschen Rittersmann« heißt es in Str. 11 umgekehrt: *O Vater, geh eilends gekommen*.
[5]) Im Oöst. wohl nur mit *sein*.
[6]) Ebenso oöst.

vorzugung ist alt. Wunderlich (Satzbau S. 30 Anm. 3) belegt sie schon aus Tatian. Auch Grimm (Gr. IV 21. 71) hat die Abneigung des gemeinen Mannes vor passiven Umschreibungen beobachtet. Doch gilt diese Wahrnehmung für unsere Mundart nur innerhalb gewisser Grenzen (vgl. § 159). So wird das Passiv in einer der Schriftsprache wenigstens minder geläufigen Art besonders gerne durch Fügungen mit dem unbestimmten *sie* ersetzt. Statt *Er wird ja nur ausgelacht* sagt man gerne *Si lachn ən jā neə r äs*, wobei *sie* auch ohne Beziehung auf einen vorhergehenden Plural stehen kann (= man). Vgl. *si sogn* = man sagt, es heißt (vgl. *dicunt*, λέγουσι). Diese Fügung empfiehlt sich in der Mundart schon deshalb wenigstens für das passive Präsens, weil dem letzteren gerne futurische oder imperativische Bedeutung anhaftet. *Hāi̯t wes'n d' Epfl ōgnummə* kann nicht bloß heißen *Heute werden die Äpfel abgenommen*, sondern auch *Heute werden die Äpfel abgenommen werden*, oder *Heute werde ich die Ä. abnehmen*; im befehlenden Tone *Nimm (nehmt) heute die Äpfel ab!* Dieser Zweideutigkeit weicht das Activ aus: *Hāi̯t nemmə s' d' Epfl ō*. Doch ist diese Bevorzugung des Activs keineswegs auf das Präsens beschränkt. Man sagt ebenso gut *Hāi̯t ho b'm sē (s') d' Epfl ōgnummə* u. s. w.

2. Passivum.

§ 158. 1. Die für das verloren gegangene Passivum eingetretene Umschreibung mit *werden* und dem Participium Prät. erstreckt sich in unserer Mundart zunächst auf den Indicativ Präs., Infinitiv Präs. und Conjunctiv Prät.[1]) (*i wiə r äsglacht, äsglacht wes'n, i werst* d. i. würde *äsglacht*). Das passive Futurum wird in der Regel durch das Präsens und erst in zweiter Linie durch *werde ... werden (i wiə äsglacht wes'n)* wiedergegeben. Passiver Imperativ mit *sei* und *seid (sei gegrüßt)* findet sich nur vereinzelt: *Öitzə sāds hält schäi̯" bədànkt*.[2]) Die mhd. Umschreibung des passiven Perfects und Plusquamperfects durch bloßes *sein* mit dem Particip Prät. hat wie in anderen Mundarten und im Nhd. größtentheils der Umschreibung mit *sein — worden* Platz gemacht. Dass die Fügung ohne *worden* häufiger wäre als im Nhd., wie dies Reis (I § 3) im Mainzischen beobachtet, lässt sich für unsere Mundart nicht behaupten. Der futurischen Bedeutung des passiven Präsens entspricht die Verwendung des passiven Perfects im Sinne des passiven Futurum exactum, das in vollständiger Form selten und dann zumeist in potentialem Sinne erscheint.

Bemerkenswert ist, dass jene im Nhd. verpönte Passivconstruction, deren Subject bei der Umsetzung ins Activ nicht zum Object des Verbs, sondern zum Object eines vom Verbum abhängigen Infinitivs werden müsste, der Mundart durchaus geläufig ist: *Hāi̯t wiəd sē (sich) ə Fläschn Wāi̯" hubn läuə* (= ich lasse mir heute eine Flasche Wein holen). Ebenso

---

[1]) Das Mainz. kennt bloß die beiden ersten Fälle: Reis I § 3.

[2]) Im übrigen ist die Umschreibung des Passivs mit *sein — worden*, wie sie im Gottscheew. vorkommt (z. B. *dar teig iʒt gemachet* = der Teig wird angemacht: Schröer WBG 132 [398]), unbekannt.

setzt sie das reflexive Verbum ins Passiv: *Öitzə wiəd sẹ̄ ōzuəgn, bādt* u. dgl., was im Nhd. unzulässig ist.¹)

2. Neben *werden* dient im Egerländischen, wie im Bayrisch-Österreichischen, Schlesischen, Obersächsischen und in der Umgangsprache²) das Verbum *bekommen*, egerländisch *kröign* (kriegen) zu einer Art von Umschreibung des Passivs: *Du kröigst dā Göld ászölt* = dir wird dein Geld ausgezahlt. *Haust g·wekslt kröigt?* = ist dir das Geld ein-(um-)gewechselt (in kleinere Münze umgetauscht) worden? *Eə hāut ·s g·schenkt kröigt* = es wurde ihm geschenkt u. s. w.³)

3. Von den oben erwähnten Verbindungen von *haben* mit einem Substantiv (mit *Ge-*) entwickelt nur *s Griß ho(b)m* regelmäßig einen passiven Sinn = Gegenstand des Reißens sein: *Deə hāut s Griß* = man reißt sich um ihn.⁴)

Über den passiven Sinn einzelner Verba wie *haißn* = *dici*, *seəh* = *videri* u. s. w. § 152, 2.

§ 159. Oben (§ 157) wurde auf eine gewisse Vorliebe der Mundart für das Activ und auf die Abneigung gegen passive Umschreibungen hingewiesen. Neben diesem Zuge der Mundart ist jedoch in bestimmter Umgrenzung auch ein entgegengesetzter zu verfolgen. So liebt sie statt des persönlichen Activs eine unpersönliche passive Wendung

1. zum Ausdrucke eines festen Vorsatzes oder als Ankündigung eines festen Entschlusses, der die That schon als ausgeführt oder so gut wie ausgeführt setzt: *Main Bürschlə . . . wiəd . . . àllzáit trái blĭbm.* Urban Fr. Kl. S. 88, 9; vgl. ebda S. 89, 15. S. 91, 7. *Glei af da Schtöll wiad öitza r in Bouchwold hintigánga* Lorenz S. 38 (= ich werde treu bleiben, gehen).⁵)

2. Statt des activen Imperativs der 2. Pers. findet sich das unpersönliche passive Präsens: *Dāu wiəd neks g·sp(ü)lt* = spiele (spielet) hier nicht! Das unpersönliche passive Präsens setzt das Befohlene gewissermaßen als schon ausgeführt und will dadurch ausdrücken, dass die Ausführung dem persönlichen Belieben entrückt ist.⁶)

3. Vereinzelt tritt unpersönliches passives für persönliches actives Perfect ein: *Dəsidə wos g·háiə·r·t is* = seitdem ich geheiratet habe: Urban As d. H. S. 81 N. 88.

---

¹) Erdmann Grundz. I § 135 S. 90.
²) Matthias Sprachleben S. 125. Wunderlich Umgangspr. S. 217.
³) Auch öst.
⁴) Minder vertraut ist mir die Redensart *s G·schau ho(b)m* = Gegenstand des Begaffens sein DM III 187, 30. [Nach Schmeller II 350 f. ist sie auch bayrisch; aus Oberösterreich ist sie weder mir selbst noch meinem mitten im mundartlichen Verkehr stehenden Freunde, dem Stelzhamer-Bündler Dr. H. Zötl, geläufig; wir kennen nur *á Gschau* (ein Aussehen, eine Miene, einen Blick) *ha(b)m* (vgl. Schmeller), daher auch z. B. *Wo hast denn mehr wiedá dein Gschau* (wo schaust du denn wieder hin)? L.]
⁵) Nürnberg.: DM II 80 *Dāu wĕrd di Frau mĭtgnummá* = ich werde die Frau mitnehmen.
⁶) Das unter 1 und 2 Gesagte gilt auch für das Oöst.

3. Medium.

§ 160. Das verloren gegangene Medium wird zunächst durch die Verbindung des Activs mit dem (unbetonten) Reflexivpronomen vertreten. In dieser Verbindung, die sich der Bedeutung nach oft dem unbestimmten Passiv nähert (z. B. *so etwas vergisst sich schwer*), erscheinen sowohl transitive Verba, bei denen das Reflexiv den activen Sinn »dämpft«, als auch Intransitiva, bei denen es fast pleonastisch steht und nur »eine Zugabe von leiser Wirkung« ist (Grimm Gr. IV 28). Unser Dialekt hat solche Verbindungen in großer Menge bewahrt.[1]) Zwar fehlen ihm gewisse reflexive Verba der Schriftsprache, so *sich kleiden* (dafür *s. oðlégn*), *sich nahen* und *nähern* (dafür *gnáichtɔ kummɔ* oder einfach *kummɔ*), *sich öffnen*, *s. schließen* (dafür *áf-*, *zou-gäih*), *sich sputen* (dafür *s. tummln* oder *s. möikɔ, s. schickn*); dass jedoch im allgemeinen für reflexive (sowie für intransitive) Verba lieber passive Formen gewählt würden, wie Reis II § 7) im Mainzer Dialekt beobachtet, weil »von einer Verlegung der Initiative des Vorgangs in das Ding selbst« keine Rede sein könne, gilt für unsere Mundart durchaus nicht. Die unserer Mundart eigenthümlichen Reflexiva sind oben § 154 aufgezählt worden.

4. Besonderheiten des Infinitivs und des Particips.

§ 161. Die Nominalformen des Verbums weisen in Bezug auf das Genus einige Besonderheiten auf.

a) Der passive Infinitiv Präs. wird statt mit *werden* auch mit *sein* umschrieben: *I möch* (mag) *vɔ diɔ niɔt bɔdeĩ't sä*. Einen bloßen Schein passiver Bedeutung gewinnt der Infinitiv wie im Nhd. und schon in der älteren Sprache (Erdmann Grundzüge I § 136, 1) nach *lassen, sehen* und *hören* (*heißen* ist hier nicht gebräuchlich), indem der Objectsaccusativ auf *lassen* u. s. w. statt auf den Infinitiv bezogen wird: *I koš s Vöich niɔt suɔ mártɔn láuɔ* (oder *seɔh*); ferner der Infinitiv mit *zu* nach Adjectiven wie *gut, schön, leicht, schwer* u. s. w. (*gout zɔn essn, schäĩ zɔn oðschauɔ*), sowie in der Verbindung mit *sein*, und zwar in der Bedeutung der Möglichkeit und der Nothwendigkeit (*Dös is niɔt zɔn dɔsögn*; *Dàu is zɔn árwɔtn*). Näheres hierüber (sowie auch über *z'* = *zu* und *zɔn* = *zum*) § 227.

Das aus der Verbindung von *zu* mit dem Infinitiv unorganisch gebildete Adjectiv auf *-nd* (*zu arbeitend*), wodurch das lateinische Gerundivum wiedergegeben wird, kennt unser Dialekt ebensowenig wie andere Mundarten (z. B. das O- u. Nöst. Nagl Roanad S. 369 e).

b) Von den bei Grimm (Gr. IV 66, vgl. Germ. II 377 f. = Kl. Schr. VII 424—426; Paul Mhd. Gr. § 286) angeführten Participien Präs. mit scheinbar passivem Sinne findet sich im Egerländischen nur *fallende Sucht* als *hī̃'fallɔd Kránkɔt*, auch einfach *s Hī̃'fallɔd*[2]) oder *s Wärfɔnd*.

---

[1]) Im Gegensatze z. B. zum Baselst., das sie bis auf wenige Spuren eingebüßt hat; Binz § 155.
[2]) Vgl. Schmeller I 705. Schöpf DM VI 151. Tir. Id. 266. Lexer DM II 519. Kärnt. WB 89.

c) Von den Participien Prät., welche die passive Bedeutungsentwicklung dieses ursprünglich nur mit temporaler Bedeutung behafteten Particips nicht mitgemacht und active Bedeutung bewahrt haben, kennt der Dialekt die meisten, die auch in der Schriftsprache noch im Gebrauche sind: *äsdei̯ʾt, gˑstudiət (ə Gˑstudiətə), vəgessn* = vergesslich (*ə vəgessnə Mensch), gˑlárnt (ə gˑlárntə Tischlə), vəschwign, vəschláufm, vəlöibt, vəvoiʾt* u. s. w.[1]) Die von Paul (Mhd. Gr. § 291) als absolute Participia gefassten Zusammensetzungen mit *un-* wie *ungˑscháut* (etwas u. kaufen) können meist entweder activ oder passiv[2]) gedeutet werden. Bemerkenswert ist, dass das Egerländische hier statt *un-*, welches sonst durchwegs als verneinendes Präfix erscheint (vgl. *Unglück, ungröd, Unrécht*), zumeist *ō-* (= ohne) gebraucht;[3]) so schon in Baiers Chronik 418 *ohn angesehen* und heutzutage *ō-* (neben *un-*) *gˑscháut, ō-gˑwáschu, ō-gˑfráugt, ō-gˑessn, ō-gˑráfft*. Bei vocalischem Anlaut des Verbums tritt die volle Form *àunə* ein, die übrigens auch sonst möglich ist: *àunə r ümgˑschmíissn* (z. B. fahren), aber auch *àunə gˑráfft*. Einen Genitiv (spätmittelhd. *sines gütes unvergiftet* Paul Mhd. Gr. § 291 Anm. 2; nhd. *ungeachtet, unbeschadet dessen*) macht die Mundart von solchen Participien niemals abhängig.[4])

b) **Tempora.**

§ 162. Von den beiden einzigen nicht umschriebenen Zeiten, dem Präsens und dem Präteritum, ist das letztere im Indicativ bis auf einen geringen Rest verloren gegangen. Die Umschreibungen der zusammengesetzten Zeiten entsprechen den nhd. Formen.

1. Präsens.

§ 163. Es dient nicht nur zur Bezeichnung der gegenwärtigen Handlung, sondern auch derjenigen, welche als eine in der Gegenwart vor sich gehende angeschaut wird, mag sie in Wirklichkeit auch der Vergangenheit oder der Zukunft angehören; der erste Fall ergibt das historische, der zweite das futurische Präsens.[5]) Es ist dies eine Betrachtung der Dinge, die statt der vor- und rückwärts gewendeten ruhigen Perspective aus dem festgehaltenen Standpunkte der Gegenwart immer wieder mit dem Drange nach unmittelbarer Erfassung des Gegenstandes aus jenem Standpunkte heraus- und an den Gegenstand selbst herantritt, um dessen Standpunkt in der Vergangenheit oder in der Zukunft einzunehmen; so werden beide zur Gegenwart.[6])

---

[1]) Formen wie *stattgehabt, stattgefunden* kennt die Mundart nicht.

[2]) Z. B. *ungˑháist* = nicht hörend, taub (vgl. Neubauer Idiotism. S. 104); mhd. *ungehœret, ungehört* = unerhört oder taub, ungehorsam (Lexer II 1838).

[3]) Im Öst. nur *un-*.

[4]) Das in § 161 Angeführte gilt zumeist auch für das Öst.

[5]) Beides auch n- u. oöst. Nagl Roanad S. 497 § 252 (im 2. Citat »334, V. 258« ist 358 statt 258 zu setzen).

[6]) In diesem Zusammenhange wird auch die eigenthümliche Verwendung des Futurums für das Präteritum verständlich, die im Niederdeutschen (Wegener Pauls Grundriss I 944).

a) Das historische Präsens tritt im Dialekte keineswegs bloß in lebhafter Schilderung ein, sondern es ist vielfach zur gewohnheitsmäßigen Form aller Erzählung geworden und erscheint so selbst neben den Zeitadverbien der Vergangenheit wie *einmal, gestern, neulich* u. s. w.: *Gestern abends ... hör i in wald der amschel* zu Wolf Volkslieder S. 16 VIII, 1 oder *dənäli gaih e äf d' Wisn* (neulich gieng ich auf die Wiese).[1]

auch in nordböhm. Dialekten beobachtet werden kann: *Dou hottnck* (hatten sich) *die Mannsvölker uffgemacht und wardn zun blindn Bittner giehn* Tieze Hejmt I 48 (Schönlinde). Vgl. ebend. III 11 l. Z. v. u. 26 Z. 8 v. u. 28 l. Z. v. u. 55 Z. 11 v. o. Sehr häufig begegnet dieses »historische« Futurum in den Dienergesprächen des Spielhagen'schen Romans »Sturmflut«. Der ebenfalls Spielhagen'sche Satz *Ich also hin nach Tannenburg gemacht und werde dann gleich auf sein Zimmer gehen* (= und gieng) ist mit der Annahme Tomanetz' (A. f. d. A. XX 6), dass die Beziehung auf die Vergangenheit, die im Infinitiv ausgedrückt werden sollte (*werde auf sein Zimmer gegangen sein*) unbezeichnet geblieben ist, noch nicht erklärt, mag man den Satz potential fassen oder nicht. Wie kommt der l'otential der Vergangenheit in die Erzählung vergangener Wirklichkeit? (*Ich bin nach Tannenburg gereist und mag wohl auf sein Zimmer gegangen sein?*) Auch hier gibt die Zurückversetzung in die Zeit des Erzählten den Schlüssel zur Erklärung. Indem sich der Erzähler in die Zeit seiner Ankunft in Tannenburg zurückversetzt, steht ihm der Besuch in jenem Zimmer wiederum, wie damals, bevor. Vom Standpunkte jener wieder vergegenwärtigten Vergangenheit betrachtet, kann die Umschreibung mit *werden* an sich ebensowohl wirkliches Futurum (*ich bin also in Tannenburg, und nun — denke ich mir — werde ich gleich auf sein Zimmer gehen*), als auch potentiales Futurum bezeichnen (*und nun gehe ich wohl auf sein Z.*). In letzterem Falle hat man es aber nach der psychologischen Auffassung des Satzes mit einem Potential der Gegenwart, nicht der Vergangenheit zu thun. Diese Erklärung bietet sich, falls hier wirklich für die Umschreibung mit *werden* von Haus aus schon die futurische Bedeutung angenommen wird und nicht etwa ein Rest jener älteren Bedeutung dieser Verbindung vorliegt, wonach sie nicht die Zukunft, sondern den Eintritt der Handlung bezeichnet (vgl. mhd. *sô werdent sie trinken* = sie beginnen zu trinken, *er wart weinen* = er brach in Thränen aus: Erdmann Grundzüge I § 142, 6. Paul Mhd. Gr. § 297 Anm. Mhd. WB III 730[b], 37 ff. Lexer III 776). Dass jedoch jene erste Erklärung aus dem historischen Charakter des wirklichen Futurums sehr wohl möglich ist, beweist am besten der Umstand, dass das erzählende Futurum wenigstens neben dem historischen Präsens auch in der Gegenwart noch immer gelegentlich gebraucht wird, also in einer Zeit, in welcher die Umschreibung mit *werden* nur noch futurische oder potentiale Bedeutung haben kann. So schreibt Dr. H. Schneegans in einem »Rabelais« betitelten Aufsatze in Bechholds Umschau I (1897) 314[b] *In Chinon . . . geboren, erhält unser Franz Rabelais, der von seinen Eltern zum Geistlichen bestimmt ist, seine erste Vorbildung in der Abtei Scuillé und im Kloster La Baumette, wo er Beziehungen, die ihm später von großem Nutzen sein werden, anknüpft.* Ebenso neben dem histor. Präs. auch in nordböhm. Niederlande: *Do giehn die Jungen, suchen e Stengel, traten under d' Foieresse und warden ofangn zu stochern o dən Säckel* (= und fiengen an, an dem Säckchen zu stochern) A. W. Stelzig Geschichten aus 'n Niederlande, Nordböhm. Touristen-Ztg. I 84. Sowie hier das Futur. für das Prät., so erscheint in Schillers Künstlern 38 ff. umgekehrt das Prät. für das Futur. verwendet: *Was bei dem Saitenklang der Musen mit holdem Beben dich durchdrang, erzog; die Kraft in deinem Busen, die sich dereinst zum Weltgeist schwang* = von der es einst gelten wird, sie schwang sich zum W. (Erdmann Grundzüge I § 143). Ein analoges Beispiel bietet das Egerer Fronl. 274 ff. Dort sagt Satan tröstend zu dem gefallenen Lucifer, indem er Zukunftspläne entwirft: *Wir wellen in der welt umbfliegen Und die leit in boßhait laben: Er* (sc. Gott) *möcht uns vil lieber in seinem reich behaltn haben: Es sol von uns kummen alle böshait* u. s. w., wörtlich: *Er* (Gott) *hätte uns viel lieber in seinem Reich behalten mögen* (oder *können*), was aber nach dem Zusammenhange mit den Zukunftsplänen nur heißen kann *er wird wünschen, uns . . . behalten zu haben*. Wie dort, beim erzählenden Futur., vom Standpunkte der vergegenwärtigten Vergangenheit eine an sich ebenfalls vergangene Handlung noch als zukünftig erscheint, so blickt hier der Sprechende vom Standpunkte der vergegenwärtigten Zukunft auf andere ebenfalls zukünftige Ereignisse als auf schon Vergangenes zurück.

[1] Nürnberg. Firm. III 396 »Die Schildwache« Str. 1 *Es mouß amoal an alter Burger Als Schildwach . . . stöih*. Auch dem Oöst. ist dieses historische Präs. neben Zeitadverbien nicht fremd.

Auch eine individuelle Vorliebe für dasselbe kann man beobachten, oft bei Personen, die von temperamentvoller Lebhaftigkeit des Vorstellens weit entfernt sind. So erzählt der eine lieber mit *sŏch é, sàgt ə*, der andere mit *how é gˑsàgt, hàut ə gˑsàgt*. Das historische Präsens tritt häufig, aber nur in der Fortsetzung, nicht im Beginne der Erzählung, an die Spitze des Satzes, und dann macht es am ehesten den Eindruck der lebendigen Vergegenwärtigung: *Gàiht də Hàns doə u sàgt . . .*[1])

Besonders beliebt ist das historische Präsens (in der Nachsatz-Stellung) in den coordinierten Sätzen, die an Stelle eines Nebensatzes mit *àls* nach *grod, kámm* eintreten: *I bin grod* (oder *grod bin é*) *àfgˑstàndn gˑwèst, kinnt də Nàchbə*.[2]) Der Dialekt befolgt also keineswegs den Grundsatz, der sonst wohl für die Schriftsprache aufgestellt worden ist (vgl. Matthias Sprachleben S. 368), dass das historische Präsens auf jene Verba der Erzählung beschränkt bleibe, welche es durch ihre Wichtigkeit verdienen, in die Gegenwart gerückt zu werden, sowie dass ein ganzer zusammengehöriger Abschnitt darin auftrete. Das letztere kommt zwar vor, so in Baiers Chronik (z. B. 870) und bei den Dialektschriftstellern, bei denen sich wohl literarische Beeinflussung geltend macht;[3]) im eigentlichen Volksdialekt hört man die Erzählung am häufigsten sich zwischen Präsens und umschriebenem Perfect bewegen.[4]) Der Grund des Schwankens ist wohl bisweilen nur das Bedürfnis nach Abwechslung.[5]) So erzählt Baier Chronik 215 *Indem er im nicht recht getroffen, hat der arme sunder . . . dem kopf wieder empohr gehoben. ist des henckers knecht da und segt im am halß und kan im doch nicht herabsegen, also daß der hencker noch must drey gewaltige hieb thun*. Vgl. auch 639. Zahlreiche Beispiele dieser Art liefert die Sammlung *Soghmàla* im E. J. IX 151.

In vielen Fällen jedoch ist der Grund des Wechsels ersichtlich; so in den Beispielen bei Lorenz S. 17 *u pàn Kraslazbea . . ., döi si hinawida z'sàmmklabbt u o'pflockt hàud, daß sie an Kinnan wos mid hàim bringt*. S. 18 *Da Gräißt* (der größte Knabe) *hàud möin af d' Anan a Wàl àcht gebm, bis sie wida r ann* (< *as'n*) *Wold künnt*. S. 19 *Da Bou . . . hàud owa niad denkt, daß 's asua gout asgàiht*. Sonach werden die schlechthin vergangenen Handlungen von den in der Vergangenheit bevorstehenden dadurch abgehoben, dass die ersteren in das

---

[1]) Nachsatzstellung wie im Mainz. Reis II § 57. Baier bevorzugt diese Stellung nicht nur beim hist. Präs., sondern auch sonst, z. B. 548 *ist ein kneblein mit nahmen Nicklaus; heist der vatter Lorentz Kolb*. 550 *hat sie gott mit einer jungen tochter erfreuet; seind zu gevattern gestanden . . . heist das kindlein Anna Maria u. ä.*

[2]) Ebenso im Erzgeb. *s wòr grod ön enn Mibbich frieh, d'rwòcht* (erwacht) *dr Hönnes*. Erzgeb. Ztg. XIII 234.

[3]) Lambel verweist mich auf Nagl Rosnad S. 369 f, wo Dichtungen von Misson, Stelzhamer, Kaltenbrunner als Beispiele durchgängiger Verwendung des hist. Präs. angeführt werden, während Rosegger z. B. in »Tannenharz und Fichtennadeln« dem wirklichen Volksdial. entsprechend sehr wohl zwischen hist. Präs. und Perf. unterscheide.

[4]) In der Formel *sŏch é how é gˑsàgt* (oder umgekehrt), deren Missbrauch schon die alte bayr. Gramm. beklagt (Wunderlich Satzbau S. 48. Vgl. Schmeller II 233), stehen beide Tempora sogar neben einander.

[5]) Andresen Sprachgebrauch S. 83 führt auch aus Rückert Beispiele solchen willkürlichen Wechsels an.

Perfect, die letzteren, als der Gegenwart näher stehend, in das Präsens gesetzt sind (so im Finalsatz *daß sie . . . wos hàim bringt*, im nachzeitigen Temporalsatz *bis sie wida . . . kunnt*; auch als futurisch ließen sich diese Präsentia fassen: *der Knabe hatte nicht gedacht, dass die Sache so ausgehen werde* sc. wie sie nun thatsächlich ausgieng). Die als vergangen dargestellten Handlungen sind gegenüber den in der Vergangenheit als bevorstehend gedachten eigentlich vorzeitig.

Es lässt sich nun ganz allgemein beobachten, dass die Ereignisse, die zu den im Präsens erzählten Ereignissen vorzeitig sind, in das umschriebene Perfect treten: Lorenz S. 18 *Sie hàud sĭ neks midg'numma àls a Stückl schwàrz's Bràud u dös bringt sie öitza rassa u wül's... ess'n. Kamm hàut sie owa ara pàa Bissn davàä o'brochn, sa siaht sie* u. s. w. So wird in der Erzählung gewöhnlich das, was dem Erzähler bloß von anderen erzählt worden ist (also sozusagen die Erzählung aus zweiter Hand) ins Perfect, das Selbsterlebte aber, das zu lebhafterer Veranschaulichung drängt, ins Präsens gekleidet: *I gäih* (gieng) *glái dos u fràuch ən Broudə, wos ə bən Doktə àsg'richt' hàut. Des* (sc. der Bruder) *hàut nən owa nist dəhàim troffm. So hàut ə sā* (des Doctors) *Fràu g'frängt . . .* u. s. w. (vgl. das Beispiel aus Sudermanns Heimat S. 43 bei Wunderlich Umgangspr. S. 203).[1])

Es ist allerdings möglich, dass auch eine solche vorzeitige Handlung wiederum im historischen Präsens erzählt wird, indem sich die Einbildungskraft gewissermaßen von dem zuerst eingenommenen Standpunkt der Vergangenheit neuerdings auf einen noch weiter zurückliegenden versetzt. Also in unserem Beispiele: *I gäih* (= gieng) *glái dos u fràuch ən Broudə, wos ə bən Doktə àsg'richt' hàut, u denkts enk nes, wos mə des dəzüält hàut: Gäiht də Broudə àlsə zən Doktə — des r is nist dəhàim; so fräigt ə sā Fràu* u. s. w. Die vom Bruder erlebten und dem Erzähler mitgetheilten Begebenheiten liegen um eine weitere Zeitstufe der Vergangenheit hinter den vom Erzähler dargestellten Begebenheiten zurück. Der Erzähler versetzt sich nun nicht nur in die vergangene Zeit seiner eigenen Erlebnisse, sondern auch noch in die Zeit der Erlebnisse seines Bruders zurück.[2])

Auf Rückversetzung des Redenden in die Vergangenheit ist auch der Gebrauch des Präsens für den irrealen Conjunctiv Plusq. zurückzuführen: *Wöi ə mé nist hält, lich é in Böch drin* = wenn er mich nicht gehalten hätte, wäre ich im Bache gelegen (erzählt jemand).[3])

Historisches Präsens ist sogar in (rhetorischen) Fragen und Ausrufen gebräuchlich, wo es in der Schriftsprache wohl seltener ist: *Warum hat er es denn gethan, wenn er (schon* oder *doch) wusste, dass . . .* heißt: *Wos tont ə 's ənn, wenn ə scho wäiß, dá* u. s. w.

---

[1]) Dieser Unterschied des Tempus beruht jedenfalls auf einer gewissen Zurückversetzung in die Vergangenheit. Wo diese Zurückversetzung fehlt und die Handlungen gleichmäßig vom Standpunkte der Gegenwart betrachtet, auch gleichmäßig vergangen erscheinen, fällt auch jener Unterschied weg: *Wenn a r afg'stàndn is, bis a sĭ" wida nidəg'leggt hàud* (pflegte er ununterbrochen zu fluchen) Lorenz S. 20.

[2]) Über die umgekehrte Vertretung des Präs. durch das Prät. in Folge einer Assimilation des Tempus s. unten § 176.

[3]) Vgl. § 17", 1.

Die Gewohnheit der lebendigen Zurückversetzung in die Vergangenheit tritt übrigens nicht bloß im Tempus hervor, sondern es ist der volksthümlichen Darstellung überhaupt eigenthümlich, dass sie statt des fertigen Ereignisses gerne die Genesis desselben in der Auffassung des Erzählers, ja sogar auch noch in der seiner nächsten Umgebung wiedergibt. Diese Technik, die der Mann aus dem Volke unbewusst übt, wird auch in der Literatur bei alten und neuen Schriftstellern als mehr oder minder bewusstes Kunstprincip gehandhabt. So sagt F. Poppenberg über Hermann Bahr in Neumann-Hofers Magazin für Literatur 1895 N. 39 Sp. 1222: (So fängt H. Bahr gerne mit Einzelheiten an,) *die die Geburt jenes Themas, das Erleben jenes Ereignisses bei ihm begleiteten; er bringt den Leser genau in die Situation, in der er war, in dieselbe Stimmung, und erzeugt dadurch selbstverständlich auch Interesse für die weiteren Folgen der Situation.* Ebenso verfährt der Mann aus dem Volke, wenn er, statt einfach zu erzählen *Gestern abends hatten wir einen sonderbaren Besuch, . . .* etwa beginnt: *S wɔɔ schɔ gänz finɔ r in Husf — i sitz dàu bɔn Löicht hintɔn Tisch u denk oʃ néks — äf oʃ mäl bält dräß dɔ Hund u tout wöi wöitè.* »*Dös mou wes Fremms sā͂*«, *denk ɔ mɔ — wösst niɔt, wes üm döi Zàit nu zɔ miɔ käm; öitzɔ hàiɔ r é, wöi oiʃ s* (jemand) *dräß oʃ dɔ Tüɔ nàu dɔ Klinkn ümsoucht —* (d') *Tüɔ gàiht äf* u. s. w.

b) Das futurische Präsens (= Futur. I. und II.). Der vom Ahd. bis in die Gegenwart übliche Ersatz des Futurums durch das Präsens (Grimm Gr. IV 176 f. Kehrein Gr. d. 15.—17. Jahrh. III § 52) kann in der Mundart wie in der Umgangsprache überall dort eintreten, wo der Zusammenhang der Rede in Verbindung mit der Situation des Sprechenden und des Angesprochenen eine Beziehung auf die Gegenwart oder die Vergangenheit ausschließt. Oft entscheiden allerdings nur in der Schriftsprache Zeitpartikeln oder die Beziehung zu anderen auf bestimmter Zeitstufe stehenden Handlungen über den (historischen oder futurischen) Sinn des Präsens, aber auch ohne diese unterstützenden Momente kann dem Präsens aus der Situation des Sprechenden und des Angesprochenen ein veränderter Sinn erwachsen. Wenn jemand sagt *I kumm zɔ diɔ*, so wird der Angeredete *kumm* (komme) präsentisch fassen, wenn der Sprechende mit diesen Worten etwa in sein Zimmer tritt. Wenn hingegen A zu B sagt *Wos soll ɔnn dös hàißn? I kumm zɔ diɔ u du bist niɔt dɔhàim!*, so wird die angeredete, sowie jede dritte Person nur eine Beziehung auf die Vergangenheit annehmen können (etwa auf eine an einem früheren Tage von B nicht eingehaltene Zusage). Werden dieselben Sätze (*I kumm zɔ diɔ — du bist niɔt dɔhàim*) hingegen im Zusammenhange mit Zukunftsplänen gesprochen, deren Verwirklichung der Redende im Geiste vorwegnimmt, so verschiebt sich ihr Sinn zu einem futurischen. Hier ist eine analoge Beobachtung zu machen wie beim historischen Präsens. Sowie sich dort die Vergegenwärtigung auf die der Gegenwart des Sprechenden zunächst liegenden vergangenen Ereignisse erstreckt, während die zu den vergegenwärtigten wiederum vorzeitigen Ereignisse im umschriebenen Perfect gegeben werden, so werden auch (in entgegengesetzter Zeitrichtung) vor allem die der Gegenwart des Sprechenden zunächst liegenden zukünftigen Ereignisse durch das futur. Präsens vergegenwärtigt, während die zu den vergegenwärtigten wiederum nachzeitigen Ereignisse im Futurum erscheinen: *I gäih mit diə doə u lěch ə gouts Wort füə đi ä͞* (ein), *àffə wiəd ə scho nàugé(b)m.*[1]) Allerdings kann sich in zweiter Linie die Vergegenwärtigung wiederum auf alle zukünftigen (wie beim historischen Präsens auf alle vergangenen) Handlungen ohne Unterschied beziehen.

Zur Hervorhebung des festen Vorsatzes[2]) sowie zur Ausmalung von Zukunftsplänen, Verabredungen, beim Vorschlage und beim Rathe bedient sich die Mundart wie die Umgangsprache des futurischen Präsens, um dieselben als ausgeführt darzustellen: *I gäih zən Förschts hintè u fràug nən, wöi 's mi(d)u Hulz is — du richst* (richtest) *dəwäl ən Wŏgn z'sämm . . .* Der Vorschlag steht schon an der Grenze des Befehles; der Ton entscheidet, ob diese Grenze überschritten wird und

c) wirkliches imperativisches Präsens (Ind.) vorliegt:[3]) *Du richst öitzə r ən Wogn z'sämm!* Dieses begegnet auch im logisch untergeordneten Satz, so nach *rathen: An andermoahl dau ranth ih dir, Du trägst an langern Mantel* Weikert bei Firm. II 388; nach *denken: Dau how ə mə denkt* (beliebte Wendung): *Gäihst ä doə! schäust də 's ä r oə!* (mit entsprechender Betonung).

d) Bemerkenswert ist das futurische Präsens in Nebensätzen wie *Wenn des nu əmàl ə sétts Wort sàgt, àffə wàiß é nịət, wos é tou.* Hier entscheidet der Ton über den Sinn; drohender Ton vermittelt die Bedeutung *dann weiß ich nicht, was ich* (in der Aufregung) *thun werde,* d. h. *dann kann ich nicht dafür bürgen, dass ich mich nicht zu etwas Gefährlichem, Gewaltthätigem hinreißen lasse.* Sanfter, bekümmerter, muthloser Ton aber verleiht dem Indicativ Präs. den Sinn des zweifelnden Conjunctivs (*dann weiß ich nicht, was ich thun soll*); vgl. das Beispiel *U wenn 's noucha neks hilft, ih wäiß neat, wàs ih thou* HTV S. 207 N. 191 (Egerland), in welchem der Nachsatz *ih mouß jà verzweifeln...* den ersteren Sinn vermittelt.

2. Futurum.

§ 164. *a)* Zur nachdrucksvollen Hervorhebung der Zukunft bedient sich auch unser Dialekt stets der Umschreibung mit *werden,*[4]) besonders bei der Gegenüberstellung von Zukünftigem und Gegenwärtigem, sowie

---

[1]) Dieses Verhältnis tritt auch in der hypoth. Periode hervor. Vgl. schles. (Gabel) *Wenn die* (sc. die Wolle) *weg ös, docht ich m'r hald, Wur'ch m'r wieder frische hulln* Tieze Hejmt I 11.

[2]) Über die Bevorzugung der unpersönlichen passiven Form dieses Vorsatzes vgl. § 159, 1.

[3]) Über dieses s. auch § 145 β und § 178, 5. Es ist dies, mit dem geeigneten Ton, wohl die stärkste Form des Befehles überhaupt. Im Sinne des höflicheren Conjunctivs der Aufforderung, den der Indicativ im O- und Nöst. annehmen kann (*schaút d' m̄əm h̄ə!* Nagl Roanad S. 67 zu V. 69) wird er in unserer Gegend nicht gebraucht. Die dialektische Literatur bietet jedoch vereinzelte Beispiele: *Denkt da Voda!* = denkt Euch, Vater! Urban Erzgeb. Ztg. XVI 71. Über die Umgehung des Anredepronomens *Sie* durch Name oder Titel im Nöst. vgl. DM VI 252 N. 1, 4.

[4]) Ebenso nöst. Nagl Roanad S. 257 f. zu V. 299 *khim*; S. 379 zu V. 392 *weǐm-mär.* Das Baselst. (Binz § 149), die Kerenzer Ma. (Winteler S. 150 bis auf eine Spur des futur. Sinnes im Toggenburger D.) und das Mainz. (Reis I § 12, 2) kennen *werden* mit Inf. nur im potentialen Sinn. Unbekannt ist die Umschreibung des Fut. m. *werden* allen niederd. Sprachen: Erdmann Grundz. § 142, 6.

zum Ausdruck der weiter entfernten Zukunft: *'S kocht und sprud'lt heint nu u wiad ā furtkochn* Lorenz S. 13. Der Sinn der entfernteren Zukunft verleiht den Zusagen im Futurum, die man auf Aufforderungen hin macht, einen vorsichtigeren, gemesseneren Charakter als den im Präsens gegebenen; vgl. *I wi͜o 's scho taū* gegenüber *Dös ton é*. Bei jenen behält man sich gewissermaßen ausdrücklich den Zeitpunkt der Erfüllung vor; es ist auch die Form, in welcher man dringende oder geradezu aufdringliche Forderungen abwehrt, in Schranken weist. Der Ton kann eine solche Antwort ebensogut zu einer Beschwichtigung wie zu einer unhöflichen Abfertigung stempeln.[1]

b) Die unserer Mundart ebenfalls geläufige modale und zwar potentiale Bedeutung der Umschreibung — ein Gegenstück zur temporalen Bedeutung einzelner Modi (des Conjunctivs im Lat., Griech., Got. Grimm Gr. IV 177, z. Th. im Ahd. Wunderlich Satzbau S. 39 Anm.) — kann aus der alten inchoativen bezw. futurischen Bedeutung von *werden* hervorgegangen sein,[2] indem zunächst die logische Folge sich in die Formen der zeitlichen kleidete. Demgemäß steht sowohl in zwingenden als in Wahrscheinlichkeitsschlüssen die Schlussfolgerung im Futurum: *Nō dös wiəd à dennə nist wàuə sa͂*. *Wiəst mə 's nist sogn* = du sagst es mir wohl nicht (Urban As d. H. S. 25).

Weit verbreitet ist das potentiale Futurum 1. in Ausrufen aller Art:

So α) in der Wiederaufnahme der Wortfrage in der Form des Ausrufes: *Wàu bist ənn g'wést?* Antwort *Wàu wiə r é dənn g'wést sa͂!*[3] Je nach dem Ton ist dieser Ausruf entweder eine gutmüthige Umschreibung der Antwort *Das ist ja selbstverständlich! Das kannst du dir ja denken!* oder eine mehr oder minder gereizte Abweisung (= *Frage nicht so überflüssig, so einfältig, so neugierig!* u. s. w.); bei der Satzfrage kommt der mit *wo* oder *wie* eingeleitete, nicht verneinte Ausruf einer Verneinung, der verneinte einer Bejahung gleich: *Bist z'fri(d)n?* Antwort *Wàu (wói) wiə r é dənn z'fri(d)n sa͂!* (= nein), *Wàu wiə r é dənn nist z'fri(d)n sa͂!* (= ja).[4]

β) Gleichfalls im Sinne einer Verneinung, sei es, dass eine Frage, eine Aufforderung oder eine bloße Behauptung vorhergegangen ist, steht der Ausruf auch ohne Fragepronomen: *Üwəgittst* (übergibst du) *nən d' Wirtschàft?* (oder *Üwəgi nən d' W.! I ho g'häist, du üwəgittst n. d' W.*) Antwort *I wiə nən d' Wirtschàft iəwəgé(b)ŋ!* (=*wàu denkst ənn hī!*)

γ) Ferner in Ausrufen, mit denen man etwas in Zweifel zieht: A *Dös wàiß é*. B *Du wiəst 's wissn!* = Daran zweifle ich (aber auch in abweisendem Tone = nein). Hieher gehört auch die Verwendung des

---

[1] An der schwäb. Retzat klingt die Antwort im Futur. unhöflich; Stengl DM VII 398.
[2] Winteler a. a. O. S. 150 nimmt umgekehrt die modale Bedeutung der Umschreibung als Grundlage der zeitlichen an.
[3] In der südl. Übergangs-Ma. (Neuern): Rank Aus dem Böhmerw. S. 249 *Wo war gestern . . . euere Wirtstochter?* »*Wo wiad 's denn gwöst sā?*« *sagte die Magd.*
[4] Auf die Frage *Fürchtest du dich?* sagt die Braut im gottscheew. Liede »Die Todtenbraut« Str. 3: *Beu bert ih, lieber, mih würchten, benn du, lieber, pist pai mir?* Schröer WBG 72 [236].

potentialen Futurums im Sinne des lateinischen und griechischen Conjunctivus dubitativus: *Wos weə'n mə r ənn öitzə oə̃ fangə?* Verwandt ist der Ausruf, mit dem man alle Bedenklichkeit bei Seite wirft: *Wos wiə r é dàu làng ümtàu!* = Wozu soll ich da viele Umstände machen!

δ) In Ausrufen, in denen ein Wunsch liegt: *Dös wiəd dennə niət wàuə sã̀!* = Gott gebe, dass es nicht wahr ist! [1])

ε) In Ausrufen, die einer Aufforderung gleichkommen: *Weə wiəd ənn glái suə bäis sã̀!* = Sei doch nicht gleich so zornig! [2])

2. Auch außerhalb des Ausrufes erhält das Futurum oft, namentlich in Verbindung mit *gern*, die Bedeutung des Wunsches: *I wiə (w(ü)l) nō gern seəh, wos dàu nu (noch) drás wiəd!*

3. Wie beim futurischen Präsens, so sind auch beim Futurum selbst die futurische und die imperativische Bedeutung Grenznachbarn; der Ton entscheidet, in welchem Gebiete man sich befindet: *Du wiəst dàubláí(b)m!* oder in der Form der Frage, namentlich der Doppelfrage: *Wiəst (d̀) dàu bláí(b)m?* und *W. d. bl. odə niət?*

§ 165. Neben der Umschreibung mit *werden* findet sich auch die alte Umschreibung mit *sollen*, sowie mit *wollen*: [3]) Egerer Fronl. 2242 ff. *Mir ist im geist worden bekandt, Ich sol nit sterben von diser erden, Got sol mir vor zu sehen werden.* So noch heute *Wos soll (schöll) ənn dös suə weə'n? I ho denkt, i soll 's hài̇t nu zwingə* = ich dachte, ich werde es heute noch bewältigen. *I vəhoffm* (hoffe), *'s soll béssə weə'n. I denk hàlt, 's soll bàl ən ànnəs Wédə weə'n. Dös w(ü)l é seəh!* (Ausruf des Trotzes, auch *Dös wiə r é seəh!* Beides auch öst.). Der mit *wollen* gebildete nhd. Infinitiv Futuri (*es scheint regnen zu wollen*) ist unserer Mundart (wie der öst.) unbekannt.

Müssen, noch bei Luther in futurischem Sinne gebraucht, [4]) erscheint in der Mundart ebenfalls in Wendungen, die hart an bloß futurische Bedeutung streifen: *I mou mə nō widə r əmàl ə g`scháits* (ordentliches) *Méssə káffm.* Endlich grenzt an die Bedeutung des Futurums bisweilen auch die Verbindung von *haben* und dem Infinitiv mit *zu* (wie im Nhd.: *I ho nu wos g`tàu*) sowie die Verbindung von *öitzə hàißt 's* mit dem Infinitiv: *Öitzə hàißt 's zən Vöich scháuə* = Jetzt muss (werde) ich beim

---

[1]) Vgl. in der südl. Übergangs-Ma. (Neuern): Rank Aus d. Böhmerw. S. 161 *Wiad 's o sched* (ja doch) *dəsmol nöd woə sà!* (jammert eine Mutter mit Beziehung auf eine üble Vorbedeutung).

[2]) Nordböhm. (Schönau bei Schluckenau) *War word denn glei zu denken!* Tieze Hejmt II 47. All das (1) auch öst.; ebenso 3.

[3]) Beides auch im deutsch-ungr. Berglande: *sollen* Schröer Versuch S. 95 [345], 36; vgl. S. 185 [435]. Nachtrag S. 47 [289]; *wollen*: ders. Versuch a. a. O. und ebda S. 170 [420], 5 WB 104 [213] n. *bellen*. Auch im Gottscheew. *wollen* = *werden*: ders. WBG 230 [496]. In der nd. Krefelder Ma. ist *sollen* das eigentliche Hilfszeitw. des Futur.: DM VII 71, 212 Das Ostfries. verwendet außer futur. Präs. überhaupt nur *sollen* und *wollen*: DM IV 130, 61.

[4]) Erdmann Grundzüge § 142, 3.

Vieh nachsehen.[1]) Auch die meisten dieser Umschreibungen (mit *sollen, wollen, müssen, haben*, selbst mit *öitzə háißt 's*) entwickeln unter dem Einflusse des geeigneten Tones außer der futurischen auch imperativische Bedeutung.[2])

Über das erzählende Futurum vgl. S. 143 Anm. 6.

§ 166. Das Futurum exactum ist in temporaler Bedeutung seltener als in potentialer; rein temporal ist es am ehesten neben bestimmten Zeitangaben: *Hái˜t iəwə 's Gáuə weə'n mə 's scho üwəstándn ho(b)m*. Gewöhnlich tritt dafür wie im Nhd. das Perfect oder das Präsens ein.

3. Präteritum.

§ 167. Außer den Präterito-Präsentibus ist unserem Dialekt im Indicativ Act. das einzige unumschriebene Prät. *woə* (war) erhalten.[3])

---

[1]) Die 3 letzteren Wendungen auch öst. Die elsäss. Verbindung des Infinitivs mit *gehen* zur Bezeichnung der nahen Zukunft, sowie die verwandten bayr. Wendungen (vgl. § 226, 2) sind unserer Ma. fremd bis auf die auch der Umgangsprache angehörige Verbindung *schlafen gehn*, worin die finale Bedeutung zu Gunsten einer einfach futurischen schon mehr zurückgetreten ist als in den ebenfalls üblichen Verbindungen *i gäih ā˜küffm, essn* u. dgl.

[2]) Von der alten inchoativen Bedeutung der Umschreibung mit *werden*, aus der sich die futurische entwickelt hat, ist in unserer Ma. keine Spur erhalten. Die diesem alten *werden* mit dem Infinitiv parallel laufende Verbindung von *sein* mit dem Infinitiv (mhd. *du wirst dich ruomen = du wirst fähig dich zu rühmen, thust es also wohl in Zukunft* gegenüber *du bist dich ruomen = du bist in der Lage dich zu rühmen*, welche die Dauer in der Gegenwart bezeichnet (vgl. Erdmann Grundzüge § 142, 6), ist im Egerer Fronl. sehr häufig: 949 f. *Moyses, ich wil dich der pet gewern, Die du iz von mir pist begern* (vgl. 3161); 1326 *grünen ist* (= grünt); 1408 *wuereken itt* (= wirkt); 2017 *treiben ist* (= treibt); 2038 *volgen pin* (= folge); 2090 *ern sein* (= ehren 1. Pl.); 5871 *verspotten sindt* (= verspotten); 5878 *kötten ist* (= tödtet); hieher gehören wohl auch 578 *geben pist* (= gibst, auch 1050); 918 *hangen sindt* (= hangen); 1991 (der Stern, der uns bis hieher geführt hat,) *dem wel wir fürpaz volgen sein* (= wollen wir folgen, vgl. 3352); 2405 *Si sollen mich wenig erbarmmen sein*; 4227 *Ir drei sollet da beitten sein*; 8011 *Wil es dir wołgefangen sein*; auch in *than* (allerdings in erster Linie Particip Prät.) ist öfters der Infinitiv zu erkennen (vgl. 709 *Got lat uns hie sein wornung than*; vgl. 1158 1183); 4336 *Judas, mit dem Kus, den du mir pist than, Verratest du* ... Ob 5857 *Wie lang welt ir hie weinnen sten?* eine Analogiebildung zu diesen Fügungen oder eine verkürzte Participial-Form (= *weinend*) vorliegt, mag dahingestellt bleiben. Nicht der Infinitiv, sondern das ältere Particip mit *sein* liegt vor Elbogner Chronik S. 15 Z. 10 f. v. o. *als dasz viel fromen leuthen wissen ist und unvorporgen* (mhd. *gewizzen*). Vgl. S. 101 Z. 8 f v. o.

[3]) Das Volkslied weist auch andere Ind. Prät. auf; vgl. die Einleitung. Die Form *wollt'* im Kinderliede *Unna Brouda Michel, deα(r) wollt' a Reita weα(r)n* (HTV S. 390 N. 57 Plan) ist mit Rücksicht auf die Fortsetzung im Präs. (*kann, nimmt* ...) wohl als Conj. Prät. zu fassen. Gegenwärtig ist der Indic. Prät. *wollte* jedenfalls ungebräuchlich.

Sonach gehört unsere Ma. zu dem zweiten der von Reis I § 7 in Bezug auf den Gebrauch des Prät. aufgestellten Bezirke. Auf der Stufe unseres Dialektes steht auch das Iglauische (DM V 318). Im Oöst. und Südböhm. dürfte *war* nur in der Stadt-Ma. gehört werden und ist auch hier durch *ich bin gewesen* stark im Gebrauch beschränkt. Lambel verweist mich auf Matoschs *D' Ähnl beim Launln* (As dá H. I³ 315 ff.), worin nur umschriebenes Perfect, sowie auf desselben Verfassers *D' väsämte Prödi* und *Mil'n Dampf*, worin *war* dreimal angewendet erscheint. Was das Nöst. betrifft, ist das Prät. *woə* zwar im Wiener Dialekt üblich, aber im eigentlichen nöst. Bauern-D. verschwunden (Nagl Roanad S. 369 f). Das gleiche gilt vom bayr. Volksdialekt im allgem. (Hartmann Volksschauspiele S. 604).

§ 168. Während der Indicativ Präteriti verloren gegangen ist, blieb der Conjunctiv durchwegs im Gebrauche, z. Th. allerdings nicht der ursprüngliche, denn der Conjunctiv der starken Präterita ist in ausgedehntem Umfange durch schwache Bildungen ersetzt worden. Reis (I § 7; vgl. dens. PBB XIX 335 f.) hat den Verlust des Präteritums in der Mainzer Mundart aus dem Zusammenfallen einzelner Personen des Indicativs Präs. und des Indicativs Prät. zu erklären gesucht. Nagl (Roanad S. 369 unter f) hat zu diesem Behufe auf die Uniformierung zwischen Indicativ und Conjunctiv Prät. im Niederösterreichischen hingewiesen. Eine ähnliche Erklärung liegt auch für unsere Mundart nahe. Indicativ und Conjunctiv Prät. mussen auch hier nicht nur bei schwachen, sondern auch bei manchen starken Verben (so bei den nicht umlautfähigen) zusammengefallen sein, da die conjunctivische Flexionsendung -*e* frühzeitig abfiel. Daher musste sich alsbald das Bedürfnis nach einer unzweideutigen Form für den Indicativ Prät. geltend machen und als eine solche bot sich das umschriebene Perfect dar.[1])

Durch das Aufkommen dieses neuen Indicativs konnte die alte Endung der schwachen Präterita (-*ete*, mit Abfall des auslautenden -*e* -*et*, verdumpft -*ət*) nach und nach auf die conjunctivische Function beschränkt werden. Dass diese Bildung auch auf starke Verba und Anomala übergriff und sich als conjunctivische Bildung κατ' ἐξοχήν festsetzte, lässt sich begreifen.[2]) Dabei gebot die Analogie der schwachen Verba, auch bei den starken den Präsensstamm zugrunde zu legen; nach *riədət*, *sōchət*,

---

Der Gottscheewer Dialekt hat zwar Reste des Prät. erhalten, aber er fügt an den abgelauteten Stamm der starken Verba die Endung der schwachen Flexion: *bâteit*, *ließait* (= bat, ließ); Schröer WBG 166 [432] Anm. 1. Im ungrischen Berglande hat sich das im allgem. ebenfalls seltene Prät. namentlich von *haben* erhalten; Schröer Versuch S. 119 [369], 4. Auch im Alemann. ist das einfache Prät. verdrängt worden (Behaghel D. deutsche Spr. S. 210). Vgl. Binz § 143 b. Von den Schweizer Maa. besitzt die Saaner nur *twas* (*wasen*) und *hatti* (DM VI 407, 22), die Kerenzer Ma. zeigt jedoch gar keine Spur des einfachen Prät. mehr (Winteler S. 148). Die Mainzer Ma. bildet Prät. von *sein* und *wollen*: Reis I § 6. Der schles. und obersächsische Dialekt hingegen kennen beide noch das erzählende Imperf. im größeren Umfange; die schles. Ma. Nordböhmens zieht allerdings (abgesehen von den Stadt-Maa.) die Umschreibung mit *that* (*a tôt schreiba*) dem einfachen Prät. vielfach vor (Knothe WB 43. Markersd. Ma. 14). In der Ma. von Fallersleben ist Präs. und Prät. durch den Ausfall des *d* lautlich zusammengefallen: *ik arbeie* (arbeite) und *ik arbei'e* (arbeitete): DM V 47.

[1]) Wunderlich Umgangsspr. S. 192 kann sich die ausschließlich lautliche Erklärung des dial. Perfects nicht zu eigen machen. Er sucht die Hauptursache dieser Erscheinung in psychologischen Momenten, so in der Neigung der Ma., auf dem Boden des Thatsächlichen, Gegenwärtigen zu beharren. Ich habe dieses Argument wohl früher (Progr.-Aufsatz I 36 Anm. 2) missverstanden und auf die unsichere Form der Behauptung in der Ma. verwiesen. Allein Wunderlich denkt offenbar daran, dass die Ma. auch sonst, z. B. in den zahlreichen nominalen Umschreibungen einfacher Verbalbegriffe mittelst *sein* und *haben* (vgl. oben § 149, 2), lieber den Zustand in der Gegenwart auffasst, als den Weg zurückverfolgt, den die Handlung bis zu dem daraus resultierenden Zustande gegangen ist. Das umschriebene Perfect ist nun seiner Form wie seiner Bedeutung nach an jene nominalen Umschreibungen mit *sein* und *haben* anzuschließen, und so ist jenes psychologische Argument gewiss mit in Betracht zu ziehen. Außerdem ist wohl an die (von Wunderlich Recens. über Reis I German. XXXVII 488 f. betonte) sprachgeschichtliche Erscheinung zu erinnern, dass alle ursprünglichen Formen sich im Laufe der Zeit abnützen und an Gewicht verlieren, so dass die Sprache, wo es sich um die deutliche Ausprägung bestimmter Functionen handelt, immer mehr zu kräftigeren Umschreibungen greifen muss. Dieses Bedürfnis kommt der Einbürgerung aller Arten von Umschreibungen entgegen.

[2]) Vgl. Schmeller § 904. 915. 960. Weinhold Bayr. Gr. § 323.

zänkət wurde gebildet *foərət* (Präs. *i foə*), *gĕwət* (*i gi*, *miə gë̀(b)m*), *helfət* (*i hilf*, *miə helfm*), *lä́ffət* (*i lä́ff*), *nemmət* (*i nimm*, *miə nemmə*), *schräiwət* (*i schräi(w)*), *sterwət* (*i stiər*, *miə ster(b)m*) u. s. w.[1])

Gegenwärtig hat die schwache Bildung des Conjunctivs Prät. (wie im Bayrischen) eine solche Ausdehnung gewonnen, dass nur wenige starke Verba ihren ursprünglichen Conjunctiv bewahrt haben; und selbst neben diese sind schon vielfach schwache Nebenformen getreten: *gä́i* (neben *gĕwət*, eigentlich *gebet(e)* = gäbe), *gáng*, *kä́m* (n. *kummət*), *läiß* (ließe), *näm* (n. *nemmət*), *spráng* (E. J. XIII 100, n. *springət*), *stánd*, *wäi* (wäre). Die im E. J. XXIII 154 begegnenden Formen *äß*, *früß*, *säß* (äße u. s. w.) werden in unserer Gegend wohl nie gehört.[2]) Endlich ergriff die Wirkung der Analogie die übrig gebliebenen starken Conjunctive selbst, und es wurde an die starke Form noch die Endung der schwachen angehängt: *gä́w-ət*, *gáng-ət* (Lorenz S. 33 Z. 6), *kä́m-ət* (Urban Fr. Kl. S. 146 Str. 8), *näm-ət*, *läiß-ət*.[3]) Schwache Doppelbildungen sind: *kännt-ət* (*khonnet* in Baiers Chronik 352 S. 106 ist heute ungebräuchlich), *schöllt-ət*

---

[1]) Schwache Formen wie *springet*, *stoßet*, *laßet* begegnen z. B. auch im Vordernberger Paradeisspiel (Weinhold Deutsche Weihnachtsspiele S. 360) als Indicative = *sprang*, *stieß*, *ließ*. Indicativische Deutung fordern in unserer Ma. auch die Formen auf -*at* in den Ausgabslisten der Stadt Eger vom Jahre 1390—1440, auf welche Gradl in den Egerer Chroniken S. 436 aufmerksam macht: *gepurat* N. 1030, *beleyttaten* N. 1031, *besuchat* N. 1034, *haylat* ebend. Nur *gepurat* dürfte wahrscheinlich, wie Lambel (Mitth. XXXV Beil. S. 69) gezeigt hat, als Conjunctiv zu fassen sein, da die Post unter den undatierbaren Eintragungen (zwischen dem 30. August und dem 10. October 1434) steht und eine Vorauszahlung sein kann, für welche der Conjunctiv ebenso gut passt, wie für Nachzahlungen (*It. geben hn. Johansen . . . sein czins, der in gepurat czu Michaeli*). Das *a* in *at* ist die Bezeichnung für den dialektischen Mittellaut zwischen *a* und *e* (= *ə*), der in den Endungen erscheint (auch *et* geschrieben, vgl. N. 1034 *brife, dy man auff das heymlich recht nam und die der Hyczenplics bestellet*). Die übrigen Formen lassen sich nicht conjunctivisch deuten; sie sind also Indic. Prät.; desgleichen Formen wie *plicket* im Egerer Fronl. 96 *In die gothait ich plicket* (blickte) ganz.

Es wäre nun nicht unverständlich, wenn die bei schwachen Verben so frühzeitig eingetretene umfangreiche Uniformierung des Indic. und Conj. Prät. auch bei den starken Verben wenigstens zu Ansätzen einer ähnlichen Bewegung geführt hätte. Als solche lassen sich vielleicht nicht nur die von Nagl aus der neueren Dialektliteratur Ober- und Niederösterreichs angeführten Fälle des Gebrauches starker Conjunctive Prät. an Stelle der Indic. Prät. erklären (Nagl Roanad S. 369 unter f *kām*, *nām* = *kam*, *nahm* bei M. Lindemayr), sondern auch, worauf mich Lambel aufmerksam macht, schon die älteren mhd. Formen *tæten*, *næmen*, *bræhten*, *wæren* = *täten*, *nâmen*, *brâhten*, *wâren* in den Hss. *D* und *G* des Wolfram'schen Parzival u. anderswo (vgl. jetzt Behaghel Der Gebrauch der Zeitformen im conjunct. Nebens. Paderborn 1899. S. 184—186). Auch die in der altbayr. Dialektpoesie (im Volksschauspiel) auftretenden, von Hartmann (Volksschausp. S. 604) »Ersatzpräterita« genannten Conjunctiv-Formen wie *schluff*, *tät*, *träf*, *gäb* (ebenso *miesst*) gehören hieher. Nagl weist a. a. O. darauf hin, dass dieser in die Erzählung eindringende Conjunctiv in der skeptischen Denkweise des Landmannes, der Vergangenes wie Zukünftiges als minder »reell« zu nehmen geneigt ist, einen psychologisch geeigneten Boden fand. Damit wäre die Möglichkeit einer modalen Deutung des Conjunctivs gewissermaßen offen gehalten, und eine solche modale Deutung bietet sich unzweifelhaft auch für den einzigen in unserer Ma. bis in die Gegenwart lebendig gebliebenen Fall eines solchen Conjunctivs (*müsste* egerl. *mëußt* in der Erzählung). Darüber beim Conj. potent. § 194.

[2]) Von *thun* lautet der Conj. Prät. nur *tät* oder *tėt*, *teit* (Lorenz S. 6).

[3]) Ähnliche Formen im Bayr. Schmeller § 961. Weinhold Bayr. Gr. § 323. Unter den alem. Dialekten bildet z. B. der des Berner Mittellandes fast alle Condicionale starker Verba schwach; auch die Kerenzer Ma. weist solche Formen auf: Winteler Kerenzer Ma. S. 149.

(*sollt-ət*) (Schmeller § 961. Weinhold Bayr. Gr. § 327. Frommann zu Grübel N. 97 a), *wollt-ət, wëßt-ət* neben *kánnt', sollt', wollt', wëßt'*.[1])

§ 169. Bei den Hilfsverben *dürfen, können, mögen, müssen, sollen, wollen*, denen sich *brauchen, sehen, hören* anschließen, steht im umschriebenen Perfect neben dem gewöhnlichen Particip auch eine mit dem Infinitiv gleichlautende Form,[2]) und zwar steht das Particip, wenn von dem Hilfsverbum kein Infinitiv abhängig ist, besonders in der Antwort oder in der unvollständigen Fortführung des Satzes (wie im Nhd.), wobei das Particip gerne an die Spitze des Satzes tritt: *künnt, g·mácht (g·mugt)* (Weinhold Bayr. Gr. § 326), *därft, g·möißt, g·wellt (g·sollt)* dürfte kaum vorkommen) *häit é grod scho,*[3]) *ows* u. s. w., sonst kann es den Satz auch beschließen: *'s háud 'n káã Wei g·múggt* (Lorenz S. 23) und ebenso *i hö 's niət bráucht, g·seəh, g·häiət*. Hingegen sagt man regelmäßig wie im Nhd. *i hö niət mitgäih künnə, möi'n, welln, där(b)m* (oder *därfm*) u. s. w., *i hö nən kummə seəh, häiən*.[4]) Vereinzelt hört man im Nebensatze hier das Particip: *wál si mi géstən hàut ráffm g·seəh* (Urban As d. H. S. 79 N. 85), sowie umgekehrt beim bloßen Hilfsverbum den Infinitiv: *ih ho well'n owa niad = ob ich* (das Geld annehmen) *wollte oder nicht* Lorenz S. 10. Mit diesem *i ho welln* ist die vereinzelte Fügung in Baiers Chron. 215 *hetten bringen im dartzue* (= hätten gebracht) wohl in eine Reihe zu stellen. Was endlich *lehren* und *lernen* (dialektisch lautet beides *lárnə*,) *helfen, heißen, fühlen* betrifft, so bildet die Mundart das umschriebene Perfect der drei ersten nur mit dem Particip (*g·lárnt, g·holfm*), die beiden letzten kommen kaum vor.

Häufungen der Infinitive werden hiebei auch in der Mundart nicht vermieden: *wál i 'n hö welln gáign lárnə làuə*.

§ 170. Das Plusquamperfect wird genauer durch die doppelte Umschreibung mit *habe gehabt* (*hö gseəh g·hàtt; ich hatte gehabt* fehlt natürlich wie *hatte* selbst), *bin (war) gewesen* ausgedrückt, minder

---

[1]) Das Vordringen schwacher Formen ist nicht allein im Conjunctiv Prät., sondern auch im Part. Prät. bemerkbar. Vgl. § 234.
[2]) Über den Ursprung dieses Gebrauches s. Erdmann Grundzüge § 153 gegen Lachmann (zu den Nib. 2241) und Grimm Gr. IV 168. *Lassen* hat wie in der älteren Sprache nur eine Form für Inf. und Part. (*lâuə*).
[3]) Im Oöst. auch hier der Infin. (*mögen . . . hät i schon*).
[4]) Im Oöst. (bei *hören*) auch im Hauptsatz nur *i han'n kema (gen) g·hert*; ebenso (aber mit vorgesetztem Particip) im Deferegg. *ér hitt g·schillt* (hätte sollen) *v' àlspern kemm* (von der Fremde kommen) Hintner S. 47 Anm. 30. *Heint hàn i g·wöllt schaug'n* ebend. S. 48 Z. 18 v. o.; im ungr. Berglande (bei *brauchen*) *ts häste tich nět um ti khërsche hunnert mäl gepřeicht* (gebrancht) *pücke!* Schröer Versuch S. 82 [332], 18. *Seids still, bà* (denn) *ich hàb na gehelt* (gewollt) *acht gēm* ebend. S. 107 [357] 1 Z., *daß a nischt . . . hät packen gekint* (gekonnt) S. 118 [368] Z. 2 v. o.; im schles Dial. Nordböhmens *A hett kunt éndr kumma. A hòt musst worta* Knothe WB 42. *De Ziege hotte Ubends ue wollt saufen* Tieze Hejml I 76 (Gabel). In der Elbogner Chronik wird, ähnlich wie in diesen Beispielen *musst, wollt*, auxiliares *thun = gethan* in der Bedeutung *veranlasst* (Schmeller I 575) in der Umschreibung des Perf. neben den Infinitiv gesetzt, vgl. die Urkundenformel S. 128 Anm. 5. *Wissen = gewusst*, nach Kehrein (Nhd. Gr. II 1. Abth. § 92 Anm.) vom Volke gebrancht (*Er hat es nicht auszurichten wissen*), ist unserer Ma. fremd.
[5]) Im niederd. (wie im isl. schwed. engl. schott.) ist umgekehrt *leren = lernen*, auch in oberd. Schriften des 15. u. 16. Jahrh. (Weinhold Weihnachtssp. S. 206) und heutzutage noch im Schweiz. (Schweiz. Id. III 1368. Baselst. Binz § 154): auch im ungr. Berglande *leren* für beides: Schröer Versuch S. 30 [280], 18. Vgl. Schmeller I 1499. DWB VI 569.

genau, aber gewöhnlicher durch das bloße Präteritum. Es ist dies das sogenannte 2. Perfect bezw. Plusquamperfect, das auch der Schriftsprache nicht ganz fremd ist (Sanders Hauptschwierigkeiten S. 223 unter »Perfect« 4).

§ 171. Zur Umschreibung des passiven Perfects und Plusquamperfects dient wie im Nhd. *sein — worden*. Weggelassen wird *worden* unter denselben Bedingungen wie im Nhd.[1]

§ 172. Die durchgängige Umschreibung des Perfects und Plusquamperfects im Activ und Passiv führt zu Häufungen und Zusammenstößen der Hilfszeitwörter, die in der Schriftsprache den Eindruck des Schleppenden machen würden. Die gesprochene Sprache nimmt an solchen Häufungen überhaupt weniger Anstoß, denn einmal kann der Ton der Rede auch das Gleichartige verschieden färben, und dann fehlt die in der Schriftsprache so bedeutsame Controle des Auges (Wunderlich Umgangsprache S. 191). Für den Dialekt im besondern liegt jedoch die Sache so, dass das ästhetisch Anstößige solcher Häufungen wohl überhaupt nicht empfunden wird; bewegt sich doch gerade die Sprache der unteren Schichten des Volkes nach Inhalt und Form vielfach in den einförmigsten Wiederholungen, und weit entfernt, das Unschöne einer solchen Ausdrucksweise zu empfinden, bevorzugt sie sogar der Mann aus dem Volke überall, wo sie zur deutlichen Ausprägung oder zur übersichtlichen Anordnung des Gedankens beizutragen scheint.[2] Übrigens wird in volksthümlichen Schriften die Wiederholung auch durch die Controle des Auges nicht immer eingeschränkt; vgl. Baiers Chronik 926 *Dem 26. Februarii ist Valta Winßheim . . . von dem burgern zue Turschenreuth erstochen und erschlagen worden . . . und ist im der kopf . . . creutzweiß zurhawen worden; hat man dem toten corper in ein sarg gelegt und ins schloß zu Turschenreuth getragen worden. dem 2. martzi ist er nach Waltsassen geführt worden und aldo begraben worden.*

Gebrauch des Präteritums.

§ 173. Sowie im Gotischen und in den frühesten ahd. Denkmälern das unumschriebene Präteritum für das lateinische und griechische Imperfect, Perfect, ja selbst Plusquamperfect, sowie für den griechischen Aorist gebraucht wurde, so ist in unserem Dialekt (und überhaupt in den meisten süddeutschen Mundarten) das umschriebene Perfect die gemeinsame Form für alle diese Zeitformen geworden; das Plusquamperfect wird allerdings genauer durch die oben angeführte doppelte Umschreibung ausgedrückt. Das umschriebene Perfect nimmt endlich auch (im Activ und Passiv) fast regelmäßig die Stelle des rein temporalen Futurum exactum ein (vgl. § 166).

---

[1] Vgl. darüber Matthias Sprachleben S. 112 f.

[2] Es ist verständlich, warum die Eintönigkeit des Ausdruckes mit der Abnahme der Bildung wächst und in den tiefsten Schichten der Bevölkerung endlich Formen annimmt, wie sie z. B. Rosegger in den Gesprächen des Stauden-Hiesl (Geschichtenbuch des Wanderers 1885 I 293) so köstlich dargestellt hat.

§ 174. Die Erzählung bewegt sich 1. theils im historischen Präsens, theils im umschriebenen Perfect. Von *sein* ist außerdem noch *wos* und vereinzelt selbst das Plusquamperfect *wos g'we͞'st* als erzählendes Tempus im Gebrauch.¹) Es bezeichnet gerne weiter Zurückliegendes: *D' Leut' öitza glabm 's niat . . ., daß a wirkli amål dàu g'west wåa.* Lorenz S. 10. Die Elbogner und die Egerer Chroniken wechseln oft in demselben Satze ohne erkennbaren Grund zwischen historischem Präs. und Prät. (Vgl. § 163 a.) Bei Baier überwiegt jedoch immerhin das Perfect (vgl. z. B. 215).²) Diese Art der Erzählung macht auf den Gebildeten den Eindruck größerer Objectivität und Kälte, während das Imperfectum mehr die persönliche Antheilnahme des Hörers anzurufen scheint.³)

2. Der in unserer Mundart seltene Gebrauch der Conjunctiv-Form für den erzählenden Indicativ Prät. in rhetorischen Fragen und Ausrufen wie *Möißt é niat áf Pràuch* (Prag) *ái͞'?* = *Musste ich nicht nach Prag reisen?* (oder *Denke dir, ich musste . . . !*) wird beim Conjunctiv § 194 zur Sprache kommen.

3. Ferner kann sich die lebhafte Erzählung wie in der Umgangsprache des bloßen Particips Prät. bedienen:⁴) *How é denkt: dàu wia r é làng ümtåu͞; o Làitǝn he͟ǝg-nummǝ, oͤg-lai͞'t, áffég-stign* (= *ich habe eine Leiter genommen, habe sie angelehnt, bin hinaufgestiegen*). In Beispielen wie in dem vorliegenden liegt die Erklärung dieses Gebrauches in der Zurückversetzung auf den Standpunkt der Vergangenheit, von welchem aus das Particip als ein imperativisches erscheint (*ich dachte mir damals: Eine Leiter genommen!* u. s. w.). Diese Auffassung kann durch den Ton auch äußerlich unzweideutig zum Ausdruck gebracht werden. Wo jedoch der Ton eine solche Deutung nicht vermittelt, liegt die Erklärung, wie Lambel (Mitth. XXXV Beil. S. 69) bemerkt, wohl in der »affectvollen Zurückversetzung in die Vergangenheit, die sich begnügt, die vollendeten Thatsachen in knappster Form rasch aneinander zu reihen«.⁵)

§ 175. Eine andere Art des Präteritums dient dazu, **die Aussage abzuschwächen** (Wunderlich Umgangspr. S. 212 f.); diese Geltung hat das Prät. namentlich in der Phrase *i ho denkt*, falls dies nicht wirklich

---

¹) Es zeugt von der fortschreitenden Entwertung der Formen, wenn in der Kerenzer Ma. sogar das 2. Perf. (*ich habe gedacht gehabt*) die Stelle des einfachen Prät. (= *ich dachte*) vertreten kann: Winteler Kerenzer Ma. S. 149. Über *war* oben S. 151 Anm. 3.
²) Imperfecta begegnen nur vereinzelt, z. B. *sturb* 223, *king* 224.
³) Matthias Sprachleben S. 371 macht feinsinnig auf diesen Unterschied z. B. in Todesanzeigen der Angehörigen (*gestern abends verschied . . .*) und in den Berichten unbetheiligter Personen (*gestern abends ist . . . verschieden*) aufmerksam. Auch auf den fühlbaren Unterschied der beiden Sätze am Schlusse des Goethe'schen Werther *Handwerker trugen ihn. Kein Geistlicher hat ihn begleitet* könnte hier hingewiesen werden.
⁴) Wunderlich Umgangspr. S. 96.
⁵) Vgl. auch Wunderlich Umgangspr. a. a. O. In der Schilderung einer forcierten Hochgebirgstour kennzeichnet F. Schlögl (»Auch eine Passion«, Wiener Luft S. 189 ff.) durch das fast durchwegs angewandte erzählende Part. Prät. die rastlose Schnelligkeit der Wanderung. Das Part. erscheint in der hochd. Literatur aber auch schon ohne diese Bedeutung: *Der oben (der Angler) immer gezuckt und gezerrt, und der unten (der Fisch) ganz still gewartet und ausgehalten und den Schmerz verbissen.* H. Böhlau Der Rangierbahnhof, Vom Fels z. Meer 1894 S. 468.

ich habe früher einmal gedacht bedeutet, sondern nur *ich denke*. Die Meinung erscheint weniger aufdringlich, wenn sie schon als der Vergangenheit angehörig dargestellt wird. Dasselbe Prät. in derselben Phrase kann jedoch, was Wunderlich nicht anführt, den Ausdruck der Meinung auch verstärken, indem der Redende diese dadurch vor dem Widerspruche besser zu schützen sucht, dass er zu verstehen gibt, man habe es hier nicht etwa mit einer zufällig oder eben erst gefassten, sondern mit einer schon früher gebildeten und sonach wohl überlegten Meinung zu thun. Ja, der Ton kann diese Phrase sogar zu einem Ausflusse des Selbstbewusstseins steigern, indem darin absichtlich die Voraussicht kommender Dinge wohlgefällig betont wird. In derselben Weise wird öfters auch *i ho g sàgt* gebraucht, wo von einer früheren Äußerung überhaupt oder wenigstens von einer dem Wortlaute nach übereinstimmenden früheren Äußerung nicht die Rede sein kann.

§ 176. Auf eine bloße **Assimilation des Tempus** ist es zurückzuführen, wenn das Präteritum für das Präsens eintritt in Sätzen wie *I ho nən sä˜ Göld widəgeb)m, wål i ən erlichə Moʃ woə* oder *əmål bin é åf ərə Dorf kumms, dös haut N. g haißn.*[1]) Der Sprechende sieht in einseitiger Verfolgung des Zusammenhanges vergangener Dinge alle Einzelheiten zunächst nur als Glieder dieses Zusammenhanges, und dabei wird die fortdauernde Giltigkeit einer Aussage oder eines Theiles derselben für die Gegenwart außeracht gelassen; bisweilen jedoch wird dieses Versäumnis durch eine nachträgliche Bemerkung gutgemacht, wenn dieselbe nicht geradezu überflüssig ist, z. B. *N. N. woə r ə räichə Moʃ — cə r is 's hai˜t nu* u. s. w.

§ 177. **Wiederholung und Dauer der Handlung** wird in der Mundart, wie häufig auch in der Schriftsprache, durch entsprechende Adverbia hervorgehoben; so durch *àləmàl* (allemal), *àləwàl* (alleweil), *völlə* (= *immer fort, immer wieder*;[2]) *immer fort* heißt auch *zou*, z. B. *zourengə* HTV S. 303 N. 282 Plan), *ummə, ummə* oder *ümmə zou, in oin zou, furt (Ih bleibet furt do* HTV S. 22 N. 38 Eger),[3]) *in oin furt*, auch adverbiales *àls* = alles (*döi sänn àls bə də hintən Tüə ái˜gàngə* = sie giengen immer, für gewöhnlich bei der hinteren Thüre herein). An stärkeren und derberen Ausdrücken der Dauer fehlt es nicht: *in oin Sài-àu(d)n* (= Sau-athem) u. dgl.

Über Prät. = Futur. s. S. 144 Schluss der Anm. 6 zu S. 143; über Perf. = Futurum exactum § 166.

---

[1]) Beispiele dieses Gebrauches z. B. bei Goethe, Rückert: Sanders Z. f. d. Spr. 1890 S. 501; 1895 S. 266. 396.

[2]) Nicht = *beinahe*, wie *völli* in der Heanzen-Ma. DM VI 180.

[3]) Ähnlich gottscheew. *wort, wurt* = *immer*: Schröer WBG 86 [250], *fart* oder *durch* im ungr. Berglande: ders. WB 50 [260] und 47 [257].

c) **Modi.**

α) Modi in Hauptsätzen.

1. Indicativ.

§ 178. 1. Sowie das Volk sich gerne mit lebendiger Phantasie in vergangene oder zukünftige Handlungen oder Zustände versetzt und diese demgemäß durch das Präsens bezeichnet, setzt es auch bloß Angenommenes oder Nichtwirkliches als wirklich und gebraucht demgemäß den Indicativ vielfach für den Conjunctiv Prät. der Schriftsprache. Dies gilt für Haupt- und Nebensatz. Beides, Verschiebung des Standpunktes der Betrachtung und Wirklichsetzung in Gedanken, liegt vor, wenn der Indicativ Präs. in irrealen hypothetischen Perioden für den Conjunctiv Plusquamperfecti eintritt, sowohl im bedingenden als im bedingten Satze: *Wöi e me niət dəhàlt, fàll e ài͂* = wenn ich mich nicht zurückgehalten hätte, wäre ich hineingefallen. Im Sinne des Conjunctivs Imperfecti (= wenn ich ... nicht hielte, fiele ich ...), in welchem derselbe Satz auch gebraucht werden könnte, liegt bloße Wirklichsetzung in der Gegenwart vor. Hieher gehören auch die aus älteren Sprachperioden sowie aus dem Schriftdeutschen bekannten Fügungen wie *G'sètzt ən* (= den) *Fàl, ɐ stirbt; Nemmə r ɔ͂, s Hàus wiəd vəkàfft* (= er stürbe, das H. würde verkauft). Wirklichsetzung in der Vergangenheit (also ohne Verschiebung des Standpunktes der Betrachtung), wornach der Indicativ Prät. für den Conjunctiv Plusquamperfecti gebraucht wird, ist selten und wohl nur im Nachsatze zu finden, nicht im Vordersatze wie im Mhd. (auch im Nhd. bei Klopstock, Schiller, Goethe: Erdmann Grundz. § 159); also *Wöi ə d᾿ Zàims* (die Zäume) *ἀ's də Hànd làsst* (nicht *làus hàut*, was nie irrealen Sinn hat), *woə r ə vəlàuən* oder *is ə vəlàuən g'wě̀st* (= wäre er verloren gewesen).

2. In zweifelnden (unabhängigen und abhängigen) Fragen steht außer der Umschreibung mit *sollen* auch der bloße Indicativ: *Wos tou e nō͂! I wàiß niət, wos e tou* (vgl. § 150, 7 u. 163 *d*).

3. Zweifel und Ungewissheit wird in der Mundart ebenso oft durch den Indicativ mit hinzugefügten Umstandswörtern wie durch den Conjunctiv ausgedrückt; hieher gehören *bàl* (bald) und *mallàicht* (> *mag leicht?*) = beinahe, fast; [1]) *bàl, schöiə* (mhd. *schiere*, gegenwärtig = nahezu oder *etwa doch, wohl*),[2]) *üwɐ r ə Wàl* (Weile), *ἀm End*[3]) und bisweilen auch *áf d᾿ lètzt*[4]) (die drei letzten = *vielleicht*) sind aus der temporalen Bedeutung (die bei *bàl* und *áf d᾿ lètzt* allerdings erst spät aus

---

[1]) Reis I § 17, 1 führt *beinahe, fast* im Mainz. nur mit dem Conj. an, der in unserer Ma. allerdings auch eintreten kann. *Bald* in derselben Bedeutung mit dem Indic. auch im ungr. Berglande: *Thmas es pall vőr tűrst verschmacht* Schröer Versuch S. 82 [332], 8.

[2]) *Schöiə* = wenigstens (im Nöst. Nagl Roanad S. 104 zu V. 133) ist unserer Ma. und wie dem Bayr. (Schmeller II 459) so auch dem Oöst. unbekannt.

[3]) Beispiele des modalen Sinnes von *am Ende* (eines aus Goethes Wahlverwandschaften) bei Wunderlich Umgangspr. S. 189.

[4]) Im Defereggn. ist *àlö̀scht* = *wie es sich herausstellt*: Hintner S. 47, 7.

B Formen. c) Modi α) in Hauptsätzen. 1. Indicativ.   159

der Grundbedeutung *kühn, zum Abschiedsschmaus* hervorgegangen ist), beziehungsweise (bei *ám End*) aus der local-temporalen in die modale Bedeutung hinübergerückt,¹) die drei zuletzt genannten offenbar durch die Vermittlung eines Gedankens wie *Nach einer Weile* (am Ende, zuletzt) stellt es sich heraus, dass u. s. w. (z. B. *Úwǝ r ǝ Wāl is ǝ kroŕk*); darnach stellen sich wenigstens diese drei Adverbia als Glieder eines übergeordneten Satzgedankens dar. *Éppǝ* (etwa) wird hauptsächlich zur Unterstützung der Frage verwendet, aber auch zur potentialen Färbung des Bedingungssatzes (wie im Nhd. *wenn etwa*; eigentlich entspricht diese Form dem Fall der Eventualität mit *iáv*). *V(ü)lláicht* wird mehr in der Stadt als auf dem Lande gehört. *Láicht (láit, lát)* ist wie mhd. *lihte* = *vielleicht, etwa*.²) *Wūl* (= *wohl*, ein Beispiel der Abschwächung der Bedeutung wie *gwīs*, vgl. § 150, 9, § 220, 1 c, β) wird in schwacher Betonung wie im Nhd. zur potentialen Färbung verwendet³) (gewöhnlich neben dem Indicativ des potentialen Futurums). Stark betont bedeutet es *allerdings*.⁴)

4. Von ganzen indicativischen Sätzen, die als erstarrte Formeln gleich den vorhergehenden Partikeln zur Erzeugung des potentialen Sinnes verwendet werden, sind bloß *denk ich* und *kann sein* (*denk é, koŕ sā̌*) zu nennen, jenes in der Regel eingeschoben (*Dea kāa ma 's denk ih sogn* Zedtwitz Aladah. S. 28), dieses vorangestellt (*Koŕ sā̌ cǝ kinnt hāi̯t nu*).⁵)

Über den imperativischen Indicativ und zwar das **imperativische Präsens** vgl. § 163, c, das **imperativische Futurum** § 164, 3.

5. In einzelnen Frageformeln, die, oft unter Verblassung der Bedeutung, zu stehenden Eröffnungsformen der Rede geworden sind, nähert sich der Indicativ dem Imperativ. Diese Hinneigung zeigt das in allen süddeutschen Dialekten und in der Umgangsprache weit verbreitete *waißt* (der Imperativ *wisse* fehlt), auch *moußt wissn*,⁶) *waißt wos*, namentlich neben einem Imperativ: *Waißt, lau mé in Fríd!* (= *wisse, höre, lass mich in Ruhe!*), aber auch neben dem Indicativ: *Waißt, i mōch néks dǝmid z'tau ho(b)m* ⁷) (vgl. auch die Beteuerungsformel *waiß Gott* = *wisse Gott!*). Dasselbe gilt von *häi̯st, häi̯n S*, als Anrede und Ausruf, auch als Frage (= *hörst du?*) dann der Betonung nach = *höre!*: *Häi̯st! wárt áf mi!* Über *Nō̌ häi̯st!* als Ausruf des Staunens vgl. oben S. 111 β. Auch *sǝhss!* =

---

¹) *Úwǝ r ǝ Wāl* behält übrigens gelegentlich, *áf d' letzt* überwiegend die temporale Bedeutung.

²) Ebenso im Bayr.-Öst. Schmeller I 1429; auch niederd. DM IV 548, 9. Hingegen ist tirol. *leicht = doch nur, wenigstens, ja doch* (*Wenn er lächt käm!* Schöpf DM VI 434. Tir. Id. 383) unbekannt.

³) Im Schles. ist *ęgǝn = wohl, wohl gar* DM III 250, 3.

⁴) Egerl. *àlǝdings = auf alle Fälle, jedenfalls*.

⁵) Ebenso nordböhm. *kön sein* Knothe Markersd. Ma. 67; im Schwäb. wird es auch eingeschoben: *Ihr send ka' sei au noh et lang em Flecka?* (auch *schütz wohl* in ähnl. Function) Wenderlich Umgangspr. S. 190. Auch dem Oöst. sind in derselben Bedeutung *bal(d), am End, af d' letzt, vǝllecht* und *leicht, gwis, kan sein* geläufig.

⁶) Ebenso in der Kerenzer Ma. Winteler S. 200 XVI, 2.

⁷) Im Deferegg. *wǝsche wol* (weißt du wohl), eingeschoben: Hintner S. 269, 27.

schau!,[1]) *vəstáihst* = *verstehe!* (im Plural der höflichen Anrede *seəgn S!* *vəstängə S!* (*höre! verstehe!* fehlen gleichfalls) sind auf dem Wege zur imperativischen Bedeutung. Der befehlende Ton erhebt auch ursprüngliche Fragen wie *Bist stád?*[2]) *Schwáigst?* zu barschen Befehlen. Hieher gehört auch die Formel *Ái hàust* (hast du) *Dànk!* (*sə hàut ə ä niət ɔ̄ màl g·sàgt: ái h. D.!*) = *hō* (habe) *Dànk!* (letzteres wird lieber substantiviert gebraucht: *koin Hōdànk*).

2. Imperativ.

§ 179. 1. Eine Imperativ-Form hat auch unser Dialekt nur für die 2. P. Sing. Als 2. P. Plur. sowie (bei der Aufforderung) in der 1. P. Plur. werden die gleichlautenden Formen des Indicativs verwendet.

2. Dass von einzelnen Verben, so von *wissen, hören, verstehen*, der Imperativ Sing. ungebräuchlich ist, wurde schon oben (§ 178, 5) erwähnt. Von den unvollständigen Verben *wollen, können, dürfen, sollen, müssen*, die schon ihrer Bedeutung nach wenig geeignet sind, in Befehlsform zu erscheinen, werden wie hie und da im Nhd. bisweilen scherzhaft gemeinte Imperative gebildet: *I koə̄ niət.* Antwort *Sə koə̄ neə!* Eher eignet sich *mögen*: *I möch niət.* Antwort *I sə möch neə!* (vgl. das Beispiel S. 125) und (wie seit den ältesten Zeiten) *sein* (*sä!*), *haben* (*hō!*), *werden* (*wiə!*)[3]) Der Imp. *bis* (*bi*) = *sei* ist weniger in der Planer Gegend als im eigentlichen Egerland heimisch: Wolf Volkslieder S. 68 N. XXXXVI 3 *bi immer herzli fro.* HTV S. 217 N. 209 (Eger-Plan) *Jà, bi(n) du* (doch) *g·scheidt!* Vgl. Neubauer Idiotism. S. 41. Das Egerer Fronl. hat diese Form sehr häufig, bevorzugt sie aber, wie es scheint, nur in gewissen Verbindungen: *bis* (*pis*) *gegrüst* 1419. 5386; *bis willigkum* 2585. 2589. 2593. 2597. 2875. 2881 u. ö.; *das pis . . . bericht* 3585. 3744; vereinzelt *pis . . . nit faul* 2382; *bis . . . nicht verzeit* 6849; *bis mir genedig* 8040; *bis fro* 8055; *pis furpas ein glaubig man* 8255. Seltener begegnet *bis* in der Elbogner Chronik, z. B. S. 162 Z. 14 v. u. *pisz unvordrossen.*[4])

3. Passiver Imperativ erscheint nur vereinzelt: *Sáds bədànkt!*

§ 180. Das Personalpronomen kann in der 2. Pers. Sing. und Plur. fehlen oder hinzugesetzt werden. In letzterem Falle kann es nicht bloß (wie gewöhnlich im Nhd.)[5]) nach-, sondern ebenso gut vorgesetzt werden: Egerer Fronl. 402 *Nach deinem rat verbring du das.* HTV S. 338 N. 631 (Plan) *Làuß du no bleibm*; aber auch *Du rouh! Diəts rouhts! Si ent-*

---

[1]) Über *Sieh' mal, Seht ihr!* und *Seht ihr?* in der Umgangsprache Wunderlich Umgangspr. S. 57.

[2]) Dies sowie die vorhergehenden Eröffnungsformeln der Rede besitzt auch das Oöst.

[3]) Ebenso im Oöst. von *sein, haben* und *werden*, die anderen Imperativ-Bildungen liegen dieser Ma. ferner.

[4]) Auch die schles. Ma. Nordböhmens hat, gleich der schwäb., *bis*: Knothe WB 42; in den heutigen bayr. Maa. ist es nicht gerade häufig: Weinhold Bayr. Gr. § 298. Alemann. Gr. § 353.

[5]) Ebenso nöst. Nagl Rosanad S. 368 c; oöst.; Mainz. Reis II § 69; Baselstädt. Binz § 82, 2. Schon in der älteren Sprache hie und da seit dem Ahd. Grimm Gr. IV 204.

schulding˶ scho! (eine Einleitungsformel, womit der Bauer eine höfliche Anfrage einleitet).¹) Einen besonderen, etwa emphatischen Sinn hat das Pronomen hiebei höchstens dann, wenn ein besonderer Nachdruck darauf liegt (was indes z. B. bei der angegebenen Formel nie der Fall ist). Neben das Pronomen der 2. Pers. Plur. tritt öfters noch *˶ Mensch* als Subject: *Scháuts m˶* (mir) *r ˶ Mensch de˶n Igl o˶* Urban As d. H. S. 84 N. 92 (Mischung aus *scháuts...* und *scháu ˶ Mensch!*).²) Das Pronomen der 1. Pers. Plur. wird wie im Nhd. nachgesetzt. Dabei wird stets *m˶*, die enklitische Form von *wir* (egerl. *mi˶*), verwendet und das Verbum gewöhnlich um die Endung *-en* verkürzt: *sétzm˶ sé!*³) Mit vorgesetztem Pronomen (*mi˶ geng˶ öitz˶!*) macht die 1. Pers. Plur. doch zunächst nur den Eindruck des futurischen Präsens, oder des Vorschlages, des verwirklicht gesetzten Vorsatzes. Dass der Ton diesen Vorschlag in einen strengen Befehl umwandeln kann, wurde oben S. 148 ausgeführt. Vor den Imperativ und vor die zuletzt genannten Formen tritt sehr gerne die selbst in die Befehlsform hinüberspielende Einleitungsformel *wáißt* oder *wáißt wos*, wodurch das Verlangte — je nach dem Tone — den Charakter eines überraschenden Einfalles, der etwa einen Ausweg aus einer Schwierigkeit gefunden hat, oder eines wohlmeinenden Rathes gewinnt, der aus überlegener Einsicht entsprungen ist.

§ 181. Vereinzelt wird die mit dem Imperativ übereinstimmende Form *gi* (gib) an Stelle des fehlenden Conjunctivs Präs. (in der 3. P. Sing.) gebraucht: *Unn˶ He˶gott gi u˶n di äiwich Rouh!* (Vgl. S. 166 Anm. 6.)

§ 182. Seiner Natur nach nimmt der Imperativ nur ungern umfangreiche Bestimmungen zu sich, am liebsten noch stückweise in der Form von Nachträgen. Anderseits aber bildet auch der bloße Imperativ (außer beim strengen Befehle und in erstarrten Formeln) nicht die Regel, sondern er erscheint gewöhnlich mit dem Zusatz von *˶màl* oder *˶ weng(l)*.⁴)

---

¹) Nach Wunderlich Umgangspr. S. 53 ist die Formel *Sie entschuldigen* auch bei dem oberpfälz. Bauer besonders beliebt. Von der eigentlichen Anrede mit *du* (*Du! sä˶ sus gout! Du! kumm ˶màl her!*) unterscheidet sich das Pronomen des Imperativs dadurch, dass es (z. B. in *Du rouh! Ui du gäih!*) nur als ein gänzlich unbetonter Vorschlag gesprochen wird (‿́, ‿‿́), während die Anrede *du = he!*, *hüsst!* u. dgl. durch eine kleine Pause von der nachfolgenden Rede getrennt wird.

²) Wird das Pronomen der 2. Pers. nachgesetzt, so kennzeichnet z. B. das Mainz. den Imperativ durch die volle, den Indicativ durch die enklit. Form des Pronomens (Reis II § 69). In unserer Ma. ist die enklit. Form von *ihr*, egerl. *˶s* (näml. *˶s*) ein integrierender Bestandtheil der Endung der 2. P. Plur. überhaupt (im Indic. und Imp.) geworden (Weinhold Bayr. Gr. § 284, vgl. ebda § 358, nach Schmeller § 910 *y* und gegen Grimm G. d. Spr. 968 f. 974). Diese Erscheinung ist allgemein bayr. (mit Ausnahme des kärnt. Lesachthales), im 17. Jahrh. trat sie auch im Schles. auf; Weinhold a. a. O. Das gewöhnl. Pron. der 2. P. Plur. (*di˶ts*) hat keine enkl. Form, tritt also nur in voller Form vor wie hinter den Imp. und Indic. (Einzelne Gegenden des Egerl., so z. B. die Lauterbacher G., ziehen in der 2. P. Plur. die nicht suffigierte Form vor; also ohne Enkl.: *Schäut ˶màl her! Gäiht he˶ dau!*). Auch das Egerer Fronl. kennt die Formen auf *-ts* (z. B. 3341 *nempts in hin*). In der 2. P. Sing. gilt die Mainz. Regel auch für das Egerl.

³) Über diesen schon im Mhd., in der Übergangszeit, sowie heutzutage noch in vielen Maa. häufigen Abfall der Endung *-en* vgl. Weinhold Bayr. Gr. § 283. 308. Ders. Dialektforsch. S. 126. Überaus häufig ist er im Egerer Fronl.

⁴) Der letztere Zusatz ist auch im Oöst. sehr gewöhnlich.

Dabei wird ə weng l) zumeist nicht mehr im wörtlichen Sinne (einer Beschränkung der Handlung nach Zeit oder Energie) gebraucht, sondern es soll nur die Größe der Anforderung überhaupt abschwächen und diese selbst als leichter erfüllbar erscheinen lassen: *Nimm ə weng* (oder *əmål ə weng*) *dös Páckl in d' Stod mit!* Eine dringliche Färbung erhält der Imperativ durch vorgesetztes *sə*[1]) und vor- oder nachgesetztes *noˉ*,[2]) auch durch *du* (doch) oder *dennə* (dennoch im Sinne von *doch*)[3]) (beide nachgesetzt), eine dringlichere und vertraulichere durch *faiˉ* (fein, nachgesetzt: *Kumm faiˉ bàl widə hoəm*),[4]) den Charakter einer wohlmeinenden Ermahnung oder Aufmunterung, meist Kindern gegenüber, durch *schäiˉ*: *Sètz dəˇ schäiˉ hɛə dàu!* Alle diese Zusätze können indes (sowie auch *waißt* u. s. w.) durch allzu häufigen gewohnheitsmäßigen Gebrauch alle Nüancierungskraft einbüßen.[5])

§ 183. Zur Bedeutung des Imperativs ist zu bemerken, dass der ironische Gebrauch[6]) desselben, der den Sinn ins Gegentheil verkehrt, hauptsächlich auf gewisse Wendungen beschränkt ist, so z. B. besonders auf die mit *schau neə* . . . eingeleiteten: *Schau neə, dàst dàˉ Göldl gàuə* (gar, vollends) *oə̊bringst* oder *dàst dàˉ G'sundhàit gàuə z' grund richst* u. s. w. Hieher gehören auch die mit *sà suə gout* eingeleiteten Warnungen: *Sà suə gout u dəziəl dös wåitə!* (= dass du dir nicht beifallen lässt, das weiter zu erzählen) oder Drohungen wie *Neə nu əmål tou mə dös!* (= Dass du mir das ja nicht mehr thust!), was allerdings mit Rücksicht auf den sehr häufigen Nachsatz *àffə wirst schauə* oder *àffə schau zou* (= dann sieh zu, sc. was ich dir thun werde) auch als Vordersatz einer hypothetischen Periode gefasst werden kann. Mit imperativischen Sätzen wie *Tou noˉ suə zou* (Fahre nur so fort)! oder *Kümmə də noˉ niət drüm!* u. dgl. kann man bei geeignetem Tone eine ironische Billigung des Vorgehens anderer aussprechen (= So höre doch auf! Kümmere dich doch darum!). Solchen Sätzen wird gern ein (in diesem Falle natürlich ebenfalls ironisch gemeintes) *hàust scho reət* vor- oder nachgesetzt. Der ironische Sinn aller dieser Wendungen kann durch den Ton sehr gemildert

---

[1]) Ebenso im Nöst. Nagl Roanad S. 249 zu V. 287 *sǎ*; im Vorarlb. DM IV 252, 51 *se lueg!* Über die Verbreiterungen von *sə* (*i-sə*, *no-sə* u. s w.) § 122.

[2]) Über *noˉ* § 143.

[3]) Über *dennə* S. 34 Anm. 2.

[4]) In der Aussage wird durch den Zusatz von *faiˉ* die Wichtigkeit der Mittheilung betont, so dass es einem *Wisse, Vergiss nicht, Merke dir, Hast du auch überlegt? Ich kann dich versichern* u. ä. gleichkommt: *Du w(ü)ist hàiˉt nu bis d'm* (= auf den) *Hàmmə gàik? Dàu is faiˉ gout ànnsthålwə Stund hintè!* Ähnlich im Erzgeb.: E. Heger Erzgeb. Ztg. l 188 *Doch wart* (wirā) *fei net geschunt* (geschont, nämlich wenn sich die Hochzeitsgäste mit Erbsen u. dgl. bewerfen), *drim sah dich für*, und so in demselben Gedichte noch öfter. Gerne werden besonders wichtige nachträgliche Bestimmungen des Satzes mil *fein* hinzugefügl: *Bring mə r ən Wåiˉ mìt, — faiˉ ən gou(d)n!* (Auch in der Aussage.) So kommt *fein* geradezu zur Bedeutung einer Verstärkung des adjectivischen oder adverbialen Begriffes; alle diese Bedeutungen auch bayr. Schmeller I 721 (nur wird *faiˉ* dabei im Egerl. nie betont); besonders im Unterinnthal ist es sehr gewöhnlich: Schöpf DM V 228. Tir. Id. 128. Eine ähnliche Verstärkung ist im Bayr. *feindlich* Schmeller I 724. Schöpf Tir. Id. a a. O. Hintner S. 54. 55. Zum Ganzen vgl. DWB III 1454—57.

[5]) Das Oöst. stimmt in Bezug auf diese Zusätze mit unserer Ma. überein.

[6]) Das Oöst. stimmt in der ironischen Verwendung des Imperativs mit dem Egerl. überein.

werden; sie können sogar aufrichtig besorgt, ängstlich, bekümmert klingen.

§ 184. Eine Anzahl von Imperativen ist auch in unserer Mundart zu isolierten Bedeutungen gekommen, namentlich sind viele zu interjectionalen Elementen der Rede abgeschliffen worden (darüber § 145 a).

Über die Substantivierung imperativischer Formeln später beim Substantiv.

§ 185. Zur Umschreibung des Imperativs wird zunächst, wie in der Schriftsprache und schon seit dem Ahd., *sollen* verwendet. Hiebei ist die Berührung und Vermischung des imperativischen und des indirecten Sinnes von *sollen* (= *dicitur*) beachtenswert. Es wird nämlich vornehmlich gebraucht, wenn man sich auf einen gegebenen Befehl bezieht, sei es, dass derselbe von anderen oder vom Sprechenden selbst gegeben worden ist; also

a) wenn man den Befehl eines anderen bloß weiter gibt, sei es unmittelbar an die Person, welche ihn ausführen soll, oder an eine weitere Mittelsperson: *Du* (oder *Dā˜ Broud∂*) *sollst* (*soll*) *r∂t bàl ∂mål z∂n Vétt∂ kumm!* meldet jemand im Auftrage eines Dritten.[1]) Auch der im eigenen Namen jedoch an eine Mittelsperson gegebene Befehl wird meist so umschrieben: *D∂ Vétt∂ soll m∂ bàl schrai(b´m!* Hier drückt sich der Befehlende gewissermaßen schon so aus wie die Mittelsperson bei der Abgabe des Befehles (also = *Sag zum Vetter: Du sollst dem N. bald einmal schreiben!*).

b) Der directe, im eigenen Namen ausgesprochene und auf die angeredete Person selbst bezogene Befehl wird hingegen in der Regel nur dann mit *sollen* gegeben, wenn er mit Beziehung auf einen bereits gegebenen (vom Auftraggeber selbst früher schon einmal ausgesprochenen) Befehl bezogen wird; so z. B. bei der Wiederholung eines vom Angeredeten nicht verstandenen oder nicht beachteten Befehles. Jemand ruft einem auf einem Baume sitzenden Knaben zu: *Gī acht, dást niɔt ài-*(ab-hin = hinab-)*föllst.* — »*Wos?*« — *Acht gé`b´m sollst, dást niɔt* u. s. w. (oft mit hinzugefügtem *soch é*); oder *Kumm zɔn Essn!* ruft jemand einem Arbeitenden zu. Dieser arbeitet fort, weshalb nach einiger Zeit die Aufforderung wiederholt wird: *Essn sollst kumm∂!* (auch mit hinzugefügtem *how é g·sàgt* oder *häiɔst niɔt? hàust niɔt g·häiɔt?*).[2]) Sonst ist hier die Umschreibung mit *sollen* ungebräuchlich.[3])

---

[1]) Dass der Angesprochene einen so umschriebenen Befehl regelmäßig sofort als einen von anderwärts übermittelten auffasst, zeigt er gewöhnlich dadurch, dass er nach dem Auftraggeber fragt; vgl. Erzgeb. Ztg. XV 239 »*Sellst fei morg'n a Huck Cigärrn noch Karlsbod neibrenga.*« *Mit dara fruha Nochricht kimmt na sei Fra galeich bei der Thür entgeg'n.* — »*War hot d'r 's denn gsochtʔ*« *frocht dr Wertl neigirich.*

[2]) In dem analogen Satze bei Stelzhamer Ma. D. I 23 N. 5, 27 f. *Z' wann* (als wenn) *mī* (mir) *d' Muadá dád wingá* (winken): »*Franz, össen sollst gehn!*« fasst Lambel, dem der Mitherausgeber der Sammlung Dr. H. Zötl darin beistimmt, die letzten Worte als Erinnerung an die Hausordnung im Namen der ganzen Hausgenossenschaft auf. Das Sprachgefühl unserer Ma. würde die oben angegebene Auffassung vorziehen.

[3]) Das nordböhm. Beispiel *O heiliger Anderis, . . . Sollst hinte sein mein Boute, Sollst mir lan erschein' Den Herzallerliebsten mein* (HTV S. 66 N. 99) ist vereinzelt und nimmt auch als Gebetformel eine Ausnahmsstellung ein.

In den mit *a)* und *b)* bezeichneten Fällen kann für *sollen* auch das mildere (die Aufforderung dem Wunsche, der Bitte annähernde) *mögen* (*mächst* ...) gebraucht werden.[1] Der indirecte Sinn aller dieser Wendungen wird durch *hör' ich* oder *gläu* (vgl. darüber § 29. 220, *a*) verstärkt: sollst (*mächst*) *herich* u. s. w. Sonst ist *sollen* nur noch in Verwünschungen heimisch: *Də Tåifl soll dös Zäich huln! Dàu soll du glái s Wëds drä schlogn!*[2]) u. s. w. Ferner wird die Aufforderung (und zwar — je nach dem Tone — die strenge oder die milde, auch vorwurfsvolle) durch *müssen* umschrieben: *Moußt niət wåinə!* (oft mit vorgesetztem *schàu*). Die imperativische Bedeutung ergibt sich aus dem zugrunde liegenden Sinn *es liegt keine zwingende Veranlassung vor*.[3] Auch *haben* und *sein* mit dem Infinitiv kann durch den Ton wie im Nhd. zur imperativischen Bedeutung gelangen: *Du hàust z· schwáign!* Die Umschreibung *Lass* (*lasst*) *uns* . . . ist unbekannt.

Der imperativische Indicativ und zwar das imperat. Präs. kam § 163 *c*, das imperat. Futurum § 164, 3, der imperat. Infinitiv § 145 γ, das imperat. Particip § 147 β zur Sprache.

§ 186. Was das Verhältnis dieser Befehlsformen unter einander und zum Imperativ anlangt, so ist der Indicativ (falls der Ton seine Bedeutung nicht zum bloßem Vorschlage, Rathe u. s. w. abschwächt, vgl. § 163 *b*) jedenfalls die schärfste Form, insofern er jede Widerrede auszuschließen scheint, da er den Befehl eben schon so gut als vollzogen setzt. Auch bei den anderen Formen kommt es auf den Ton an: das Particip nimmt leicht einen herrischeren Klang an als der Infinitiv, doch kann es wie in der Umgangsprache auch als bloße Ermuthigung aller Schärfe entbehren, z. B. in der Formel *Öitzə uəs frisch zoug'langt!* womit man freundlich zum Zugreifen bei Tische nöthigt. Der Infinitiv ist (nach Wunderlich Satzbau S. 60) mehr ein »Avertissements·«, das Particip ein »Ausführungs-Commando«. Das befehlende Particip hat zudem ein beschränkteres Gebiet als der Infinitiv gleicher Art. Die eine Einschränkung betrifft die Form. Es findet sich nämlich

1. nicht leicht ein Particip imperativisch gebraucht, das mit einer Präsensform zusammenfällt; man sagt also nicht *Gott dànkt* (gedankt) = *danket Gott!*, wohl aber *Bráf gessn u trunkn!* (Kirchweihlied HTV S. 67 N. 101 Eger-Plan);

2. widerstrebt es dem Sprachgefühl, ein allgemein giltiges Gebot in die Form des Particips zu kleiden (nicht *Niət g·stuln* = man soll nicht stehlen); dieses dient vielmehr nur zum Ausdrucke der an bestimmte Personen gerichteten Befehle. Gegen weitläufige Ergänzungen sträubt sich das Particip noch mehr als die anderen Befehlsformen.

Über die Formen des Befehles mit *dass* und *ob* vgl. § 110 und 64.

---

[1]) Auch im Oöst. *sollen* und *mögen* in Befehlen mit indirectem Sinne z. B. (*mögen*) Stelzhamer Ma. D. I 7, 8 f.: *Und sie (d' Muedå) läßt enk bitten, ös mechts nöt bei seyn*.

[2]) Auch dies o· u. nöst.

[3]) So Lambel, der diese Umschreibung auch fürs Oöst. (auch mit vorgesetztem *hau, schau*) bezeugt, wie fürs Nöst. Nagl Roanad S. 429 zu V. 422.

3. Conjunctiv.

§ 187. Vollständig erhalten ist nur der Conjunctiv Prät. und Plusquamperf. im Activ und Passiv. Der active Conjunctiv Präs. ist bis auf wenige Reste verloren gegangen (vgl. § 188); er fehlt auch, einzelne erstarrte Wunschformeln abgerechnet, von *sein*,[1] *haben* und *werden*, und daher können auch die mit diesen Hilfszeitwörtern gebildeten activen Conjunctive des Perfects und Futurums, sowie die passiven Conjunctive des Präsens, Perfects und Futurums nicht gebildet werden.

a) Optativischer Conjunctiv.

§ 188. Hieher ist seinem Ursprunge nach auch der Conjunctiv im conjunctionslosen Bedingungssatz (*wäst niət áffig stign, wäst niət àig falln*) zu stellen.

Opt. Conj. Präs. 1. Von den mit dem Indicativ zusammenfallenden Formen des Plural ist wie im Nhd. nur die 3. Pers. Plur. im Gebrauch, aber auch diese nur als Imperativ der höflichen Anrede, und zwar stets mit hinzugefügtem Pronomen: *Gengə S· wég! Kummə S· hutschn! Lauə S· Inən sögn!* (Einleitungsformel).[2] In anders gearteten Verbindungen erscheint die 3. Pers. Plur. niemals. Sie ist übrigens auch im Nhd. selten genug geworden: *Geh'n einige und zünden Reisholz an!* Tell II 2 (Erdmann Grundzüge § 165).

2. Von der 1. und 2. Pers. Sing. des Optativs, deren Gebrauch aus der älteren (ahd. und mhd.) Sprache bis in die nhd. Schriftsprache hineinreicht, ist mir in der Mundart kein Beispiel bekannt.

3. Die 3. Pers. Sing. des wünschenden Conjunctivs endlich ist wie im Niederösterreichischen (Nagl Roanad S. 368 b)[3] auf gewisse Formeln beschränkt: *Helf Gott* oder *Helf də Gott* (beim Niesen, aber nicht als Abweisungsformel gegen Bettler gebraucht, wie z. B. im Bayr. Schmeller I 1091; im Fränk. DM III 348): *Vogelt's Gott* oder *Gelt's Gott* (geradezu = ich danke, ebenso im Nöst. Nagl Roanad S. 63 zu V. 61 *vəgällt·'s gôud*); *B·hüts Gott* oder *Guat* (Neubauer Erzgeb. Ztg. X 246 Segenswunsch für das Gedeihen der Kinder, auch des Viehes, weniger *Nö bfŏuts Gott!* als Abschiedsgruß);[4] *Grüəß də Gott*;[5] *G·nåd Gott*; *G·seng·s* (ge-

---

[1] In einigen Maa. des ungr. Berglandes ist umgekehrt gerade der Conjunctiv *sai* an die Stelle des Indicativs gerückt (*i sai* = ich bin); ebenso in niederd. und hie und da in mitteld. Maa.: Schröer Versuch S. 93 [343], 19. Über den Conj. Präs. in der indirecten Rede § 222.
[2] Bei *hāiən S·* (§ 145 β. § 178, 5) kann es zweifelhaft sein, ob man es mit einem ursprünglichen Conj. oder, was wahrscheinlicher ist, mit einer indicativischen Frage (vgl. Sing. *hāiəst?* und *hāiəst!*) zu thun hat. Die zahlreichen Conj. Präs. in Baiers Chronik sind wohl auf den Einfluss der Schriftsprache zurückzuführen.
[3] Auch im Oöst.; doch kann *sai's* — *sai's* (Nagl Roanad S. 67 zu V. 69).
[4] Bayr.-öst. *pfiədi Gŏt* oder *pfiət Gŏt*, bes. in letzterer Bedeutung: Schmeller I 1191. Nagl Roanad S. 322 f. zu V. 345.
[5] Im Nürnberg. abgeschliffen zu *ßkott! Grüß Gott*, im Mhd. (in umgekehrter Wortfolge) noch vereinzelt, häufiger in den Fastnachtspielen, spielt als Gruß in Mitteldeutschland

segne es) *Gott*; *Wül 's Gott* (das aus dem condicionalen in den optativischen Sinn hinüberspielt); [1]) *Gott sái Dànk* und *Gott sái vor* (auffällig ist hier die nhd. Form *sei* statt egerl. *sà*); *Gott bəwɔɔ*; *Gott träist 'n (s') in də Aiwikáit* (Lorenz S. 7) oder *Gott (Uunə Hergott) lau nən söllé rouə* (Parenthesen bei der Erwähnung eines Verstorbenen); [2]) *Uunə Hergott vəlauß mé uist* (vgl. Lorenz S. 9); *Uunə Hergott* (oder *Gott*) *vəzáih mə d' Sünd* (beim Aussprechen von etwas Verpöntem, Gewagtem); *Wàl Gott də Her* (das walte Gott); [3]) *Hul' 's də Táifl*.[4]) Vereinzelt begegnen auch andere Verba: *Dös gla wea mogh* (Zedtwitz Aladah. S. 30 Str. 3); *Deng'l wea wüll* (HTV S. 363 N. 839 Eger; *denglu* = die Sense durch Hammerschläge schärfen); *Dàss Gott dəbárm'*.[5]) Die nhd. Formen *er lebe hoch, da sei ein anderer gelassen* u. ä. werden immer mit *sollen* umschrieben.[6]) Als ein Zeichen, wie fremd der Conjunctiv Präs. außerhalb dieser stehenden Formeln dem unbeeinflussten Sprachgefühle geworden ist, darf es vielleicht angesehen werden, wenn der dem Volke so vertraute Satz des Vaterunsers *Dein Wille geschehe* außerhalb des eigentlichen Gebetes (dieses verfällt in seinen kirchlichen Formen nicht so leicht dem Dialekte) zumeist nur in der Form *Her dáin W(ü)ln!* (z. B. *Sə howə ə mə denkt: Her dáin W(ü)ln!*) erscheint. In veränderter, alltäglicher

---

(auch in Bayern, sowie in der Schweiz) dieselbe Rolle wie *Gott willkommen* (*Gotlkum*) im alemann. Sprachgebiet: Frommann DM III 346. *Gotlkum* auch noch hie und da im Vinschgau, sonst in Tirol durch *grüessgott* verdrängt: Schöpf Tir. Id. 202. Das Subst. *Gottökam* auch bei Stelzhamer Ma. D. I 16 N. 1, 82.

[1]) Geradezu aus dem optativischen Charakter von *will* erklärt die Phrase Tobler DM VI 403, 8.

[2]) Im Bayr. (kaum im Öst.) wird in diesem Falle auch *helf Gott!* gesagt: Schmeller I 1091.

[3]) Ebenso im Erzgeb. *Nu wäll Gott!* Erzg. Ztg. III 1; henneberg. *Walts Gott der Herre* DM I 137; rheinfränk. *God (Jises, Hären) wäl es* DM IV 262, 18.

[4]) In einem schwäb. Gedicht aus dem letzten Viertel des 18. Jahrh. *Fuí (fliehe) me der Tuifel!* DM VII 422, 75. Über die Abschleifungen und Verstümmlungen, denen gerade die mit *Gott* gebildeten Formeln so leicht unterliegen, vgl. im ganzen Frommann DM III 345 ff.

[5]) Im Deseregg. *dass Gott erkenne* (auch abgeschliffen *gockent, pockent* Hintner S. 66), auch sonst tirol. (Schöpf DM V 438. Tir. Id. 201 f. 311, im Vinschgau auch umgekehrt *kennigot, kinnigöd* ders. DM VI 293 f. Tir. Id. 316.) Andere tirol. Formeln bei Hintner a. a. O. und Schöpf Tir. Id. 201 f.

[6]) In *Gott gö 's* (gesprochen *Goggis!*) = Gott gebe es, sowie in *Də Her gi nən di áirwi Kouh* (vgl. auch das alte Neujahrslied HTV S. 41 N. 63 aus Plan-Eger *An goudn Aumbḷ giḅ enk Gott* und nordböhm., Haida, *Dr Herr gieb 'n Ruhe und Frieden an Grobe!* Tieze Hejmt II 79) liegt eine lautlich mit dem Imperativ übereinstimmende Form vor; der Conj., in der Umgangsprache der Städter hier wirklich gebraucht, heißt *geb'*. Diese Form (vgl. das vereinzelt auch im Nhd. auftauchende *sich* statt des Conj. *sehe*; so bei Ebers *Sich einer den Tölpel*; Herrigs Archiv LXIII 127) möchte ich mit Lambel aus einer lautlichen Einwirkung des Indic. u. d. Imp. erklären.

Außerhalb den angegebenen Formeln weist die Nürnberger Dialektliteratur zahlreiche Beispiele der 3. P. Sing. des optat. (adhort.) Conjunctivs auf: *Wer nit mit kán Wögn fàərn kö, dər nehm dwáál in* (den) *Karrn* Nürnberger Redensart DM VI 416, 22. *Frâ Wérthi, schenk r ei", Schreib r 's* (sie es) *über di Thür* Nürnb. Schnadahüpfel DM VI 417, 53 f. Vgl. fränk. ebend. VI 163, 10 *Setz mèr si'* (setze man sich); VI 462, 4 (*der*) *bleib iə dr Mähl.* Tirol. ebend. VI 438 u. *land deár geá nit weit.* Hingegen sind Formen wie *habest* im Volkslied des Egerl. als missverständliche Analogiebildungen zu den schwachen Verben zu fassen: *Ach Mutter* (sagt das Mädchen), *ich habe ja keinen* (Schatz) *bei mir. »Und habest du keinen bei die . . .«* HTV S. 188 N. 158 a (Plan).

Umgebung wird der Conjunctiv als fremdartig empfunden und lieber weggelassen.[1])

Über die Substantivierung conjunctivischer Formeln später beim Substantiv.

§ 189. Außerhalb der stehenden Formeln herrscht durchwegs die **Umschreibung des Optativs** (in allen Personen), und zwar mit dem Indicativ von *sollen*: *Des soll Gott dànkn* (= Der danke G.), *Gott soll oin vṣ suṣ wos b'höi(d)n*, auch einfach *Gott soll höi(d)n!* = Gott bewahre! (als Verneinung); mit *wollen*: *Sṣ woll-mṣ r ṣmàl lusté sã˜* (= Lasst uns ...) und ohne Infinitiv *Sṣ wollmṣ!* (= lasst uns aufbrechen;[2]) in der 2. und 3. Pers., wie im Ahd. und Mhd., erscheint diese Umschreibung niemals); mit *mögen* wie im Nhd.: *mächt' wissn*, (z. B. *wöi des döṣ oṣ stöllṣt*) = ich möchte doch wissen, da wäre ich doch neugierig u. s. w. *Ai mächt wissn! (Mächt wissn, bṣlái!* Zedtwitz Aladah. S. 109) ist auch eine kräftige Verneinung = keineswegs. Sätze wie der S. 125 angeführte *Mächt häi˜t dennṣ ṣn ànnṣs Wēdṣ wes'n* = möchte heute doch ein anderes Wetter werden können sehr wohl auch im entschiedenen Tone des Wunsches gesprochen werden (also wie im Nhd.); bisweilen tritt dieser Ton jedoch auch vollständig zurück, und dann schlägt der alte, potentiale Sinn von *mögen* (= können) durch: *Vielleicht wird heute doch ein anderes W.*[3]) Auch nach einem einleitenden *gäih zou* und besonders nach *scháu*, an welches die Umschreibung mit *mächt* sehr gerne angeschlossen wird, erhält dieses durch den Ton oft einen ausgesprochen optativischen Charakter: *Gäih zou* (oder *Scháu*), *mächst wàu ṣ b(ü)llichṣ Ur kröign!* = Sieh zu, dass du irgendwo eine billige Uhr bekommst (ohne optativischen Ton wiederum nur = Sieh dich um, vielleicht bekommst du u. s. w.). Umschreibungen mit *können* begegnen in einzelnen ursprünglich potentialen Wendungen, die jedoch einen optativischen Sinn entwickeln: *Du kánnst mṣ r ṣmàl ṣn Towák huln*. Hier genügt es, zur Kennzeichnung des Wunsches, die Möglichkeit der Sache vor Augen zu stellen. Vgl. Egerer Fronl. 2101 ff. *Darumb so rueff ich dich* (das Jesukind) *heut an ...: Maria, die werden müter dein, Die kan wol mein helfferein sein*. Auch die bloße Darstellung der zukünftigen Handlung kann statt des Wunsches eintreten, der sich so leicht an die Vorstellung des Zukünftigen hängt; so in der allgemein verbreiteten Wendung *I wiṣ no˜* (*gern* oder *grod*) *seṣh* = ich möchte sehen, in der Bischofteinitzer Gegend auch *I wiṣ 's no˜ dṣlé(b)m* = ich möchte es erleben, (dass ...). *Mächt'* und *kánnt'* umschreiben den Wunsch auch in Frageform: *Kánntst (mächst < mächtst) mṣ niṣt ṣ poṣ G(ü)l(d)n láiṣ?*[4]) *Müssen*, das im Ahd.

---

[1]) Auch der oöst. Dialekt kennt außer *gnad Gott*, *will's Gott*, *walte Gott*, *dengle wer will*, die oben angeführten Formeln, und neben *Gott* (*dá Herr*) *gib kein geb*.

[2]) Im Mainz. verlangt diese Umschreibung die Stellung des Aussagesatzes: *Mer wolle gehe* Reis I § 18.

[3]) In der Programm-Abhandlung II 8 habe ich den potent. Sinn dieser Sätze aus einer Abschwächung des optat. Sinnes erklärt. Lambel (Mitth. XXXV Beil. S. 70) machte aber aufmerksam, wie überflüssig dieser Umweg mit Rücksicht auf die alte Bedeu.ung von *mögen* ist.

[4]) Ebenso im N.- (Nagl Roanad S. 377 k) u. Oöst. Lambel erinnert mich auch an den griech. Optat. mit ἄν (κεν) in u. außer der Frage, z. B. Od. ζ 57. Soph. Phil. 674.

und Mhd. im Conjunctiv so häufig zur Umschreibung des Wunsches verwendet wird, dient hiezu in der Mundart im allgemeinen ebensowenig mehr wie in der nhd. Schriftsprache; doch stehen, wie bereits § 185 bemerkt wurde, gewisse Umschreibungen mit *müssen* der Aufforderung (weniger dem Wunsche) nahe. *Würde* erscheint nur im Condicional, nie im Wunsche.[1])

Die angeführten Umschreibungen sind inhaltlich nicht gleichwertig.[2]) Die Umschreibung mit *kännt* und *mächt* in Frageform ist in unserem Dialekte wie in der Umgangsprache jedenfalls die höflichste Form des Wunsches, insofern man gewissermaßen Bedenken trägt, das Vermögen oder den Willen zur Erfüllung des Wunsches ohneweiters vorauszusetzen. *Kännt* und *mächt* im Aussagesatze wendet sich an die Fähigkeit des Angeredeten und kommt so der vorausgehenden Form in Bezug auf den vorsichtigen, zuwartenden Charakter nahe. Die Umschreibung mit *sollen* ist die trockenste, dem Imperativ zunächst stehende (abgesehen von ihrem indirecten Sinne), die mit *müssen* klingt eindringlicher, obwohl die Strenge der gewöhnlichen Bedeutung von *müssen* darin nicht zur Geltung kommt.

§ 190. **Optativischer Conjunctiv Prät. (Plusquamperf.).** *a)* Der Conjunctiv Prät. hat sowenig wie im Mhd. und in der nhd. Schriftsprache die ahd. Beziehung auf die Vergangenheit (welche nur der Conj. Plusq. ausdrücken kann), sondern nur auf die Gegenwart oder die Zukunft. Der Conjunctiv Prät. kann hiebei (abweichend vom Mhd.) ebensowohl den erfüllbar wie den unerfüllbar gedachten Wunsch bezeichnen,[3]) der Conjunctiv Plusquamperfecti zunächst den unerfüllbaren Wunsch, den erfüllbaren nur, insofern sich der Wunsch auf das dem Wünschenden unbekannte Resultat einer vergangenen Handlung bezieht. *Wenn s' nən nes nist oɔg'numəs (b'haltn) häi(d,n!* kann jemand in Bezug auf das ihm unbekannte Ergebnis einer bereits vorgenommenen militärischen Assentierung sagen (auch mit *sollen*: *Si solltn nən nes nist oɔg'n. h.).[4]) Unmittel-

---

[1]) Nach dem Tadel zu urtheilen, den Herm. Lewi in der Mitte der 70er Jahre ausspricht (Das österr. Hochdeutsch Wien 1875 S. 12), war um jene Zeit gerade die Verwendung von *würde* im Wunsche weit verbreitet. Heute kann man eine ähnliche Beobachtung wohl kaum machen.

[2]) Nach Nagl (Roanad S. 377 I β Anm.) dient im Nöst. *mögen* der höflichsten, *sollen* der unumwundensten und trockensten Form des Wm.sches. Das Verbum *können* deutet an, dass der Auftragerhalter auf das Gewünschte wohl auch selbst hätte kommen können.

[3]) Dass auch der erfüllbar gedachte Wunsch sich in diese Form kleidet, deutet Nagl (Roanad S. 376 C, f) als eine Äußerung des Aberglaubens und der schwachen Willenskraft des Bauern, der auch nicht mit annähernder Sicherheit sein nennen will, was er wünscht. Gegen Nagls Erklärung des erfüllbar gedachten Wunsches wendet Lambel mit Recht ein, dass sein Erläuterungsbeispiel eher auf hypothetische Sätze passt: es verhalte sich *wann i nur ferti wurt* (= würde) . . . *zu wann i n f. wir* (= werde), wie εἰ . . . γενοίμην zu εἰ . . . γίγνομαι (ἐάν . . . γένωμαι). Bei alleinstehenden Sätzen ist der Nachsatz im Sinne der Periode zu ergänzen (dann wäre ich zufrieden; dann bin ich z.). Je nach dem Tone tritt die Bedeutung des Wunsches (der Besorgnis) oder der Bedingung mehr hervor.

[4]) Im Oöst. ist in diesem Falle die Form der Besorgnis (mit dem Indic.) üblicher als die des conj. Wunsches: *Wannn'n nur net g'numi (b'haltn) ha(b)m!* (*Sollte* wäre hier noch weniger angemessen). Der im Mainz. durchgeführte Unterschied, dass im Passiv der auf eine andere Person bezogene Wunsch mit dem Conj. Prät., der Wunsch, den der Wünschende auf sich selbst bezieht, mit dem Conj. Plusqu. ohne *worden* gegeben wird (Reis I § 17, 2) wird von unserer Ma. nicht so regelmäßig beobachtet. Mainz. *Ar wər am liebschte*

bar bezieht sich freilich auch hier der erfüllbare Wunsch, wie das in seiner Natur liegt, auf ein Zukünftiges (die erwartete Nachricht von dem Geschehenen), mittelbar aber auch auf das Geschehene selbst, also auf etwas Vergangenes.

Der bloße Conjunctiv Prät. im Wunsche ist indes in ziemlich beschränktem Gebrauche; er findet sich hauptsächlich bei *haben* (als Vollverbum) und *sein* (als Copula) sowie bei *können*, *müssen*, *dürfen*, selten bei anderen Verben. Man sagt also nicht *Kám* (käme) *ə neə bàl!*, wohl aber *Häit é neə r ə Gold! Wä r é neə gsund! Künnt é neə, wöi é mächt!* u. s. w. *Mächt* erscheint nur in der Umschreibung neben dem Infinitiv, dann aber (abgesehen von den oben § 189 angeführten Beispielen wie *mächt häi`t dennə ə ànnəs Wědə wes'n*) niemals an der Spitze des Satzes wie in der Schriftsprache (etwa *mächtst schwäign! = möchtest du schw.!*) sondern nur in einem *wenn*-Satze: *Wennst neə schwäign mächst* oder *schwäichəst* (auch *W. n. schwäign* oder *s Mäl hältn tätst)!*¹)

b) Die Bildung des optativischen Conjunctivs Plusquamperf. unterliegt wegen der Geläufigkeit der erforderlichen Formen der Hilfszeitwörter *sein* und *haben* (*häit*, *wä*) keiner formellen Beschränkung: *Häit é nō Zäit g`hätt!* (*H. é mə n. Z. g`nummə!*). *Wä r é nō dəhàim g`wést! (bli(b)m!*), u. s. w.

§ 191. Von einleitenden Conjunctionen kommt *dass* mit dem (mhd. und nhd.) Conjunctiv Prät. und Plusquamperfecti (*Dass dn doch geschwiegen hättest!*)²) in unserer Gegend nicht vor. Wohl aber ist *wenn* eine durchaus gebräuchliche, ja die häufigste Einleitung des Wunsches, und zwar mit einfachem Conjunctiv Prät. und Plusquamperf. oder, wie bereits erwähnt, mit der Umschreibung durch *möchte* (jedoch nur für den Conjunctiv Prät.): *Wenn ə neə käm* (käme) oder *kummə mächt* (aber nicht *Wenn ə neə kummə sä̃ mächt* = Möchte er doch gekommen sein!). Zu dem dieser Wunschform so häufig vorgeschobenen Satze *i mächt bittn* tritt der Satz mit *wenn* in lose Abhängigkeit: *I mächt bittn, wenn S' suə gout wä'n* oder *gout sä̃ mächtn* (z. B. *u láihətn mə . . .*).³) Die Partikel *nur* (*nō, neə*), auch beim Imperativ sehr beliebt (vgl. § 143 u. *nō I b* und § 182), ist beim optativischen Conjunctiv fast unentbehrlich. *Doch* (*do, du*) ist im Wunsche minder gebräuchlich, wohl aber *dennə* (dennoch).

---

met su ere Kapp angestellt; egerl. *I wä' gern . . . ōʾgstöllt* oder *I mächt gern oʾg stöllt wer'n* oder *oʾgst. sä̃* (im Mainz. in der Umschreibung nur *mecht' . . . sein*). Der Unterschied zwischen *i werst* (würde) *gern oʾg.st.* (*i mächt g. oʾg-t. wes'n*) und *i wä` g. oʾgst. (i mächt g. oʾg. sä̃*) ist derselbe wie im Nhd. Im ersten Falle blickt der Wünschende nach dem Eintritt des ersehnten Ereignisses aus, im zweiten Falle versetzt er sich mit vorgreifender Ungeduld schon in den Zustand des erfüllten Wunsches.

¹) Im Oöst. wohl nur die letzteren Wendungen, nicht *mächt.*

²) Mit dem Indicativ dient *dass* (sowie *ob*: *Obst həs glühst!*) zum Ausdrucke des Befehles (*däst dé nist muckst!*), aber nicht des höflicheren Wunsches. Auch durch Fragepronomina eingeleitete Wünsche (*Eilende Wolken . . ., wer mit euch wanderte . . .!*) sind der Ma. fremd.

³) Vgl. Braunauer Weihnachtsspiel HTV S 455: *Drum wollen wir bitten, wenn Ihr wollt so gütig sein, Und wollt uns in Ever Herberg' nehmen ein, Dass wir uns könnten wärmen und erlaben.*

Die häufige Verwendung des (conjunctionslosen) Wunschsatzes als Vordersatzes der hypothetischen Periode, welcher ja in dieser Form aus dem selbständigen Wunsche herzuleiten ist, bringt es mit sich, dass Sätze dieser Art (wie übrigens auch die mit *wenn* eingeleiteten) dem Hörer oft auch dann mehr oder weniger hypothetisch klingen, d. h. einen Nachsatz erwarten lassen, wenn der Sprechende an einen solchen Nachsatz gar nicht gedacht hat, also nur den Sinn eines Wunsches hineinlegen wollte. Diese Auffassung des Hörers macht sich oft in der Frage *Nö̃? wos wä̃ r ənn äffə?* geltend. Umgekehrt werden doch nicht nur die conjunctionslosen, sondern auch die mit *wenn* eingeleiteten Sätze vom Sprechenden als echte Wunschsätze gedeutet. Dies beweisen die häufigen Vorschläge von entsprechenden Interjectionen, und zwar sind es ungefähr dieselben, die auch vor den Imperativ und vor die conjunctivischen Wunschformeln treten; diese können auch hier nur unmittelbar vor der Verbalform (oder vor *wenn*) stehen: *Sə (ä-sə, i-sə* u. s. w.), *ach*, gelegentlich auch *á, ä, äi* allein.

b) Potentialer Conjunctiv.

§ 192. Conjunctiv Präs. Der alte (got., z. Th. noch ahd.) potentiale Conjunctiv Präs. fehlt wie im Mhd. und Nhd. sowohl im Haupt- als im Nebensatz.

§ 193. Der einfache **Conjunctiv Prät.**, der im Got., Ahd. und z. Th. noch im Mhd. als Potential der Vergangenheit gebraucht wurde, ist in dieser Bedeutung wie im Nhd. verschwunden. Er steht, wo er noch die Möglichkeit ausdrückt, nur mit Beziehung auf die Gegenwart oder die Zukunft, während die Beziehung auf die Vergangenheit dem Conjunctiv Plusquamperf. vorbehalten ist. Wie der optativische, so kann auch der potentiale Conjunctiv Prät. ebensowohl die Möglichkeit als die Nichtwirklichkeit bezeichnen, der Conjunctiv Plusquamperf. aber zunächst nur die Nichtwirklichkeit; die Möglichkeit wiederum in analoger Weise wie beim Optativ nur durch die Beziehung auf das unbekannte Resultat einer vergangenen Handlung. Doch ist diese Beziehung immerhin seltener als beim Wunsche, am häufigsten tritt sie wohl im Zusammenhange mit einem Wunsche von dieser Art auf: *Wenn ə nes ǻfs wengst* (wenigstens) *s Trä̀id gout vəkä́fft hä̀it!* (sagt jemand von einem entfernten Bekannten zu einer Zeit, da der Verkauf schon abgewickelt sein muss); *ä̀ffə werst ə sé glä̀i ə nä̀i's G'wänd kä́fft ho(b)m* (= dann hat er sich jedenfalls ... gekauft).

Der Conjunctiv Prät. und Plusquamperf. drückt wie seit den ältesten Zeiten »die bloße Vorstellung von der Verwirklichung eines Ereignisses in Gegenwart oder Zukunft« aus, mag die Bedingung seines Eintretens in einem Nebensatze angegeben sein oder nicht.[1]) Überall schlägt der condicionale Sinn mehr oder weniger vor; am wenigsten noch in Ausrufformeln wie *Nö̃ hä̀it é ənn dös denkt!* (auch mit folgendem *dass*-Satz, z. B. *dá des sus schleət is!* = konnte ich denn denken, dass . . .), oder

---

[1]) Erdmann Grundzüge § 170.

in der Abweisungsformel *Fällət mə r ä*! oder *Kànnt mə r üfàllu!* = Fällt mir nicht ein!,¹) mehr schon in den mit *wer* eingeleiteten Ausrufen: *Wer häit əun dös denkt* . . .! In der zweifelnden Frage ist der condicionale Sinn geradezu die Bedingung, unter welcher der Conjunctiv eintritt: *Wos helfət əun dös? Wöi stöllə́st əun dös oɔ̆?* Sonst steht hier nur der Indicativ, z. B. wenn die Richtigkeit einer Aussage angezweifelt wird: A. *Dös seəhts jà, dà r ə me g´schickt hàut.* B. *Wos? Gschickt hàut* (nic häit) *ə de?*²)

§ 194. Ein für die Volks-Mundart charakteristischer Conjunctiv liegt vor in Wendungen wie *Nŏ wos wäi r əun äffə dös!* (= was ist denn das?) Der Conjunctiv Prät. drückt hier gewissermaßen den Versuch aus, selbst angesichts der vollendeten Thatsache den Eintritt derselben von einem nachträglichen Vorbehalte abhängig erscheinen zu lassen (etwa *Wenn es überhaupt wahr wäre! Wenn es sich am Ende nicht doch noch anders herausstellt* . . .). Dieser Gebrauch zeugt von der zähen Neigung des Volkes zu bedächtiger, vorsichtig bedingender Formulierung selbst der vollendeten Thatsache gegenüber und ist auf Gebiete ausgedehnt, wohin der nhd. Gebrauch (*da wären wir*) nicht reicht. So erscheint in rhetorischer Frage oder im verwunderten Ausruf der Conjunctiv Prät. von *müssen* in gleichem Sinne: *Moußt è niət wèchə derə Kloinichkáit áf Pràuch ài*? oder *Denk də ueə, moußt è wechə* . . . *áf Pràuch* = Musste ich nicht? Denke dir, ich musste . . .! Auch in der Stellung des Aussagesatzes: *Af d´letzt moußt si* (musste sich) *də Wirt ins Mittl legn.* E. J. XX 143. Derselbe Conjunctiv begegnet auch im Nebensatz: *Hàut a nu an Wèrwa-Gàigl sua g´ärghat, da r a rein a´n* (= aus dem) *Wirtshaus furt gàih´ moußt* (= musste) B. d. P. u. K. I 56. Dieser Conjunctiv ist ein Gegenstück zum Indicativ, welcher die nicht eingetretene Bedingung bezeichnet (= irrealem Conjunctiv Prät. oder Plusq. Vgl. § 178, 1). Hier wird ein Nichtwirkliches dem Eintritte so nahe gedacht, dass es so gut wie wirklich erscheint. Zur Hervorhebung dieser Eigenschaft wird dem Nichtwirklichen die sprachliche Form der Wirklichkeit verliehen. In unserem Falle hingegen soll umgekehrt wirklich Geschehenes als so unglaublich oder so unerwartet erscheinen, dass es gewissermaßen durch unbestimmt vorschwebende Bedingungen noch nachträglich in Frage gestellt zu werden verdient, und zur Hervorhebung

---

¹) Zur Ausrufformel vgl. im Sechsämter-Dial. *Ei, häir i´ ´s denn deukt, Dáß ´s di Léi* (Liebe) *àsúà krènkt* DM V 132 N. II 25 f.

²) Im O- und Nöst. ist, wie mir Lambel nachweist, der Indicativ zwar auch nicht unmöglich: z. B A. Matosch *D´ Áhnl bein Launin* (Aus dá Hoamát I² 316) *Auf dá goldin Benk — hast gsagt und launin thuat á* . . . Stelzhamer *D´ Áhnl* 62 ff. *Awá wos wár denn das? Schen wie sist* (sonst), *abá blűßd wos* (als) *oltweil!? Blä́sser und ermá wie sist und oltweil, ja was is ´s denn, was wirds denn?* (Conj. und Ind. nebeneinander); doch dient der Conj. zur stärkeren Ausprägung des dubitativen Charakters: *D´ Áhnl bein Launin* a. a. O. *Ja mein, ja mein, g´schickt hä́t á di, ja geh, g´schickt hä́t á di den a mir?* (Ausdruck der Verwunderung: Wie? geschickt hätte er dich?) Ein anderer Fall in Nagls Roanad S. 340 zu V. 362 *Jö̀, wå déis ä brüav laichd?!* In der südl. Übergangs-Ma. (Neuern) Rank Ans d. Böhmerw. S. 268: *Micherl! Ha! ha! he! Fronz: Wa dos g´löcht?* (sollte das gelacht sein?) *Mái Lötta r is dos gflennt gwöst* . . . Vgl. auch Grillparzer Zwischen Gaeta und Capua Str. 10 *Trotz´ger Poseidon! Wärest du dies, Der drunten scherzt und Murmelt so süß?* Str. 11 *Und dies, halb Wiese, Halb Äther zu schaun, Es wär´ des Meeres Furchtbares Graun?* (Werke ⁸ I 131).

dieser Eigenschaft wird dem Wirklichen die sprachliche Form der Nichtwirklichkeit verliehen.

§ 195. Von diesem Conjunctiv, dessen Untergrund der durch den Affect hervorgetriebene Vorbehalt ist, — ein Vorbehalt nämlich, der aus dem unwilligen Staunen, wenigstens aus der Verwunderung über kaum Glaubliches oder doch Unerwartetes erwächst, — ist der verwandte Conjunctiv der bescheidenen oder vorsichtigen Aussage immerhin zu trennen; denn auch dieser ruht zwar auf dem Untergrunde eines Vorbehaltes, der jedoch nicht durch den Affect hervorgetrieben, sondern durch unwillkürliche (gewohnheitsmäßige) oder bewusste Behutsamkeit erzeugt ist. Derselbe tritt seit den ältesten Zeiten für den Indicativ Präs. ein. Wie andere Dialekte, so zeigt auch das Egerländische eine ausgesprochene Neigung zu dieser bescheidenen oder vorsichtigen Formulierung:[1]) *Dös wä̃ öitzə gschehə* = Das ist jetzt geschehen. *S sell wä̃ scho* = Das ist so. *I häit ə Bitt, I mächt bittn* oder *tät schä̃ bittn* (selbst bei schon vorgebrachten Bitten) = Ich bitte. Formelhaft gewordene Conjunctive dieser Art sind *i denkət*,[2]) *i mächt, i wisst, i wünschət*, ferner (neben dem Indicativ Präs.) *i moinət*,[3]) *i bräuchət, 's glustət* (Präs. *glust*) *mi* (*scho grod ə weng dənäu* Lorenz S. 6), *'s wä̃ kə̃ Wunnə* (*wenu oĩ̃s ängstlě werət*) = es ist kein W., wenn man ängstlich wird (also auch bei bereits eingetretenem Zustande). Auch für die Vergangenheit tritt dieser Conjunctiv ein (Conjunctiv Plusquamperfecti = Indicativ Perf.): *I häit hält denkt, g'moĩ̃t*.[4])

Wunderlich (Umgangspr. S. 211) sieht in diesem Conjunctiv der »elliptischen Reservation«, sowie in den anderen Nachtragsformeln, mit denen der Mann aus dem Volke seine Rede belastet (ebend. S. 140 ff.), wohl mit Recht einen Niederschlag aus früheren gedrückten Zeiten des Bauernstandes, oder (ders. Mundart S. 62) den Ausdruck der Behutsamkeit, wie ihn die Erfahrung verleiht. Ab und zu dürfte diese Behutsamkeit jedoch auch die beabsichtigte Pose des naiven Selbstgefühles sein, das von dem Werte seines Urtheils eine hohe Meinung erregen möchte. Nur die zu Formeln erstarrten Conjunctive wie *i denkət, moinət* mögen von dieser Auffassung für gewöhnlich schon ausgeschlossen sein. Im übrigen kann dieselbe durch den Ton der Rede, der auch hier alles entscheidet, jederzeit, selbst bei diesen Formeln, in den Vordergrund gerückt werden.[5])

---

[1]) Vgl. Nagl Roanad S. 377 h. i.
[2]) Vgl. Tomanetz Z. f d U. VII 800. Dagegen Wunderlich Umgangspr. S. 215.
[3]) Vgl. Wunderlich Umgangspr. S. 215, der für den Conj. bei *meinen* Belege aus Hutten und aus der Frühzeit des bayr. Dial. beibringt.
[4]) Wunderlich wollte zuerst (Satzbau S. 85) der Erklärung dieses Conj. aus der Ellipse eines condicionalen Nachsatzes die aus dem Zusammenhang mit den übrigen potentialen Formen vorziehen. Später (Umgangspr. S. 210) neigt er sich jedoch der Ansicht zu, dass die Annahme der Ellipse doch einen weiter reichenden Erklärungsgrund darbiete. Bei der unzweifelhaft condicionalen Färbung des Conj. Prät in diesem Falle halte ich es ebenfalls für angezeigt, ihn unter diese Kategorie zu stellen, mag auch der zugehörige Vordersatz nicht deutlich vorschweben, sondern nur unbestimmt im Hintergrunde ruhen.
[5]) Lambel gibt mir zu bedenken, dass die Erklärung Wunderlichs, wenn auch nicht für alle Conjunctive der bescheidenen Aussage, so doch für Bittformeln wie *i tät schä̃ bittn* (oöst. auch *i hät halt schen bitt*) in Betracht gezogen zu werden verdiene, dass aber jedenfalls alle in gedrückten Verhältnissen lebenden Bevölkerungsschichten, nicht bloß der Bauernstand, auf diese Ausdrucksweise hin untersucht werden müssten.

§ 196. **Umschreibungen.** Die Bildung des **Condicionals** mit *würde (werət)* entspricht durchwegs dem Nhd.[1]) Die infolge des Mangels eines Conjunctivs Prät. von *werden* im Mainzischen fast durchgängig eingeführte Umschreibung mit *thun (dhete wern)*[2]) ist im Egerländischen nicht unbedingt nöthig, aber immerhin häufig. Auch hebt sich die Umschreibung durch *tàt* mit dem Infinitiv in Bezug auf den modalen Sinn schwerlich irgendwie von dem einfachen Conjunctiv Prät. ab. Außer *werət* wird in demselben condicionalen Sinne, wie schon im Mhd., *wollt* zur Umschreibung verwendet (vgl. engl. *would*),[3]) gegenwärtig namentlich im Sinne einer Androhung, was der Bedeutung des Verbums *wollen* durchaus entspricht (vgl. § 150, 10 S. 127): *Dem wollt i mà Moining sogn (g·sàgt ho(b)m)*, aber auch ohne diesen drohenden Sinn *Wenn uuns r Àltn àfstàngə* (aufstünden), *döi wolltn (wellın) Augu màchn!* und so im Egerer Fronl., z. B. 1391 f. (*Könnte ich eine Dienerin der Jungfrau sein,*) *So wolt ich wesen imer fro Und wolt si suchen, west ich wo*; vgl. 7096.[4])

Mächt wird zunächst unbedenklich für das rein condicionale *würde (werət)* gesetzt: *Döi mächtn Augn g·màcht ho(b)m!* Ferner entwickelt *mächt*, seiner alten Bedeutung gemäß, auch noch eine rein potentiale Bedeutung (= *könnte*, im Haupt- und Nebensatz): *Hab'n wir das ciuz'ge Töchterlein, Möcht' uns das wohl ertrunken sein?* sagt der erschrockene Müller im Volksliede, da das Rad in räthselhafter Weise stillsteht (HTV S. 95 N. 8 d Westböhmen). Die Varianten dieses Liedes aus Komotau, Plan, Nordböhmen (HTV S. 94 f.) haben statt *möcht muss* (im potentialen Sinne: vgl. § 150, 9).[5]) Der Indicativ von *mögen* (*der mag sich wundern, gewundert haben*) wird in der Mundart weder für den Potential der Gegenwart noch für den der Vergangenheit gebraucht (dafür Futurum I und II).[6])

Der Gebrauch von *kàunt* und *sollt* entspricht im ganzen dem nhd. Sprachgebrauche. Über die optativischen Wendungen mit *kàunt* § 189. *Sollt* wird vielfach = *werət (mächt, wollt)* verwendet: *Des sollt*

---

[1]) Im Nöst. (Nagl Roanad S. 392 zu 976: vgl. S. 176 zu V. 211), sowie im Oöst. hat die Umschreibung *i wuat* mit dem Infin. (= *ich dürfte*) eine ausgeprägt potentiale Bedeutung, der einfache Conj. Prät. und die Umschreibung durch *tàt m.* Infin. stellen das Eintreffen des Bedingten als sicher hin. Die Anm. 2 S. 13 meines II. Progr.-Aufsatzes stellt die Sache unrichtig dar.

[2]) Reis I § 4. Unter den schweiz. Maa. umschreibt z. B. die Kerenzer den Condicional mit *thun* (sie besitzt aber auch noch den alten einfachen Cond.), die Toggenburger mit *werden*: Winteler Kerenzer Ma. S. 149.

[3]) Grimm Gr. IV 184. Mhd WB III 659ª, 21 ff. Lexer III 754. Sehr häufig bei Rosegger.

[4]) Ebenso Nürnberg. DM VI 263, 55. Besonders stark im Gebrauch ist diese Umschreibung im ungr. Berglande: *denn das Kastil stèt nur ganz ellein und so wollt se nèch treffen* (würde sie den Weg dahin nicht finden) Schröer Versuch S. 81 [331], 2; oder ebend. S. 94 [344], 25. S. 111 [361], 6 *àba benn mich mai alde bol* (wollte, würde) *sé asô, di bol sich bida belu mit ma hàdan* (= *die würde sich mit mir streiten wollen*); vgl. ebend. S. 101 [351] Z. 1. S. 103 [353] Z. 3 u. ö. Auch *wollen* selbst mit *wollen* umschriebei: *Glaich als benn de's pebachen bolst beln* (= *bewachen wollen würdest*) ebend. S. 119 [369], 7 u. oben *bol beln hàdan*.

[5]) Die Variante aus Deutsch-Pilsen im ungr. Berglande hat *soll*: Schröer WB 128 [234].

[6]) Wohl aber in Nordböhmen: *Der mog geglaubt ho(b)m* (Saaz). *A mochte mich konn sahn komm* (Gabel) Tieze Hejmt I 72. *A mucht . . . gewast sei* ebend. II 32.

åugn g·màcht ho̊ b m! Über die potentialen Bedeutungen von *dürfen* und *müssen* vgl. § 150, 8. 9. Der Conjunctiv der bescheidenen, vorsichtigen Aussage wird, außer durch *mächt* (*i mächt bittn*) und allenfalls durch *kännt* (*s sell wä̀ scho* oder *kännt scho sã*) nicht durch *wollt*, sondern stets durch den Indicativ *wu(ü)l* umschrieben: *i moinət* oder *dös wǜl i màinə*. Über das potentiale Futurum I und II vgl. § 164 *b* und § 166. Über die Umschreibungen des Potentials im Nebensatz § 207, 4.

β) Modi in Nebensätzen.

§ 197. Sieht man von den Bedingungs- und Einräumungssätzen, sowie von den hypothetisch gefärbten Relativ- und Temporalsätzen ab, so kann man den Indicativ in allen Arten von Nebensätzen als den herrschenden Modus bezeichnen. Der Conjunctiv, der schon im Mhd. gegenüber der älteren Sprache mehr und mehr durch den Indicativ verdrängt wird, hat in der Mundart noch manches andere Gebiet eingebüßt, so namentlich das der Absichtssätze und der indirecten Rede. Der Geltungsbereich des Indicativs lässt sich nach seinen Grenzen im einzelnen am besten durch einen Überblick über das Verbreitungsgebiet des Conjunctivs abstecken. Der Imperativ steht nur in Hauptsätzen.

Conjunctiv (und Indicativ) im Nebensatz.[1]

§ 198. Der Conjunctiv des Wunsches und der Möglichkeit sowie die Umschreibungen durch *kännt, mächt* u. s. w. stehen zunächst in gleicher Weise wie in Hauptsätzen: *Deina Handla sann jå sua kolt Daß't mächst dafröisn bold!* (Weihnachtskrippenlied aus Plan HTV S. 35 N. 53). So tritt auch der Conjunctiv der bescheidenen Aussage unverändert in den Nebensatz: *Aa r is àin a' oft schöia gànz nàucht* (nahe) *zouakumma, damma* (dass man) *g·màint hàit* (schon unabhängig *ma hàit g·màĭ't, ma möĭtt 'n dasäah*. Lorenz S. 9.

§ 199. Der Conjunctiv Präs. (nur in Wunschformeln erhalten § 188) kommt im Nebensatz überhaupt nicht vor. Bei *dass Gott dəbàrm!* kann der ursprüngliche Nebensatz-Charakter im Hinblick auf die verwandte lateinische Fügung mit *utinam* in Zweifel gezogen werden.

§ 200. Der Conjunctiv Prät. hat, wie schon frühzeitig in der alten Sprache, auch im Nebensatz die Beziehung auf die Vergangenheit verloren und sie an das Plusquamperfect abgetreten. Doch haben beide Conjunctive in erster Linie potentialen (speciell hypothetischen), dann auch optativischen Sinn; außerhalb dieses Sinnes war älterer Conjunctiv nur in wenigen Fällen im Stande sich gegen den vordringenden Indicativ zu behaupten.

So hat der Indicativ Präs. die Stelle jenes Conjunctivs Prät. eingenommen, der im Ahd. und besonders regelmäßig im Mhd. nach

---

[1] Soweit es möglich war, wurde im Folgenden die Ordnung eingehalten, die Erdmann in seinen Grundzügen durchgeführt hat.

einem Prät. des Hauptsatzes zur Bezeichnung der gleichzeitigen Nebenhandlung diente (mhd. *Si vrâgte in, wie er hieze* Erdmann Grundzüge § 172 B 2 a). Auch im Nhd. ist der Conjunctiv Prät. zulässig und sogar bevorzugt, wenn der daneben gebräuchliche Conjunctiv Präs. formell mit dem Indicativ zusammenfällt. Mundartlich hingegen heißt es nur *Si hàut nən gfràngt (gfràigt), wöi ə hàißt* oder (mit Assimilation des Tempus vgl. § 176) *g·hàißn hàut*.

Ferner tritt der Indicativ Präs. für jenen Conjunctiv Prät. ein, der nach einem Prät. des Hauptsatzes zur Bezeichnung der **bevorstehenden Nebenhandlung** (als einer nicht wirklichen) dient, und der besonders in Absichtssätzen und in der indirecten Rede vom Nhd. bis ins Ahd. zurückreicht, z. B. *Ich ließ ihn den Brief lesen, damit er wüsste* . . . ; egerl. *I hō nən deən Brōif lē·sn làus, dá r ə wàiß* oder *dá r ə gwisst hàut*, auch, mit prägnanter Hervorhebung der Absicht, *dá r ə hàut wissn solln*.

Endlich vertritt der Indicativ des Perfects den alten Conjunctiv Prät., neueren Conjunctiv Plusquamperfecti zur Bezeichnung der **vorzeitigen Handlung** (nach regierendem Prät.): *ə Jē·ds hàut g·sàgt, eə hàut* (seltener *häit*) *nu nēks Schännəs g·seəh* (er habe, hätte . . . gesehen). Vgl. weiter unten die bei den Absichtssätzen (§ 205) und bei der indir. Rede (§ 222) angeführten Beispiele.

§ 201. Im allgemeinen also befähigt nur ein selbständiger (namentlich hypothetischer) Sinn den Conjunctiv Prät., an all die bezeichneten Stellen im Nebensatz zu treten. Allerdings jedoch werden die hier gezogenen Grenzlinien durch die **Assimilation des Modus** etwas verwischt: *Wenn é nō· wìsst, wes des wā·* (wäre = ist). *I wollt, si blàiwətn, wàu s· wā'n* (wären = sind).[1]

§ 202. Was die Umschreibung des Conjunctivs im Nebensatze durch modale Hilfsverba (*kännt, mächt, sollt, wollt, werət*) betrifft, so ist zu beobachten, dass *werət* (würde) überall einen condicionalen Sinn vermittelt: *Wenn ə wirklé əmàl wos vəlàngə werət, àffə werət 's glái hàißn* u. s. w. In anderen als condicionalen Nebensätzen steht diese Umschreibung daher nur dann, wenn sie selbst als Nachsätze vorschwebender Bedingungen, also wiederum condicional gefasst werden; so in der indirecten Frage: *Affə fràich é, ob* (oder *wos*) *ə 's éppə d'ōnə béssə ho(b)m werət* (sc. falls er hinkäme); im Folgesatz: *De· häit 's àffə suə gout, dá r ə sē nēks Béssəs wünschn werət* (sc. wenn er die Stellung bekäme); im Relativ-Satz: *Deən mächt é· kennə, des wos deən Flànkn* (liederlichen Menschen) *wos borgn werət*. Am ehesten sträubt sich der Absichtssatz seiner Natur nach gegen die Beimischung eines condicionalen Sinnes und daher gegen die Umschreibung mit *würde*; wo diese vereinzelt auftritt, hat man es wohl nur mit einer Vermengung mehrerer Constructionen zu thun: *Wöi dənn, wenn é ·n deən Brōif lē·sn làiß (làißət), dá r ə sē irwəzdäign werət* (Mischung aus *damit er sich überzeugte*, und *er würde sich dann überz.*). Lediglich zur Umschreibung des Conjunctivs Futuri (*Er sagte, er würde kommen = er werde k.*) dient *werət* im Dialekte niemals.

---

[1] Über den Einfluss des conj. Hauptsatzes auf den Nebensatz vgl. § 217.

Modi in den einzelnen Arten der Nebensätze.

§ 203. **Absichtssätze und Heischesätze** *a*) **ohne Conjunction.** Die conjunctionslosen Absichtssätze sind wie im Mhd. und Nhd. nicht mehr gebräuchlich. In conjunctionslosen Heischesätzen steht nur in der Umschreibung mit *mächt* (aber nicht mit *sollt*) der Conjunctiv: *I ho nən himmlhǎuch bē̜(d)n, eɔ mächt* (oder *eɔ soll*) *ma denna helfm*. Ohne diese Umschreibung begegnet der Conjunctiv wohl nur noch in der Wendung *I wollt, i wǟ (du wǟst* u. s. w.). Der nhd. unumschriebene Conjunctiv nach *wünschen (ich wünschte, er käme)* wird lieber mit *dass* eingeleitet (*dǎ r ə kǟm*).

b) Mit *dass* eingeleitete Absichts- und Heischesätze verlangen den Conjunctiv Prät. nur noch nach conjunctivischem Hauptsatz: *I tǟt 's gern, dǎ r ə seəchət*, hingegen *I tou 's gern, dǎ r ə siəht* (Indicativ). *Dau vəlǎugət ė̜ hält, dǎ r ə s Göld in voräs zö̜lət,* hingegen *I vəläng, dǎ r ə zö̜lt*.[1]) Conjunctiv Präs. wird in Absichtssätzen auch bei der Umschreibung mit *wollen* vermieden (z. B. nhd. *dass er mich segnen wolle*); statt dessen tritt der Conjunctiv Prät. *wollt* ein: HTV S. 4 N. 2 a Str. 1 (Gabel) *Bitt ich Gott um seinen Segen, Daß er mich wollt treu verpflegen*.[2])

§ 204. Die Umschreibung durch *sollen* und *mögen* ist im Dialekt wie in der älteren Sprache ausgebreiteter als im Nhd. Ihr Gebrauch ist derselbe wie in den conjunctionslosen Sätzen. Dieser ausgebreitete Gebrauch ist z. Th. eine Folge der Gewohnheit, statt bestimmter Verba wie *bitten, ermahnen, rathen, abrathen, warnen, befehlen* u. s. w. überall das allgemeine farblose *sagen* anzuwenden (vgl. § 149 c). Da einerseits der unumschriebene Conjunctiv so spärlich erhalten, anderseits das regierende Verbum *sagen* so farblos und jedes finalen Inhaltes so baar ist, dass die Natur des Nebensatzes unklar werden müsste, so ist die Mundart gezwungen, zu diesen unzweideutigen Umschreibungen zu greifen.

§ 205. Während im Nhd. der alte Conjunctiv der Absichts- und Heischesätze durch den Indicativ und Infinitiv (mit *zu, um zu*) theilweise verdrängt worden ist, engen den dialektischen Conjunctiv einerseits der vordringende Indicativ, anderseits der Imperativ der directen Darstellung (so in Heischesätzen nach *bitten* u. s. w.) ein.

1. Der Indicativ hat sich in den conjunctionslosen Sätzen in der Umschreibung mit *sollen* festgesetzt: *Eɔ hǎut vəlǎngt, i soll* (Indicativ; nhd. *solle* oder *sollte*) *nən glǎi schrǎi b)m*. Im *dass*-Satze ist er nach indicativischem Hauptsatz der herrschende Modus (vgl. das oben § 203, *b* gegebene Beispiel), er stellt sich jedoch auch schon nach conjunctivischem Hauptsatz ab und zu ein (*I vəlǎugət, dǎ r ə . . . zö̜lt* wäre nicht unmöglich). Das will sagen, dass der finale Inhalt des regierenden Ver-

---

1) Den Conj. Präs. *thu(e)* im Volksliedverse *Deck dermit dei(n) Kinnel zu Das 's nit also frieren thu* (HTV S 25 N. 43 Eger) hat wohl der Reim veranlasst.

2) Die Variante aus Nordböhmen ebend. 2 *b* hat an dieser Stelle *daß er mich will treu verpflegen*.

bums im ganzen nicht mehr im Stande ist, den Modus des Nebensatzes zu beeinflussen, wenn nicht seine modale Form (der Conjunctiv) diesen Einfluss unterstützt.

2. Der Gebrauch des Imperativs stellt sich als die Beibehaltung der directen Rede statt der indirecten dar: *I hō nən . . . bē(d)n, h(ü)lf mə dennə!*

3. Schon dieser Gebrauch des Imperativs bedeutet eine Einengung des finalen Nebensatzes überhaupt. Dieser erleidet jedoch noch von zwei anderen Seiten eine nicht unbeträchtliche Einbuße. Dem Volke ist es geläufig, nicht nur die Absicht auszudrücken, sondern, wo es möglich ist (und das ist es zumeist bei vergangenen Absichten), auch die Erreichung der Absicht. Dies geschieht aber durch den Indicativ Perf.: *I hō 's gern* (absichtlich) *tāū, dá r ə g·seəh hàut* u. s. w. (nhd. *damit er einsähe*). Dieser Indicativ verwandelt aber die Absicht in die beabsichtigte Folge, also den Absichtssatz in einen indicativischen Folgesatz. Soll dieser Eindruck vermieden werden (z. B. weil die Absicht thatsächlich nicht erreicht wurde), so muss die Umschreibung mit *sollen* die bloße Absicht schärfer hervorheben: *I hō 's gern tāū, dá r ə hàut seəh solln* . . . Eine noch größere, weil auf alle Zeitstufen ausgedehnte Einbuße an Absichtssätzen bringt dem Dialekte die Verschiebung der Absicht in den (subjectiven) Grund und damit des Finalsatzes in den Causalsatz mit *weil*: *I hō 's gern tāū, wài ə hàut seəh solln* . . .

§ 206. Auch in finalen Relativ- und Temporalsätzen steht der Conjunctiv Prät.[1] nur noch nach dem gleichen Modus des Hauptsatzes: *Du bràuchəst hàlt àləwàl weən* (jemanden), *des (des wos) di bədeinst. I wàrtət gern, bin s'* (bis sie) *kummətn* (kämen). Die Umschreibung mit *macht, soll* ist hier seltener. Im übrigen herrscht der Indicativ: *Du bràuchst àləwàl weən, des wos di bədei~t. I wàrt, bin s' kummə.*

§ 207. Bedingungssätze. 1. Zur Bezeichnung der Möglichkeit oder der Nichtwirklichkeit steht im Haupt- und Nebensatz der Conjunctiv Prät. ohne Vergangenheitsbedeutung. Sehr vereinzelte Fälle der letzteren erklären sich besser im Zusammenhange mit dem historischen Präsens: *Òitzə hàut ə nàudenkt, wos ə tàu soll: Nàm* (nähme) *'s eə nist, sə nàm 's ən ànnərə* = hätte er es nicht genommen, so *hätte* u. s. w. (gewöhnlicher *nimmt 's eə nist, sə nimmt 's* u. s. w.). Rückversetzung in die Vergangenheit liegt in beiden Fällen vor. Das regelmäßige Tempus der Vergangenheit ist hier jedoch der Conjunctiv Plusquamperfecti.

2. Die conjunctionslose Form, aber nicht in Frage-, sondern in Aussagestellung, nimmt der Nebensatz an nach *'s wài koš Wunnə* (z. B. *unnə r àins werst kroš k* (vgl. E. J. XIV 118). Nach indicativischem Hauptsatz wird jedoch hier auch im Nebensatze der Indicativ vorgezogen (gewöhnlich mit *wenn*): *'S is k. W., wenn unnə r oi~s kroš k wiəd.*

---

[1] Der Conjunctiv Präs., wie er hie und da in Wolfs Volksliedern vorkommt, z. B. S. 79 Str 8 *Der dritt* (Engel), *der mi bhüt u bwar, dammer heimli neks widerfar*, ist im eigentlichen Volksdialekte nicht mehr heimisch.

3. Conjunctivischer Nebensatz neben indicativischem Hauptsatz und umgekehrt, sowie die inhaltlich freiere Anknüpfung des Nebensatzes (§ 100) lassen auf ein freieres Verhältnis zwischen Haupt- und Nebensatz überhaupt schließen: *Waus 's ganz Gaua g'fröist . . ., daß näi˜ neks würag'raun kaa˜* (»hervorgerathen« kann) *vår an Grasla . . ., wenn unna Hergott däan Zwarglan niad g'schäfft häid* (ein Feuer zu unterhalten) Lorenz S. 12 f. *Wenn 's niat bål beßa wiad, Wöllt niat, wos g'schah* HTV S. 332 N. 569 (Eger). Sätze wie *Wenn dem nemmats wos bårchat* (borgte, Conjunctiv), *so is a hai˜t mit da Wirtschaft firté* kann man öfter hören. Dieses freiere Verhältnis begreift sich hier wie anderwärts aus der die mündliche Rede beherrschenden Gewohnheit des nachträglichen Zusatzes, mittelst dessen sie sich so gerne weiter spinnt und wobei der Anschluss an das Vorausgehende oft der strengen logischen Folgerichtigkeit entbehrt.[1])

4. Bezüglich der Umschreibung des condicionalen Conjunctivs durch *würde, sollte, möchte* u. s. w. macht unsere Mundart keinen Unterschied zwischen Haupt- und Nebensatz (wie das Nhd. bei *würde*),[2]) wohl aber einen Bedeutungsunterschied. Während nämlich der bloße Conjunctiv Prät. sowohl die Möglichkeit als die Nichtwirklichkeit bezeichnen kann, liegt in der Umschreibung mit *werat* (würde) mit durchschimmernder Grundbedeutung stets die Annahme der Möglichkeit, und zwar mit starker Betonung dieser bloßen Annahme (*wenn é s Háus vəkáfft* gegenüber *wenn é s H. vəkáffm werat*), in der Umschreibung mit *sollt* überdies häufig die der geringen Wahrscheinlichkeit (*wenn é s H. vəkáffm sollt* oder *sollt é s H. vəkáffm*).[3]) Die von Sprachlehrern[4]) verworfene Verwendung von *würde* im Absichts- und Wunschsatze, oder der ebenfalls nicht condicionale Gebrauch von *würde* im Conjunctiv Futuri oder gar in der indirecten Rede schlechtweg (wie am Oberrhein: Sanders Z. f. d. Spr. 1890 S. 41 ff.) ist unserer Mundart fremd. Neben *sollt* und *werat* wird im condicionalen Vordersatze auch *mächt* gerne gebraucht, häufig im Sinne von *wenn er wollte, sich dazu entschlösse*, z. B. *Wenn a hålt sā˜ Zäich a weng z'sāmmhåltn mächt, åffa* (dann) u. s. w., wohl auch mit durchschimmerndem Wunsch, dass die Bedingung erfüllt werde (vgl. die gleichlautenden Wunschsätze mit *wenn* und *mächt* § 191).[5])

---

[1]) Eine besondere Ergänzung eines conjunctivischen Nebensatzes im Sinne des conjunctivischen Hauptsatzes halte ich darnach bei diesen Mischbildungen nicht unbedingt für nöthig, wie dies Nagl Roanad S. 376 B, e für gewisse Fälle im Nöst. thut. In Fällen wie in den bekannten Liedversen *Und es fällt mir so schwer Auseinander zu gehn, Wenn die Hoffnung nicht wär' Auf ein Wieder-Wiedersehn!* (HTV S. 158 N. 90 Gabel) könnte man durch eine entsprechende Betonung allerdings den Nebensatz dem Sinne nach verselbständigen: *Es fällt mir so schwer . . .; (ja) wenn die Hoffnung . . . nicht wäre!* (dann u. s. w.). Aber auch hier kommt man mit der Erklärung aus der mangelnden Folgerichtigkeit aus: der Satz *es fällt* u. s. w. wird so fortgesetzt, als ob gesagt worden wäre *ich ertrüge es nicht* o. ä.

[2]) Matthias Sprachleben S. 387; vgl. Erdmann Grundz. § 172 A.

[3]) Im Egerer Fronl. wird *sollt* im conjunctionslosen Vordersatze mit Vorliebe gebraucht; z. B. 3444 f. *Solt ich in das wern, So thet ich das mit rechten nicht.* Vgl. 5459 f. 6644 f. Vgl. Mhd WB II 2, 181ᵃ, 46 ff. (mit *sol*) u. 182ᵃ, 19.

[4]) Z. B. Matthias Sprachleben S. 387.

[5]) Im Iglauschen wird zur Umschreibung statt *würde* immer *möcht* (oder *tét = hätte* mit d. Infin.) verwendet: DM V 323.

§ 208. Das Gebiet des Indicativs im Bedingungssatze ist nicht auf den realen Fall beschränkt, sondern greift auch auf den irrealen über. Doch tritt dann nicht Indicativ Prät. ein wie im Mhd. (*vorht er den widerslac* = hätte er gefürchtet [wein 3130) und Nhd. (*warf er das Schwert von sich* = hätte er ... geworfen`,[1]) sondern das Präsens, das wohl als historisches zu beurtheilen ist (vgl. § 163 a S. 146, § 178, 1). Im Egerer Fronl. begegnet der irreale Indicativ Perfecti im Nachsatze: 6842 f. *Und mecht* (= könnte) *er im* (= sich) *selber helffen aus not: Er hat* (= hätte) *von uns nicht gliden den todt* (sagt der Knecht zu Longinus, der soeben Christi Seite mit dem Speer durchstochen hat).

Bei *beinahe* (*mållaicht, schöis* s. § 178, 3) überwiegt der Indicativ (*Er håut nan mållåicht umgrennt* = er hätte ihn beinahe umgerannt), bei der Steigerung dieses Begriffes *bɔ r ɔn Hiɔ(r)lɔ* (bei einem Haare) der Conjunctiv.

§ 209. Die **Concessivsätze** schließen sich in Bezug auf den Modus sowie auf die Bedeutung der Umschreibung mit *werst, sollt* (*mächt*) im allgemeinen den Bedingungssätzen an.

1. **Conjunctiv Präs.** im conjunctionslosen einfachen Einräumungssatze ist mir nur in der Phrase *sɑi ’s* (öfter *is ’s*) *åffɔ scho wöi ’s w(ü)l*[2]) bekannt. In *kost ’s, wos ’s w(ü)l* kann *kost* auch als Indicativ (= *kostet*) genommen werden wie in *sågt ɔ, wos ɔ w., tout ɔ, w. ɔ w.* = er sage, thue, was er wolle. Der concessive Sinn solcher Indicative wird gerne durch ein vorangeschicktes *måi(s)twégn* verstärkt: *måi(s)twégn gåiht ɔ hï wåu ɔ w(ü)l*.[3])

2. **Conjunctiv Prät.** im conjunctionslosen Concessiv-Satz (wie im Nhd.) habe ich in unserer Mundart nie beobachtet.[4])

3. Der **Indicativ** hat sich im einfachen wie im disjunctiv getheilten conjunctionslosen Nebensatz festgesetzt (mit der u. 1 angegebenen Ausnahme); ebenso in jener Fügung mit *wollen*, durch welche das verallgemeinernde Pronomen und Adverbium (*wer, was, wie es auch sei* u. s. w.) umschrieben wird: *Is ’s, weɔ (wos, wöi) ’s w(ü)l*; disjunctiv *I kumm, is åffɔ ’s Wédɔ schäï ows niɔt*.[5]) Der Indicativ des Verbums kann neben der Umschreibung durch *mag* selbst dort eintreten, wo im Nhd. nur diese Fügung oder die Conjunction *ob* gewählt

---

[1]) Erdmann Grundz. § 159.

[2]) Im Oöst. nur der Indic. Über die bayr.-öst. Formel *wiadawöll* § 67. Das Gottscheew. kennt den Conj. *sei* auch in anderen Phrasen: Schröer WBG 71 [235] »Die Todtenbraut: *ʒo kim mir, lieber, ʒe såʒen, ʒai lantic bodɔr toster*. Im deutsch-ungr. Berglande sind die Formeln *saïwi, saïwér, saïwås* geradezu = *utcunque, quiscunque, quideunque*: ders. Versuch 35 [285].

[3]) Ebenso Nürnberg.: *Meintwëig*n trög*n r* wos måg*n* DM VI 262, 20.

[4]) Bei Rank Ans d. Böhmerw. S. 207 *Doß du foa Stroßn* (= vor Blumensträußen) *koan Haud* (Hut) *nód sagst* (sähest), *Standst a foan* (stündest du auch vor dem) *Haud durtn ʒnagst*.

[5]) Im Volkslied begegnet in diesem Falle auch Hauptsatz-Stellung (abweichend vom regelmäßigen Gebrauch der Mundart): *D’ Wirthschaft gåiht fort, Ih bin hier oba* (oder) *dort* HTV S. 217 N. 210 (Egerland).

werden kann: *Ich mochte wollen oder nicht (ob ich wollte oder nicht)*: *ih ho well'n ȯwa niat* (sc. so gaben sie mir Geld) Lorenz S. 10.

4. Auch hier ist der Hauptsatz in seinem Modus vom Nebensatz unabhängig: *Wenn ə a' àls ū̃·böißt häit, sə is ə jà də Moŝ dənàu, dá r ə sé wi'də wos vədäinə koŝ*.

§ 210. Exceptiv-Sätze. Der alte (ahd. mhd. und frühnhd.) Conjunctiv Präs., der im Nhd. nur in der Phrase *es sei denn, dass* erhalten ist, hat sein Gebiet theils an den Conjunctiv Prät., theils an den Indicativ abgegeben. Aber auch der Conjunctiv Prät. ist im Dialekt auf die allerdings sehr verbreitete Wendung mit *müssen* eingeschränkt; so neben *sein*: *möußt sā̃, dá(s)* = *es sei denn, es müsste denn sein, dass*;[1]) neben anderen Verben: *Möußt é mé vəschàut ho(b)m*. Bemerkenswert ist hiebei nicht nur die wie im Nhd. (aber auch schon im Mhd. Paul Mhd. Gr. § 338 Anm. 1. Erdmann Grundz. § 188 S. 151 f. c. d) fehlende alte Negation (*si enwerde min wip*), sondern auch das fehlende *denn*, das, ursprünglich nebensächlich, im Nhd. (besonders im Frühnhd., auch schon mhd. Erdmann a. a. O. c) geradezu zum Kennzeichen des exceptiven Sinnes geworden ist;[2]) es kann, muss aber nicht durch *àffə* vertreten werden, das im Dialekte auch sonst in zeitlicher und folgernder Bedeutung die Stelle des ungebräuchlichen *dann* einnimmt. Ein bezeichnendes Einschiebsel ist ferner (außer *éppə*, etwa) *nō̃, neə* = nur:[3]) *Möußt ə neə r āf ərən ànnən Wéch gàngə sā̃*. Dieses *nur* könnte auch zur Erklärung des *danne (denn)* in excipierenden Sätzen herangezogen werden. Gleich *nur* = mhd. *neware* ahd. *niwāri, es wäre nicht (wenn es nicht wäre)*, müsste *danne* nicht als Rest eines Nachsatzes gefasst werden (wie B. Schulze Z. f. d. A. XXXIX 328 ff. behauptet;[4]) etwa *er thut es nicht, es müsste ihm Vortheil bringen, dann* ... erg. *thut er es*, oder auch mit positivem Hauptsatz und negativer Wendung der beiden anderen Sätze), sondern in ähnlichem Sinne wie das mundartliche *nur* (etwa = *sonst*), also als zusammenfassende Vertretung eines bedingenden Vordersatzes, der sich aus dem Hauptsatze leicht ergibt: *Er thut es nicht, es müsste ihm dann* (nämlich *wenn es nicht so wäre*, also in diesem Falle *wenn er es thäte*) *Vortheil bringen*. Bei dieser Auffassung entfällt die Nothwendigkeit, die Stellung des *danne* besonders zu erklären (da man nach Schulzes Erklärung zunächst die Endstellung erwarten sollte). Bei *nur* und *dann* ist die Einschaltung im Nachsatze etwas ebenso Natürliches, wie bei den von ihnen vertretenen bedingenden Vordersätzen. Gerade als condicionale Nachsätze sind die excipierenden Sätze in unserer Mundart durch die Wortstellung besonders auffällig gekennzeichnet. Das Verbum finitum (*müsste*) steht nämlich bei persönlichem Subjecte stets

---

[1]) Im ungr. Berglande ist *sai denn (zei denn)* als erstarrte Formel = *außer* im Gebrauch: Schröer Nachtrag 45 [287]. 50 [292].

[2]) In fränk. Sprichwörtern ist *denn* nicht selten, z. B. *Dèr màcht à ká Waßer trüb, er stèigt denn 'nei*" DM VI 466, 103. Ein Beispiel ohne *denn* aus Tasso 224 ff. führt Wunderlich Satzbau S. 71 an.

[3]) Das nöst. *voraus* = *ausgenommen denn* (Nagl Roanad S. 245 zu V. 284 *voaraus*) kennt unsere Mundart nicht. Im Oöst. *voraus wenn* = *vor allem (besonders) wenn*, aber nicht *ausgenommen*.

[4]) Gegen E. Frey Temporalconjunctionen S. 75 ff., der *danne* rein temporal erklärt.

an der Spitze des Satzes: *Möußt è mé* (mich) *vschaut ho(b)m*. Das unpersönliche *es* steht allerdings nur vor dem Verbum (*'s möußt sã*˜), kann aber ebensogut ganz fehlen. Auch dem Tone nach können sie wie selbständige Sätze durch eine starke Senkung der Stimme und längere Pausen vom Satzgefüge abgetrennt werden. Excipierender Indicativ (ohne Negation und ohne *äffə*) erscheint nur nach verneinten Sätzen: *Dàu is koə̃ Ràffəräi, eə r is dəbài*[1]) (mit steigender Betonung des ersten Satzes, wie sonst zwischen Haupt- und Nebensatz).

Gewöhnlicher ist allerdings ein Satz mit *dass nicht* und dem Indicativ oder (häufiger) Conjunctiv, wie im Nhd., auch mit *äsə* (außer) in Hauptsatz-Stellung (*Deə möcht koə̃ Wàssə tröi, äsə eə* . . .). Über *ànnə* mit dem Infinitiv oder mit dem Particip Prät. s. § 236 u. *f*.

§ 211. Vergleichungssätze. 1. Der alte Conjunctiv Präs. in Vergleichungssätzen, die einen angenommenen Fall bezeichnen, ist wie z. Th. schon im älteren Nhd. überall dem Conjunctiv Prät. und Plusquamperfecti gewichen.[2]) Beide haben potentialen oder irrealen Sinn.

2. Der Indicativ ist hier weit vorgedrungen. Neben dem irrealen Conjunctiv steht der irreale Indicativ und demgemäß *dass* statt *als ob*: *Künnt 's ma(n) vüa(r), da' r i scho(n) stäih* (= als ob ich stünde) *Am Kulmabergh* HTV S. 13 N. 22 (Eger-Plan). Nach *sám, àls sám* (*sám àls*) tritt indicativischer Hauptsatz, ja selbst directe indicativische Rede (neben dem Conjunctiv) ein: *Es häut neə suə r ə wengl mi(d)n Kuəpf g`näppt* (genickt), *àls sám eə häist's scho* (= als wollte er sagen: Ich höre es schon) oder: *àls sám: dists rédts ma làng gont* (= als wollte er sagen: Ihr redet* . . .). Indicativischer Hauptsatz tritt für den conjunctivischen Vergleichungssatz ein in Fällen wie *Miə r is gröd, i siəh nən nu, wöi ə bə də Tuə r äi˜kummə r is*.[3]) Nach einem Comparativ sowie nach den mit *ehe* (*äih*) eingeleiteten Sätzen treten die im Neuhochdeutschen üblichen Modi ein.

§ 212. Nach negiertem Hauptsatze ist nur der Conjunctiv Prät. und Plusquamperfecti in Relativ- und Folgesätzen eine ziemlich regelmäßige Erscheinung: *Niəd amàl a Grös* (ist gewachsen), *wos 's Vöich gäan g'freßn häit* Lorenz S. 8. *Dənə* (dort) *is nemməts* (oder *is n. g`west*), *des wos nən ə wengl helfət* oder *g`holfm häit*. Conjunctiv Präs. kommt nicht vor. Der Indicativ, der hier, von den Sprachlehrern bemängelt, auch in der nhd. Schriftsprache hie und da einzudringen sucht, ist im Dialekte neben dem Conjunctiv nirgends unstatthaft (*nemməts, des . . . h(ü)lft, g`holfm häut*), und er beherrscht das übrige Gebiet, z. B. das der Substantivsätze, so ziemlich vollständig: *Dös is gaus niət müglə, dà dös oinə r əllài˜z tàu häut*. So erscheint er auch in der Verbindung *suə — dà(s) niət*, die für *zu — als dass* eintritt. Nach *niət, dà(s)* steht Indicativ oder Conjunctiv.

---

[1]) Ein hübsches Beispiel dieser Construction ist *Keine Wolk' am Himmel floss, schrieb ein Zeichen in mein Buch*. Aus Spielhagens Übersetzung eines engl. Gedichtes angeführt in Sanders Z. f. d. Spr. 1894 S. 422.

[2]) Ebenso nöst. (Nagl Roanad S. 375 A, b) und oöst.

[3]) Vgl. im Oöst. J. Reischl Aus dà Hoamát. Bilder aus dem Natur- u. Volksleben d. Innviertels (Linz 1893) S. 27: *Is ma gwən, i siəg d` Muadá*.

§ 213. Nach Verben mit prohibitiver oder negativer Bedeutung wie *hinnən* (hindern), *láus* (*gäili̇̃ láus* = unterlassen), *in Wĕch sã*, *sĕ höi̇̃(d)n*, *'s fält (niət) v(ü)l* (*unterlassen, vermeiden* sind ungebräuchlich) tritt sowohl nach affirmativem als nach negativem Hauptsatz in der Regel gar kein Nebensatz (mit *dass*) ein, weder ein conjunctivischer noch ein indicativischer, auch nicht *zu* mit dem Infinitiv wie zumeist im Nhd., sondern die Mundart ist bei der alten Nebenordnung stehen geblieben und überlässt die logische Unterordnung dem Zusammenhang: *I hinnə dĕ niət, tou, wos d' w(ü)lst* (oder in umgekehrter Ordnung) = ich hindere dich nicht, zu thun, was d. w. *Es hàut 's gäili̇̃ láus u hàut nimmə nàng schàut* = er unterließ es nachzusehen. *I wis mé höi̇̃(d)n u wis deən nu əmàl ə gouts Wàrtl sogn* = ich werde mich hüten ... zu sagen. *Dàu fält niət v(ü)l, sə is ə (u es r is) sus g'schickt wöi sã̃ Máistə* = es fehlt nicht viel, dass er u. s. w. *Dass*-Sätze aber sind besonders nach *nicht hindern, nicht verbieten, es fehlt (nicht) viel* etwas häufiger: *Dàu koš mé nemməts hinnən (mə ... vəböi̇̃(d)n), dá r ė* (so dass ich) *niət dəsgäili̇̃ dárfət*: doch ist der Conjunctiv, abgesehen vom condicionalen Sinn (*dàu hàut niət v(ü)l g fält, dá r ə dəsg'schlogn wã̃* = er wäre beinahe hingefallen) nur vereinzelt. Sonst herrscht der Indicativ:[1] *Dàu fält nu wöi v(ü)l, dàst dös z'sàmmbringst.*

§ 214. Was jene Negation betrifft, welche nach diesen Verben im Ahd. und Mhd., und zwar im affirmativen Nebensatz neben dem Indicativ, im negativen neben dem Conjunctiv gesetzt wird und aus einem Übergreifen der im Hauptsatze enthaltenen Negation auf den Nebensatz zu erklären ist, so gebraucht die Mundart diese bloß »fortsetzende« Negation nicht mehr und nicht minder häufig als die »fortsetzende« Negation nach verneintem Satze überhaupt. Im *dass*-Satze wie in dem § 213 angeführten *Dàu koš mé nemməts hinnən, dá r ė niət dəsgäili̇̃ dárfət* kommt die Negation im Nebensatz häufig auf Rechnung der Verselbständigung des Nebensatzes durch den consecutiven Sinn (so dass ich nicht... dürfte). In den coordinierten Gefügen tritt diese Negation nur hie und da auf: *I wis mé höi̇̃(d)n u wis deən (niət) nu əmàl ə gouts Wàrtl sogn*, am ehesten, wenn der zweite Satz durch eine größere Pause der Nachwirkung des übergeordneten negativen Verbums entzogen wird, wogegen bei raschem Zusammensprechen der Sätze die Negation nicht leicht eingeschoben wird. Der letztere Fall liegt besonders dann vor, wenn beide Sätze die Form des Nebensatzes haben und der zweite schon wegen des Antheiles an der gemeinschaftlichen Conjunction *dass* die Abtrennung und Verselbständigung durch eine Pause nicht verträgt: *Dàst dĕ niət untəstàihst u nu əmàl áf deən l̆ăm áffəstáigst!* (hingegen mhd. *das ir das vermitet und niht für den dorn ritet* Erdmann Grundzüge § 193).

§ 215. Lediglich als Folge der fragenden Form des Hauptsatzes kann der Conjunctiv wohl selten beobachtet werden. Hier ist der Indicativ wie in der nhd. Prosa die Regel: *Wàu gitt 's ənn öitsə mais ən Dei̇̃ stbuə(d)n, (des) wos oin döi Arwət tát* (gewöhnlicher *tout*)?

---

[1] Auch ost.

§ 216. Die Einbeziehung des Nebensatzes in die Willensäußerung, die im übergeordneten Satze enthalten ist, findet in der Mundart nicht wie in der älteren Sprache und z. Th. (in gehobener Rede) noch im Nhd. ihren Ausdruck durch den Conjunctiv des Nebensatzes, sondern wie in der nhd. Prosa durch die Verwendung der Hilfsverba *sollen, müssen*: *Schick 's nea sáin Broudən, deə 's àffə widə waitə ge(h)m sol* (oder *mou*).

§ 217. Ebenso wenig übt optativer, concessiver und finaler Conjunctiv im übergeordneten Satze im allgemeinen eine Wirkung auf den Modus des Nebensatzes aus. Selbst in dem Falle, in welchem der Conjunctiv Präs. im Hauptsatz erhalten ist (*sä 's àffə scho, wöi 's w(ü)l*, neben *is 's àffə scho ...*), hat sich im Nebensatz der Indicativ als einzige Form behauptet;[1]) die übrigen nhd. Formeln haben im Dialekt ohnehin schon im Hauptsatz den Indicativ angenommen. Hingegen kann der Conjunctiv Prät. des Wunsches allerdings auf den Nebensatz hinüberwirken: *Seəchət é nō əmàl, dà r ə* (der Obstdieb) *àfféstáichət = dass er hinaufstiege* (neben dem Indicativ *àfféstáigt*). Vgl. *Möcht ich wißen, wos mein Madel* (Dat.) *wa* (wäre), *Daß sie allweil so traurig sah* (sähe) HTV S. 142 N. 57 aus Kohling bei Falkenau; hingegen *I waiß niət, wos main Màidlə is*.

Auch der rein potentiale, besonders der condicionale Conjunctiv des übergeordneten Satzes wirkt assimilierend auf den Modus des Nebensatzes; so auch bei bloß logischer Unterordnung: *Kännt sä͂, eə träust (traute*, Conj.) *sé niət* (hingegen *Koə sä͂, eə träut s. n.*). Diese Assimilation lässt sich entweder auch inhaltlich rechtfertigen, nämlich wenn die bedingungsweise ausgesprochene Setzung des Nebensatz-Inhaltes zulässig oder sogar beabsichtigt ist, wie in den angeführten Beispielen oder in dem Satze *Wenn döia Zwargla ihran Uafm bessa bauat... häidn, da r a niad ümmg'fàln wā,* (sa häidn-ma u. s. w.) Lorenz S. 12; oder aber jene Assimilation ist eine rein formale, wenn der Inhalt sich eigentlich gegen die Einbeziehung in den condicionalen Sinn sträubt. Beispiele des letzteren Falles begegnen häufiger als man meinen sollte: *Ach got, mecht es werden offenbar, Wo das kindt wer* (= ist), *so lieff wir dar* Egerer Fronl. 1669 f. *Wenn dia(r) wa,r), wöi mia(r) wa(r)* (= ist) HTV S. 359 N. 802 (Plan). *Wenn 's a Wei wā, Wöi də Brauch wā* (= ist, könnte aber allenfalls auch selbständig condicional gedeutet werden) ebend. S. 346 N. 698 (Eger). Immerhin ist die bloß formale Assimilation ungleich seltener als die inhaltlich gerechtfertigte.

§ 218. Der alte Conjunctiv im verallgemeinernden Relativsatz ist durchwegs dem Indicativ gewichen.[2])

---

[1]) Das Volkslied weist auch Fälle des Conjunctivs in solchen Nebensätzen auf: *Ein andres Vergnügen versag' ich nicht, Es sei denn* (= dann), *was es sei* HTV S. 116 N. 23 b (Littitz und Hainspach).

[2]) Die oöst. Ma. stimmt in Bezug auf den Gebrauch der Modi im Nebensatze im Ganzen (Ausnahmen sind bereits angegeben) mit dem Egerl. überein.

Indirecte Rede.

§ 219. I. Was die sprachlichen Mittel zur Erzeugung des indirecten Sinnes der Rede betrifft, so kommt zu den von Erdmann (Grundzüge § 198) angeführten vier Grundformen noch eine hinzu, *åls* mit Hauptsatz-Stellung.

§ 220. 1. Unverbundene Fügung. *a)* Zunächst behilft sich die Mundart (wie das Bayrisch-Österreichische, das Schwäbische und die Umgangsprache) zur Erzeugung des indirecten Sinnes mit den immer wieder, oft bis zum Übermaß eingeschobenen Formeln *såget ə* oder *haut ə g·sågt*, beziehungsweise *soch é* oder *how é g·sågt*,[1] z. B. *s Haus, sågt ə, dös is nu gout in Stånd, erəs, sågt ə, də Stöl, des mou åsbëssət wer'n*. Es wird damit sozusagen bei jedem Theile der Aussage an ihren Ursprung und damit an ihren indirecten Charakter erinnert. Dem gleichen Zwecke dienen *moi~t ə* und *haut ə gmoi~t*,[2] *möcht ə 's* (macht er 's, vgl. S. 118 Anm. 5) und unpersönlich *gåiht 's: Dåu gåihts ən gånzn Töch* (Tag): *tou dös niət u tou s sell niət*.[3]

---

[1] Auch Verbindungen beider (*soch é how é gsågt* u. umgekehrt, vgl. S. 145 Anm. 4) kann man hören.

[2] Ebenso schles. *sejt ich, sört ich, sört a, ment ich, ment a* Knothe WB 43. 49.

[3] Ebenso nordböhm. (Windisch-Kamnitz): »*Na, wa* (wer) *is denn dou?*« *gihts drinne* Tieze Hejmt I 37. Übrigens mag hier noch bemerkt werden, dass auch der erste, ursprüngliche Ausdruck der eigenen Meinung, nicht bloß die spätere Wiedergabe derselben, mit Ankündigungsformeln ähnlicher Art belastet auftritt; so mit *i soch* (*i s, dau wiəd nu amål a graußa Ståd dras* Lorenz S. 10), *i wiə də woəs sogn, i soch də nes* (vgl das niederl. Redefüllsel *dat zəggk u mår* = das sage, versichere ich euch nur DM V 138, 29 f.), *då r é łən soch, dəs mou mə sogn, łau 's łən sogn* (łau də woəs sogn), *woəs i sogn w(ü)l, i moines* (hålt) u. s. w. Über Ähnliches im Bayr.-Öst. (Schmeller II 233) und im Schwäb.-Alemann. vgl. Wunderlich Umgangspr. S. 53 f. Nach ihm bedient sich besonders die keckere, gewagtere Rede solcher Einleitungsformeln. Dies ist jedoch in unserer Ma. nicht ihre einzige Bedeutung. Allerdings kann auch hier durch diese Formeln auf die Wichtigkeit des Folgenden hingewiesen werden. Vgl. schon im Egerer Fronl. 599 ff. *Abel, ich mūs dich etwas fragen, Das soltu mir die warhait sagen, Und warumb* u. s. w. 747 ff. *Noe, ich sag dir zu diser frist ..., Die welt die wirt* u. s. w. Die Wendung *då r é łən töch* trägt den Charakter eines mehr oder weniger selbstgefälligen Hinweises auf die Person des Mittheilenden, oder sie stellt die Mittheilung als eine längere Zeit beabsichtigte, verbereitete hin (= *dass ich nicht vergesse ...*). Ein hinzugefügtes *main é* kann (je nach dem Ton) der vorsichtigen, bescheidenen Beschränkung des Urtheils dienen (= *nach meiner unmaßgeblichen Meinung*), oder der Ausdruck des naiven Selbstgefühles sein, das auch in geringfügigen Dingen die geänderte Meinung als eine eigene, selbständige zu betonen pflegt (= *laut meiner Meinung!*). Alle diese Formeln können (gleich *häisst*) bei gewohnheitsmäßigem Gebrauch und flüchtiger Betonung auch alle schattierende Kraft einbüßen und zu einfachen Ruhepunkten des Denkens herabsinken. Zu so ausgedehnter Verwendung übrigens wie z. B. im Wiener Dialekt ist die Formel *dass ich Ihnen sag* in unserer minder wortreichen Ma. nicht gelangt; dort findet sie sich vielfach als stereotype Einleitung aller Mittheilung, oder sie füllt die Lücken der Rede bei Stockungen, Verwirrungen des Gedankenganges aus. Vgl. die köstlichen Skizzen Fr. Schlögls Wiener Luft S. 28 *Also, dass ich Ihnen sag' ... von was hab'n m'r denn g'redt?* Ebend. S. 41 *Ich will nur sagen — von was hab'n m'r denn eigentlich g'redt?* Ebend. S. 42 *Also, dass ich Ihnen sag' — — wo sein m'r denn blieb'n?* u. ö. Vgl. auch das von Wunderlich a. a. O. angeführte Beispiel aus Chiavacci. In unserer Ma. wird der durch eine Abschweifung entglittene Faden der Erzählung meistens mit einem *jå woəs i sogn w(ü)l* oder *jå woəs é ho sogn welłn* wieder aufgenommen. In gleicher Weise wie die Einleitungsformeln der Mittheilung sind die der Frage zu beurtheilen, z. B. Lorenz S. 29: *Affa fråigh ih: Wos thoun s' denn dort?*

Desselben Ursprungs wie *soch é, moin é* u. s. w. sind *gláu* (= glaube ich) und *herich* (= hör' ich), die aber beide, durch die Weiterentwicklung der Bedeutungen von jener Gruppe völlig isoliert, zu den unserer Mundart geläufigsten, den indirecten Charakter der Rede in specifischer Weise kennzeichnenden Partikeln geworden sind.

Gláu (vgl. § 29) ist eigentlich *glaube ich*, sollte also wie *moin é* die eigene Meinung ausdrücken. In diesem Sinne wird jedoch das Pronomen stets hinzugefügt: *i gláu* oder *gláuɯ é*; ohne Pronomen kennzeichnet es jedoch die dargestellte Aussage, Meinung stets als die eines anderen, nicht des Sprechenden; also *I gláu, eɔ r is* (oder *eɔ r is gláuɯ é*) *scho voɔ r ɔn Gáuɔ* (Jahr) *g stur(b)m* = ich glaube d. h. *so viel ich weiß, wenn ich nicht irre, er ist ... gestorben*; hingegen *Eɔ r is gláu voɔ r ɔn Gáuɔ g stur(b)m = Jemand sagte, ich erfuhr von anderen, dass er ... gest. ist. Voɔ* (= vorhin) *woɔ dɔ Doctɔ dán; eɔ kimt gláu in ɔrɔ hál.b)m Stund widɔ* heißt geradezu *er* (der Arzt) *sagte, er komme ... wieder*. An die eigene Meinung (= *ich glaube*) wird dabei schlechterdings nicht mehr gedacht. Nichts destoweniger bildet sie offenbar den Ausgangspunkt der Bedeutungsentwicklung. *Gláu* konnte die eigene Meinung bezeichnen, ohne Rücksicht darauf, ob diese durch eigene Beobachtung, eigenes Nachdenken oder nach fremder Mittheilung gebildet wurde; allmählich wurde der Sinn der elliptischen Formel auf die letztere Bedeutung beschränkt, so dass es = *hörte ich von anderen*, also = *sagte man*, ja geradezu = *sagte N. N.* werden konnte.[1])

Auch in der Partikel *herich* ist, abweichend von der verbalen Formel (*i háiɔ*) das Moment der eigenen Wahrnehmung gegen das der fremden Mittheilung vollständig zurückgetreten (= *man* oder *N. N. sagte mir*, selbst = *ich las*). Es verhält sich also *i háiɔ* zur Partikel *herich* wie *i gláu* zu *gláň*.[2])

Gláu und *herich* werden mit Vorliebe in der (stets mit indirectem Sinne ausgestatteten) Umschreibung des Befehles durch *sollen* oder *mögen*[3]) angewendet: *Sollst (Máchst) gláu (herich) zou Véttɔ kummɔ*.[4])

---

[1]) Vgl. *glee* im Schles. So im Glätzischen *Es sullte glee der Kreeshauptma sein* H. Brinke bei Langer Aus d. Adlergeb. I 174; nordböhm. (Steinschönau) *A wo gle vu Schine* (Tieze Hejmt II 42 mit der Anm. *gle* = *hör' ich*).

[2]) In Saaz hat *herich* vom ursprünglichen Sinne aus noch weiter die Bedeutungen *Er stellte das (merkwürdige) Ansinnen, Er verlangte sogar* entwickelt. So hörte ich in einem Kreise spielender Mädchen, in den sich ein Knabe eindrängen wollte, eines der Mädchen ansrufen: *A Madɔ wird herich mit en Jung zpiln!* = *Er meint wohl* (ironisch *wohl gar*) *ein Mädchen werde ... spielen*, so dass es dem Sinne nach einem *Ein Mädchen wird doch nicht ... spielen!* gleichkommt. In ähnlicher Weise erwiderte jemand auf die Aufforderung, doch auch das Panorama zu besuchen: *A zu wos wer ich ma herich oschaun!* Auch diese Bedeutung ist jedoch aus einem spöttischen oder entrüsteten *sagt er*, das dem *hör ich* dem Sinne nach entspricht, leicht zu verstehen. In ähnlicher Bedeutung wie *herich* wird in Saaz auch *mā̃* = *mein'* (ich) gebraucht: *Dös werd mā̃ schwer sei (das wird mein' ich schwer sein)* = *das ist doch nicht schwer!*

[3]) Vgl. § 185.

[4]) An eine Beziehung dieses *herich* zu čech *pry̌*, wie sie W. Nagl (Die wichtigsten Beziehungen zwischen dem öst. und dem čech. Dialekt, Blätter d. Ver. f. Landesk. von N.-Öst. N. F. XXII 356 ff.) aus dem häufigen Vorkommen dieser Partikel speciell in der Prager Umgangsspr. folgern wollte, braucht schon wegen des Vorkommens von *herich* und *gláu* in anderen deutschen Gegenden (wie eben im Egerl. Schles.) nicht gedacht zu werden. Vgl. A. Hruschka in d. Mitth. XXVII 66—69

Wegen der isolierten Bedeutung dieser zu Partikeln abgeschliffenen Formeln kann man bei ihnen nicht in demselben Sinne von einer logischen Abhängigkeit des Satzes von dem Einschube sprechen wie bei *sag' ich, mein' ich* u. s. w. oder bei *wöi mə rēdt, wöi mə häist, wöi sé sogn.*

b) Bei unverbundener Anfügung der indirecten Rede ist auch die bloße Personen-Verschiebung ein Hauptmittel zur Erzeugung des indirecten Sinnes. Diese wird in der einfachsten Gestalt oft nur durch den Ton, durch begleitende Gesten bewerkstelligt; wenn z. B. jemand erzählt: *Der Nachbar hat gesagt, ich habe dich angelogen,* so muss durch den Zusammenhang, den Ton, vielleicht auch durch Gesten (Hinweis mit der Hand) entschieden werden, ob *Nachbar* und *ich,* oder der Sprechende und *ich* eine und dieselbe Person sind. Im ersten Falle ist die Rede direct, im zweiten indirect. Beispiele für bloße Personenverschiebung sind bei Lorenz häufig, z. B. S. 22 *amàl künnt sua r a àlta Hex za r ihn u sàgt: wenn a r ia hunnat Gul(d)u gitt, sa wül s· 'n wos varàu(d)n.*

c) In der unverbundenen Anfügung der Rede treten noch zwei Eigenthümlichkeiten hervor:

α) Weit häufiger als in der Umgangsprache wird die indirecte Rede an ein anderes als an ein Verbum der Mittheilung oder des Meinens angeschlossen; erst die nachfolgende Rede schiebt ihm den erforderlichen Sinn unter. Es meldet z. B. jemand: *Də Vodə läßt ich* (euch) *schäi gröißn* (und lässt euch sagen), *eə kož niət áfs Fest kummə. Däu schickt də Maistə d' Rechning, eə kož niət längə wártn. Láff zən Nàchbən ümmə, eə soll ə weng heəkummə* u. s. w.

β) Auch im Dialekt kann der Sprechende wie in der Schrift- und Umgangsprache ohne irgend einen Anschluss an ein vorausgehendes, nachfolgendes oder eingeschaltetes Verbum der Mittheilung etwas als Rede oder Meinung einer anderen Person hinstellen.[1]) Er thut dies nicht nur durch die Umschreibung mit *sollen* (= *dicitur, dicunt*; meist nur im Präsens, selten im Perfect: *Des hàut solln sellmàl in Táich vərunglückt sa͂* = man sagte, man wollte wissen, er sei damals in Teich verunglückt,[2]) sondern auch durch gleiche Verwendung des Hilfszeitwortes *müssen* (§ 150, 9): *Eə mou nən g·schlogn ho(b)n* = Man sagt, er habe...; endlich durch Einfügung des Adverbs *g·wis* allein (auch neben *müssen*): *Sa͂ Broudə hàut g·wis ən hä(l·b)m Huəf g·hätt* = man sagt, sein Br. u. s. w. (Vgl. § 150, 9 und § 178, 3.) Über die Partikeln *glàn* und *herich,* die nach ihrem gegenwärtigen Charakter auch hieher gezählt werden könnten, wurde schon gesprochen. Bloßer Conjunctiv wird (ohne Einleitung der indirecten Rede durch *sagen* u. s. w.) bei unverbundener Anfügung der Rede wohl nie gebraucht.[3])

---

[1]) Vgl. die im Mhd im feinen Stile eintretende gewissermaßen indir. Form von Relativsätzen im Conjunctiv, ohne dass wirklich indirecte Rede eingeleitet ist: Erdmann Grundzüge § 203.

[2]) Nordböhm. im Prät.: *An Oebergründschner Kratschen* (Kretscham = Straßenwirtshaus) *sollte 's Vieh o emol behext sein* (= einst sagte man . . .) Tieze Hejmt III 10.

[3]) Auch die Berufung auf den Gewährsmann mittelst *nach* (das stets nachgesetzt wird) kennt der Dialekt: *ən N. N. nauch is dráss in Bàiəm ə Trăid á niət b(ü)llichə.*

d) Bemerkenswert ist schließlich die auch im Schriftdeutschen vorkommende Form der (directen oder indirecten) Rede, die nur der Ton und der Zusammenhang als solche erkennen lässt, da sie ganz in der Form der einfachen erzählenden Aussage gegeben ist; z. B. HTV S. 364 N. 845 (Eger-Tachau): *Ålawal san dǫi Bauan luste Ålawal san se toll und voll; Wenn se soll'n a Steua gebm, Hult da Teufel's Bauernlebm* = wenn sie Steuer geben sollen, dann sagen sie: Hole der Teufel das Bauernleben! Oder *Wenn des ban* (beim) *Kålschöi̯(b)m* (Kegelschieben) *neks trifft, ạffǝ wos'n ålǝmål* (*d'*) *Kål* (Kegel) *niǝt reǝt ȧfgsëtzt* = dann sagt er, redet er sich allemal damit aus: die Kegel waren (seien) nicht richtig aufgestellt (gewesen). HTV S. 364 N. 846 (Plan): *Wenn 's* (sie, die Häusler, die sonst das Jahr über den Bauer nur auslachen) *an Frölling mit 'n Sök ümrenna* (um Gaben einzusammeln), *Ui, dau is da Baua brav!* = da sagen sie, der Bauer ist (sei) brav.

§ 221. **2. Formen mit einleitenden Wörtern.** Die indirecte Rede in der Form des Hauptsatzes wird sehr häufig mit *ȧls* eingeleitet; durch die Vorsetzung dieser Partikel wird die Rede oder Meinung nachdrücklich als die einer anderen Person bezeichnet. Dieses *ȧls* ist offenbar mit dem *ȧls* (*ȧls ob*) in Vergleichungssätzen (§ 94) zusammenzustellen. Der indirecte Charakter, den es der Aussage aufdrückt, ist also aus der abschwächenden Bedeutung eines bloß vergleichsweise ausgesprochenen Gedankens herzuleiten: *I ho g·haișt, ȧls ǝ koṣ dǝsidǝ* (seitdem er einen gefährlichen Fall gethan) *nimmǝ reǝt maschiǝn* etwa = nach einer Mittheilung, die ich hörte, wurde die Sache so dargestellt, als ob er ... nicht mehr ordentlich gehen könnte.

Die anderen Formen der indirecten Rede (mit einleitenden indefiniten beziehungsweise interrogativen) Pronominen oder Adverbien, mit *dass* und *ob*) bieten keine dialektischen Besonderheiten.

§ 222. **II. Das Verhältnis des Sprechenden zur wiedergegebenen Rede oder Meinung** bestimmt in der älteren Sprache und auch im Nhd. (wenigstens in sorgfältigerem Stile, bei unverbundener Anfügung der Rede und in *dass*-Sätzen) den **Modus der indirecten Rede**. Im Egerländischen ist der bloße Conjunctiv im allgemeinen nicht geeignet, anzudeuten, dass der Sprechende den Inhalt der wiedergegebenen Rede oder Meinung bezweifelt oder als irrig ansieht, oder dass er mit seinem Urtheile darüber zurückhält; denn der Conjunctiv Präs. (nur in optativischen Formeln erhalten § 188) kommt überhaupt nicht in Betracht,[1]) der Conjunctiv Prät. und Plusquamperf. hingegen hat in der Regel nicht die allgemeine potentiale Bedeutung, die er zu dem angegebenen Zwecke haben müsste, sondern eine besondere, condicionale: *Si ho(b)m g·sȧgt, ȧls si låihǝn ǝn s Göld reǝt geǝn* heißt nicht einfach *Sie sagten, Sie liehen ihm das Geld r. g.* (direct *wir leihen ...*) sondern *Sie sagten, sie würden ihm d. G. gerne leihen* (direct *wir liehen, würden leihen*). Aber auch in den selteneren Fällen, in denen der

---

[1]) In den südd. (bayr. und schwäb.-alem.) Maa. ist der Conj. Präs. in der indirecten Rede erhalten, während sein Gebiet im Nordd. einerseits durch den Conj. Prät., andererseits durch den Indic. eingeschränkt wird: Wunderlich Umgangspr. S. 205. 206. 208; ders. Mundart S. 69. Vgl. Behaghel D. deutsche Sprache S. 33.

Conjunctiv Prät. ohne condicionale Bedeutung bloß ausdrücken soll, dass der Redende die wiedergegebene Meinung für zweifelhaft oder unrichtig hält, tritt gewöhnlich ein geeignetes, die Rede einleitendes Verbum zur Unterstützung dieses Sinnes hinzu: *Dàu hàut ɔ sé völls ā̀-b(ü)ldt* (nicht unbestimmt: *denkt = gedacht*), *als es wā nist gern g'seah* oder *Dàu hàut ɔ wos dɔhes pläuscht* (oder noch stärker *wos x'sàmmg lofst* u. ä., nicht unbestimmt: *g'sågt*), *als es häit néks zɔn lé(b)m* u. s. w. Diese einleitenden Verba bezeichnen indes den Standpunkt des Redenden im vorhinein so klar, dass darnach ebenso gut der Indicativ eintreten kann (*als es hàut néks zɔn lé(b)m*).[1]) Nach anderen Verben (so nach *sagen, denken*) und ohne einleitendes *als* (das vermöge seines vergleichenden Sinnes die conjunctivische Fassung der Rede begünstigt) herrscht in der Volksmundart, wenigstens der Planer Gegend, in allen Formen der Indicativ; so selbst nach dem Prät. der Verba des *Mittheilens* und *Meinens*, wo im Nhd. vornehmlich der Conjunctiv Prät. (Präs.) eintritt: *Ich dachte, er wäre mein Feind* heißt *I ho denkt, eɔ r is mɔ áfsässich*. Lorenz S. 23: *Wöi die Ålt g'seah hàud, daß sie batruagn is u neks a s richt*. Ders. S. 14: *döi . . . hobm g'màint, si vasteuga* (= verstehen) *'s schö sekwa*.[2]) Ebenso in der Abhängigkeit von einer Frage (*hàut sé gsågt, si künnt áffé?*), wo nur ein entsprechender verbindender Ton beider Sätze den indirecten Sinn des abhängigen Satzes sichert (= *sagte sie, sie werde hinaufkommen = versprach sie zu kommen?* In anderer Betonung = *sagte sie: Sie kommt hinauf?*).

---

[1]) Dabei greift die Ma. wohl in der Regel sogleich zu den stärksten, drastischen Ausdrücken, da die schwächeren, speciellen Verba dieser Art (wie *vermuthen, erwähnen, die irrige Ansicht hegen, nachweisen* u. dgl.) einerseits durch das allgemeine *sagen*, anderseits durch *denken* (und *meinen*) vertreten werden. Vgl. § 149, 1 c. d.

[2]) Wenn bei Dialektschriftstellern der Conj. Prät. einen größeren Raum einnimmt, als es nach den aufgestellten Regeln zu erwarten ist, so dürfte dabei literarischer Einfluss im Spiele sein; so öfter bei Lorenz, z. B. S. 24: *Wal 's g'haißn hàut, da rautkopfat Förschta gang ümm*. S. 23: *Åa hàud si . . . g'frägt, ob si wos Schriftlis hàid* (gleich darauf mit dem Indicativ: *wenn niad, schöll* (soll) *sie trächt'n . . .*). S. 15: *Hobm 'denkt, sie häi̇ʼn a gåa's* (ganz) *neus . . . Feua dafunna*. S. 32: *U dàu sogn s', ih häit dahàim a Moll einigröat*. Vereinzelt begegnet der Conj. auch im Volkslied: *Segh no, du häist* (hättest) *de g'schuttn* HTV S. 121 N. 30 (Eger-Plan). In vielen anderen Fällen ist conditionale Deutung des Conj. Prät. nicht gerade ausgeschlossen: Lorenz S. 14 *Hobm g'màint, 's wā unza* (einstweilen) *scho gout dawäl* (vgl. *dös wā g'schesh*), S. 17 f.: *Si* (das Weib) *fängt . . . bittali zan grein àa: Unna Hergott mächt ara du öitza näā helfm, daß sie mid ihren Kinnan durchkummat dean Winta nu, sie wöißt* (wißt) *si' niad wàu as wàu aˇ* = *dass sie . . . durchkäme, sie wüsste nicht* (direct *damit ich durchkäme, ich wüsste* (sonst) *nicht, . . .*). Diese Bevorzugung des Conj. Prät. wird insofern begreiflich, als dem Dialektschriftsteller einige wirksame Mittel (Ton, Gebärden), welche der gesprochenen Rede zur Verfügung stehen, um den indirecten Sinn zu kennzeichnen, entgehen. Was die älteren Denkmäler betrifft, so zieht die Elbogner Chronik vielfach den Indicativ nach Art der heutigen Ma vor; z. B. S. 5 Z. 19 ff. v. o. *hat sein k.* (königl.) *gnaden an sy fragen lassen, wy sy den hern Stücken gestvoren haben; den so sy in erhaltung gestvoren, haben sy unrecht gethan. es hat auch sein k. g. dar an kein gefallen* u. s. w. Baiers Chronik zeigt im ganzen schon den nhd. Sprachgebrauch, z. B. 215 *da hat er . . . angezeigt, sein mutter und sein schwager . . . hetten bringen im dartzue* (hätten ihn dazu gebracht), *. . . darauf wolle er sterben*. Anderen Dialekten scheint der Conj. Prät. der indir. Rede durchaus geläufig zu sein; so wird er im Nöst. gesetzt, wenn der Redende andeuten will, dass er für die Wahrheit einer Aussage nicht bürgen wolle: Nagl Roanad S. 368 b *ēa sók, ēa hēd ā fūa hülls zån väkhifá*. Erzgeb.: Erzgeb. Ztg. XIII 234 *hot a sa . . . gafrecht* (gefragt), *wos 'r de a su fahlet unn worzu sa a su flöschet*. Ebend. S. 235 *eb wul enn Gunga wos passiert wär, odr eb wul gor d'r Zieeh wos fahlet*.

§ 223. Die **Nebensätze der indirecten Rede** behalten im allgemeinen den Modus, den sie außerhalb derselben hätten. Über den Einfluss eines regierenden (namentlich eines condicionalen) Conjunctivs auf den Modus des untergeordneten Satzes vgl. § 217.

§ 224. Die **indirecte Rede** (Aussage, Frage und Aufforderung) **geht sehr leicht in die directe Rede** (directe Darstellung, Frage, Imperativ) **über**. Die Eigenthümlichkeit der meisten Menschen, nicht lange von sich in der dritten Person sprechen zu können (die Kindersprache kommt hier nicht in Betracht), sowie die gleiche Unfähigkeit, die angeredete Person lange als dritte Person zu bezeichnen, bewirkt den häufigen Übergang aus der dritten Person in die erste, beziehungsweise in die zweite, und damit aus der indirecten Rede in die directe: *Waißt, wos dər va miə (və diə) g·sàgt hàut?* (Er sagte) *»Des* (in diesem Falle = ich, der Sprechende, oft geradezu durch *als ich, sám ich* erklärt) *soll ə g·schäidə Árwət oəpàckn* u. s. w. ..., *wál i herich old u g·schäit gnouch bin* (auch im Nhd. oft mit indirecter Fortsetzung *weil ich alt und gescheit genug sei* statt der directen *weil er alt . . . genug ist*). Unvermittelt tritt dieser Übergang im allgemeinen weder hier ein (vgl. die Vermittlung durch *herich* in unserem Beispiele, wofür auch *hàut ə g·sàgt* u. ä. eingeschoben werden könnte), noch bei dem umgekehrten Übergang aus der directen in die indirecte Rede. Beispiele wie die von Behaghel (Der Gebrauch der Zeitformen im conjunctivischen Nebensatz des Deutschen. Paderborn 1899. S. 165 ff.) angeführten Sätze mit unvermittelten Übergängen sind in der Mundart wohl nicht zu hören. Aus der indirecten wie aus der directen Rede geht die mundartliche Darstellung häufig auch in die einfache erzählende Aussage über. Vgl. Baiers Chronik 909 *Dem 2. october hat Wastian Rupprecht im bat mit dem Hans Schönstetter . . . einem gahr bößen zanck gehabt von wegen des loßung ambts halber, als gehe man nicht threulich darmit umb; man thue nicht rechtschaffene rechnung; es wird alls abgestolen;* (nun fährt er erzählend fort) *und noch viel andere wort getrieben und solches vor viel volcks geredet, welches alles gehöret;* (darauf wieder indirecte Rede) *weiters habe er angehoben: er wölle einmal drey handzwergker . . . nehmen . . . und sagt:* (directe Rede) *wehr nur in die loßung khombt, der wirt reich,* (darauf wieder erzählend) *und viel ande(re) wort . . . herauß geworfen* u. s. w.

d) **Nominalformen des Verbums.**

α) Infinitiv.

§ 225. Die Mundart besitzt den activen und passiven Infinitiv Präs. sowie den activen und passiven Infinitiv Perf. (*schickn* und *g·schickt weəʼn, g·schickt ho(b)m* und *g·schiekt woəʼn sāⁿ*). Hingegen fehlt ihr der mit *wollen* umschriebene Infinitiv Futuri.[1]

---

[1] Die Endung des Inf. Präs. ist *-(e)n*: bei den Stämmen auf Labiale (die *n* zu *m* assimilieren, z. B. *le(b)m, helfm*), auf Gutturale (die *n* zu *ng* assim., z. B. *flöign, hurchn*), auf dentale (und *s*-Laute z. B. *bittn, boißn*), auf *j* (*mãⁿn, nãⁿn; wiⁿn, drãⁿn* oder *wāⁿn, drãⁿn* = mhd. *mæjen, næjen, wæjen, dræjen*), auf *l* (*huln*) und *r*, wobei *r* zu *ə* vocalisiert wird

Über das Genus des Infinitivs wurde oben § 161 a gesprochen.

§ 226. Infinitiv ohne *zu*. Über den Infinitiv neben den Hilfszeitwörtern und *thun* vgl. § 150. Der Gebrauch des Infinitivs neben *helfen, lassen, sehen, hören, legen, bleiben* (letzteres auch mit dem Particip Präs. § 156, 3) stimmt mit der nhd. Schriftsprache überein. Über die mit dem Infinitiv gleichlautende Form von *dürfen, können, mögen, müssen, (sollen), wollen, brauchen, lassen, sehen, hören* im umschriebenen Perfect s. § 169.

Über den Umfang des Gebrauches des bloßen Infinitivs ist zu bemerken:

1. Ist der Infinitiv das Subject des Satzes, so wird er in der Schriftsprache in der Stellung hinter dem Prädicate in der Regel mit *zu* versehen; vor dem Prädicate erscheint *zu* dem nhd. Sprachgefühl vielfach entbehrlicher, es wird aber wohl im ganzen ebenso oft weggelassen als gesetzt. In der Mundart bildet der bloße Infinitiv in beiden Fällen die Regel: *Mit ånnən Låitn såin Gōld grāuß tāu̇ is koš Kunst* oder *Dōs is koš Kunst, mit ånnən Låitn såin G. gr. tāu̇. S wiad schöia neks ånnas üwri bleibm als wöi an Huaf vakåffm* E. J. XIV 122. *Wos hilft's ma(r) an Schåtz hob'n* HTV S. 167 N. 115 Str. 7 (Eger-Plan).[1]) So auch als Prädic.: *Dōs håißt laffm* (neben dem Part.: *glöffm*)! Als Subject und Prädicat werden zwei Infinitive nur gelegentlich (und zwar außerhalb des sprichwörtlichen Ausdruckes, der hier Participia vorzieht) verbunden: *Z' åiəscht sogn, i nimm als åf mi, u affə dənåu və neks wissn welln, dōs håißt orə denns ən Menschn zən běstn ho(b)m.*

2. Abweichend von der nhd. Schriftsprache werden folgende Verba mit dem bloßen Infinitiv verbunden: die Verba der Bewegung (wie im

---

(*håirn* hören, *råirn* = mhd. schw. V. *rēren*; *-ən* ist aber auch = *-ern*, z. B. in *zidən* zittern). Die Infin. *sein, thun, gehen, stehen* lauten *sāi̇̄, tāu̇, gāih̆, stāih̆*; die Hilfszeitwörter haben alle *n*: *ho(b)m, wes'n, möin, welln, solln, där(b)m, mügn*, nur *können* hat gleich den anderen Nasalstämmen *-ə* (*künnə*). Die Bemerkung Knothes (WB 43), dass das Egerl. den Infin. von *gehen, stehen* mit Weglassung des (*e*)*n* bilde, ist mit Rücksicht auf die erhaltene Nasalierung dieser Formen unrichtig. Zu *-ə* vocalisiert erscheint die Inf.-Endung (*e*)*n: a*) bei den Stämmen auf *m*, auf dentales und gutturales *n*, z. B. *nemmə, dennə* (dehnen), *hängə*; durch Eindringen eines *n* in die Stammsilbe treten auch die Verba von der Form mhd. *gesegenen* (nhd. *-nen*) in die letztere Gruppe, z. B. *g·sengə, rengə*: doch begegnet nach *n* vereinzelt auch Abfall des *ə*: *schou̇* = schonen, *tōii̇̄*, neben *schounə, wåinə*, z B. *die tə* (deshalb) *derfst du nit wein* Wolf Volkslieder S. 43 XXVIII 3 und schon im Egerer Fronl. *wein* als Inf: 5935· 7433; ebenso *berein* (: *die stein*) 2817; (ebend. übrigens auch andere verkürzte Infinitive, so *eil*: 654 *so wel wir eill* (: *pfeil*) u a.); *b*) bei den Stämmen auf *h* (*ch*) und *r*: *g·diiə* = mhd. *gedihen, to·iiə* = mhd. *wihen; biiə, schiiə*; hingegen entbehren *seəh* und *g·scheəh* (neben *seəng, g·scheəng*) der Endung überhaupt (mundartlich *eə* = altem *ē*, vor *h* (*ch*) wie an der Oberalb und im Gailthal: Weinhold Bayr. Gr. § 75 a); *c*) bei den vocalischen Stämmen (*schräiə*). Abfall der ganzen Infinitiv-Endung ist im Egerl. wohl auf die angegebenen Fälle beschränkt; über diesen Abfall in anderen Gebieten, der hier selbstverständlich nicht erschöpft werden kann, vgl. Behaghel Pauls Grundr. I² 720 f. Vereinzelt treten im Egerl. Formen auf *-ən* auf, so *sā̇̄·ən* neben *sā̇̄·n* = säen, die wohl als Bildungen mit doppelter Endung zu fassen sind.

[1]) Ebenso im Mhd. Paul Mhd. Gr. § 297. Beispiele aus der älteren nhd. Sprache z. B. aus Luther (*Es ist besser im Winckel auff dem Dach sitzen*), übrigens auch bei neueren Dichtern (*Es ist so schwer, im Freunde sich verdammen* Tasso 1733) s. bei Kehrein, Gr. d. 15.—17. J. III § 32.

Mhd. Paul Mhd. Gr. § 297) *kommen, gehen, fahren* (*I kumm nauschaus, I gaih fischn, hutzn*, in Plan *hutschn. I foʒ hutschn* Urban As d. H. S. 114 N. 138), hier überall mit ausgesprochenen finaler Bedeutung des Infinitivs;[1]) *brauchen* (neben *zu*: *Dös bräuch' e mə niət gfallŋ laus. Brauchst niat kumma* Urban As d. H. S. 79 N. 85, gleich darauf *brauchst . . . zʼmàchn*);[2]) *geben* (neben *zu*: *Gimuə r əmàl trinkn*);[3]) *sich trauen*[4]) (neben häufigerem *zu*: *i tràu mə 'n niət oˇröiən* wie mhd.); *tragen*[5]) im Egerer Fronl. (2465 *Weib, dein kindt ich dir huzen tragʼ*), weniger in der heutigen Mundart. Dagegen wird *machen* nicht mit dem Infinitiv (wie in der nhd. Schriftsprache), sondern mit dem Particip Präs. verbunden (*làchəd m.* vgl. § 156, 3). Das in der nhd. Literatursprache in dem verwandten Sinne von *darstellen* gebrauchte *lassen* (*der Erzähler lässt die Schiffe durch Sturm zugrunde gehen*) ist der Mundart in dieser Bedeutung fremd.

3. Bloßer Infinitiv steht regelmäßig auch nach *gut*, *leicht* in Verbindung mit *haben*: *Des hàut gout (laicht) làchn. Des hàut sə gout nöihə* (Urban As d. H. S. 249 N. 377). Nach *gut, schlecht, leicht, schwer, schön* in Verbindung mit *sein* kann öfter als im Nhd. noch der bloße Infinitiv eintreten (neben *zu*): *Suə r ə Wisəl* (kleine Wiese) *is làicht mäˇn* (mähen). *Dàu is gout tànzn, laicht schenkn.*[6])

Wird außer den hier angeführten Gebrauchsweisen des bloßen Infinitivs noch die ausgebreitete Umschreibung mit *thun* (und manche andere Verbreiterung, wie *stehen haben, liegen haben = stehen, liegen* vgl. § 150, 2) in Anschlag gebracht, so ergibt sich, dass der bloße Infinitiv in der Mundart ein größeres Gebiet einnimmt als in der Schriftsprache.

§ 227. **Infinitiv mit *zu* und *zum***. Der Infinitiv mit *zu* (egerl. *s'*) kann auch im Dialekt wie in der Schriftsprache neben anderen Bedeutungen die Absicht ausdrücken. Dem Infinitiv mit *zum* hingegen

---

[1]) Einem anderen vom Infin. *gehen* abhängigen Infin. wird der erstere im Egerl. nie vor- (schwäb. *i cha ge luŋá = ich kann hingehen, um nachzusehen* und sonst in oberd Maa. DM III 218, 10. V 433) sondern nur nachgesetzt: *i koˇ nauschàus gäik*; er behält stets seine ursprüngliche Form und Bedeutung, während er sonst in oberd. Maa. in abgeschliffenen Formen wie *ga, ge, go, gi* (sogar mit *gehen* selbst zusammengesetzt *gaga, goge, gogo* DM III a. a. O.) erscheint und auch seine ursprüngliche Bedeutung vielfach einbüßt So erhält im Bayr. *ich gé* oder *gang* eine Art futur. oder inchoativer Bedeutung (Schmeller § 977 vgl. Meran. *iʼ gea zàhlʼn = ich will sogleich zahlen* DM III 328; elsäss. *i gang gé = ich will sogleich gehen* DM II 561, 40): zur bloßen Partikel sinkt der Infinitiv herab, wenn er, wie bayr. *gé*, dem regierenden Verbum (nicht immer unmittelbar) nachgesetzt, das Schroffe der Aussage mildert, z. B. *Dés is dəʼ gé ən Uˇglück! Kinder, seids gé recht brav!* sogar *Gömmer ʒéʼ gén!* = lass uns gehen! Schmeller I 858. Schöpf Tir. Id. 185. Vgl. DM VII 419, 2.

[2]) Vgl. Sprichwörter aus Franken DM VI 463, 11. Im Fränk.-Henneberg. steht nach *brauchen* der Genit. des Infin.: DM IV 238, 6, 10.

[3]) Ebenso in der älteren Sprache: Kehrein Gr. d. 15.—17. J. III § 32.

[4]) Ein Beispiel in der vom bayr. Dialekt beeinflussten Sprache Ganghofers ist *Einer, der sich . . . nicht hat klopfen trauen* Gartenlaube 1892 S. 314 a.

[5]) Vgl. auch Kehrein a. a. O. III § 33.

[6]) Auch in der frühnhd. Schriftsprache hat dieser ältere Sprachgebrauch (Grimm Gr. IV 102, Kehrein Gr. d. 15.—17. J. III § 36) noch nicht allen Boden verloren. Über das Part. Prät. nach diesen Adjectiven vgl. § 235 *b*.

kommt von Haus aus nur die letztere Bedeutung zu. In diesem Sinne tritt er zu *brauchn = nöthig haben* oder *gebrauchen* (*zən schuåi(d)n br.*), zu *sein = dienen* (*dös Werkzäich is zən glàttmàchn*). Im Laufe der Zeit mag aber die gewichtigere Form (*zum*) durch häufigen Gebrauch inhaltlich entwertet worden sein; die Bedeutung des Zweckes gieng z. Th. verloren und mit diesem verringerten Gehalt konnte *zum* beim Infinitiv ohne sonderlichen Bedeutungsunterschied mit *zu* die Stelle wechseln[1]) und sich so auch in Fügungen festsetzen, wo nhd. nur *zu* statthaft ist, z. B. *Dàu wà v(ü)l zən sogn! 's Wei hàud si zau fürcht'n àug'fànga*. Lorenz S. 18.[2]) Umgekehrt ist *zu* (*z'*) nie in die eigentlich finalen Wendungen (*dös g'häist zən schrái(b)m = dient zum schr.*) eingedrungen. Oft tritt finales *zum* in demselben Satze neben einfaches *zu* (wie im Nhd.), wobei dann die Mundart dieselben nie mit einander verwechselt: *Du hàust zu Kind koš sechs Ding zən sp(iə)ln z' ge(b)m*. Übrigens ist auch ein rein äußerliches Moment, nämlich der Anlaut des Infinitivs, auf die Gestaltung der Partikel von Einfluss. Bloßes *z'* vor anlautendem *z* wird schon aus Gründen der Aussprache gern durch das bequemere *zən* vertauscht: *Dàu gitt 's* (gibt es) *zən züəln* (zu zählen)!

§ 228. Während die Mundart von dem bloßen Infinitiv einen ausgedehnteren Gebrauch macht als die nhd. Schriftsprache, steht sie in Bezug auf den Gebrauch des Infinitivs mit *zu* hinter jener sehr erheblich zurück.[3]) Denn abgesehen von den oben angeführten Fällen, in denen einem nhd. Infinitiv mit *zu* in der Mundart ein bloßer Infinitiv gegenübersteht, sind

1. eine ganze Reihe nhd. Verba, nach denen der Infinitiv mit *zu* einzutreten pflegt, der Mundart fremd, so *ablassen, auffordern, befürchten, beginnen, belieben, bestürmen, dünken, sich entsinnen, sich erkühnen, erröthen, geloben, genügen, geruhen, gestatten, pflegen, suchen* (nur = *quaerere*, nie = *streben*), *vermögen, vergeben, wähnen, es liegt mir ob* u. a.

2. Eine ebenso große Anzahl hieher gehöriger nhd. Verba sind der Mundart zwar geläufig, aber sie gehen lieber andere Verbindungen ein; so ziehen einen *dass*-Satz vor die Verba *bəföln, bəràiə* (bereuen), *dəlà(b)m* (erlauben), s. *fürchtn* (fürchten), *hoffən, làugnə, nài(d)n* (nöthigen), *ràu(d)u* (rathen), *schàinə* (nur unpersönlich, gewöhnlicher eingeschoben), *schwern, vədeiuə, vədröißn, vəgessu, vəgüuuə, vəsprechn, wünsch* (häufiger ist dafür *ho(b)m welln, vəlàugə*), s. *à"b(ü)ltn*, s. *entschlüßn*; einen Nebensatz mit *ob* zieht *vəsouchu* vor; ein formell unabhängiger Satz mit bloß logischer Abhängigkeit pflegt zu folgen auf *bittn, ràu(d)n* (mit folgendem Imperativ,

---

[1]) Eine sehr vereinzelte Ausnahmsbildung liegt wohl vor, wenn bei einem Dial-Schriftsteller *zən* und *z'* zugleich gesetzt wird: *is nimma zan àà"z'seah* B. d. P. u. K. I 128.

[2]) Nach Nagl (Roanad S. 277 zu V. 325 unter *zäm mällın*) tritt im Nöst. nach *haben, bekommen* (*kriagn*), *finden, es gibt, es hat* der Infinitiv mit *zu* (*z'*) ein, wenn zu diesen Verben kein Object, bezw. Subject (wie *etwas, genug*) hinzugesetzt wird; im anderen Falle kann *zən* eintreten, also *I kriå z'tringä*, aber *I kriå wós zän tringä* oder *z' tringä*. Im Egerl. ist dieser Unterschied nicht so ausgeprägt, wie die oben angeführten Beispiele zeigen. Auch den lautlichen Unterschied zwischen nöst. *z' toan* und *zan toś* kennt das Egerl. nicht (*s' tàu* und *zən tàu*).

[3]) Auch im Mainz. Reis I § 33.

ràu(d)n auch mit imperativischem Indicativ s. § 163 c S. 148), dəlá b m (i ho nən dəlábbt, es darf mitfoə'n), s. fürchtn (es furcht se, es wird kroʃk), moins (es moint, es stirbt); Umschreibungen mit mächt können eintreten nach bittn, ràu(d)n, mit kánnt nach s. furchtn, denkn u. a., mit soll nach hoffmə (i hoffm hàlt, es soll wids g'sund wes'n); ein wirklich coordinierter Satz ist namentlich nach einem Imperativ des regierenden Verbs häufig (Untəstaih de u nimm wos dəvoʃ! Vəgiss niət u bring ns . . . ! Sà sus gout u soch . . . ! Vəsouch's u schöiʃ!), aber auch nach dem Indicativ (I wis me höi(d)n u wis . . . Des hàut des n A˘fàl ghàtt u hàut . . . vgl. § 55, 2 a u. b); durch substantivische Infinitive (mit anderen Präpositionen als zu oder ohne Präposition) mit dem Artikel können ergänzt werden: áfhäiən (aufhören, z. B. mi(d)n schräis, neben zən sehr.), 's glust me (nàu wos), hinnən oʃn árwətn), vəbói(d)n, dəlá(b˘m (s trinkn, vəsáus, vəsouchn, vəstáiʃ (s àckən), s. g'wäəns (s. gewöhnen z. B. oʃ s lidəlesä˘); andere Verba endlich nehmen am liebsten gar keine nähere Bestimmung zu sich: Schàmst de niət? Möih (mühe) de oder Tummī de beeile dich, zu . . .)!

So ist der Infinitiv mit z' oder zən (abgesehen von den rein finalen Bestimmungen mit zən) etwa auf folgende Verba beschränkt: Sein und haben in der Bedeutung der Möglichkeit und Nothwendigkeit (Fimf G(ü)l(d)n sànu zən zöln = können oder müssen gezahlt werden).[1] Bei sein überwiegt sonst die Bedeutung der Möglichkeit (dös is zən essn), bei haben die der Nothwendigkeit (du hàust z'schwaign oder zən schwə.). Sein mit zum (wie in der nhd. Schriftsprache) = darnach angethan sein: Dös is zən làchn, zən wäins, zən àrchən. Z'rechns, mit ausgelassenem es ist = es ist in Rechnung, in Betracht zu ziehen, in Anschlag zu bringen, dann = wohlgemerkt (notabene)! oder so zu sagen: Da r a ihnan, z'rechna, af ihran àigna Grund a Buadu . . . hi˘bauat. Lorenz S. 20. Owa sua hàut ma si z'rechna àls von Mal ögspàrt E. J. XIV 126.[2]) Ferner steht Infinitiv mit zu nach oʃfangə,[2]) oʃhis(b)m (Da hebt si an zen sagen Wolf Volkslieder S. 12, 11), áfhäiən (neben anderen Fügungen, s. den vorhergehenden Absatz), táugn, itvəvnemms, sowie (neben dem bloßen Infinitiv) bei sein mit einem Adjectiv wie gut, leicht (§ 226, 3) und bei bráuchn, g(b)m (§ 226, 2 und § 227).[4]) Hiezu kommen die

---

[1]) Z' und zən begründet hiebei keinen Unterschied der Bedeutung: Dàu is nêks s'lachn. Im Mainz. ist die Bedeutung der Nothwendigkeit auf zu mit dem substant. Infin. beschränkt: Reis II § 6.

[2]) Bayr. z' rêchə'n = sozusagen, beinahe: Schmeller II 17 f.; schles. z racha = nach meinem Dafürhalten, nordböhm. zû rachn: Knothe WB 444, der auch on schwäb. z'rechnen verweist; vgl. dens. Markersd. Ma. S. 98

[3]) Aus der Verbindung von a'fonga mit dem bloßen Infinitiv im Schwäbischen (hatt er sich anfangen Naigen aus Hans Ulrich Krafts Reiseberichten Lit. Ver. LXI S. 225 bei Wunderlich Mundart S. 60) hat sich die eigenthümlich adverbiale Bedeutung von a'fanga in dieser Mundart entwickelt, die Wunderlich aus Buck belegt: Des hòt mi hêll (hart) ond thuat mer waih, dass mi a'fanga neamad maih im ganza Flecka haira will.

[4]) Die meisten dieser Verba haben auch im Baselst. dieselben Fügungen: Binz § 15, 2. Vereinzelt begegnen auch andere Verba mit zu, namentlich bei Dialektschriftstellern, die jedoch hier nicht den regelmäßigen Gebrauch der Volksmundart wiedergeben: Lorenz S. 20 Dàa künnt af dean A˘fàl . . . z'kaffm u . . . z'baua. Lorenz S. 23 Schöll si trächtn furt z'kumma

wenigen Fälle des Infinitivs mit zən nach Substantiven wie *Zeit, Kraft*: *Zäit zən Schlåufmgaik̄*. *Des håut Krėftn zən Drä̀ schlogn*.[1])

In der Elbogner Chronik und im Egerer Fronl. scheint der Sprachgebrauch bezüglich des bloßen Infinitivs und des Infinitivs mit *zu* noch wenig gefestigt. Die erstere setzt oft in demselben Satze beide Fügungen nebeneinander, z. B. S. 45 Z. 11 ff. v. o. *dy weyl das koniglicher maiestet crustlich befehel ist, dem recess fulg zu thun und den Slicken sweren noch inhalt des recess.*

§ 229. Die neuere (erst nach Luther auftretende) Fügung mit *um zu* ist der Mundart gänzlich unbekannt. Einfachen Infinitiv mit *zu* als Verkürzung eines Finalsatzes habe ich im Volksdialekte ebenfalls nie gehört; ein vereinzeltes Beispiel bei Lorenz S. 9: *Haut wöl'n draf zougäik̄, z'helf'm*. Auch der Infinitiv mit *ohne zu* ist der Mundart nicht geläufig; sie zieht *ảunə* mit dem Particip Prät. oder mit dem bloßen Infinitiv (*ảunə ráffm*) vor. Vgl. § 161 *c*.

§ 230. Wie weit hiernach dem Infinitiv in der Mundart die Geltung eines verkürzten Nebensatzes einzuräumen ist, oder mit anderen Worten, wie weit die Fähigkeit der Mundart reicht, Nebensätze durch den Infinitiv zu verkürzen, ergibt sich aus den vorhergehenden Zusammenstellungen. Als Vertreter eines Objectsatzes mit *dass* erscheint der Infinitiv nur in äußerst beschränktem Umfange (etwa bei *anfangen, aufhören, brauchen, geben, übernehmen*). An Subjects-Infinitiven hat die Mundart keinen Mangel: *Fremmə Läitən séchə Dingə dəzüəln, (dös) g·häist sę niət* oder *da mə ... dəzüəlt*). Die dem lateinischen Genitiv des Gerundiums entsprechenden Infinitive mit *zən* nach *Zäit, Kräft* können allenfalls als Vertreter substantivischer Attributsätze mit *dass* gefasst werden (die daneben wirklich vorkommen). Der mit *ảunə* verbundene Infinitiv vertritt den negativen Consecutivsatz. Da die finale Fügung mit *um zu* (*zu*) und dem Infinitiv fehlt, so ist auch die Verkürzung der Finalsätze sowie der Consecutivsätze mit *zu ... als dass* (*zu ... um zu*) unbekannt. Statt *als dass* tritt in der Regel der substantivierte Infinitiv mit *zən* ein: *Zən g·färlə-sā̀ is des scho z·old.*

Absoluter Gebrauch des Infinitivs.

§ 231. 1. Als **Frage** oder **Ausruf** der Verwunderung, des Schmerzes, des Ärgers u. s. w. wird der Infinitiv aus der vorhergehenden Rede wieder aufgenommen, wenn das Verbum der wichtigste Träger der Satzbedeutung ist: A. *Häu mə dəən Bấm üm*. B. *Wos? Ůmhàuə?* oder in vorwurfsvollem Tone *Ůmhàuə!* Auch ohne Aufnahme aus dem Vorhergehenden erscheint der Infinitiv als Ausruf, sowohl allein als mit hinzugefügtem Subject: *ən gànzn Tŏch niət ássëkummə! I nếks árwə(d)n!* Die Erklärung dieses Infinitivs ist in derselben Richtung zu suchen wie die des befehlenden Infinitivs § 145 γ. Wo das Subject daneben tritt, hat

---

[1]) Im Egerer Fronl. folgt nach *Macht* auch der bloße Infin : 6908 ff. *das er uns geb die macht!* ... *den schechern prechen die pein* (= 6916 ff).

die unvermittelte Nebeneinanderstellung der beiden Begriffe den Zweck, auf das Ungereimte ihrer inhaltlichen Verbindung energisch hinzuweisen. Auch *und* tritt dazwischen: *Deə u ə n Arwət ośpàckn!* (vgl. § 45 a). Auch zwei Infinitive können zu demselben Zwecke nebeneinander gestellt werden: *Jà, di gànz Wochn nèks tàū u àm Sunntə àfhàuə!* (wie passt das zusammen?) Oft wird ein ähnlicher Nachsatz wirklich hinzugesetzt, und dann verwandeln sich die beiden absoluten Infinitive in Subjecte. Derartige Sätze sind wieder der Ausgangspunkt weiterer Entwicklungen, z. B. *Dös Wort häiən u bə də Tür àssèrennə woə bə r in oīs*; daraus wird, indem das zweite der coordinierten Glieder selbst zum Satze ausgestaltet wird: *Deən owə z̧ seəh u às wàə 's* (den zu sehen und aus war es) E. J. XIV 121.[1]) In solchen Verbindungen hat der Infinitiv ungefähr die Geltung eines historischen Infinitivs; er bezeichnet nämlich die rasche Aufeinanderfolge, unter Umständen die Gleichzeitigkeit der Handlungen.[2]) Reicht der Infinitiv in solchen Fällen mehr in das Gebiet des historischen Infinitivs, so tritt in anderen Fällen, durch den Ton unterstützt, der ausrufartige Charakter desselben deutlich hervor: *U àffa 's Gnàudnbràud ess'n ā nu dazou u àln Leut'n unta 'n Föiß'n ümmagäih̃* — *'s künnt ma oft schöia sua fua, àls wen ih stuakfremm woan wa in da Hàimat.* Lorenz S. 7 f. Eine Ergänzung des Infinitivs schwebt hier in bestimmter Gestalt durchaus nicht vor. Ausrufartige Fragen sind z. B. *Jà owə wöi oīstölln? Owə wöi àīkummə* (wie hineinkommen)*?!* [3])

2. Der historische Infinitiv begegnet sonst nur in der Kindersprache und in der Sprache geistig Zurückgebliebener. Wo er sich gelegentlich in lebhafter Schilderung einstellt, hat er einen ausrufartigen Charakter.

3. Über den imperativischen Infinitiv vgl. § 145 γ. Die Substantivierung des Infinitivs wird beim Substantiv behandelt werden.

β) Particip.

§ 232. 1. Das Particip des Präsens ist nicht verloren gegangen wie im Mainzischen (Reis I § 32), es wird mit der Endung *-əd* (= *end*, aber auch = *ig, icht*) gebildet.[4]) Nur *gŗseəhnd* (*sehend* als Gegensatz zu *blind*) wirft das *n* nicht aus (§ 156, 1). Vgl. Egerer Fronl. 2249 f.

---

[1]) *Das Wort zu hören und der Bursche wurde rasend* Rosegger Wirt an der Mahr bei Sanders Z. f. d. Spr. 1894. S. 418. Auch mit hinzugesetztem Subject des Infinitivs: *Dar dös zu hörn, rässt enn Hut runner* O. Grimm Erzgeb. Ztg XIII 39. *Die Frau, mich sehen und die Kutsche halten lassen, ist Eins* Rosegger Neue Waldgeschichten ⁸ (1886) S. 90. Im Nordböhm. auch Infinitiv ohne *zu*: *Und dos hürn, Lief dar* (der Pfarrer) *ock naus* Tieze Hejmt III 58.

[2]) Hingegen liegt die alte absolute Voranstellung eines Begriffes mit Wiederaufnahme durch ein Adverb (Paul Mhd. Gr. § 325 ff. Grimm Kl. Schr. III 333 ff.) vor in einem Satze wie *A su wos osasah, do ward an onnersch*. Erzg. Ztg. I 187.

[3]) Nordböhm. (Rosendorf) *Jo, oba wie kriegn? . . . oba wie neikomm?* Tieze Hejmt II 56.

[4]) Über die Endung *-əd* (und den Ausfall des *n*), die schon in älteren Denkmälern belegt (vgl. mhd. *senede* u. a. Paul Mhd. Gr. § 84, 7. Behaghel Pauls Grundr. I³ 720 § 99¹, heutzutage im ganzen bayr.-öst., oberpfälz. und alemann. Dial. verbreitet ist, vgl. Schmeller

Wan meine augen die warn plindt, Die warlich iz geschendt sindt. Sonst ist auch schon im Egerer Fronl. die Endung *ad* Regel, z. B. *stinckeczs vas* 5061, *hinckez páin* 8120. Gelegentlich wird hier auch noch der Vocal ausgestoßen, so dass stark synkopierte Formen entstehen wie *glutten*; 2513 *Ach dass ir nit . . . werdt mit glutten zangen* (gegenwärtig *glōisdn zångǝn) zu rissen* (zerrissen).¹)

Nicht alle Verba bilden in der Mundart ein Particip Präs. Die gebräuchlichsten sind *bētǝd* (betend, prägnant = fromm), *bisnǝd* (vgl. § 156, 3), *oɔbrinnǝd* (anbrennend Lorenz S. 13), *hīˉfàllǝd* (h. *Kränkǝt* = Fallsucht, vgl. § 161 *b*), *gäiǝd* (gehend), *glànzǝd, glōiǝd, glōißǝd* (gleißend), *g˙lustǝd* (lüstern), *g˙seɔhnd, hätschǝd* (ungefähr = hinkend oder schwerfällig gehend), *häuchǝd* (hockend), *hinkǝd, hupfǝd, kochǝd, klåtschǝd* = klatschhaft, *låffǝt, låchǝd, liǝhǝd* (liegend, in der Zusammensetzung mit *-weise*, z. B. *lichǝdǝwáis), löichǝd (=* lügend),²) *melkǝt, nàtzǝd* (einnickend, im Sitzen schlummernd), *quàutschǝd* (vgl. *dǝheɔquàutschn* = schwerfällig und wankend einhergehen HTV S. 330 N. 549 Plan), *råffǝt* (raufend), *rinnǝd* (von Gefäßen), *schëiglǝt*, (auch *schëichǝlǝd*, schielend HTV S. 207 N. 192 Westböhmen), *åsseɔchǝd* (prägnant: kränklich, blass aussehend), *schmëckǝd* (prägnant: gut- oder übelriechend), *sinkǝd* (*bǝ dǝ sinkǝdn Nàcht*), *sitzǝd* und *stäiɔd* (wie *lichǝd* mit *-weise*: *sitzǝdǝwàis, stäiǝdǝ-wáis), stinkǝd, stolpǝrǝd, tropfǝd (tr.-nöll),*³) *währǝd (in währǝdn Gäiřˉ, Reng* u. s. w.), *zwickǝd* (von der Milch im ersten Stadium des Sauerwerdens).⁴)

Über das Genus des Particips des Präs. vgl. § 161 *b*.

§ 591. Weinhold Bayr. Gr. § 289. 312 (S. 312). Alemann. Gr. § 352. 372 (S. 380). Umgekehrt entfällt im Siebenbürg.-Sächs. durch Assimilation das *d*: *all rouschān* (rauschend) DM IV 410, 98. PBB XII 164 (vgl. S. 146 § 104, 6 und XVII 405 § 30 a Anm. 5). In Baiers Chronik begegnet zwar auch ein Beispiel dieses Abfalles, das jedoch wohl auf einem Schreibfehler beruhen dürfte, da von der alten Verbindung von *werden* m. d. Inf. bei ihm sonst keine Spur ist: 806 *in 4 wochen ist sie* (die vom Schlage Gelähmte) *wieder redten worden* (vgl. 888 *wieder redent worden*). Das Schlesische fügt an die Endung des Part. Präs. *-end* noch *-ig* an: *stinich = stehendig, liegnich = liegendig* Weinhold Dialektforschung S. 109. Knothe WB 44. Ebenso im ungr. Berglande *kochendich* udg. Schröer Versuch S. 34 [284] u. *-endic*. Nachtrag S. 19 [261] n. *bätening, büknǝleng* (wüthend). DM VII 222, 1; Lumtzer Leibitzer Ma. PBB XIX 315 (§ 114). XXI 524. 525 (§ 189. 192). Auf ähnliche Formen im Fränk.-Henneberg. (*schreienig* DM II 172, 81, *blüǝwening* u. ä. DM III 131 V 411, 15) hat bereits Schröer an den zuletzt angeführten Stellen verwiesen. Schöpf Tir. Id. 197 verzeichnet *glüenig*. Vgl Bech Germ. XXVI 271 ff. Wilmanns Deutsche Gramm. II 458f. (§ 348, 3).

¹) Ob dieses *glutten* part. präs. von *glüejen, glüen* (intr.) ist und dem heutigen *glōisdn* der Ma. entspricht, ist mir des *tt* halber sehr zweifelhaft. Dieselbe Form liegt offenbar vor bei Schmeller I 970. 1467 *auf einen geluetten kollen, in einen gehaitzten oder geluetten ofen*: part. prät. von dem trans. *glüejen*? Aber Schmeller verzeichnet I 969 auch den conj. prät. *glüöst* und I 978 aus einem oöst. Dichter (Kaltenbrunner) das part. präs. *glutäd*, richtiger *glüätǝd* (glühend: Der Teufel *mit glüätǝdǝn Ang'n*), beides von einem mir selbst aus der lebenden Ma. wohl bekannten (vgl. auch Stelzhamer Ma. D. I 159 N. 10, 6 II 13 N 3 IV 27 u. 267 N. 54 III 109 ff.), auch bei Lexer Kärnt. WB 117 bezengten Denom. *glüeten* (glühen intr.), das auch jenen part. (präs.) *glutten* (*geluetten* bei Schmeller) zu Grunde liegen könnte. L]

²) *Läuschǝd* (von warmer stiller Luft vor einem Regen gebraucht) ist wohl = *lauschig*.

³) *Troppe - trasche noß* HTV S 52 N. 76 B (Falkenau). Vielleicht steckt auch in *plättǝd* (oder *plåttǝrǝd*) *vul = glatt, zum Überlaufen voll* ein Part. Präs. vom trans. (*ab-*) *plåtten* (oder von einem intr. *plåtten = glatt sein?*).

⁴) An Stelle der Endung *-en* des starken Part. Prät. ist *-ǝd* getreten in *vǝschwiekǝt* (verschwiegen), z. B. bei Zedtwitz Wos Funkelnogln. S. 65 Str. 2 *Is s a niat lang va-*

§ 233. Gebrauch. a) Attributiv kann das Particip des Präs. nur dann gebraucht werden, wenn es eine rein adjectivische Bedeutung entwickelt hat; also sind Verbindungen wie *ə lāchədə Moſ*, *ə läffədə Kind* der Mundart nicht geläufig, denn hier fehlt die adjectivische Bedeutung; wohl aber sagt man *ə ásseəchədə Kind*, *ə schmeckədə Flaisch*, *ə loichədə Mensch* (Lügner) u. s. w. Nähere Bestimmungen kann das Particip Präs. hiebei niemals zu sich nehmen (also nicht *dös weichə də Hitz rinnəd Schäffl* = dieses infolge der Hitze rinnende Schaff). Das Particip tritt hiebei ferner in der Mundart nie als sogenanntes freies Attribut auf, d. h. zwischen der im Particip ausgedrückten Thätigkeit und dem Substantiv herrscht immer eine engere, nie jene freiere Beziehung, die dem participialen Attribut im Mhd. (*klagende swære Paul* Mhd. Gr. § 286) und im Nhd. (*lächelndes Vertrauen*) bisweilen eigen ist.

b) Prädicativ steht das Particip des Präsens neben *sein*, *werden*, (*bleiben,*) *machen*, vgl. § 156, 1. 2. 3. Neben anderen Verben wie (etwas) *thun*, *arbeiten* wird das prädicative Particip gerne mit *-weise*[1]) zusammengesetzt: *ståidə-wáis*, *liechədə-wáis*, *sitzədəwáis*, *háuchədə-wáis* (etwas) *tau*; ohne diese Zusammensetzung tritt gerne *als* mit dem unbestimmten Artikel vor das Particip *als ə liechədə*, *als ə ståidə* (vgl. *als ə kránkə*; darüber sowie über Substantivierung und adverbialen Gebrauch beim Nomen).

2. Particip des Präteritums.[2])

§ 234. Die Mundart besitzt dieses Particip in beiden Formen. Die Endung des starken Particips, in der Mundart stets nur silbenbildendes *n* wie die Endung des Infinitivs, erscheint wie die letztere nach Labialen zu *m*, nach Gutturalen zu *ng* assimiliert, nach *m*, *n*, *ng* und

---

schwieghat blīebm; ebenso in *verborgel*: HTV S. 166 N. 111 (Grün) *ich ho a Gold-Ringel … Verborgel* (verborgen) *an meinen klain Fingelein klein*.

[1]) Dieses *-wáis* wird auch an wirkliche Adjectiva angefügt, so an *jung*: *woi r gungaweis sann g'sprunga* Urban Fr. Kl. S. 11 Str. 9; vgl. Schmeller II 1024; öst. mit *-heit* (*-hoat*) *jungāhoat*: *do 'n jungáhoat kennt kam* Stelzhamer Ma. D. I 300, 31; ebenso *lədigáhoat* = unverheiratet I 83 N. 34 I 1. 6. 14 u. ä.; vgl. Schmeller I 1186 f.

[2]) Augment. In Bezug auf die Zusammensetzung mit der Partikel *g-* unterscheidet sich das Egerl. von der Schriftsprache dadurch, dass a) wegen des durchgängigen Ausfalles des Vocals dieser Partikel das *g-* überall dort verschwunden ist, wo dem bequemen Zusammensprechen mit dem consonantischen Anlaut des Zeitwortes Schwierigkeiten entgegenstehen, also vor den Explosivlauten *p*, *b*, *k*, *g*, *t*, *d* und daher auch vor *q*, *z*. So bildet das Egerl. nicht bloß, dem Mhd. entsprechend, die Participia *kummə* (= gekommen), *brácht* und *gessn*, sondern auch *putzt*, *blaiưm*, *kost*, *gö(h)m*, *trogn*, *denkt*; so auch *tau*. Vor anderem Anlaut wird *g-* gesetzt, z. B. *gárchət*, *gfressn*, *g funnə* (gegenüber mhd. *vrezzen*, *funden*; letzteres im Egerer Fronl. 8167 u. o.), *grengt*, *glēm*, *gmoi't*, *gnummə*, *gwisst*, (im Egerer Fronl. einmal 7567 *west* = begun), *gjāgt*, *ghult*. Das Verschwinden des *g-* beruht auf seiner Assimilation mit dem Anlaut des Zeitwortes: *putzt* < *pputzt* < *gputzt*. Vgl. die Assimilation des Artikels *d* = *die* Fem. Sing. u. Plur. vor *k*, z. B. *Kost is gout* (*Kost* < *kKost* < *dKost*). Nach Tobler (DM II 240 f) hat das assimilierte *g-* im Schweiz. in der stärkeren Articulation des Anlautes eine Spur hinterlassen, und etwas Ähnliches meint wohl auch Gradl (Egerer Chroniken S. 437), wenn er im Anlaut einen »Nachklang« des abgefallenen *g-* wahrnimmt. Nach meiner Beobachtung ist die stärkere Articulation des Anlautes in beiden Fällen (bei Assim. von *d-* und *g-*) wohl nicht unerhört, gewöhnlich aber verwischt die

nach Vocalen vocalisiert. *Thun, gehen, stehen* bilden die Prät. *tàu͡* (also = Infin.), *gàngə, g·stàndn*. *Seəh* und *g·scheəh* bilden das Part. auf *n*: *g·seəgn, g·scheəgn*, oder scheinbar ohne Endung: *g·seəh, g·scheəh* (in Wirklichkeit verschmilzt die vocalisierte Endung *ə* mit dem zweiten Theil des Stamm-Diphthongs). Über die mit dem Infinitiv gleichlautenden Participial-Formen *möin, wellu, mügen* u. s. w. § 169. Die Endung des schwachen Prät., *t*, wird nach Dentalstämmen nicht gehört: *g·richť* = gerichtet; vgl. Gradl Egerer Chron. S. 436. Weinhold Mhd. Gr. § 382. 389. An abweichenden starken Participien sind zu nennen (*di͡*)-*groffm* = gegriffen, *g·loffm* (*ent-, və-loffm*, Baier 242 *entloffen*, 190 *geloffen*), an abweichenden schwachen Part. (ohne Rückumlaut) *brennt* (= gebrannt; Elbogner Chron. S. 98 Z. 8 v. u. *abgebrennet*, daneben S. 3 Z. 2 v. u. *verbronnen*; bei Baier 237. 513, *verprent*, 183 *ausbrendt*, daneben 484 das kaum mehr gebräuchliche *gebronnen*, 211 *ausgebrunnen*), *kennt* (= gekannt, *dəkennt* = erkannt bei Baier 733 *erkhent*), *g·nennt* (Baier hat noch mehr solcher Part., doch schwankt er meist im Gebrauche, z. B. 490 *eingesatzt*, 225 *gesetzt*).

Auch im Part. ist wie im Indic. Prät. ein Vordringen schwacher Formen bei den starken Verben zu bemerken; so schon im Egerer Fronl. 909. 959 *verspeit* (schon mhd. schwach und stark), und so heutzutage *bitt* (gebeten), *g·fàngt* (*oə̃-g·fàngt*), *g·fecht* (Urban Fr. Kl. S. 35 Str. 2), *g·hàut, g·schàint* (E. J. VIII 157), *g·spàit, g·west* (so vereinzelt schon spätmhd., öfter im 14.—17. Jahrh.: Weinhold Bayr. Gr. § 299, neben *g·wès'n* oder *g·wèn*;[1]) auch in Baiers Chronik begegnen beide Formen, vgl. 178. 179), *vəzàiht* (Frommann zu Grübel N. 99 *c*).[2]) Die Form *geradprecht* hingegen, die Gradl (Egerer Chron. S. 436) auffällig findet, ist das Part. des schwachen Verbs *radbrechen*.

---

flüchtige Aussprache alle Spur derselben, so dass beispielsweise in den Sätzen *wos K'ou kost hàut* (< *wos d'K'ouh g·kost h.* = was die Kuh gekostet hat) und *wos döi Kouh kost* (= was die Kuh kostet) weder bei *K'ou* noch bei *kost* ein Unterschied der Articulation zu bemerken ist. *b*) Entgegen dem nhd. Sprachgebrauche wird *gə*- auch bei den Verben auf *-ieren* vorgesetzt: *g·runist* (ruiniert), *g·studist, g·spàzist, g·sácrəmentist*, auch hinter Präfixen, z. B. *à·s·g·studist, z·samm·g·runist*. Bei Baier Chron. 737 *geregirth*, gegenwärtig lieber *də-* (= *er-*) *rechist*, in der Elbogner Chronik S. 38 Z. 15 v. o. *gepresentiert* (heutzutage nur *präsentist*). In Bezug auf die trennbaren und untrennbaren Partikeln unterscheidet sich die Mundart nicht vom Nhd. (*à·s·g·schlogn*, aber *də-schlogn*). In zusammengesetzten Verben tritt das Augment, wo es überhaupt hörbar ist, vor die ganze Zusammensetzung: *g·schlis·bàucht* (von *schlisbàuchn, schlägebàuchen* = unter Herzklopfen tief Athem holen, von Rindern gebraucht: Neubauer Erzg. Ztg. X 271), *g·hàns·à(d)lt* (*hàns·à(d)ln* von *Hans Adl*, Hans·Adam, einem im Egerl. gebräuchlichen Namen, = *in der groben Ma. reden*) u. dgl.; in der Elbogner Chron. S. 59 Z. 5 v. o. *gehantfest*, S. 63 Z. 22 v. o. *gewilkuert*, S 110 Z. 12 v. o. n. ö. *gemortbrennt*; Z. 19 v. u. *genotrecht*; hingegen ebend S. 115 Z 1 v. o. *ratgeslagt*. Über das Augment in anderen Dial. vgl. Schmeller I 857 f. Weinhold Über d. Dialektforsch. S. 127. DM I 274, 3. II 226 ff. 274, 3. V 407, 10. VI 405, 13. In einigen nordböhm. Dialekten lautet das Augment nicht *g·*-, sondern *d'*- (im Egerl. nur in der Kindersprache *d'hàut, d'schràibt*); vgl. Tieze Hejmt II 25 (Neu-Ohlisch) *dwast* (gewesen), *dwurdn, dstrichn*, ebend. 26 *dstudirt*.

¹) Die von Weinhold a. a. O. angeführte oberpfälzische Mischform *g·westen* ist dem Egerländischen meines Wissens fremd.

²) Ähnliches gilt von anderen Maa. In Dialekten, die das umschriebene Prät. erhalten haben (wie z. B. das Schles.), dringt die schwache Bildung auch in den Indic. Prät.: *Do saß der Schäfer und bloste sein Horn* HTV S. 231 N. 228 *c* (Gabel).

Die entgegengesetzte, viel begrenztere Erscheinung ist das Eindringen starker Formen in das Particip der schwachen Verba; Egerer Fronl. 3750 *Das wir deinr hilff nit sein berauben* (= beraubt), 3787 *es (des Menschen Kind) wirt zu dem tod verurteiln* (= verurtheilt), 5138 *meine diener hettens nicht gestatten* stehen alle im Reim; heutzutage sind etwa nur *gᵊforchtn, gᵊli(d)n* = geläutet (Baier 409 *die Sturmerin ... gelitten worden), gᵊwunkn, gᵊwunschn, zundn* im Gebrauch.

Über das Genus des Particips Prät. vgl. § 161 *c*; über die Verbindung mit *sein* und *haben* im umschriebenen Perf. § 150, 3, mit *kommen* § 156, 4, mit *krŏign* § 158, 2. Die Verbindung des mit *un-* zusammengesetzten Particips des Prät. mit *lassen* und *machen* (*ungeschoren, unberücksichtigt lassen, ungeschehen machen*) ist der Mundart nicht geläufig (dafür etwa *lãu mǝ in Frid, dos koˉ mǝ nimmǝ ånnǝscht måchn*).

§ 235. **Gebrauchsweisen.** *a*) Als **Satz-Hauptbestandtheil** erscheint das Particip des Prät. ungefähr in denselben Wendungen, in denen auch der Infinitiv als Subject und Prädicat auftritt (vgl. § 226); so als **Subject** in sprichwörtlichen Wendungen ohne Copula neben *besser*: *Béssǝ dǝstickt als dǝfrauǝn*, gelegentlich aber auch sonst: *Dooglångt u ásséz̧ǝǝgn woǝ r oiˉs* (= *hingelangt und herausgezogen war eines* neben *dooslångǝ* u. s. w.); als **Prädicat**: *Dös is (haißt) bǝtruǝgn* (neben *dös haißt bǝtröign*). Hervorzuheben ist hier die beliebte Verbindung von Participien mit *aus* (= *zu Ende*) und *sein*, z. B. *Öitzǝ is åstånǝt, åsgᵊsungǝ, åsgᵊschenkt* u. dgl. = *jetzt ist es mit dem Tanzen, Singen, Schenken vorbei* (vgl. § 150, 3); auch Subject und Prädicat des Satzes können Participia sein: *Schaiˉ putzt is hålmé gᵊfŏuttǝt* (Sprichwort). Die nominale Natur des Particips befähigt es zu diesen Verwendungen so gut wie den Infinitiv, und die dem Particip des Prät. von Haus aus zukommende Indifferenz des Genus gewährt bei transitiven Verben der activen wie der passiven Auffassung in gleicher Weise Raum (*das heißt betrügen, betrogen haben* oder *betrogen sein*; *wenn man die Pferde ... putzt, hat man ... gefüttert* oder *wenn die Pf. geputzt sind* u. s. w.); die temporale Bedeutung des Particips endlich verstärkt häufig den Sinn solcher Sätze, indem sie die Geltung der Aussage gewissermaßen über die Gegenwart hinaus (auf die sich der Infinitiv zunächst bezieht: *béssǝ dǝstickt* gegenüber *béssǝ dǝstickn*) auf die bereits eingetretene und vollendete Handlung ausdehnt.

b) Als **Attribut** nimmt das Particip Prät. sowenig wie das des Präs. und wie das adjectivische Attribut überhaupt nähere Bestimmungen zu sich. Man sagt also wohl *ǝ vǝbuǝ(d)ns Gᵊsp(ü)l* (ein verbotenes Spiel), *dǝ gᵊflickt Ruǝk*, aber nicht *ǝ vǝ dǝ Polézåi vǝbuǝ(d)ns G.* u. s. w. (sondern Relativ-Sätze). Hier hindert offenbar schon die proklitische Natur des abgeschliffenen Artikels das Dazwischentreten anderer Bestimmungen. Allein dieselbe Abneigung gegen nähere Bestimmungen zeigt das Attribut auch, wenn ein Pronomen (demonstr., poss. *des, döi, dös, mãˉ* = mein u. s. w.) oder ein anderes Attribut vorhergeht. Gleich dem Particip des Präs. tritt auch das des Prät. niemals als »freies« Attribut (wie z. B. in der Verbindung *gezierte Grazie*) auf. Die Geltung eines prädicativen Attributes neben einem adjectivischen Prädicate hat das Particip nur nach *láicht* (oder *bàl*, weniger nach *gout*, *schwá*, nicht nach *nütze*, *lieb*: *Dàn is láicht* (*bàl*) *g'foən*, neben *láicht foə'n* oder *z'* (*zən*) *foə'n*.

§ 236. **Absoluter Gebrauch.** *a*) Gleich dem Infinitiv dient auch das Particip des Prät. als Frage und Ausruf dazu, als alleinstehendes, satzbildendes Element den wichtigsten Theil der Rede eines anderen wieder aufzunehmen, besonders, wenn es sich darum handelt, die Geltung des ausgesprochenen Gedankens zu erweitern, einzuschränken oder aufzuheben: *Döi Medəzi͞ hànt ən Broudə ā́ néks mäis g'holfm.* B. *G'holfm?! G'schädt hàut 's nən.* Sonst erfolgt die Wiederaufnahme mindestens ebenso oft, wo nicht öfter, durch einen ganzen Satz: A. *N. N. hàut fài͞ sā͞ Háus vəkäfft.* B. *Vəkäfft?* oder *Vəkäfft hàut ə 's?* So wie hier begegnet das Particip auch außerhalb der Wiederaufnahme eines Gedankens als Ausruf und Frage. *I — ā͞g'spirt* (ich — eingesperrt)! *Vəstàndn?* (oft massenhaft in die Rede eingeschoben gleich *vəstäihst, vəstängə S* u. a., vgl. § 178, 5). Die letztere Formel kann auch, durch den Ton in die Sphäre des Befehles gerückt, einem *Merke dir's!* gleichkommen.

b) Das imperativische Particip wurde oben § 147 β behandelt.

c) Die mit dem imperativischen Particip im Zusammenhang stehenden sonstigen Gebrauchsweisen des absoluten Particips (Erdmann Grundzüge § 107) sind im Dialekte weit weniger verbreitet als in der nhd. Schriftsprache; so die condicionale (concessive): *àls in àln g'rechnt, daitsch g'sàgt*, weniger schon *in Grund g'nummə* u. a. Sonst setzt die Mundart für Participia wie *genau genommen, beim Lichte besehen* entweder einen condicionalen Nebensatz (*wemmə 's suə nimmt, wemmə 's rext bədenkt, wemmə 's bətràcht*, vgl. Lorenz S. 7 *Öitza deən Herwast, màin ih, wir ih draneunz'g Gàua wää'n — chà — 's is schö a schäins Alta, wemma 's batràcht*), oder einen unabhängigen Satz (*i sétz' ən Fàl =* gesetzt den Fall, *nemmə r os͞ =* angenommen, *i riəd niət* oder *i soch néks və də Möih =* abgesehen von u. dgl.), oder endlich verballose Formeln (*mit oin Wort, kurz u gout =* kurz gesagt). *Wohl gemerkt* heißt *notəwēnə* (*nota bene*) oder *z'rechnə* (vgl. § 228). Mit einem abhängigen Accusativ (wie in der nhd. Schriftsprache) wird das Particip hiebei nur ausnahmsweise verbunden (etwa *àls in àlu g'rechnt*; *ən Vodə àsg'nummə*). Der Genitiv ist schon wegen der Verdrängung dieses Casus in unserer Mundart neben dem Particip nicht zu erwarten, und so sind auch die nhd. als adverbiale Accusative oder Appositionen zu deutenden mit dem Genitiv verbundenen Participien wie *unbeschadet, ungeachtet* der Mundart gänzlich fremd.

d) Von den absoluten Participien transitiver Verba, welche (ohne condicionalen Sinn) nicht attributiv oder prädicativ auf eine Person oder Sache des Hauptsatzes, sondern auf einen mit dem Particip verbundenen Accusativ bezogen werden müssen, sind nur einige wenige im Gebrauche: *ən Hout àfg'sètzt, ən Sàbl ümg'hängt* (kam er herein). Meistens wird das Particip weggelassen: *ən Hout àf, ə Màntəll ümm* (s. § 42).

e) Lediglich zur Bezeichnung der vorzeitigen Handlung (*Kaum gedacht, ward der Lust ein End gemacht*, vgl. Erdmann Grundz. § 107 δ) dient das Particip des Prät. in der Mundart niemals.

f) Die Stelle des schriftdeutschen Infinitivs Perf. nimmt es ein nach ohne (åuns): *åuns gråfft, åuns r ümgschmissn* (neben dem Infinitiv *åuns umschmaißn* s. § 229).

g) Über das erzählende Particip s. § 174, 3.

Die Substantivierung des Particip Prät. kennt auch die Mundart. Näheres hierüber in der Lehre vom Nomen.

§ 237. Gering ist die Neigung und Fähigkeit der Mundart anzuschlagen, einen Gedanken, dem sie normaler Weise die Form des vollständigen Satzes gibt, behufs bündigerer Fassung participialisch zu **verkürzen**. Bei einzelnen Part. wie dem oben § 236, *c* genannten (*däitsch gsågt* u. ä.) die in einen vollständigen Bedingungssatz aufgelöst werden könnten, ist der letztere schwerlich als das Normalere oder Ursprünglichere zu betrachten. Das appositiv gebrauchte Part. ist der Mundart überhaupt wenig geläufig, da die Apposition lieber durch einen Satz mit *was* gegeben wird; s. § 56, 2. Einem so unbeschränkten Gebrauche des modalen Particips Präs., wie ihn die Schriftsprache, namentlich die poetische Sprache, ausgebildet hat (vgl. *dies sagend, ritt er trutziglich von dannen*), steht in der Mundart schon die beschränkte Zahl der verfügbaren Participia, die noch dazu zumeist adjectivische Bedeutung entwickelt haben, entgegen.

Dass nun die Verkürzung des Nebensatzes durch den Infinitiv und die Participien in der Mundart so wenig Wurzel gefasst hat (beim Particip ist der Dialekt überhaupt über einige leichtere, typische Fälle nicht hinausgekommen), das hängt ohne Zweifel mit dem Bestreben des Volkes zusammen, jeden neuen Satzgedanken auch in eine eigene vollständige Satzform zu kleiden, und dieses Bestreben entspringt in letzter Linie dem Bedürfnis nach augenblicklicher Erfassbarkeit des gesprochenen Wortes. Während das geschriebene Wort dem verweilenden Sinnen standhält, entzieht sich die rasch vorübergleitende mündliche Rede der bedächtigen Ausdeutung; sie muss daher in erster Linie nach Klarheit und Deutlichkeit streben. Nun stellt aber die Ausdeutung der Nominalformen des Verbums, insofern sie Träger eines ganzen Nebensatz-Gedankens sind, an das Nachdenken unter Umständen nicht geringe Anforderungen, jedenfalls größere, als der vollständige Satz. Dieses im Wesen aller mündlichen Rede wurzelnde Bedürfnis nach Klarheit und Deutlichkeit musste von jeher der logischen Verdichtung des Ausdruckes (und als eine solche stellt sich die Verkürzung dar) hindernd im Wege stehen, sowie es anderseits die gefällige und wohllautende Gestaltung des Ausdruckes, also die ästhetische Verfeinerung der Mundart, in der Entwicklung gehemmt hat.[1]

---

[1] Für die oben bezeichneten Erscheinungen kommt allerdings auch in Betracht, dass die höheren Schichten der Gesellschaft, die geistig regsameren Köpfe, von der schöpferischen Antheilnahme an der Mundart im Laufe der Zeit mehr und mehr zurückgetreten sind, wie Wunderlich Mundart S. 38 bemerkt.

BERICHTIGUNGEN UND ZUSÄTZE.[1]

S. 1 Anm. 1 wäre noch Franke für das Meissnisch-Osterländ., das Ostfränk., Erzgeb. und Vogtländische zu nennen gewesen.

S. 2 (Seitenüberschrift) l. § 2—4.

S. 2 Anm. 3: Franke beobachtet (Brenner-Hartmann BM I 26) im Ostfränk. (wozu er auch das Egerl. rechnet) ein schnelleres Sprechtempo als im Meissn., Osterl., Erzgeb. und Vogtländ.

S. 4 Anm 3: Vgl. auch die Angabe Frankes a. a. O. 25 über Unterschiede des Meissn. u. Vogtländ. in dieser Hinsicht.

S. 5: Die in § 10 gegebene Charakteristik des Egerl. stimmt mit der Frankes a. a. O. 25 im wesentl. überein.

S. 9 l. Spalte Z. 6 v. u. l. höherem (st. tieferem).

S. 10 Z. 13 v. u. l. *Schrä'(b)m*.

S. 12 Anm. 9: Vgl. Franke bei Brenner-Hartmann BM I 23.

S. 14 Z. 2 l. § 123.

S. 14 Anm. 2 l. Z. 1, Umdeutung.

S. 15 Anm. 2 l. *wahrhaftig*.

S. 17 Anm. 4 Z. 5 f.; Vgl. auch schon Frommann DM I 274.

S. 18 Anm. 3: l. II 1. Abth. § 123.

S. 19 Z. 2 füge nach *tröpfft* hinzu: oder *'s spráidst*.

S. 19 Z. 14 v. u. vor »eigenartig« füge ein: (jemanden) *hàut 's*, jem. hat (beherrscht) es = er ist krank, in Verlegenheit, betrunken; *di hàut sé wūl!* Vgl. § 123 S. 80.

S. 19 l. Z. 1. § 154 *d*.

S. 19 Anm. 5 Z. 2 nach DM V 454 füge hinzu: Vgl. VI 231 N. III.

S. 20 Z. 20 l. *oəd* (st. *ōde*).

S. 20 l. Z. tilge (*wöi?*); dgl. S. 21 Z. 1 (*wie*) u. Anm. 1 Z. 4 (ausgenommen *wie*).

S. 20 Anm 6: Über ellipt. *daꝫmy* in einem Fastnachtspiel v. 1618 vgl. Brenner-Hartmann BM II 58 zu 269.

S. 21 § 15 Schluss füge hinzu: *Ú wöi!* = Sehr! Stark! (als Antwort auf eine Frage, z. B. *Rengt 's?* — *U wöi!*); *u bitʒ!* (wie in der Umgangspr. in Ausrufen: Früher . . . .; und jetzt! Wendel.lich Umgangspr. S 77); *u wenn ā* (§ 103); *ēbm drüm* (§ 52).

S. 22 Z. 6 v. u. ist nach I 231 die Anmerkungsziffer 5 ausgefallen; außerdem füge hinzu: *l̄ēgn* sc. Eier (von der Henne, auch öst.); *schü(d)n* = Junge werfen (von Katzen, öst. ausschütten).

S. 23 Z. 12 v. u. nach ⁵) füge ein: *ā˜ packn* sc. alles Nöthige zur Reise; *pack ā˜* = gib den Widerstand auf u. ä.

---

[1] Die Z. sind, wo nicht ausdrücklich das Gegentheil angemerkt oder eine Anmerkung bezeichnet ist, durchwegs v. o. u. vom Text zu verstehn. — Nachträge aus den mir zu spät zugänglich gewordenen Werken wird der 2. Theil bringen.

Berichtigungen und Zusätze.

S. 25 Z. 6 ist nach *ḗtt* ausgefallen *ássé*.
S. 26 Z. 13 v. u. l. *schwârz 's*.
S. 27 Anm. 3 Z. 6 l. 270 (st. 273).
S. 28 Anm. 4 nach 96 füge hinzu: [260].
S. 31 Z. 3 v. u. füge ein: (einmaliges *ai˜stäls* == in gewisser Hinsicht).
S. 31 Anm. 1 Schluss füge hinzu: Es tritt endlich niemals zwischen zwei einzelne Begriffe wie siebenb.-sächs. (DM IV 281, 3).
S. 32 füge nach Z. 3 v. u. ein: Sonst steht *owo* vor Adject. und Adverb. auch in einem gewissen steigernden Sinne: *Hå˜i˜t how ė Hungə, ewə r ən g'härings* (gehörigen) *Hungə*.
S. 33 Anm. 3: Behaghel Deutsche Spr. S. 100 findet das »Gemeinsame« in der »Bezeichnung des Gegensatzes«. Über *aber* == *oder* vgl. jetzt auch noch PBB XXIV 404 f.
S. 39 Z. 3 v. u. tilge das Komma nach *dadurch*.
S. 40 Anm. 1 l. III (Ma. D. II 7 N. 1).
S. 43 Z. 5 v. u. l. N. 108 *c* st. S. 108.
S. 43 Anm. 3 Zahlreiche Belege dieses *und* im Schles. bietet jetzt auch G. Hauptmann Fuhrmann Henschel (Berlin 1899), z. B. S. 66, 81 u. ö.
S. 45 nach Z. 9 füge hinzu: *Wos fərə* (was für ein) ist auch == fragendem *welcher* (*Wos fərə Vatər haut əun dos gmacht*) u. im Plur. *wie viele* (*wos . . . fə r lr̥wichtla* Lorenz S. 9).
S. 45 Anm. 6 Z. 3 l. (-*wui*) st. (*wui*).
S. 46 Anm 3 Z. 3 tilge: *wos*; Z. 4 l *jugend* (st. *tugend*).
S. 47 Z. 17 v. u. l. *vrwā* (st. *vrwe*).
S. 47 Z. 6 u 5 v. u. l. N. 104 *i*. 108 *a*.
S. 48 Anm. 1 Z. 2 in der Klammer tilge ein: *is*.
S. 55 Anm. 5: Vgl. Frommann zu Grübel N. 106 *d*.
S. 58 Z. 9 nach *äih* füge ein: (das vor *ich* in der Form *ell* erscheint: Neubauer Chr. Meyers Germania I 206).
S. 60 § 86 füge hinzu: *wil ė grod drof̌ denk* (so sage ich dir); *wi l 's wäus r is!* (am Schlusse einer Rede angefügt).
S. 62 nach Z. 12 füge hinzu: (oder *pusch:*).
S. 62 Anm. 9 Z. 1 l. der (st. dieser), und nach »Verbindung« füge ein: *umso — umso*.
S. 64 Z. 2 l. § 221 und § 224.
S. 64 l. Z. tilge ein 'im'.
S. 69 Z. 8 nach γ; füge ein: über den Übergang in die Nebenordnung § 58.
S. 70 Z. 8: zu *keek* vgl. *keng, keng* im ungr. Berglande: Schröer Nachtrag 35 [277].
S. 73 Anm. 8 l. 301 f (st. 302).
S. 76 Anm. 2 vgl. jetzt Gradl Mundarten Westböhmens (== Brenner Hartmann BM II) N. 437. 535. 612 (nicht N. 436 u. 611, wie BM S. 535 angegeben ist)
S. 77 Z. 15 v. u. l. ziehe.
S. 79 Z. 13 l. § 123. 126.
S. 81 Z. 7 *áiái mächn* auch henneberg. DM VII 172.
S. 81 Anm. 3: *Ui* ist nach Schmeller I 10 die oberpfälz. Lieblings-Interj.
S. 82 Z. 12 u. 11 v. n.: *hei* (*hé*) »da hast du!« auch oberpfälz. u. bayr. Schmeller I 1028
S. 82 Z. 2 v. u. l (z. B.
S. 82 Anm. 3 Z. 2 nach *ōi* füge ein: Der Imperat. *habe*, an den Schmeller I 1028 denkt, lautet egerl. *hō*; bayr. *hå̃. habe!* == *nimm!* Hartmann Volksschausp. S. 576. — Zu *se̊* vgl. noch Baselst. *do! se!* == sieh da! nimm! Binz § 5.
S. 83 Anm. 2: Nach Hartmann (Volksschausp. S. 577) ist bayr *há̃* auch ermahnende und beschwichtigende Interjection.
S. 84 Z. 7 v. u. hinter »kann,« füge ein: dass die Laute des Weinens vielfach ähnlich klingen.
S. 90 Anm. 7: Vgl. die Bezeichnung der Schopfmeise, *vitzəgı̇̈ngger* (nach ihrem Gesange *vitzəgı̇̈ngg*) im Deferegg.: Hintner S. 75. Über nd Nachahmungen des Wachtelrufes s. DM V 76 N. 5.

Berichtigungen und Zusätze. 205

S. 91 Anm. 5: Auf *lia lia* als Lockruf für Enten (aus Stelzhamer Ma. D. I 152 N. 6) verweist Th v. Grienberger in Nagls DM I 143.

S. 92 Anm. 4 Z. 1 »gleichlautend« : vgl. jedoch Hartmann Volksschausp. S. 568 *dü!* = *rechts!*

S. 93 Z. 4 f. L schwebendem

S. 93 Anm. 1 Z. 2: Zu *Heicl*, *Heidl* (Wiege) vgl. noch Purschka Bilder aus dem oberost. Dorfleben I² 107.

S. 93 Anm. 2: *Hctschn* — Wiege DM III 258 zu I 1, 9. *hpaia* (-*o*) erklärt v. Grienberger *pop' eia* (mhd *eiâ*).

S 98 Z. 15 »als — Abweisung«: auch als Ausruf ungläubigen Erstaunens.

S. 98 Anm. 1 Z. 6: Vgl. auch Brenner-Hartmann BM I 242, 9.

S 101 Z. 7 schließe die Klammer nach »⅔ 143».

S. 102 Z. 4 Neubauer Erzg. Ztg. X 273 führt *wos denn* und *no wos denn* in der mir nicht geläufigen Bedeutung einer Verwunderungsformel an. — Nach Z. 21 füge hinzu: *Ä haut sé wül!* (⅔ 123 S. 80).

S 105 Z. 13 v. u. nach *Bou!* füge ein: (wie nordd. *Junge!* Wunderlich Umgangspr. S. 48)

S. 105 L Z.: So stets ohne Pronomen; im Schles. tritt dieses vor: Vgl G. Hauptmann Fuhrmann Henschel (Berlin 1899) S. 11 *Ihr Leute! Ihr Leute!* Ebda S. 31. 100 u. ö.

S. 105 Anm. 2 Z. 1 L *hüfâ*

S. 105 Anm. 5 Z. 3 nach 100 füge ein: Hintner S. 164.

S. 105 Anm. 5 L Z.: Vgl. Hintner S. 178. *Narr* ist auch schwäb Beteuerungsformel: Wunderlich Umgangspr. S. 49.

S. 106 nach Z. 11 füge hinzu: Mitth. XXXIII 110. 114.

S. 106 Anm. 5: Ähnlich ist die Anfügung eines *hintan* oder *hintan* an *Strâl*: Neubauer Z. f. öst Volksk. I 233. Vgl. *Krâithintan* S. 107 Z. 7.

S. 107 Z. 6 nach *domine* füge ein: oder *Krâis goats W(ü)iln!*

S. 108 Anm. 2: Schröer stellt WB 37 [247] deutsch-ungr. *Du Verplitzter!* (ein spasshaftes Scheltwort) zu *blitz*.

S. 109 Z. 8 schließe die Klammer nach »Angen«.

S. 109 Z. 9 nach »60 a« füge ein: Nach einem Bedingungssatz wird *schiu zou* zur Drohung.

S. 110 Z. 13 v. u. L neben *kopâd* und dem.

S. 110 Z. 8 v. u. L 102 (st. 101).

S. 110 Anm. 4 Z. 1: Dieselbe Phrase im deutsch-ungr. Bergl. Schröer WB 86 [195].

S. 113 Anm. 6: Ähnlich öst. für Annäherung beim Versteckspiel *es brandet!* und *Feuer! Feuer!*, dagegen für Entfernung *Wasser! Wasser!*

S. 114 Anm. 5 Z. 7 nach »Silbe« füge ein: Über die auffällige Betonung des attrib. *mein* vgl. Brenner-Hartmann BM II 58 zu 235; egerl. auch *meine Herrn! Meiner Trâi!*

S. 115 Anm 3 Z. 2 L BW (st. WB).

S. 116 Z. 6 v. u. nach *nachweisen* füge ein: *versetzen, antworten, erwidern, entgegnen.*

S. 116 Anm. 3: Gottscheew. ist *sprachen* = beten: Schröer WBG 213 [479]; auch im dentsch-ungr. Bergl. *sprechen* = beten: ders. Nachtrag 48 [290].

S. 118 Z. 8 f. *oi's machn*: vgl. Stelzhamer Ma. D. I 89 N. 41. 35. 37.

S. 121 Anm. 3 Z. 2 L (Geschlage)

S. 122 nach Z. 8 füge hinzu: Über impers. *sich haben* vgl. ⅔ 123 S. 80.

S. 122 nach Z. 3 v. u. füge hinzu: *Schlâuf ho(b)m* = schläfrig sein.

S. 122 Anm. 1: Gottscheew. *s. haben* = s. verhalten, s. benehmen, im Begriffe sein: Schröer WBG 98 [262].

S. 124 Z. 1 schließe die Klammer vor dem Komma.

S. 124 Z. 15 nach »(abkratzen)« u. Z. 17 nach *ökrâtzt* füge ein: oder *öschied(b)m* u. oder *ogschus(b)m*.

S. 124 Anm. 3: Über *abschieben* = weggehen vgl. Schmeller II 361 *L* Lexer Kärnt. WB 217. Schöpf Tir. Id. 606.

S. 128 Anm. 4 Z. 1 L *dürfft*.

14*

S. 130 Anm. 3: Vgl. das Subst. *guot* überhaupt Mhd. WB I 589b, bes. die Wendung *dehein (nehein) guot sin* (ze oder für etwas, oder m. Dat.), welche Lambel zu Strickers Daniel 1422 Z. f. öst. Gymn. XXXXVIII 239 in Erinnerung brachte, wozu er jetzt noch nachträgt Hartmann Büchl. 462.

S. 131 Z. 7 ff. Lambel erinnert mich an die von Haupt zu Erec² 2038 gesammelten mhd. Beispiele für *vor ligen, sitzen, gên* udg., auch mit Passivis.

S. 131 Z. 9 v. u. l. und (st. oder).

S. 131 Anm. 1 Z. 4 l. *Augn*.

S. 132 Z. 3 ff. füge hinzu: *stechn (d' Sunne sticht* — scheint mit stechender Hitze).

S. 133 Z. 8 v. u. nach *s. kuschn* füge ein: (oder *kuschn*).

S. 133 Anm. 1: Mhd. *hâhen* ist trans. u. intrans.: Mhd. WB I 609 Lexer I 1144; trans. *hangen* belegt, worauf mich Lambel aufmerksam macht, Behaghel Eneide XCIX aus Veldeke u. niederrhein. Quellen.

S. 134 Anm. 9: Mhd. Belege für reflex. *schicken*: Mhd. WB II 2, 119², 23 ff. Lexer II 720.

S. 137 füge hinzu nach Z. 5 v. u.: *gstělk* außer = *profiteri* auch = dick- oder festwerden (von Flüssigkeiten); nach der l. Z.: Vereinzelt hörte ich auch *g̓fålln* außer = *placere* auch = sich setzen (von trüben Flüssigkeiten).

S. 137 Anm. 2 Z. 4 vor *dapicht* füge ein: *delai(d)n* = verleiden: Neubauer: Erzg. Ztg X 248.

S. 141 Anm. 2: Vgl. auch Kuntze Z. f. d. U. 1890 S. 43.

S. 152 Anm 1: Für den Zusammenfall der Endung der 2. Sing. praet st. u. sw. Verba im Bayr.-Öst. (Weinhold Bayr. Gr. § 314 l. Abs.) vgl jetzt auch Schönbach PBB XXIV 237, wo Beispiele (*du gæbd, hulft*) aus einer (oberbayr.) Hs v. 1407 beigebracht werden. Darin wird man für diese Mundart mit ihm den Ausgangspunkt des Ausgleiches zwischen st. u. sw. conj. praet. erkennen dürfen.

S. 153 Anm. 1 Z. 2 l. Indicative.

S. 160 (Seitenüberschr.) l. § 179—182.

S. 166 Anm. 6 Z. 3 v. u. l.: als missverständliche Analogiebildungen zu Indicativen wie *hassest, redest* u. ä.

S. 167 Z. 2 v. u. tilge die Apostrophe bei *mächt'* u. *künnt'*.

S. 177 Z. 3 v. u. l. *oi˜s* (st. *ǎins*).

S. 182 Z. 2 v. u l. *Däi˜stbur(d)n*.

S. 184 Anm. 3 Z. 1: Auch schles. Vgl. das Breslauische Sprichwort DM III 417 N. 636.

S. 185 Z. 13 vor *dass er* füge ein: *man glaubt allgemein* (Neubauer Z. , öst. Volksk. I 229).

S. 185 Anm. 1: Ähnl. *glau* im deutsch-ungr. Bergl.: Schröer Nachtrag 29 [271].

S. 187 Z. 18 f.: Vgl. das ältere Beispiel mit *als* Elbogner Chron. S. 92 l. Z. v. u.

S. 191 Anm. 1 Schluss: Lambel hat dieses *ge* auch im Oöst. gehört, lässt es aber offen, ob es mit dem Verbum *gên* etwas zu thun habe. Auch Schmeller scheint nach S. 381 an diesem Zusammenhang zu zweifeln.

S. 192 Z. 4 v. u. l. *vodäins*.

S. 192 Anm. 2 Z. 1 f.: Auch Nürnberg: Frommann zu Grübel N. 105 b.

S. 196 füge ein Z. 12 vor *kochəd*: *huschəbd* (vgl. S. 86 Anm. 3), Z. 15 vor *quàutschəd*: *pflusdərəd* oder *plusdərəd* (flatternd), Z. 4 v. u. vor *wåhrəd*: *vreckəd* (in rohen Schimpfreden: *vreckəds Hund!*), *wåchləd* (flatternd).

S. 198 Anm. 2 von S. 197 Z. 9 ff.: auch in *g̓vreckt* (= verreckt, vgl. nhd. *gefressen*). Das am Schluss der Anm. erwähnte *de-* für *ge-* ist auch im deutsch-ungr. Bergl. bezeugt: Schröer Versuch S. 45 [295], 1 mit Angaben über die Verbreitung dieser an die Kindersprache gemahnenden Vertretung in anderen Maa.